中国文化

老子新说

秦学智◎著

光明日报出版社

图书在版编目（CIP）数据

老子新说 / 秦学智著 . -- 北京：光明日报出版社，
2024. 11. -- ISBN 978 - 7 - 5194 - 8292 - 3

Ⅰ. B223. 15

中国国家版本馆 CIP 数据核字第 2024PP8898 号

老子新说

LAOZI XINSHUO

著　者：秦学智			
责任编辑：陆希宇		责任校对：许　怡　乔宇佳	
封面设计：中联华文		责任印制：曹　净	

出版发行：光明日报出版社

地　　址：北京市西城区永安路 106 号，100050

电　　话：010-63169890（咨询），010-63131930（邮购）

传　　真：010-63131930

网　　址：http：// book. gmw. cn

E - mail：gmrbcbs@ gmw. cn

法律顾问：北京市兰台律师事务所龚柳方律师

印　　刷：三河市华东印刷有限公司

装　　订：三河市华东印刷有限公司

本书如有破损、缺页、装订错误，请与本社联系调换，电话：010-63131930

开　本：170mm×240mm			
字　数：429 千字		印　张：24	
版　次：2025 年 1 月第 1 版		印　次：2025 年 1 月第 1 次印刷	
书　号：ISBN 978 - 7 - 5194 - 8292 - 3			

定　价：99. 00 元

自 序

周文王给周王朝留下了三个治国理政的思想，那就是"以德贯天下、以宗法约人主、以礼约天下"①。到了春秋末年，礼崩乐坏，世风日下，老子和孔子面对的是同样道德沦丧的社会环境。两人开出的治世药方却表现出两种不同的思想倾向。孔子主张恢复和回归到西周初年德政礼治的社会秩序和文化氛围，强调仁、义、礼、智、信等道德教育和尊礼而行；老子虽然也推崇道德教育和诚实守信等品质，但更强调道法自然，因循变化，反对墨守成规、开历史倒车。因为在老子看来，天下没有一成不变的事物，仁、义、礼、智、信等具体内容也要与时俱进，随着时代变化要做出相应调整，所以老子强调"人法地，地法天，天法道，道法自然"，主张管理国家的人应当学习和效法自然大道，懂得物极必反的自然原理，遵循客观规律和按照客观规律办事，实行无为而治、不言之教。一些作者，如《道德经新解》的作者认为，老子的《老子》具有强烈的批判当时王侯腐败反动的革命精神，是革命之学，所以只能在民间暗暗流传。笔者认为，老子是周王朝或周王族高级贵族的代表人物，他是站在周王朝或周王族高级贵族的立场来为天子或王侯出谋划策的，他主张的思想是天子或王侯治国理政和修身处世之学。所以，老子的学问最初只在周王族嫡裔或主宗中传承，然后逐渐扩大到王室其他子弟，最后开始在民间（特别是在各诸侯国贵族和富户中）流传起来。这也是《论语》《墨子》《孟子》从未提及老子的根本原因②。这种治国理政和修身处世之学只能适合那些相信或欣赏无为之治的统治

---

① 老子. 姬氏道德经·前言 [M]. 姬英明，译注. 北京：朝华出版社，2017：3.

② 饶尚宽因《论语》《墨子》《孟子》从未提及老子，故推断《老子》一书必出现在《孔子》《墨子》之后，而"孟子（约前372年—前289年）以前，老子或老子的著作尚未出现，或者虽同时而稍晚，未曾引起人们的注意"。见：老子·前言 [M]. 饶尚宽，译注. 北京：中华书局，2015：11—12.

者，如汉初统治者实行的是黄老政治。在汉武帝独尊儒术、罢黜百家之后，黄老政治及其思想学术彻底失去了主流意识形态的地位，沦为民间喜好之士的学问。

关于老子的身世，人们通常有三种猜测：第一种认为老子是周朝管理藏书的官员李聃，第二种认为老子是与孔子同时的楚国人老莱子，还有一种认为老子是周太史儋。笔者更愿意相信姬英明的说法。根据姬英明的说法，周王朝建立后，设置三公、四辅、六卿、九司，用来辅佐天子教化诸侯和万民。四辅公中有个叫作聃公的世袭爵位，掌管着天子嫡裔后代的礼教。"从周成王起，天子嫡后的礼教就由聃公辅教。聃公辅教主宗世子时，都会从自己嫡出的公子中选一个和他年龄相仿的作为伴读，将来接替自己做下一代主宗世子的礼师。聃公的其他后裔也多在周王朝的辟雍（教育贵族子弟的学府）里任司礼师及司历官，故而聃公的后裔多以'礼'为姓，因要避讳'周礼'，后多用'李'代替'礼'。"① 老子是历任聃公中的一位。具体地说，老子是第二十三世聃公。第一任聃公是周文王第九子，也就是说，老子是周文王第九子的后裔。老子出生于约公元前571年，去世于约公元前471年，葬于甘肃东部的陇山灵台。"老子天生异相，眉发皆白，周灵王得见后称'上吉'，赐'老'，故而老子又被称为'老聃'。老子是周景王的伴读，也是周敬王的礼师。"② 周景王叫姬贵，是周灵王的第二子，公元前545年继位，在位25年。公元前520年周景王去世，其子周悼王姬猛、周敬王姬匄先后继位。公元前476年周敬王去世，其子姬仁继位，即周元王。周元王元年，即公元前476年被认为是战国时代的开端。

老子寿100岁，孔子寿73岁。老子比孔子大20岁，在孔子去世之后又活了7年之久。大约公元前493年，80多岁的老子离开洛阳，离开周敬王，西出函谷关，归隐于周王族的祖源地甘肃陇山灵台，去世后也被安葬于此。③

《老子》在流传的过程中，经过了创生、秘传和秘不外传、（因社会变迁和学术下移等原因）外传和形成多个传本、传抄和改动、错简和编修等几个阶段。有的传本消失了又再现，有的一直在社会中流传至今。

流传至今的《老子》版本有马王堆帛书本、郭店竹简本、王弼本、河上公

---

① 老子．姬氏道德经·前言 [M].姬英明，译注．北京：朝华出版社，2017：2.
② 老子．姬氏道德经·前言 [M].姬英明，译注．北京：朝华出版社，2017：2.
③ 老子．姬氏道德经·前言 [M].姬英明，译注．北京：朝华出版社，2017：6.

本、傅奕本、敦煌写本、北大竹简本（西汉竹书本）、严遵《老子指归》本、《姬氏道德经》口述本等，以及基于以上版本的各种注解本和修订本。这些注解本和修订本都在以各自的视角理解传播着老子的智慧和思想。

《老子》的版本尽管众多，但目前影响最大的有四种：一是曹魏时期的王弼本；二是 1973 年湖南长沙马王堆出土的帛书甲、乙本；三是 1993 年湖北荆门郭店村楚墓出土的郭店楚简本；四是 2017 年北京朝华出版社出版的《姬氏道德经》本。

四者之中，王弼的《老子道德经注》，流行时间最长，传播范围最广，简称为通行本（或传世本）。通行本是"道经"（37 章）在前，"德经"（44 章）在后。

马王堆帛书甲、乙本是全本，分为"德经""道经"两篇，每篇的段落内容和排列顺序，与王弼本、河上公本等通行本所对应的篇章文字内容和排列顺序几乎没有什么区别，简称为帛书本。其中，成书年代较早的为帛书甲本，是汉高祖时期（公元前 202 年—公元前 195 年在位）的抄本；成书年代较晚的为帛书乙本，是汉文帝时期（公元前 180 年—公元前 157 年在位）的抄本。帛书甲乙本在时间上要早于王弼本通行本四百多年。帛书本，尤其是帛书甲本比王弼本更接近老子原本的原义，是目前学术界公认的最接近《老子》原著的版本。

与通行本《老子》对《道经》和《德经》的排列顺序正好相反，帛书《老子》甲、乙两本都是《德经》在前，《道经》在后。对照帛书本和王弼本，我们还会发现，因避刘邦、刘恒、刘启、刘弗陵等皇帝的名讳，《老子》做了上百处的改动，如"邦"改成"国"、"恒"改成"常"、"启"改成"开"、"弗"改成"不"等。除此之外，它还有王弼本人以及后来编修刊印王弼本的人根据各自的理解而改动的地方。这些改动使通行本在一定程度上成了"篡改"本。

郭店楚简本，简称"竹简本"或"简本"，包括甲、乙、丙三组竹简本，但简本都是残缺不全的节录本，并非完整的抄本。与完整本的《老子》相比，郭店楚简本《老子》保留的内容不及完整本的三分之一。它们虽然誊抄时间早于帛书本，但其完整性的欠缺导致其无法成为可以与帛书本《老子》、通行本《老子》相比的完整本，只能起辅助参考学习的作用。

《姬氏道德经》本，简称姬氏本，是由姬英明家族世代口耳相传的《老子》版本。根据《姬氏道德经》作者姬英明的说明，姬氏本是其祖上直接从老子本人传承得来的。老子本人写了一个《老子》原本，在归隐到周王族祖源地陇山灵台后，就把原本赠送给留守周王族祖源地的姬氏家族首领。姬英明祖上因此得到了《老子》的教育和传承。姬氏家族规定，家族子弟学习《老子》只能采取记诵口传的方式进行。这种传承方式使姬氏本在漫长的传承过程中有可能发生改动、添加、忽略或遗漏（在世代家传过程中，也可能会不断充实、归纳和提高，或者转述、旧话新说等）。对照姬氏本、帛书本和通行本，我们就会发现，北京朝华出版社的编辑在编辑和修订《姬氏道德经》的过程中也在一定程度上参考和借鉴了帛书本和通行本的表述。

就通行本、帛书本和姬氏本三者而言，通行本分篇又分章，帛书本和姬氏本只分篇不分章。通行本和帛书本把内容分为"道经""德经"两篇（如前所述，通行本把"道经"放在"德经"之前，帛书本把"德经"放在"道经"之前），而姬氏本按照专题内容依次分为"道经""德经""道理""道政""道法""道术"六篇，并且姬氏本各个段落内容展开的顺序与通行本和帛书本有着很大的区别。"道经""德经""道理""道政""道法""道术"的顺序，是一个形而上到形而下贯通的层次。按照《姬氏道德经》的作者姬英明的说法，"学习《姬氏道德经》却不是这样一个顺序，而是由《道理》始，继而《德经》，继而《道经》，继而《道政》《道法》《道术》。《道经》《德经》《道理》，属于形而上的内容；《道政》《道法》《道术》，属于形而下的内容。形而上的顺序是由浅入深的，故由《道理》到《德经》《道经》，不断提升；形而下的顺序是由巨而细的，故《道政》《道法》《道术》一一贯通。《姬氏道德经》六篇，每篇均分为三节，每首节为核心思想的集中表述，第二节是对前述核心思想的引申，第三节是对前述核心思想的巩固与总结"①。

笔者认为，古人教授知识或道理往往由浅入深，"德"相对于"道"是浅层次的，是容易认识和理解的，所以帛书本把"德经"排在"道经"之前，即德先道后。通行本的作者在排列"德经"和"道经"顺序的时候，是按照二者的重要性排列的，所以道先德后。《姬氏道德经》的教授方式或顺序是"理、德、道、政、法、术"，即先传授形而上的大道理——理、德、道，而后才是形而下的政、法、术。在讲授形而上的大道理时，顺序是由浅入深，即理、德、道的顺序，但在讲授形而下的知识时，顺序是由大到小或由宏观到微观。

---

① 老子. 姬氏道德经·序 [M]. 姬英明，译注. 北京：朝华出版社，2017：7.

我们仔细阅读和分析可发现，无论是通行本《老子》还是帛书本《老子》，并且无论是"道经"部分还是"德经"部分，都存在着上下句和上下段内容不能顺利衔接或缺乏必要的内在关联的情况，多少显得突兀、言犹未尽、语无伦次、杂乱无章或思维跳跃性过大。老子撰写《老子》断然不会这样"错乱"或"颠三倒四"。这显然是因为在流传过程中发生了错简或顺序颠倒的情况。发生错简或顺序颠倒的原因，既可能是主观性的，也可能是客观性的，或者二者兼有。例如，《老子》原始版本的持有者在外传的时候可能故意错置原有顺序，来达到以假乱真的目的，或者人们在传抄和阅读学习过程中，因为竹简系绳断裂而打乱了其原有的顺序，后来的学者无法分辨对错，将错就错等。这些错传或误传导致最后的编修者或修订者的"以讹传讹"，使王弼本、河上公本等通行本以及马王堆帛书本都一直保持着有些错乱的模样。我们进一步分析可以感受到，通行本和帛书本也有一些思想倾向性的差别：通行本《老子》可能是经过若干儒家学者之手编修过的版本，而帛书本《老子》更加接近道家老子的思想。

通行本和帛书本《老子》的这种内容上的错乱已经引起一些学者的关注和重视。中国人民大学哲学院教授罗安宪2016年7月21日在给《姬氏道德经》一书写的序言中这样说道："以八十一章为代表的传世《老子》有一个最主要的问题：八十一章之间缺乏关联，特别是相邻两章之间几乎没有关联。八十一章好像是各自独立的，但事实是章与章之间一定是有关联的，但这种关联不知什么原因似乎被人为地分割开来了，这种分割不是为了让人更好地理解《老子》的大义，而是为了让人更难于理解其意旨。也许八十一章的文字，是老子在漫长的时间里陆续写出来的，但这种解释并不足以消除同一意群为什么会被强烈地分割开来，分割为跨度很大的不同章节，而与此同时，互不相关的内容却被安排在同一章节中。比如，第二十五章中'有物混成……大曰逝，逝曰远，远曰反'，与'故道大，天大'之间并不存在关联；第四十二章中'道生一，一生二'，与'人之所恶'没有关联，与'人之所教'更没有关联。为什么同一意群被分割了，而不同的意群却没有道理地联结在一起？这可能是人们阅读《老子》时最常发生的疑问。"① "这些问题在《姬氏道德经》里都不存在。它的每一篇、每一节前后的意思都很连贯，上下句意思都很通顺。通行本第二十五章与第四十二章所出现的情况更不可能出现。例如，《道经》篇第一节的行文

---

① 老子. 姬氏道德经·序［M］. 姬英明，译注. 北京：朝华出版社，2017：8.

顺序是'道—道之生物—物之得道'。以通行本来看，其顺序首先是第一章、第四章、第二十五章，这是关于道的集中论述；其次是第四十章、第四十二章，这是由道而物，道之生物；最后是第二十一章、第十四章，这是由物而道，由物以观道。这样一个逻辑顺序是通顺而严谨的。"①

汤漳平和王朝华在他们译注的《老子》前言中指出，"今本《老子》被分为八十一章，但在长沙马王堆帛书中，只分为《道经》和《德经》两篇，而且《德经》在前，《道经》在后。北大汉简本则分为七十七章，也是《德经》在前，《道经》在后。有人根据这种分法认为，《老子》如同《论语》一样，也是道家学者整理出来的老子的片段语录。这种看法不符合实际，《老子》一书是一部有完整结构的著作，它由'道'及'德'，由形上而至形下，其内容涉及社会生活的方方面面，是一个完整的体系。只是在历代传抄过程中，因为错简而导致次序的错置，我们由郭店《老子》竹简和长沙马王堆帛书《老子》甲、乙种中的一些篇章顺序的差别即可知道"②。

除了罗安宪、汤漳平和王朝华外，还有曹音和饶尚宽等人对通行本或帛书本论道、论德章节内容衔接关系错乱的情况有所关注，并有意识地对错置在不同章相同专题的章节内容进行"专题分类解读"。例如，曹音《〈道德经〉释疑》将老子《老子》归纳为"论道篇""循道篇""论德守德篇""无为篇""为人处世篇""政治理念篇"和"老子之感叹篇"七个篇章。他将原有的八十一个章节按其论述内容，分别归入这七个篇章中进行解读。③还有饶尚宽译注的《老子》将《老子》内容总结为论道、治国和修身三大部分。④

诚如罗安宪所说，姬氏本从头至尾地展开却有着比较严谨的从形而上到形而下贯通的逻辑顺序。我们如果认为老子本人在创作《老子》的过程中有着严谨的章法和逻辑，那么从行文逻辑和顺序上看，姬氏本所展开的顺序应当比通行本和帛书本所展开的顺序更可取。当然在内容的权威性和准确率方面，笔者认为，有明确文字记载证据的帛书本和通行本还是要高于姬氏本的。也因此，本书在内容的展开顺序上遵循姬氏本的经卷内容展开顺序，并把姬氏本每个段落与通行本、帛书本（现代学者对帛书本进行分章后的注解本）的各个章节内

① 老子.姬氏道德经·序 [M].姬英明，译注.北京：朝华出版社，2017：9.
② 老子·前言 [M].汤漳平，王朝华，译注.北京：中华书局，2014：12.
③ 曹音.《老子》释疑·前言 [M].上海：上海三联书店，2012：2.
④ 老子·前言 [M].饶尚宽，译注.北京：中华书局，2015：23.

容进行对照比较，以便按照姬氏本的经卷内容展开顺序给《老子》重新分章。本书将充分吸收帛书本、通行本（王弼本）和《姬氏道德经》以及唐汉《道德经新解》等传本和注本之所长，重新对《老子》原文进行修订、释解和解说。

重新修订《老子》，其基本原则如下：

1. 按照姬氏本的经卷内容展开顺序给《老子》重新分章（因为《姬氏道德经》各卷、各段落和各句之间逻辑关系清楚，联系紧密，结构合理，它克服了帛书本《老子》、通行本《老子》因错简和误传等原因导致的内容散乱的情况）。本书首先根据《姬氏道德经》经卷顺序和分类（"道经卷""德经卷""道理卷""道政卷""道法卷""道术卷"），将《老子》依次分为"论道""论德""论道理""论道政""论道法""论道术"六篇。然后根据《姬氏道德经》各卷的语句顺序，将各卷（篇）段落内容与通行本《老子》和帛书本《老子》八十一章的内容进行对照，来确定本书所修订的"原文"之章次序和内容。本书具体做法如下：遵照通行本《老子》① 和编修有分章的帛书本《老子》② 的现有分章单元，即通行本《老子》和帛书本《老子》某一个章含有多少语句内容，就将《姬氏道德经》中对应的语句内容划为一章。《姬氏道德经》中有一段落对应的是通行本《老子》或帛书本《老子》某两章的部分内容，于是将这一段落定为一章，故在本书中《老子》原文被重新分章和修订之后共分为八十二章，比通行本和帛书本《老子》八十一章多了一章的划分。

2. 在核定《老子》具体文字表述方面，以帛书本的原文表述为主，而以通行本和姬氏本的原文表述为重要参考和补充。（1）在原文表述的内容大意完全一致、根本一致或基本一致的情况下，优中选优，即帛书本、通行本和姬氏本的原文表述哪个更加简洁明快，就采取哪个表述。例如，帛书本《老子》说："反也者，道之动也；弱也者，道之用也。"《姬氏道德经》说："返也者，道之动也；弱也者，道之用也。"通行本《老子》第四十章说："反者道之动，弱者道之用。"三者原文表述的内容大意完全一致，但通行本原文表述更简洁明快，所以该句采用通行本原文之表述。又如，《姬氏道德经》中说："空气以为和。"

---

① 本书以饶尚宽译注的通行本《老子》原文为主要根据，以文若愚的《道德经全解》、汤漳平和王朝华译注的《老子》等原文为辅助根据，择善而从，优中选优。

② 本书以徐志钧校注的《老子帛书校注》、唐汉的《道德经新解》的帛书本原文为主要根据，以赵卫国的《帛书〈道德经〉新析》中的帛书本原文为辅助根据，择善而从，优中选优。

帛书本《老子》中说:"中气以为和。"通行本《老子》第四十二章说:"冲气以为和。"三者原文表述的内容基本一致,所以本书中该句采用通行本的"冲气以为和"的表述。(2)在原文表述的内容大意不一致的情况下,采取帛书本原文之表述。

笔者把《姬氏道德经》与通行本、帛书本《老子》的文字内容进行了比较对照分析,认为《姬氏道德经》在继承和家传过程中以及北京朝华出版社责任编辑在编辑出版该书的过程中,或者受到通行本和帛书本《老子》或儒家思想的影响,或者参照了已经出土和编修过的帛书本《老子》以及通行本《老子》的部分文字内容对《姬氏道德经》中比较含混的地方进行了补正和修订。通行本《老子》部分文字经过了儒家学者的编修、修改和文字加工。与通行本《老子》相比,帛书本《老子》思想更接近老子原来的思想。因此,这三种版本各有优缺点,需扬长避短地借鉴和使用。

3. 在采用帛书本、通行本或姬氏本原文之表述的时候,对认为不正确的断句或标点符号进行重新断句和标点。

4. 对《姬氏道德经》中专有的文字内容(在帛书本《老子》和通行本《老子》中没有出现的),如"无,无极极,极生炁,炁生变,变之道也"等,为了尊重姬氏本原文意义的完整性,继续保留使用。

5. 吸收和借鉴《道德经新解》等书的创新成果。如果所选用的原文表述中含有"不"字,当"不"为"丕"(大)的意思时,为了避免现代人对"不"字的误解,在本书中,一律将"丕"意思的"不"写成"丕"。例如,"是以能敝而不成"写成"是以能敝而丕成"。其余类似情况仿此。

如前所述,本书依照《姬氏道德经》经文的分类和展开顺序,依次将《老子》经文分为"论道""论德""论道理""论道政""论道法""论道术"六篇,八十二章。其中,"论道"篇十四章,"论德"篇十二章,"论道理"篇十五章,"论道政"篇十四章,"论道法"篇十二章,"论道术"篇十五章。

本书每章正文均包括原文之修订、引言、释解、译文、拓展和三本对照六个部分。其中,拓展部分,从众多解说《老子》的著作中,精心挑选了九部分别代表帛书本、通行本和姬氏本三类的译注或注解《老子》的著作,并选取他们理解上有分歧的句子、字词或概念进行比较对照,来呈现他们解释、解读或理解上的异同,让读者对学界解说老子的现状有些概览或管窥。这九部著作分别是饶尚宽译注的《老子》、文若愚编著的《道德经全解》、李存山注译的《老子》、曹音著作的《〈道德经〉释疑》、汤漳平和王朝华译注的《老子》、徐志钧撰写的《老子帛书校注》（增订本）、唐汉著作的《道德经新解》以及赵卫国著作的《帛书〈道德经〉新析》。饶尚宽译注的《老子》、文若愚编著的《道德经全解》以通行本王弼本为底本。李存山注译的《老子》是以王弼本为底本，参校竹简本、帛书本以及传世本中的河上公本、傅奕本等本而成的校定本。① 曹音著作的《〈道德经〉释疑》是以王弼本为底本，参照马王堆帛书甲、乙抄本整理而成的校定本。② 汤漳平和王朝华译注的《老子》以王弼《老子道德经注》（中华书局楼宇烈校释本）为底本，参校河上本、傅奕本、范应元本、景龙碑本等其他传世本，以及郭店竹简本（荆门市博物馆《郭店楚墓竹简》）、廖明春的《郭店楚简老子校释》、帛书本（国家文物局古文献研究室《马王堆汉墓帛书（一）》）、高明的《帛书老子校注》、北大汉简本《老子》（北京大学出土文献研究所《北京大学藏西汉竹书（贰）》）等书择善而成的校定本。③ 徐志钧撰写的《老子帛书校注》（增订本）是以帛书《老子》乙本为校注底本。"由于绢帛腐坏，已无法精确统计乙本字数，估计约有 649 字失去，其中可用甲本补上的约 384 字，其余阙文则参酌傅奕本、王弼本补上"④。唐汉著作的《道德经新解》以 1976 年 3 月文物出版社刊行的马王堆汉墓帛书《老子》甲本为底本，"帛书甲本如无明显的错讹、残缺、脱漏或解读不通之处，则依甲本。如有，则依帛书乙本补正。如乙本亦残脱、错讹或不通，则参校他本，择善而从"⑤。赵卫国著作的《帛书〈道德经〉新析》是以杜伟民订译的《帛书〈老子〉解读》为底本解析的。⑥ 杜伟民订译的《帛书〈老子〉解读》是以长沙马王堆汉墓出土的帛书《老子》甲、乙两种为主本，以湖北郭店楚墓出土竹简《老子》甲、乙、丙三组以及通行本为副本，"在不损害原作、无歧义和普遍认同从优的原则下进行校订，对原文中的假借字、通假字、异体字、消亡字等，

① 老子・导言［M］. 李存山，注译. 郑州：中州古籍出版社，2008：28.
② 曹音.《老子》释疑・前言［M］. 上海：上海三联书店，2012：2.
③ 老子・前言［M］. 汤漳平，王朝华，译注. 北京：中华书局，2014：13-14.
④ 徐志钧. 老子帛书校注・引言［M］. 南京：凤凰出版社，2016：2.
⑤ 唐汉. 道德经新解・前言［M］. 北京：北京联合出版公司，2016：48.
⑥ 赵卫国. 帛书《老子》新析・自序［M］. 沈阳：东北大学出版社，2017：6.

均以当代中国大陆通行简化汉字予以替换"形成的帛书《老子》校订本。① 三本对照部分，是将通行本《老子》、帛书本《老子》和《姬氏道德经》所对应的章节或段落内容依次罗列出来，以便读者对照和比较三者之间的异同。其中，通行本是以饶尚宽译注的通行本《老子》原文为主要根据，以文若愚编著的《道德经全解》、汤漳平和王朝华译注的《老子》等原文为辅助根据，择善而从，校订而成。帛书本是以徐志钧校注的《老子帛书校注》、唐汉《道德经新解》的帛书本原文为主要根据，以赵卫国的《帛书〈道德经〉新析》中的帛书本原文为辅助根据，择善而从，校订而成。《姬氏道德经》原文则完全照搬姬英明译注的由北京朝华出版社在 2017 年出版的《姬氏道德经》版本。

本书对注解《老子》研究的新意或贡献主要体现在以下几点：1. 依据《姬氏道德经》经卷分类和展开顺序，将《姬氏道德经》各卷（篇）的段落内容与通行本和帛书本所对应的章节相同或相似部分内容进行比对，重新对《老子》进行分章。通行本和帛书本《道经》和《德经》两部分的内容错简或错乱的地方很多，导致各章节之间的联系突兀。相比来说，姬氏本似乎都不存在通行本和帛书本中存在的这些问题。姬氏本按照"道经卷""德经卷""道理卷""道政卷""道法卷""道术卷"的顺序依次展开，形成一个各卷（篇）之间、每卷（篇）的各个段落之间以及每个段落所含的各句之间有着相对严密的和内在关联的行文逻辑，不再像通行本和帛书本那样存在着杂乱无章或语无伦次的情形。姬氏本也存在着缺憾或不足。譬如，姬氏本只分卷（篇）未分章；姬英明口述中一些记忆模糊、出错，以及出版该书的出版社编辑的理解和编修错误等，导致姬氏本的原文及标点存在着一定的瑕疵。本书在《姬氏道德经》版本分卷（篇）的基础上，对《老子》的内容进一步分门别类，把其分为"论道""论德""论道理""论道政""论道法""论道术"六篇，八十二章，并且对每一章都标定了标题，使读者更加方便阅读、学习和理解。2. 根据帛书本、通行本和姬氏本等最新研究成果，对《老子》原文进行了重新修订。3. 纠正了一些《老子》注解的错误，完善和丰富了注解，文字语言更加生动活泼，富有感染力和说服力。4. 本书的内容构架分为原文之修订、引言、释解、译文、拓展、三本对照六个部分。既能提纲挈领，又能丰富拓展，使读者阅读起来更加方便，也

① 帛书《老子》解读·写在前面 [M]. 杜伟民，订译. 上海：文汇出版社，2013：1-2.

能令他们开阔视野。5. 对九部注解《老子》的著作进行了对照比较研究，让读者对注解《老子》的学术研究现状有所了解。

秦学智

2023 年 8 月 8 日于北京陋室

目 录
CONTENTS

第三篇　论道理

第四篇　论道政

第五篇　论道法

第六篇 论道术

第一篇　论道

在该篇中，老子提出道的概念，并对道的存在性质、运动属性、状态、功用等基本特征进行了描述。他认为，道是宇宙和万物的本原、宗主和主宰。道虽然深奥莫测，但还是可以用语言文字来描述和说明的。道可以比作不老的"谷神""玄牝"，时时刻刻产生天地万物并推动万事万物不断发展变化，其作用无穷无尽。道还可以比作无限大的空虚的没有把儿的杯子，它无形无象、恍恍惚惚、幽幽冥冥、似有似无，广大无边，深不可测。道具有大、逝、远、反、微、希、夷、丕攸、丕惚等基本特征，它周而复始、循环往复地运动着，并且无休无止，永不止息。道生养万物而不据为己有，也不居功自傲，是人们学习道德的楷模。人们治国理政、为人处世应该效法自然大道，遵循客观规律。宇宙中有道大、天大、地大、王大"四大"，作为其中一"大"的侯王，只要他掌握和遵循道的发展和变化规律，他就能够做到包容、公正、客观、理性、谦虚，就能够成为天下归心、万民敬仰的圣王。

　　老子还指出，善于行道的人，微妙玄通，高深莫测。他们与道契合，行事谨慎，端庄恭敬，道法自然，敦厚淳朴，胸怀宽广，宁静深沉，和光同尘，思想精密，节欲克己。天地万物包括人类，与道契合，各守本分，各守边界，就能持久，就不会遭遇危险。

第一章

道，可道也

【原文之修订】（通行本《道德经》第一章；帛书本《道德经》第四十五章）

道，可道也，非恒道也。名，可名也，非恒名也。无名，万物之始也；有名，万物之母也。故恒无欲也，以观其眇；恒有欲也，以观其所噭。两者同出，异名同谓。玄之又玄，众眇之门。

【引言】

本章内容对应通行本《道德经》第一章、帛书本《道德经》第四十五章以及《姬氏道德经》道经卷的第一个段落。

关于本章内容，通行本①、帛书本②和《姬氏道德经》原文之表述主要有六处差异。第一处，通行本写作"非常道"，帛书本和《姬氏道德经》均写作"非恒道也"。"常""恒"在此意思相同，《道德经》的原本应是"恒"字，通行本因要避西汉皇帝刘恒名讳，才把"恒"改写为"常"。第二处，通行本写作"非常名"，帛书本和《姬氏道德经》均写作"非恒名也"。第二处和第一处的情况类似。第三处，通行本写作"无名天地之始"，帛书本写作"无名，万物之始也"，《姬氏道德经》写作"无名天地之始也"。"天地""万物"意思上联系比较紧密。第四处，通行本写作"故常无欲，以观其妙；常有欲，以观其

---

① 在通行本、帛书本和姬氏本三本比较对照的情况下，各章中的"通行本"是指本书中各章的"三本对照"部分的通行本校定本。这个校定本是笔者以饶尚宽译注的《老子》原文为主要根据，以文若愚的《道德经全解》、汤漳平和王朝华译注的《老子》原文为辅助参考，择善而从、优中选优的校定本。

② 在通行本、帛书本和姬氏本三本比较对照的情况下，各章中的"帛书本"是指本书中各章的"三本对照"部分的帛书本校定本。这个校定本是笔者以徐志钧校注的《老子帛书校注》、唐汉的《道德经新解》的帛书本原文为主要根据，以赵卫国的《帛书〈道德经〉新析》中的帛书本原文为辅助根据，择善而从、优中选优的校定本。

微"，帛书本写作"故恒无欲也，以观其眇；恒有欲也，以观其所噭"，《姬氏道德经》写作"故恒无欲也，以观其妙；恒有欲也，以观其所徼"。"常""恒"意思相同。"眇"通"妙"，精妙、奥妙的意思。"噭"，通"徼"，是追求、求索的意思。因此，这一处通行本、帛书本和《姬氏道德经》三本原文所表述的意思相同。第五处，通行本写作"此两者同出而异名，同谓之玄"，帛书本和《姬氏道德经》均写作"两者同出，异名同谓"。显而易见，这一处三本原文所表述的意思也是相同的。第六处，通行本和《姬氏道德经》均写作"玄之又玄，众妙之门"，帛书本写作"玄之又玄，众眇之门"。如上所述，"眇"通"妙"，二者意思相同。

　　本章原文之修订，完全采用帛书本原文之表述，但对个别标点符号做了重新修订。这一章引出道的概念，指出道是深奥莫测的，它是各种现象和事物产生和变化的根源，它有"无"和"有"两个名字，这两个名字都是用来描述道所处不同阶段的状态。

【释解】

　　（1）道：宇宙的本体和原始能量物，又称为太一（太极）、元炁（元气，先天之真气）、无极（无）或混沌。道最小的单位可被称为道子，它是至细极微的元气能量。宇宙中无限的道子形成元气未分、阴阳未判、浑然一体、模糊一团的混沌状态。道包括无极和太极两种混沌状态。无极是指先天的无形无象、无声无味、无始无终的相对静止的宇宙原始状态。太极是指后天的元气已有聚合现象发生，产生了比道子更大的微观能量物（可称之为气态粒子），但阴阳两种能量物（两种具有对立性质的气态粒子）仍未产生分离的混沌状态。道的运动和发展过程大致如下：道（无极）产生太极，太极产生阴阳二气，阴阳二气交合而生成四象、八卦、六十四卦等多种和气之能量物，太极、阴阳与和气之能量物，相互聚合、化合、组合而又生成天地和万物（包括各种物质元素、星云、星团、星系、恒星和行星等）。因此，道是宇宙的本原，是天地的根源和万物的母亲。

　　（2）可道：可以用语言文字描述或表述出来。道：讲，说，描述，表述。

　　（3）非恒道：不是平常所说的普通意义的道。恒：经常的，普通的，平常所说的。道：这里的道是指道的本义——人工建筑的大道或道路。[1]

　　（4）名：（指"无"和"有"两种事物的）名称或称谓。

----

　　① 唐汉．道德经新解［M］．北京：北京联合出版公司，2016：208．

（5）可名：可以说出或描述，给出命名。名：说出，描述。

（6）非恒名：不是平常所说的普通意义的名称或称谓。

（7）无名："无"这个名称。无：无极，又称为虚无，无极混沌的状态，宇宙先天的原始状态。

（8）万物之始：（用来描述）天地初始的状态。

（9）有名："有"这个名称。有：太极，又称为太一或实有，无极状态之后与阴阳产生和分离之前的混沌状态。

（10）万物之母：（用来描述）万物的母体或本原。母：母体，母亲，本原。

（11）故恒无欲：所以要经常保持虚无的意念。故：因此，所以。恒：经常，平常，引申为经常保持。无：虚无，宇宙先天无极的状态。欲：欲念，欲望，愿望，意念。

（12）以观其眇：以观想其细微和高远的奥妙。观：观想。其：它的，指作为宇宙本体或本原的道。眇（miǎo）：通"妙"，精妙，细微而高远的奥妙。

（13）恒有欲：经常保持实有的意念。有：实有，宇宙后天太极的状态。

（14）观其所噭：观想其所追求的东西，观想道所做的变化和功用。噭（yāo）：通"徼"，追求，求索，谋取，引申为道的变化、演变、变迁或功用。

（15）两者同出：（无和有）这两者出自同一根源——道。两者，指无和有。同出：出自同一根源。

（16）异名同谓：不同的名称，相同的意思。同谓：相同的意思，说的是同一个东西。谓：意思。

（17）玄之又玄：（道）玄妙又玄妙。玄：玄妙，非常深奥，不易理解。

（18）众眇之门：天地万物各种奥妙变化的总源头。众，指天地万物。眇：同"妙"，奥妙，玄妙。门：门径，门道，门户，必经途径，源头。

【译文】

　　作为宇宙本原的道，可以用语言文字描述出来，但它不是平常所说的普通意义的道路。（这里提到的"无"和"有"两种事物的）名称，可以说出来，但它不是平常所说的普通意义的名称。"无"这个名称，是用来描述天地初始的状态的；"有"这个名称，是用来描述万物的母体的。所以要经常保持虚无的意念，来观想其细微和高远的奥妙；经常保持实有的意念，来观想道所做的变化和功用。（无和有）这两者出自同一根源——道，尽管它们有着不同的名称，但有着相同的意思（都是指道这个宇宙本体）。作为宇宙本原的道，玄妙又玄妙，不易被人理解，但它是天地万物各种奥妙变化的总源头。

【拓展】

关于这一章，不同的学者对"恒道""恒名""无欲""有欲""眇""噭"等有不尽相同的理解。我们现在对这些做一些梳理和比较分析。

关于"恒道"（通行本："常道"）。姬英明、饶尚宽、徐志钧、赵卫国、唐汉、李存山、文若愚、汤漳平和王朝华认为，"恒道"或"常道"是"永恒存在的不可说的道"有"浑然一体、永恒存在、运动不息的大道""永久的道""具有哲学上永恒性质的道""恒久之道""恒常之道""永恒的、终极的道""恒久不变之道"的意思①。曹音认为，"恒道"是指"我们通常所理解的道"②。由此可见，姬英明、饶尚宽等学者的观点是相同的，他们都把"恒"理解为"永恒存在"或"恒久不变"的意思，而曹音把"恒"理解为"通常""经常"的意思。笔者赞同曹音的理解。

关于"恒名"（通行本："常名"）。姬英明、饶尚宽、徐志钧、赵卫国、唐汉、李存山、文若愚、汤漳平和王朝华认为，"恒名"或"常名"是"恒久不变的不可更改的名"有"浑然一体、永恒存在、运动不息的道之名""永久的道之名""具有哲学上永恒性质的名""恒久不变者（道）的名称""恒常之名""永恒的、终极的名""恒久不变之名"的意思③。曹音认为，"恒名"是指"一般意义上的名字"④，而不是指"恒久不变之名"。笔者赞同曹音的观点。

关于"无欲""有欲"。首先，姬英明和赵卫国的看法基本一致。姬英明认

---

① 老子．姬氏道德经［M］．姬英明，译注．北京：朝华出版社，2017：3；老子［M］．饶尚宽，译注．北京：中华书局，2015：3；徐志钧．老子帛书校注［M］．南京：凤凰出版社，2016：308；赵卫国．帛书《道德经》新析［M］．沈阳：东北大学出版社，2017：67；唐汉．道德经新解［M］．北京：北京联合出版公司，2016：209；老子［M］．李存山，注译．郑州：中州古籍出版社，2008：49；文若愚．道德经全解［M］．北京：中国华侨出版社，2012：3；老子［M］．汤漳平，王朝华，译注．北京：中华书局，2014：5.

② 曹音．《道德经》释疑［M］．上海：上海三联书店，2012：4.

③ 老子．姬氏道德经［M］．姬英明，译注．北京：朝华出版社，2017：4；老子［M］．饶尚宽，译注．北京：中华书局，2015：3；徐志钧．老子帛书校注［M］．南京：凤凰出版社，2016：308；赵卫国．帛书《道德经》新析［M］．沈阳：东北大学出版社，2017：67；唐汉．道德经新解［M］．北京：北京联合出版公司，2016：209；老子［M］．李存山，注译．郑州：中州古籍出版社，2008：49；文若愚．道德经全解［M］．北京：中国华侨出版社，2012：3；老子［M］．汤漳平，王朝华，译注．北京：中华书局，2014：5.

④ 曹音．《道德经》释疑［M］．上海：上海三联书店，2012：4.

为，"无欲"的意思是"虚无运行的状态"，"有欲"的意思是"实有繁衍的形态"①；赵卫国认为，"无欲"即"欲无"（保持哲学上"无"的状态），"有欲"即"欲有"（保持哲学上"有"的兴趣）②。其次，唐汉、汤漳平和王朝华看法一致。他们认为"无欲"是指"没有欲望"，"有欲"是指"有欲望"③。再次，饶尚宽、李存山和文若愚所注解的是通行本《道德经》。通行本把"故常无欲，以观其妙；常有欲，以观其徼"断句成"故常无，欲以观其妙；常有，欲以观其徼"。对照帛书本《道德经》可知，这种断句本身就错误了，所以，将"欲"理解为"将""将要"显然是不正确的，但把"无"理解为"虚无的状态"是对的。④ 最后，曹音认为，"无欲"即"无意志"，"有欲"即"有意志"⑤。曹音将"道"解释为既有意志，也无意志，显然是自相矛盾的。因此，曹音对"故恒无欲也，以观其眇；恒有欲也，以观其所噭"的理解出现了明显的错误。⑥ 笔者基本赞同姬英明、赵卫国的观点。

关于"眇"。姬英明、饶尚宽、赵卫国、李存山、文若愚、汤漳平和王朝华认为，"眇"同"妙"，是"无法着相、无法言表""微妙"或"奥妙"的意思⑦；徐志钧认为，"眇"是指"高远"⑧；曹音将"眇"解释为"微小到几乎不存在"⑨；唐汉将"眇"解读为"由其瞄准义借指男根在女阴中的进出"或"他人（或动物）的交合"⑩。显而易见，除了唐汉错解得格外离谱之外，其他

① 老子.姬氏道德经［M］.姬英明，译注.北京：朝华出版社，2017：4.

② 赵卫国.帛书《道德经》新析［M］.沈阳：东北大学出版社，2017：68.

③ 唐汉.道德经新解［M］.北京：北京联合出版公司，2016：210；老子［M］.汤漳平，王朝华，译注.北京：中华书局，2014：5-6.

④ 老子［M］.饶尚宽，译注.北京：中华书局，2015：3；老子［M］.李存山，注译.郑州：中州古籍出版社，2008：49；文若愚.道德经全解［M］.北京：中国华侨出版社，2012：3.

⑤ 曹音.《道德经》释疑［M］.上海：上海三联书店，2012：4.

⑥ 曹音将这一句翻译成："'道'通常是无意志的，因而它微小到你无法察觉它的存在；'道'通常又是有意志的，因为它有所谋求。"参见：曹音.《道德经》释疑［M］.上海：上海三联书店，2012：4.

⑦ 老子.姬氏道德经［M］.姬英明，译注.北京：朝华出版社，2017：7；老子［M］.饶尚宽，译注.北京：中华书局，2015：3；赵卫国.帛书《道德经》新析［M］.沈阳：东北大学出版社，2017：68；老子［M］.李存山，注译.郑州：中州古籍出版社，2008：49；文若愚.道德经全解［M］.北京：中国华侨出版社，2012：3；老子［M］.汤漳平，王朝华，译注.北京：中华书局，2014：6.

⑧ 徐志钧.老子帛书校注［M］.南京：凤凰出版社，2016：310.

⑨ 曹音.《道德经》释疑［M］.上海：上海三联书店，2012：3.

⑩ 唐汉.道德经新解［M］.北京：北京联合出版公司，2016：208-210.

学者的理解正确或基本正确。

关于"嗷"。姬英明、饶尚宽、徐志钧、李存山、文若愚认为，"嗷"同"徼"（jiào），是"边界""边际"或"端倪"的意思①；赵卫国认为，"嗷"是指"演变、变迁"②；唐汉从文字学的角度将"嗷"解读为"雌性生产时的叫唤声"③；曹音认为，"嗷"同"徼"（yāo），是"谋取、求取"的意思④；汤漳平和王朝华认为，"许多人均释为边际、角落，似不确，今从张松如《老子说解》，'徼'通'邀''要'，即追求、求索、循求之义，引申为'功用'"。笔者认为，赵卫国、曹音、汤漳平和王朝华的解释都比较正确，特别是赵卫国、汤漳平和王朝华的理解都有可取之处。

这里需要指出的是，唐汉的《道德经新解》将"恒无欲"解读为"恒久没有欲望"，将"眇"解读为"由其瞄准义借指男根在女阴中的进出"或"他人（或动物）的交合"，将"嗷"解读为"雌性生产时的叫唤声"，并认为此节文字"故恒无欲也，以观其眇；恒有欲也，以观其所嗷"讲述的是"男女两性交合和临盆生产，夹在上下文之间，有些不类不伦。疑为错行"⑤。很明显，唐汉的理解是完全错误的。他也注意到他的诠释无法与整个段落大意相符，所以怀疑是原本句序发生了错乱。他却未曾意识到，这种所谓"错乱"完全是由自己错误的理解导致的。唐汉试图从文字学的角度来诠释《道德经》中的字义，其初衷是好的，却无形中犯了偏执于古义的错误。在文字的发展过程中，字义是不断发展变化的，一词多义、原义和引申义等是复杂多样的。所以，我们要把文字放在具体的语境中去理解。

【三本对照】

通行本《道德经》第一章：道可道，非常道。名可名，非常名。无名天地之始，有名万物之母。故常无欲，以观其妙；常有欲，以观其徼。此两者同出而异名，同谓之玄，玄之又玄，众妙之门。⑥

① 老子. 姬氏道德经 [M]. 姬英明，译注. 北京：朝华出版社，2017：4；老子 [M]. 饶尚宽，译注. 北京：中华书局，2015：3；徐志钧. 老子帛书校注 [M]. 南京：凤凰出版社，2016：310；老子 [M]. 李存山，注译. 郑州：中州古籍出版社，2008：49；文若愚. 道德经全解 [M]. 北京：中国华侨出版社，2012：3.
② 赵卫国. 帛书《道德经》新析 [M]. 沈阳：东北大学出版社，2017：68.
③ 唐汉. 道德经新解 [M]. 北京：北京联合出版公司，2016：210.
④ 曹音. 《道德经》释疑 [M]. 上海：上海三联书店，2012：3.
⑤ 唐汉. 道德经新解 [M]. 北京：北京联合出版公司，2016：208-210.
⑥ 老子 [M]. 饶尚宽，译注. 北京：中华书局，2015：1-2.

帛书本《道德经》第四十五章：道，可道也，非恒道也。名，可名也，非恒名也。无名，万物之始也。有名，万物之母也。故恒无欲也，以观其眇；恒有欲也，以观其所噭。两者同出，异名同谓。玄之又玄，众眇之门。①

《姬氏道德经》（道经卷）：道，可道也，非恒道也；名，可名也，非恒名也。无名天地之始也；有名万物之母也。故恒无欲也，以观其妙；恒有欲也，以观其所徼。两者同出，异名同谓，玄之又玄，众妙之门！②

---

① 徐志钧. 老子帛书校注［M］. 南京：凤凰出版社，2016：307；赵卫国. 帛书《道德经》新析［M］. 沈阳：东北大学出版社，2017：67.

② 老子. 姬氏道德经［M］. 姬英明，译注. 北京：朝华出版社，2017：2.

第二章

道冲，而用之有弗盈也

【原文之修订】 （通行本《道德经》第四章；帛书本《道德经》第四十八章）

道冲，而用之有弗盈也。渊兮，似万物之宗。湛兮，似或存。吾不知谁之子也，象帝之先。

【引言】

本章内容对应通行本《道德经》第四章、帛书本《道德经》第四十八章以及《姬氏道德经》道经卷的第二个段落。

关于本章内容，通行本、帛书本和《姬氏道德经》原文之表述主要有两处差异。第一处，通行本写作"道冲，而用之或不盈"，帛书本写作"道冲，而用之有弗盈也"，《姬氏道德经》写作"道空，而用之又不盈也"。"冲"，通"盅"，作"没有把儿的杯子"讲。老子把"道"比作无比巨大空虚的没有把儿的杯子。"空"是"虚空而没有形体的"意思。二者都是对道的描述。第二处，通行本写作"挫其锐，解其纷，和其光，同其尘"，帛书本写作"锉其锐，解其纷，和其光，同其尘"，而《姬氏道德经》没有此句。首先，根据句意判断，"挫（锉）其锐，解其纷，和其光，同其尘"用在该段落中，明显是与其上下文内容关系不大，疑是古人在传抄或编修过程中搞错了。其次，在通行本《道德经》第五十六章中再次出现了"挫其锐，解其纷，和其光，同其尘"的内容，在帛书本《道德经》第十九章中再次出现了"塞其兑，闭其门；和其光，同其尘；挫其锐，解其纷"的内容，在《姬氏道德经》（道政卷）第九个段落中出现了"塞其欲而闭其闷，和其光而同其尘，锉其锐而解其纷"的内容，并且与其上下文内容关系紧密，这就更加坐实了通行本《道德经》第四章和帛书本《道德经》第四十八章中的"挫其锐，解其纷；和其光，同其尘"内容为错置，应删除。所以，笔者在修订本章内容的时候除去它们。在本书中，"挫其锐，解其纷"和"和其光，同其尘"将出现于本书第五十章"智者不言，言者不智"中。

　　本章原文之修订，以帛书本原文之表述为主，兼采通行本和《姬氏道德经》原文表述的优点。上一章老子讲了作为宇宙本体和本原的道，是可以用语言文字表述或描述的，并讲了道的两个名称"无"和"有"，以及如何保持良好的心态以观想道的奥妙和变化。这一章，老子将道比作无限大的空虚的没有把儿的杯子，其广大深邃，无边无际，能容纳下宇宙间的一切事物。老子认为，道虽然无形无象，但它的确存在。它是包括天帝在内的一切天地万物的宗主和主宰。

【释解】

　　（1）道冲（chōng）：（比喻说法）道就像无限大空虚的没有把儿的杯子，道盅，道杯。冲：通"盅"，饮酒或喝茶用的没有把儿的杯子。大多数学者将"盅"理解为"空虚"的意思，笔者认为，这是错误的解释。因为这与接下来的"而用之有弗盈也"衔接不上。

　　（2）而用之有弗盈：如果使用它来装东西，就会永远装不满。而：如果，假如。用：动词，使用。之：指道冲、道盅或道杯。有（yòu）：连词，同"又"。弗：不。盈：满，充满，盈溢，充盈。

　　（3）渊兮：（道）博大精深啊。渊：深邃，深远广大，浩大渊博。兮：啊。

　　（4）似万物之宗：好像是天地万物的本原。宗：宗主，祖先，始祖，本原，主宰。

　　（5）湛兮：（道无形无象）隐没而不可见啊。湛：深沉，沉没，隐秘。

　　（6）似或存：但好像又存在着。或：通"有"，又。存：存在，实有。

　　（7）吾不知谁之子：我不知道（道）是谁家的孩子。吾：我。子：孩子，子女。

　　（8）象帝之先：好像在有天帝之前就存在着。象：好像。帝：天帝，上帝，中国古代最高天神。

【译文】

　　道就像无限大空虚的没有把儿的杯子，如果使用它来装东西，就会永远装不满。道极其博大精深啊！它好像是天地万物的本原。道无形无象，隐没而不可见啊！但它好像又存在着。我不知道它是谁家的孩子，但它好像在有天帝之前就存在着。

【拓展】

关于"冲"。饶尚宽认为,"冲"本为"盅",引申为"空虚"①。姬英明、徐志钧、曹音、李存山、文若愚、汤漳平和王朝华等学者都持有与饶尚宽类似的见解。②赵卫国认为,"冲"表示"空虚的容器"③;唐汉从文字学角度将"冲"解读为"水流从孔洞中喷涌而出""冲激"的意思④。笔者赞同赵卫国的理解,更具体地说,"冲"在本章中作"盅"的本义讲。

关于"用"。姬英明、唐汉、曹音、汤漳平和王朝华等学者认为,"用"在"而用之有弗盈也"中作"作用""功用"的意思讲⑤;饶尚宽、李存山和文若愚等认为,"用"是"使用"的意思⑥;徐志钧将"用之"解读为"犹用夫""因此"⑦。笔者赞同饶尚宽、李存山和文若愚等人的看法,即这里的"用"是动词。因为本章开头,老子将"道"比作无限巨大的杯子或容器,所以"道"是可以被"使用"的。显然,徐志钧"用之,不少注者以'使用'为解,误。因为'道'是不能'用'的"⑧的解释是错误的。他没有注意到老子在本章中把"道"作了杯子的比喻。这一章老子用无限大虚空的杯子比喻道,正是对"道,可道也"的实践。

关于"盈"。姬英明、饶尚宽、赵卫国、李存山、文若愚、汤漳平和王朝华

---

① 老子[M].饶尚宽,译注.北京:中华书局,2015:11.
② 老子.姬氏道德经[M].姬英明,译注.北京:朝华出版社,2017:4;徐志钧.老子帛书校注[M].南京:凤凰出版社,2016:334;曹音.《道德经》释疑[M].上海:上海三联书店,2012:5;老子[M].李存山,注译.郑州:中州古籍出版社,2008:53;文若愚.道德经全解[M].北京:中国华侨出版社,2012:29;老子[M].汤漳平,王朝华,译.北京:中华书局,2014:16.
③ 赵卫国.帛书《道德经》新析[M].沈阳:东北大学出版社,2017:73.
④ 唐汉.道德经新解[M].北京:北京联合出版公司,2016:221.
⑤ 老子.姬氏道德经[M].姬英明,译注.北京:朝华出版社,2017:4;唐汉.道德经新解[M].北京:北京联合出版公司,2016:221;曹音.《道德经》释疑[M].上海:上海三联书店,2012:5;老子[M].汤漳平,王朝华,译注.北京:中华书局,2014:18.
⑥ 老子[M].饶尚宽,译注.北京:中华书局,2015:11;老子[M].李存山,注译.郑州:中州古籍出版社,2008:54;文若愚.道德经全解[M].北京:中国华侨出版社,2012:29.
⑦ 徐志钧.老子帛书校注[M].南京:凤凰出版社,2016:334.
⑧ 徐志钧.老子帛书校注[M].南京:凤凰出版社,2016:334.

等人将"盈"解读为"穷尽""竭""尽头""止境"讲①；徐志钧、唐汉认为，"盈"是"丰满""外溢""盈溢"的意思②；曹音将"盈"作"满""尽"讲③。笔者赞同徐志钧、唐汉等人的看法，"盈"就是充满、盈溢的意思。

关于"渊"。姬英明、饶尚宽、徐志钧、赵卫国、唐汉、曹音、李存山、文若愚、汤漳平和王朝华等人都认为，"渊"是"深远广大""深邃""渊深无际""深远"的意思④。笔者也赞同这种观点。

关于"湛"。姬英明、饶尚宽、徐志钧、唐汉、曹音、李存山、文若愚、汤漳平和王朝华等人认为，"湛"是"玄妙隐秘""没，隐秘""深沉而不见""如沉入水中，看起来隐约恍惚，似无而实存""深沉""隐而无形""幽邃而不可见"的意思⑤。只有赵卫国认为，"湛"是"清澈""澄明"的意思⑥。笔者赞同姬英明、饶尚宽等人的观点。因为道隐秘无形，幽邃而不可见，所以人们很难觉知它的存在，老子告诉人们，他知道道是真实存在的。因此，老子才说："湛兮，似或存。"

———————————————

① 老子．姬氏道德经［M］．姬英明，译注．北京：朝华出版社，2017：4；老子［M］．饶尚宽，译注．北京：中华书局，2015：11；赵卫国．帛书《道德经》新析［M］．沈阳：东北大学出版社，2017：73；老子［M］．李存山，注译．郑州：中州古籍出版社，2008：54；文若愚．道德经全解［M］．北京：中国华侨出版社，2012：29；老子［M］．汤漳平，王朝华，译注．北京：中华书局，2014：16.

② 徐志钧．老子帛书校注［M］．南京：凤凰出版社，2016：334；唐汉．道德经新解［M］．北京：北京联合出版公司，2016：221.

③ 曹音．《道德经》释疑［M］．上海：上海三联书店，2012：5.

④ 老子．姬氏道德经［M］．姬英明，译注．北京：朝华出版社，2017：4；老子［M］．饶尚宽，译注．北京：中华书局，2015：11；徐志钧．老子帛书校注［M］．南京：凤凰出版社，2016：334；赵卫国．帛书《道德经》新析［M］．沈阳：东北大学出版社，2017：73；唐汉．道德经新解［M］．北京：北京联合出版公司，2016：221；曹音．《道德经》释疑［M］．上海：上海三联书店，2012：5；老子［M］．李存山，注译．郑州：中州古籍出版社，2008：53；文若愚．道德经全解［M］．北京：中国华侨出版社，2012：29；老子［M］．汤漳平，王朝华，译注．北京：中华书局，2014：16.

⑤ 老子．姬氏道德经［M］．姬英明，译注．北京：朝华出版社，2017：4；老子［M］．饶尚宽，译注．北京：中华书局，2015：11；徐志钧．老子帛书校注［M］．南京：凤凰出版社，2016：336；唐汉．道德经新解［M］．北京：北京联合出版公司，2016：222；曹音．《道德经》释疑［M］．上海：上海三联书店，2012：5；老子［M］．李存山，注译．郑州：中州古籍出版社，2008：53；文若愚．道德经全解［M］．北京：中国华侨出版社，2012：29；老子［M］．汤漳平，王朝华，译注．北京：中华书局，2014：17.

⑥ 赵卫国．帛书《道德经》新析［M］．沈阳：东北大学出版社，2017：74.

【三本对照】

通行本《道德经》第四章：道冲，而用之或不盈。渊兮，似万物之宗。挫其锐，解其纷，和其光，同其尘。湛兮，似或存。吾不知谁之子，象帝之先。①

帛书本《道德经》第四十八章：道冲，而用之有弗盈也。渊呵，似万物之宗。铧其锐，解其纷，和其光，同其尘。湛呵，似或存。吾不知其谁之子也，象帝之先。②

《姬氏道德经》（道经卷）：道空，而用之又不盈也。渊兮，似万物之宗！湛兮，似或存！吾不知谁之子也，象帝之先。③

---

① 老子［M］．饶尚宽，译注．北京：中华书局，2015：11.
② 徐志钧．老子帛书校注［M］．南京：凤凰出版社，2016：334；赵卫国．帛书《道德经》新析［M］．沈阳：东北大学出版社，2017：73.
③ 老子．姬氏道德经［M］．姬英明，译注．北京：朝华出版社，2017：2.

第三章

有物混成，先天地生

【原文之修订】（通行本《道德经》第二十五章；帛书本《道德经》第六十九章）

有物混成，先天地生。寂兮寥兮，独立而不改，周行而不殆，可以为天地母。吾未知其名，字之曰道。强为之名曰大。大曰逝，逝曰远，远曰反。

【引言】

本章内容对应通行本《道德经》第二十五章、帛书本《道德经》第六十九章以及《姬氏道德经》道经卷的第三个段落。

关于本章内容，通行本、帛书本和《姬氏道德经》原文之表述主要有四处差异。第一处，通行本和《姬氏道德经》均写作"寂兮寥兮"，而帛书本写作"寂呵寥呵"。"兮""呵"都是感叹词"啊"的意思。本章原文之修订采用"寂兮寥兮"的说法。第二处，通行本和《姬氏道德经》均有"周行而不殆"一句，在帛书本中却没有。本章原文之修订中列入"周行而不殆"。第三处，通行本写作"大曰'逝'，逝曰'远'"，帛书本和《姬氏道德经》均写作"大曰筮，筮曰远"。筮通"逝"，是"逝去""流逝"的意思。第四处，通行本写作"故道大，天大，地大，人亦大。域中有四大，而人居其一焉。人法地，地法天，天法道，道法自然"，帛书本写作"道大，天大，地大，王亦大。国中有四大而王居一焉。人法地，地法天，天法道，道法自然"，而《姬氏道德经》对应的段落中没有这些句子。《姬氏道德经》将"道大，天大，地大，王亦大。国中有四大而王居一焉。人法地，地法天，天法道，道法自然"的内容列入其道经卷的第十四个段落中（见本书本篇第十四章）。我们仔细分析就会发现，"道大，天大，地大，王亦大。国中有四大而王居一焉。人法地，地法天，天法道，道法自然"的内容与"有物混成，先天地生，寂兮寥兮，独立而不改，周行而不殆，可以为天地母。吾未知其名，字之曰道，强为之名曰大。大曰逝，逝曰远，远曰反"的内容关联性不是很大,而与本书第十四章中的内容关联性很强,所以应当怀疑通行本《道德经》第二十五章、帛书本《道德经》第六十九章的内容是错简或编修错误所致。

本章原文之修订,以《姬氏道德经》所对应的原文之表述为主,兼采通行本和帛书本原文表述的优点。这一章,老子继续描述道的存在性质、运动属性、状态和基本特征。老子认为,道先于天地存在,应该是天地的母亲。这种事物没有人给它起过名字,所以老子就给它取名为道。道具有大、逝、远和反等基本特征,它周而复始、循环往复地运动着,并且无休无止,永不止息。

【释解】

(1)有物混成:有一种事物在混沌状态中形成。物:事物,东西。混:混沌。成:形成,生成。

(2)先天地生:先于天地产生,在天地产生之前就存在。先:先于,在……之前。生:产生,存在。

(3)寂兮寥兮:(它)寂静无声,辽阔空旷啊。寂:沉静,无声。寥:空旷,辽阔,高远。兮:"啊""呀"。

(4)独立而不改:独立存在而从不改变。独:独自,单独。立:存在,生存。改:改变,变更,依然故我。

(5)周行而不殆:循环运行而从不懈怠。周:循环,环绕。行:运行,运动。殆:古同"怠",懈怠,懒惰,停息,止息。

(6)天地母:天地的母亲。母:母亲,本源,本原。

(7)字之曰道:给它取名叫作道。字:取名,给……起名。之:它。曰:叫作。

(8)强为之名曰大:勉强形容它叫作大。强:勉强。名:指称,形容,取小名。大:广大无边,指道的另一名称。

(9)大曰逝:大就是由近及远地运动着。曰:是,为。逝:逝去,由近及远地运动着。

(10)远:远离到极端程度。

(11)反:同"返",返回,物极必反。

【译文】

有一种事物在混沌状态中形成,它在天地产生之前就已存在。它寂静无声,辽阔空旷啊!它独自存在而从不改变,循环运行而从不懈怠。我们可以把它称为天地的母亲。我不知它叫什么名字，就给它取名叫作道，再勉强形容它叫作大。所谓大，就是由近及远地运动着。不断地由近及远地运动下去，就会远离到极端程度。远离到极端程度，就会物极必反。

【拓展】

关于这一章内容的解说，姬英明、饶尚宽、徐志钧、赵卫国、唐汉、曹音、李存山、文若愚、汤漳平和王朝华等学者的意见高度一致①。

【三本对照】

通行本《道德经》第二十五章：有物混成，先天地生。寂兮寥兮，独立而不改，周行而不殆，可以为天下母。吾不知其名，强字之曰"道"，强为之名曰"大"。大曰"逝"，逝曰"远"，远曰"反"。故道大，天大，地大，人亦大。域中有四大，而人居其一焉。人法地，地法天，天法道，道法自然。②

帛书本《道德经》第六十九章：有物混成，先天地生，寂呵寥呵，独立而不改，可以为天地母。吾未知其名也，字之曰道。吾强为之名曰大。大曰筮，筮曰远，远曰反。道大，天大，地大，王亦大。国中有四大而王居一焉。人法地，地法天，天法道，道法自然。③

《姬氏道德经》（道经卷）：有物混成，先天地生。寂兮！寥兮！独立而不改，周行而不殆，可以为天地母。吾未知其名，强字之曰道，强为之名曰大，大曰筮，筮曰远，远曰返。④

① 老子．姬氏道德经［M］．姬英明，译注．北京：朝华出版社，2017：4；老子［M］．饶尚宽，译注．北京：中华书局，2015：56；徐志钧．老子帛书校注［M］．南京：凤凰出版社，2016：470-472；赵卫国．帛书《道德经》新析［M］．沈阳：东北大学出版社，2017：100-101；唐汉．道德经新解［M］．北京：北京联合出版公司，2016：299；曹音．《道德经》释疑［M］．上海：上海三联书店，2012：20；老子［M］．李存山，注译．郑州：中州古籍出版社，2008：80；文若愚．道德经全解［M］．北京：中国华侨出版社，2012：150；老子［M］．汤漳平，王朝华，译注．北京：中华书局，2014：99.

② 老子［M］．饶尚宽，译注．北京：中华书局，2015：55.

③ 徐志钧．老子帛书校注［M］．南京：凤凰出版社，2016：470；赵卫国．帛书《道德经》新析［M］．沈阳：东北大学出版社，2017：100；唐汉．道德经新解［M］．北京：北京联合出版公司，2016：299.

④ 老子．姬氏道德经［M］．姬英明，译注．北京：朝华出版社，2017：2.

第四章

反者，道之动

【原文之修订】（通行本《道德经》第四十章、第四十二章；帛书本《道德经》第四章、第五章）

反者，道之动；弱者，道之用。天下万物生于有，有生于无。（无，无极极，极生炁，炁生变，变之道也。）道生一，一生二，二生三，三生万物。万物负阴而抱阳，冲气以为和。

【引言】

本章内容对应通行本《道德经》的第四十章和第四十二章的第一、二句和帛书本《道德经》的第四章和第五章的第一、二句，以及《姬氏道德经》道经卷的第四个段落。

关于本章内容，通行本、帛书本和《姬氏道德经》原文之表述主要有四处差异。第一处，通行本写作"反者，道之动；弱者，道之用"，帛书本写作"反也者，道之动也；弱也者，道之用也"，《姬氏道德经》写作"返也者，道之动也；弱也者，道之用也"。很显然，"三本"的表述虽然有所差异，但其意思是相同的。相对而言，通行本的表述更简洁明快。第二处，通行本写作"天下万物生于有"，帛书本和《姬氏道德经》均写作"天下之物生于有"。"天下万物"与"天下之物"意思相同。第三处，《姬氏道德经》含有"无，无极极，极生炁，炁生变，变之道也"这句，但通行本和帛书本没有。本书在修订本章内容时，将其列入，放在小括弧中，以便参学。第四处，通行本写作"冲气以为和"，帛书本写作"中气以为和"，《姬氏道德经》写作"空气以为和"。"冲气""中气""空气"三者意义相同或近似。

本章原文之修订，以通行本原文之表述为主，兼采帛书本和《姬氏道德经》原文表述的优点。这一章老子继续描述道的运动特征、功用。他认为，天下万物都产生于可见与不可见的有形物质，而可见与不可见的有形物质又产生于不可见的混沌状的无形物质——道。虚空无极之道产生太一（太极），太极又生出阴阳两种物质，阴阳两种物质相互激荡、交融、结合而产生出更多的物质元素，最后在多种物质元素的基础上又产生宇宙中包括星云、星团、星系等在内的各种物质实体。

【释解】

（1）反者：循环往复，往返。反：通"返"，返回，回归，反向运动。这里指循环往复或往返运动。者：语气助词，表提示。

（2）道之动：道的运动，道的运动方式。动：运动，这里指运动方式。

（3）弱者：柔弱，虚弱，力小。这里指柔弱胜刚强是道的作用或行事方式。

（4）道之用：道的作用，道的作用方式。

（5）生于有：产生于后天的可见与不可见的有形物质，产生于实有。有：实有，妙有，太极、阴阳、冲气、元素等由无或无极状态的道而产生的微观、有形的物质。

（6）有生于无：实有产生于无（无极）。无：先天的虚无、无形、不可见的混沌状态的道，又称为无极、混沌。

（7）无极极：无极之道会发生激变。无极：无，或最初混沌状态的道。极：激变，剧烈变化。

（8）极生炁：激变后会产生宇宙最初的元炁。炁：元炁，元气。

（9）炁生变：元炁又会发生变化。

（10）变之道也：这就是变化的道理。道：指道理、原理。

（11）道生一：作为宇宙本体的道产生太一。一：指太一、太极、实有。

（12）一生二：太一产生阴阳两种气态存在物。

（13）二生三：阴阳两种气态存在物发生交融或聚变而产生多种物质元素。

（14）负阴而抱阳：背负着阴气，怀抱着阳气。这里指天地万物都包含阴阳两个对立面。它们既对立又统一，既冲突又融合，相反而相成。负：背负。抱：怀抱，持有。

（15）冲气以为和：阴阳二气相互激荡融合而形成相对稳定和谐的状态。冲：冲激，激荡。以：文言连词，而。为：形成，变成。和：和谐的状态，和气，阴气与阳气交合而成之气。

【译文】

循环往复是道的运动方式。柔弱胜刚强是道的作用方式。天下万物产生于后天的可见与不可见的有形物质,而后天的可见与不可见的有形物质产生于无。(无,也就是无极之道会发生激变,激变后会产生宇宙最初的元炁,元炁又会发生变化,这就是变化的道理)作为宇宙本体的道产生太一,太一产生阴阳两种气态存在物,阴阳两种气态存在物发生交融或聚变而产生多种物质元素,多种物质元素交融或聚变而产生天地万物。天地万物背负着阴气,怀抱着阳气,它们都包含着阴阳二气,这阴阳二气相互激荡融合而形成相对稳定和谐的状态。

【拓展】

关于"反"。姬英明、饶尚宽、徐志钧、曹音、李存山、文若愚、汤漳平和王朝华等人认为,"反"是指"反复循环的变化"①;赵卫国将"反"理解为"道的反方向运动"②。唐汉认为,"反"字作"扳"讲,即"将反曲复合弓扳扯过来挂上弦,然后搭箭拉弦欲射"的意思。③ 显而易见,赵卫国的观点过于偏颇,而唐汉的解释过于牵强附会。

关于"弱"。饶尚宽、徐志钧、赵卫国、曹音、李存山、汤漳平和王朝华认为,"弱"是"柔弱""柔和""幼嫩""弱小"的意思④;姬英明将"弱"解释为"无声无息地周流运转"⑤;唐汉认为,"弱""本义为柔弱。文中'反、弱'对应,均指弓弦的状态"⑥。笔者基本赞同饶尚宽等人的观点,但笔者还认为,这里的"弱"应是柔弱胜刚强之意。

关于"变之道"。姬英明认为,"变之道"是"变成了这自然宇宙之中最玄妙莫测而又循环不息的大道"的意思。笔者认为这种解释欠妥,因为前面"无,

---

① 老子.姬氏道德经 [M].姬英明,译注.北京:朝华出版社,2017:5;老子 [M].饶尚宽,译注.北京:中华书局,2015:89;徐志钧.老子帛书校注 [M].南京:凤凰出版社,2016:35;曹音.《道德经》释疑 [M].上海:上海三联书店,2012:30;老子 [M].李存山,注译.郑州:中州古籍出版社,2008:99;文若愚.道德经全解 [M].北京:中国华侨出版社,2012:236;老子 [M].汤漳平,王朝华,译注.北京:中华书局,2014:154.

② 赵卫国.帛书《道德经》新析 [M].沈阳:东北大学出版社,2017:11.

③ 唐汉.道德经新解 [M].北京:北京联合出版公司,2016:34.

④ 老子 [M].饶尚宽,译注.北京:中华书局,2015:89;徐志钧.老子帛书校注 [M].南京:凤凰出版社,2016:36;赵卫国.帛书《道德经》新析 [M].沈阳:东北大学出版社,2017:11;曹音.《道德经》释疑 [M].上海:上海三联书店,2012:30;老子 [M].李存山,注译.郑州:中州古籍出版社,2008:99;文若愚.道德经全解 [M].北京:中国华侨出版社,2012:236;老子 [M].汤漳平,王朝华,译注.北京:中华书局,2014:154.

⑤ 老子.姬氏道德经 [M].姬英明,译注.北京:朝华出版社,2017:5.

⑥ 唐汉.道德经新解 [M].北京:北京联合出版公司,2016:34.

无极极，极生炁，炁生变"这部分，说的是无极（道）发生变化产生元炁，元炁又继续发生变化，所以，"变之道"被解释为"变成了……的大道"，逻辑不通。"变之道"应作"（这就是）变化的道理"讲才好。

【三本对照】

通行本《道德经》第四十章：反者，道之动；弱者，道之用。天下万物生于有，有生于无。① 第四十二章：道生一，一生二，二生三，三生万物。万物负阴而抱阳，冲气以为和。②

帛书本《道德经》第四章：反也者，道之动也；弱也者，道之用也。天下之物生于有，有生于无。③ 第五章：道生一，一生二，二生三，三生万物。万物负阴而抱阳，中气以为和。④

《姬氏道德经》（道经卷）：返也者，道之动也；弱也者，道之用也。天下之物生于有，有生于无。无，无极极，极生炁，炁生变，变之道也。道生一，一生二，二生三，三生万物。万物负阴而抱阳，空气以为和。⑤

---

① 老子 [M]. 饶尚宽，译注. 北京：中华书局，2015：89.
② 老子 [M]. 饶尚宽，译注. 北京：中华书局，2015：93.
③ 徐志钧. 老子帛书校注 [M]. 南京：凤凰出版社，2016：35；赵卫国. 帛书《道德经》新析 [M]. 沈阳：东北大学出版社，2017：11.
④ 徐志钧. 老子帛书校注 [M]. 南京：凤凰出版社，2016：40；赵卫国. 帛书《道德经》新析 [M]. 沈阳：东北大学出版社，2017：12.
⑤ 老子. 姬氏道德经 [M]. 姬英明，译注. 北京：朝华出版社，2017：2.

第五章

孔德之容，惟道是从

【原文之修订】（通行本《道德经》第二十一章；帛书本《道德经》第六十五章）

孔德之容，惟道是从。道之为物，唯恍唯惚。惚兮恍兮，其中有象；恍兮惚兮，其中有物。幽兮冥兮，其中有精；其精甚真，其中有信。自古及今，其名不去，以顺众父。吾何以知众父之然？以此。

【引言】

本章内容对应通行本《道德经》第二十一章、帛书本《道德经》第六十五章以及《姬氏道德经》道经卷的第五个段落。

关于本章内容，通行本、帛书本和《姬氏道德经》原文之表述主要有五处差异。第一处，通行本写作"惚兮恍兮，其中有象"，帛书本和《姬氏道德经》均写作"惚呵恍呵，中有象呵"。"兮""呵"意思相同。"其中有象""中有象"意思相同。所以，这一处三本的原文表述虽有所不同，但意思相同。第二处，通行本写作"恍兮惚兮，其中有物"，帛书本和《姬氏道德经》均写作"恍呵惚呵，中有物呵"。"其中有物"与"中有物"意思相同。第三处，通行本写作"窈兮冥兮，其中有精"，帛书本和《姬氏道德经》均写作"幽呵冥呵，中有精呵"。"窈""幽"意思相同，都是深远、幽静的意思。"其中有精""中有精"意思相同。所以，这一处三本的意思也相同。第四处，通行本写作"以阅众甫"，帛书本和《姬氏道德经》均写作"以顺众父"。"阅"是视察、认识的意思，"顺"是根据道的特征和功用来探究认识的意思，二者在此实际意思相同。"甫"通"父"，是开始、本原的意思，"众甫"即"众父"。第五处，通行本写作"吾何以知众甫之状哉"，帛书本和《姬氏道德经》均写作"吾何以知众父之然"。"状""然"意思相同，都是"状态""样子"的意思。由上可见，这三本虽然原文表述上有所差异，但大意是相同的。

本章原文之修订，以通行本原文之表述为主，兼采帛书本和《姬氏道德经》原文表述的优点。这一章，老子在描述道的一些存在特征。老子认为，道作为一种事物，是确实存在的，并且是万物的本原。它表现得恍恍惚惚、幽幽冥冥、似有似无，但它的确存在，它可以被推知和验证。老子说他自己就是通过道变化的蛛丝马迹来认识道的。道生养万物而不据为己有，也不居功自傲，是人们学习道德的楷模。

【释解】

（1）孔德之容：大德之人的行动或作为。孔德：大德，大德之人。容：本义是仪容、容貌、姿容、样式、模式，这里引申为行为、作为或行动。

（2）惟道是从：只听从道的命令或指挥，绝对遵从道的规律。惟：只，只是。是：宾语前置词，将宾语置于谓语之前。从：服从，听从，遵从。

（3）道之为物："道之物"，道作为一种事物，道这个东西。之：助词，用在主谓结构之间。为：作为。物：事物，东西。

（4）唯恍唯惚：恍恍惚惚，模模糊糊，幽暗不明，微妙难测。唯：唯有，只有。

（5）其中有象：其中有形象。象：形象。

（6）其中有物：其中有实物。物：实物，东西。

（7）幽兮冥兮：幽暗不明，昏暗不清。幽：幽暗。冥：昏暗。

（8）其中有精：其中有精微至小的事物，精气。

（9）其中有信：其中有值得可信的东西。信：可信，可相信，可验证，这里指可信的东西。

（10）其名不去：它的名称始终没有失去或消失。名：名称，这里指道的"大""逝""反"等特征和功用。去：失去，消失。

（11）以顺众父：（根据道的特征和功用）来探究认知万物的本原。顺：沿着，循着，这里指循着（道的特征和功用）来探究认知。众父：万物的本原，道。

（12）吾何以知众父之然：我凭什么知道万物本原的样子的。何以：凭什么，用什么。知：知道，明白。然：样子，样态。

（13）以此：凭借的就是这个。此：这，这个，这里指"顺众父"或"惟道是从"。

【译文】

大德之人的行动绝对遵从道的规律。道这个东西，幽暗不明，微妙难测。惚惚恍恍，其中有形象；恍恍惚惚，其中有实物。道幽暗不明，昏暗不清，其中有精气，这精气非常真实又可信。从古到今，它的名称始终存在而没有消失。我们可以根据道的特征和功用来探究认知万物的本原。我是凭什么知道万物本原的样子呢？凭借的就是这个"顺众父"或"惟道是从"。

【拓展】

关于"孔"。姬英明认为，"孔"是"孔窍""孔洞""孔形"的意思①；饶尚宽、徐志钧、赵卫国、曹音、李存山、文若愚、汤漳平和王朝华将"孔"作"大"讲②；唐汉将"孔"解读为"流出""涌流而出"的意思③。笔者赞同饶尚宽、徐志钧等人的看法。

关于"容"。姬英明、赵卫国、曹音认为，"容"是"形态""样态，表现"的意思④；饶尚宽、徐志钧、唐汉将"容"作"容貌，模样""容颜"讲⑤；李存山、汤漳平和王朝华将"容"解读为"动作""行动"⑥；文若愚认为，"容"是"内容"的意思⑦。笔者赞同李存山、汤漳平和王朝华的观点。

关于"象"。姬英明认为，"象"是"现象"的意思⑧；饶尚宽、徐志钧、

---

① 老子．姬氏道德经［M］．姬英明，译注．北京：朝华出版社，2017：5.

② 老子［M］．饶尚宽，译注．北京：中华书局，2015：47；徐志钧．老子帛书校注［M］．南京：凤凰出版社，2016：447；赵卫国．帛书《道德经》新析［M］．沈阳：东北大学出版社，2017：96；曹音．《道德经》释疑［M］．上海：上海三联书店，2012：17；老子［M］．李存山，注译．郑州：中州古籍出版社，2008：74；文若愚．道德经全解［M］．北京：中国华侨出版社，2012：127；老子［M］．汤漳平，王朝华，译注．北京：中华书局，2014：84.

③ 唐汉．道德经新解［M］．北京：北京联合出版公司，2016：285.

④ 老子．姬氏道德经［M］．姬英明，译注．北京：朝华出版社，2017：5；赵卫国．帛书《道德经》新析［M］．沈阳：东北大学出版社，2017：96；曹音．《道德经》释疑［M］．上海：上海三联书店，2012：17.

⑤ 老子［M］．饶尚宽，译注．北京：中华书局，2015：47；徐志钧．老子帛书校注［M］．南京：凤凰出版社，2016：447；唐汉．道德经新解［M］．北京：北京联合出版公司，2016：285.

⑥ 老子［M］．李存山，注译．郑州：中州古籍出版社，2008：75；老子［M］．汤漳平，王朝华，译注．北京：中华书局，2014：82.

⑦ 文若愚．道德经全解［M］．北京：中国华侨出版社，2012：127.

⑧ 老子．姬氏道德经［M］．姬英明，译注．北京：朝华出版社，2017：5.

赵卫国、唐汉、李存山、文若愚、曹音等人将"象"作"形象""形状，样子"讲①。笔者赞同饶尚宽、徐志钧等人的解释。

关于"精"。姬英明、赵卫国、李存山、文若愚、汤漳平和王朝华等人认为，"精"是指"最微小的精微物体""精气""精微""最微小、不可见的原质"②；饶尚宽、徐志钧将"精"作"精神""规律"讲③；唐汉将"精"解读为"关爱之情"④；曹音认为，"精"是指"情形"的意思⑤。笔者赞同姬英明、赵卫国等人的解读。

关于"信"。姬英明认为，"信"是指"万物形成的信息"⑥；饶尚宽、曹音、李存山、文若愚、汤漳平和王朝华将"信"作"验证""可信""信验，真实""值得相信之物"讲⑦；徐志钧认为，"信"是指"精、神"⑧；赵卫国将"信"解读为"化育万物的信念"⑨；唐汉将"信"解释为"诚信"⑩。笔者赞同饶尚宽、曹音等人的见解。

关于"名"。姬英明、饶尚宽、徐志钧、赵卫国、唐汉、李存山、文若愚、

① 老子 [M].饶尚宽，译注.北京：中华书局，2015：48；徐志钧.老子帛书校注 [M].南京：凤凰出版社，2016：447；赵卫国.帛书《道德经》新析 [M].沈阳：东北大学出版社，2017：96；唐汉.道德经新解 [M].北京：北京联合出版公司，2016：285；老子 [M].李存山，注译.郑州：中州古籍出版社，2008：75；文若愚.道德经全解 [M].北京：中国华侨出版社，2012：127；老子 [M].汤漳平，王朝华，译注.北京：中华书局，2014：84；曹音.《道德经》释疑 [M].上海：上海三联书店，2012：17.

② 老子.姬氏道德经 [M].姬英明，译注.北京：朝华出版社，2017：5；赵卫国.帛书《道德经》新析 [M].沈阳：东北大学出版社，2017：96；老子 [M].李存山，注译.郑州：中州古籍出版社，2008：75；文若愚.道德经全解 [M].北京：中国华侨出版社，2012：127；老子 [M].汤漳平，王朝华，译注.北京：中华书局，2014：84.

③ 老子 [M].饶尚宽，译注.北京：中华书局，2015：48；徐志钧.老子帛书校注 [M].南京：凤凰出版社，2016：448.

④ 唐汉.道德经新解 [M].北京：北京联合出版公司，2016：286.

⑤ 曹音.《道德经》释疑 [M].上海：上海三联书店，2012：17.

⑥ 老子.姬氏道德经 [M].姬英明，译注.北京：朝华出版社，2017：5.

⑦ 老子 [M].饶尚宽，译注.北京：中华书局，2015：48；曹音.《道德经》释疑 [M].上海：上海三联书店，2012：17；老子 [M].李存山，注译.郑州：中州古籍出版社，2008：75；文若愚.道德经全解 [M].北京：中国华侨出版社，2012：127；老子 [M].汤漳平，王朝华，译注.北京：中华书局，2014：84.

⑧ 徐志钧.老子帛书校注 [M].南京：凤凰出版社，2016：448.

⑨ 赵卫国.帛书《道德经》新析 [M].沈阳：东北大学出版社，2017：96.

⑩ 唐汉.道德经新解 [M].北京：北京联合出版公司，2016：285.

汤漳平和王朝华等人认为，"名"是指"名实""名字""名称""道之功用"①；曹音将"名"解读为"'道'中隐藏着的象、物、情形"的意思②。笔者赞同姬英明、饶尚宽等人的看法。

关于"顺"。姬英明、赵卫国、李存山、文若愚、汤漳平和王朝华等人认为，"顺"是"只要依据……的规律就能找到""了解""知""认识"的意思③；饶尚宽将"顺"解读为"阅""视察"④；徐志钧、曹音认为，"顺"是指"遵循""旁观"⑤；唐汉将"顺"解释为"顺应"的意思⑥。笔者赞同姬英明、赵卫国等人的观点。

【三本对照】

通行本《道德经》第二十一章：孔德之容，惟道是从。道之为物，惟恍惟惚。惚兮恍兮，其中有象；恍兮惚兮，其中有物。窈兮冥兮，其中有精；其精甚真，其中有信。自古及今，其名不去，以阅众甫。吾何以知众甫之状哉？以此。⑦

帛书本《道德经》第六十五章：孔德之容，惟道是从。道之为物，唯恍唯惚。惚呵恍呵，中有象呵。恍呵惚呵，中有物呵。幽呵冥呵，中有精呵。其精

① 老子．姬氏道德经［M］．姬英明，译注．北京：朝华出版社，2017：6；老子［M］．饶尚宽，译注．北京：中华书局，2015：48；徐志钧．老子帛书校注［M］．南京：凤凰出版社，2016：449；赵卫国．帛书《道德经》新析［M］．沈阳：东北大学出版社，2017：96；唐汉．道德经新解［M］．北京：北京联合出版公司，2016：285；老子［M］．李存山，注译．郑州：中州古籍出版社，2008：75；文若愚．道德经全解［M］．北京：中国华侨出版社，2012：127；老子［M］．汤漳平，王朝华，译注．北京：中华书局，2014：83．
② 曹音．《道德经》释疑［M］．上海：上海三联书店，2012：17．
③ 老子．姬氏道德经［M］．姬英明，译注．北京：朝华出版社，2017：6；赵卫国．帛书《道德经》新析［M］．沈阳：东北大学出版社，2017：96；老子［M］．李存山，注译．郑州：中州古籍出版社，2008：75；文若愚．道德经全解［M］．北京：中国华侨出版社，2012：127；老子［M］．汤漳平，王朝华，译注．北京：中华书局，2014：84．
④ 老子［M］．饶尚宽，译注．北京：中华书局，2015：48．
⑤ 徐志钧．老子帛书校注［M］．南京：凤凰出版社，2016：449；曹音．《道德经》释疑［M］．上海：上海三联书店，2012：17．
⑥ 唐汉．道德经新解［M］．北京：北京联合出版公司，2016：285．
⑦ 老子［M］．饶尚宽，译注．北京：中华书局，2015：47；文若愚．道德经全解［M］．北京：中国华侨出版社，2012：127；老子［M］．汤漳平，王朝华，译注．北京：中华书局，2014：82．

甚真，其中有信。自今及古，其名不去，以顺众父。吾何以知众父之然？以此。①

　　《姬氏道德经》（道经卷）：孔德之容，惟道是从。道之为物，唯恍唯惚。惚呵恍呵，中有象呵；恍呵惚呵，中有物呵；幽呵冥呵，中有精呵；其精甚真，其中有信。自今及古，其名不去，以顺众父。吾何以知众父之然，以此。②

---

① 徐志钧.老子帛书校注［M］.南京：凤凰出版社，2016：447；赵卫国.帛书《道德经》新析［M］.沈阳：东北大学出版社，2017：96.
② 老子.姬氏道德经［M］.姬英明，译注.北京：朝华出版社，2017：2-3.

第六章

视之而弗见，名之曰微

【原文之修订】（通行本《道德经》第十四章；帛书本《道德经》第五十八章）

视之而弗见，名之曰微；听之而弗闻，名之曰希；捪之而弗得，名之曰夷。此三者不可致诘，故混而为一。一者，其上丕攸，其下丕惚，寻寻呵不可名也，复归于无物。是谓无状之状，无物之象，是谓惚恍。随而不见其后，迎而不见其首。故执今之道，以御今之有，以知古始。是谓道纪。

【引言】

本章内容对应通行本《道德经》第十四章、帛书本《道德经》第五十八章以及《姬氏道德经》道经卷的第六个段落。

关于本章内容，通行本、帛书本和《姬氏道德经》原文之表述主要有四处差异。第一处，通行本写作"视之不见，名曰夷"，帛书本写作"视之而弗见，名之曰微"，《姬氏道德经》写作"视之而弗见，名曰夷"。"夷"本义是平坦，引申为无形。"微"本义是微小、细小，引申为无形。从本义上讲，给"视之不见"的东西命名为"微"可能更合适。第二处，通行本写作"搏之不得，名曰微"，帛书本写作"捪之而弗得，名之曰夷"，《姬氏道德经》写作"挥之而弗得，名曰微"。"搏""捪""挥"三者意思相同或相近。"搏"是用手触摸的意思，"捪"同"抿"，是"抚摸"的意思，"挥"本义是挥手、摆手，引申为抓、摸。第三处，通行本写作"其上不曒，其下不昧，绳绳兮不可名"，帛书本写作"其上不攸，其下不惚，寻寻呵不可名也"，《姬氏道德经》写作"其上不幽，其下不惚，寻寻呵不可名也"。首先，"曒""攸""幽"三者意思有所不同。"曒"同"皎"，是洁白、明亮的意思。"攸"通"悠"，是悠远、久远的意思。"幽"是幽暗、昏暗的意思。其次，"昧""惚"二者意思相同或相近。"昧"是幽暗不明的意思。"惚"是幽暗不明、微妙难测的意思。最后是"绳绳兮"和

"寻寻呵"意思有所不同。"绳绳分"是无边无际的意思。"寻寻呵"是不停地探求的意思。我们仔细分析可知，通行本"其上不曒，其下不昧"中的"不"作否定的意思讲，而帛书本"其上不攸，其下不惚"中的"不"和《姬氏道德经》"其上不幽，其下不惚"中的"不"，都通"丕"，作"大"的意思讲。这样，帛书本的"其上不攸"、《姬氏道德经》的"其上不幽"意思相近或相同。因为现代人已经习惯了把"不"当作否定的意思讲，所以，为了避免对帛书本"其上不幽，其下不惚"中的"不"的实际意思的误解或疑惑不解，本书特意把帛书本原文"其上不攸，其下不惚"修订为"其上丕攸，其下丕惚"。第四处，通行本写作"执古之道，以御今之有"，帛书本和《姬氏道德经》均写作"执今之道，以御今之有"。从"执古之道，以御今之有"这一句可以看出，通行本受儒家复古主义思想的影响，经过了儒家学者的篡改。单就内容记述而言，帛书本比通行本、《姬氏道德经》更接近和符合老子的原义。

本章原文之修订，除了把帛书本"其上不攸，其下不惚"中的"不"字修正为"丕"字之外，其余内容均采用帛书本第五十八章原文之表述。这一章老子继续对道的"微""希""夷""丕攸""丕惚"等基本特征进行描述，并告诫人们要把握当前宇宙、自然和社会发展的规律，来处理好当今社会面临的问题和探究万物的本原。

【释解】

（1）弗：不。

（2）名之曰微：给它起名叫作微。微：细小，微小，精微。

（3）希：希声，寂静无声。

（4）揖之而弗得：抚摸它而感受不到。揖（mín）：同"揗"，抚，抚摸，轻轻地按着。弗得：感受不到，得不到。

（5）夷：平，平坦。

（6）致诘：做极其深入追问，极深探究，打破砂锅问到底。致：通"至"，极，究竟。诘：追问，究问结果，推究原委。

（7）故混而为一：（它们）本来是浑然一体的。故：同"固"，原来，本来。混：混杂，掺杂在一起。

（8）一者：这个"一"，这个"道"。一：指浑然一体的道。

（9）其上丕攸：它的上部非常悠远。丕（pī）：大，非常。攸：通"悠"，长远，久远，悠远。

（10）其下丕惚：它的下部非常幽暗不明，微妙难测。惚：幽暗不明，微妙不测的样子。

（11）寻寻呵不可名也：不断地探求追问也无法说出它的名状。寻寻：不断追寻思考，探究，推求，研究。呵：感叹词，同"啊"。名：说出，形容，描述。

（12）复归于无物：（指老子探究道的名状而不得后的思绪）又回归到空洞无物的状态。复归于：恢复到（某种状态）。

（13）是谓无状之状：这就是没有形状的形状。是谓：这叫作，这就是。

（14）无物之象：没有物体的形象。

（15）随而不见其后：跟随它却看不到它的后背。

（16）迎而不见其首：迎着它也看不到它的头部。

（17）故执今之道：所以（我们要）学习把握当今道运行的规律与治国安民之道。故：所以，因此。执：掌握。道：双关语，既指道运行的规律，也指治国安民之道。

（18）以御今之有：来驾驭和管理当今的一切事物和事务。

（19）以知古始：来探知宇宙的起源和远古时代的历史。

（20）道纪：道的纲纪、规律、原则和要求。纪：纲领，纲纪，规律，法则，原则，准则。

【译文】

用眼看也看不见，给它起名叫作"微"；用耳听也听不到，给它起名叫作"希"；用手摸也摸不到，给它起名叫作"夷"。这三方面我无法做到极深探究，因为它们本来就是浑然一体的。这个浑然一体的道，它的上部非常悠远，它的下部非常幽暗不明，微妙难测。我不断地探求追问也无法说出它的名状，最终我探究道的名状而不得后的思绪又回归到空洞无物的状态。这就叫作没有形状的形状，没有物体的形象，这也叫作"惚恍"。我们跟随它却看不到它的后背，迎着它也看不到它的头部。所以，我们要学习把握当今道运行的规律与治国安民之道，来驾驭和管理当今的一切事物和事务，来探知宇宙的起源和远古时代的历史。这就是道的纲纪、规律、原则和要求。

【拓展】

关于"其上丕攸，其下丕惚"（帛书本原文写作"其上不攸，其下不惚"，《姬氏道德经》原文写作"其上不幽，其下不惚"，而通行本原文写作"其上不皦，其下不昧"）。帛书本和《姬氏道德经》中的"不"字，通"丕"，作

"大""非常"的意思讲。许多人包括许多注解《道德经》的学者，都忘记了
"不"字还有"丕""大""非常"的意思，而简单地将"不"理解为否定意思
的"不"，从而因无法理解这里的意义而做了生硬的、牵强附会的或自相矛盾的
错解。例如，赵卫国将其所注解的帛书本"其上不攸，其下不惚"解释为"从
前不知道它是从哪里而来的，以后也不可能忽然消失"①，这很明显，是肆意曲
解。唐汉把其注解的帛书本"其上不谬，其下不忽"解释为"向上升扬不会漫
无边际，向下降落不会入而不见"② 这多少有些主观臆断。通行本《道德经》
的编修者可能也是为了避免人们对"其上不幽，其下不惚"或"其上不攸，其
下不惚"的错解，而特意地把这句改成了"其上不曒，其下不昧"，这样人们把
这里的"不"字理解为否定意思的"不"就不会出错了。

关于"寻寻"。帛书本《道德经》和《姬氏道德经》中都写作"寻寻呵不
可名也"，而通行本《道德经》写作"绳绳兮不可名"。这样三者句意就产生了
差别。"寻寻"是指"不停地探求"③，而"绳绳"是指"无边无际"④。

关于"古始"。姬英明、饶尚宽、李存山、汤漳平和王朝华等人认为，"古
始"是指"自然大道的始源""宇宙的初始""宇宙的原始"⑤；徐志钧、唐汉、
文若愚将"古始"作"年代久远的从前""远古的开始"讲⑥；赵卫国、曹音
则将"古始"理解为"万物的由来""万物的起源"⑦。笔者认为，这里的"古
始"既有宇宙的起源、万物的本原义，也有"远古时代的历史"的意思。

关于"道纪"。姬英明、饶尚宽、李存山、曹音、文若愚、汤漳平和王朝华
等人认为，"道纪"是指"道的纲要""道的纲纪""道的根本原则""道的规

① 赵卫国.帛书《道德经》新析［M］.沈阳：东北大学出版社，2017：87.
② 唐汉.道德经新解［M］.北京：北京联合出版公司，2016：257.
③ 徐志钧.老子帛书校注［M］.南京：凤凰出版社，2016：400.
④ 老子［M］.饶尚宽，译注.北京：中华书局，2015：32.
⑤ 老子.姬氏道德经［M］.姬英明，译注.北京：朝华出版社，2017：6；老子［M］.饶
　　尚宽，译注.北京：中华书局，2015：32；老子［M］.李存山，注译.郑州：中州古籍
　　出版社，2008：64；老子［M］.汤漳平，王朝华，译注.北京：中华书局，2014：55.
⑥ 徐志钧.老子帛书校注［M］.南京：凤凰出版社，2016：401；唐汉.道德经新解
　　［M］.北京：北京联合出版公司，2016：257；文若愚.道德经全解［M］.北京：中国
　　华侨出版社，2012：88.
⑦ 赵卫国.帛书《道德经》新析［M］.沈阳：东北大学出版社，2017：87.

律"①；徐志钧将"道纪"解释为"治国的要领""治国的方略"②；赵卫国将"道纪"解读为"道的历史"③；唐汉认为，"道纪"是"道的捆束为一（太一）"的意思④。笔者赞同姬英明、饶尚宽等人的观点，认为"道纪"是指道的纲纪、规律、原则和要求。

【三本对照】

通行本《道德经》第十四章：视之不见，名曰夷；听之不闻，名曰希；搏之不得，名曰微。此三者不可致诘，故混而为一。一者，其上不皦，其下不昧，绳绳兮不可名，复归于无物。是谓无状之状，无物之象，是谓惚恍。迎之不见其首，随之不见其后。执古之道，以御今之有。能知古始，是谓道纪。⑤

帛书本《道德经》第五十八章：视之而弗见，名之曰微。听之而弗闻，名之曰希。捪之而弗得，名之曰夷。三者不可致诘，故混而为一。一者，其上不攸，其下不惚，寻寻呵不可名也，复归于无物。是谓无状之状，无物之象，是谓惚恍。随而不见其后，迎而不见其首。执今之道，以御今之有，以知古始，是谓道纪。⑥

《姬氏道德经》（道经卷）：视之而弗见，名曰夷；听之而弗闻，名曰希；挥之而弗得，名曰微。此三者不可至计，故潘而为一。一者，其上不幽，其下不惚，寻寻呵不可名也，复归于无物。是谓无状之状，无物之象，是谓惚恍。随而不见其后，迎而不见其首。故执今之道，以御今之有，以知古始，是谓道纪。⑦

---

① 老子.姬氏道德经［M］.姬英明，译注.北京：朝华出版社，2017：6；老子［M］.饶尚宽，译注.北京：中华书局，2015：32；老子［M］.李存山，注译.郑州：中州古籍出版社，2008：64；曹音.《道德经》释疑［M］.上海：上海三联书店，2012：12；文若愚.道德经全解［M］.北京：中国华侨出版社，2012：88.
② 徐志钧.老子帛书校注［M］.南京：凤凰出版社，2016：401-404.
③ 赵卫国.帛书《道德经》新析［M］.沈阳：东北大学出版社，2017：87.
④ 唐汉.道德经新解［M］.北京：北京联合出版公司，2016：257.
⑤ 老子［M］.饶尚宽，译注.北京：中华书局，2015：31.
⑥ 徐志钧.老子帛书校注［M］.南京：凤凰出版社，2016：399；赵卫国.帛书《道德经》新析［M］.沈阳：东北大学出版社，2017：86-87.
⑦ 老子.姬氏道德经［M］.姬英明，译注.北京：朝华出版社，2017：3.

第七章

浴神不死，是谓玄牝

【原文之修订】（通行本《道德经》第六章；帛书本《道德经》第五十章）

浴神不死，是谓玄牝。玄牝之门，是谓天地之根。绵绵呵其若存，用之不尽。

【引言】

本章内容对应通行本《道德经》第六章、帛书本《道德经》第五十章以及《姬氏道德经》道经卷的第七个段落。

关于本章内容，通行本、帛书本和《姬氏道德经》原文之表述主要有两处差异。第一处，通行本写作"谷神不死，是谓玄牝"，帛书本和《姬氏道德经》均写作"浴神不死"。"浴神"和"谷神"同义，是生育之神的意思。第二处，通行本写作"用之不勤"，帛书本写作"用之不堇"，《姬氏道德经》写作"用之不尽"。"勤""堇""尽"三者意思相同。"勤""堇"都通"尽"，是竭、完的意思。

本章原文之修订，以帛书本原文之表述为主，兼采《姬氏道德经》原文表述的优点。这一章老子把道比作不老的"谷神""玄牝"，认为道是天地万物产生的根源，其永生长存，绵延不绝，其作用无穷无尽。

【释解】

（1）浴神不死：道作为生养天地万物的神灵是永生不死的。浴神：谷神，生育之神。

（2）玄牝之门：玄妙母体的生殖之门。这里老子把道比作玄牝，认为道是滋生万物的本原。牝（pìn）：雌性动物，母体。门：（雌性动物的）阴户，阴门，生殖之门。

（3）天地之根：天地的根源。根：根源，本原。

（4）绵绵呵其若存：它绵延不绝地、若隐若现地存在着。若存：若隐若现地存在，存在但不可见。

（5）用之不尽：其作用无穷无尽。用：作用，功用。尽：穷尽，竭，完。

【译文】

道作为生养天地万物的神灵是永生不死的，因此又把它叫作"玄牝"。这玄妙母体的生殖之门，就是产生天地万物的根源。它绵延不绝地、若隐若现地存在着，其作用无穷无尽。

【拓展】

关于"浴神"（通行本："谷神"）。姬英明认为，浴神是指"生养天地万物的自然水汽"①；饶尚宽、徐志钧、赵卫国、曹音、李存山、文若愚、汤漳平和王朝华等人将"谷神"解读为"道""生养天地万物的神灵""生育之神""生养之神""虚空博大、变化莫测的'道'"②；唐汉认为，"浴神"是"欲望之神"的意思③。笔者赞同饶尚宽、徐志钧等人的看法。

关于"玄牝"。姬英明、赵卫国、饶尚宽、徐志钧、曹音、李存山、文若愚、汤漳平和王朝华等人认为，"玄牝"是指"产生万物而玄妙深远的无法言表的雌道""微妙的母体""产生万物的本源""道"④；唐汉将"玄牝"解释为"脐带延伸而连接的女阴"⑤。笔者赞同姬英明、赵卫国、饶尚宽等人的观点。

关于"用之不尽"。姬英明、徐志钧、赵卫国、曹音、文若愚、汤漳平和王

---

① 老子. 姬氏道德经 [M]. 姬英明，译注. 北京：朝华出版社，2017：10.
② 老子 [M]. 饶尚宽，译注. 北京：中华书局，2015：15；徐志钧. 老子帛书校注 [M]. 南京：凤凰出版社，2016：346；赵卫国. 帛书《道德经》新析 [M]. 沈阳：东北大学出版社，2017：76；曹音.《道德经》释疑 [M]. 上海：上海三联书店，2012：6；老子 [M]. 李存山，注译. 郑州：中州古籍出版社，2008：55；文若愚. 道德经全解 [M]. 北京：中国华侨出版社，2012：44；老子 [M]. 汤漳平，王朝华，译注. 北京：中华书局，2014：24.
③ 唐汉. 道德经新解 [M]. 北京：北京联合出版公司，2016：228.
④ 老子. 姬氏道德经 [M]. 姬英明，译注. 北京：朝华出版社，2017：12；赵卫国. 帛书《道德经》新析 [M]. 沈阳：东北大学出版社，2017：76；老子 [M]. 饶尚宽，译注. 北京：中华书局，2015：15；徐志钧. 老子帛书校注 [M]. 南京：凤凰出版社，2016：350；曹音.《道德经》释疑 [M]. 上海：上海三联书店，2012：6；老子 [M]. 李存山，注译. 郑州：中州古籍出版社，2008：55；文若愚. 道德经全解 [M]. 北京：中国华侨出版社，2012：44；老子 [M]. 汤漳平，王朝华，译注. 北京：中华书局，2014：24.
⑤ 唐汉. 道德经新解 [M]. 北京：北京联合出版公司，2016：228.

朝华认为，"用之不尽"是"道的作用是无穷无尽的""功用无穷无尽"的意思[1]；饶尚宽认为，"用之不尽"是指"（道）运行而不知倦怠"[2]；唐汉将"用之不尽"解读为"女阴使用并不勤"[3]；李存山将"用之不尽"解释为"用之而不会穷尽"[4]。笔者赞同姬英明、徐志钧等人的解读。

【三本对照】

通行本《道德经》第六章：谷神不死，是谓玄牝。玄牝之门，是谓天地根。绵绵若存，用之不勤。[5]

帛书本《道德经》第五十章：浴神不死，是谓玄牝。玄牝之门，是谓天地之根。绵绵呵其若存，用之不堇。[6]

《姬氏道德经》（道经卷）：浴神不死，是谓玄牝，玄牝之门，是谓天地之根。绵绵呵若存，用之不尽。[7]

---

① 老子．姬氏道德经［M］．姬英明，译注．北京：朝华出版社，2017：10；徐志钧．老子帛书校注［M］．南京：凤凰出版社，2016：347；赵卫国．帛书《道德经》新析［M］．沈阳：东北大学出版社，2017：76；曹音．《道德经》释疑［M］．上海：上海三联书店，2012：7；文若愚．道德经全解［M］．北京：中国华侨出版社，2012：44；老子［M］．汤漳平，王朝华，译注．北京：中华书局，2014：25.
② 老子［M］．饶尚宽，译注．北京：中华书局，2015：15.
③ 唐汉．道德经新解［M］．北京：北京联合出版公司，2016：228.
④ 老子［M］．李存山，注译．郑州：中州古籍出版社，2008：56.
⑤ 老子［M］．饶尚宽，译注．北京：中华书局，2015：15.
⑥ 徐志钧．老子帛书校注［M］．南京：凤凰出版社，2016：345；赵卫国．帛书《道德经》新析［M］．沈阳：东北大学出版社，2017：76.
⑦ 老子．姬氏道德经［M］．姬英明，译注．北京：朝华出版社，2017：9.

第八章

天下有始，以为天下母

【原文之修订】（通行本《道德经》第五十二章；帛书本《道德经》第十五章）

天下有始，以为天下母。既得其母，以知其子。既知其子，复守其母，没身不殆。塞其堄，闭其门，终身不堇。启其堄，济其事，终身不救。见小曰明，守柔曰强。用其光，复归其明，毋遗身殃，是谓袭常。

【引言】

本章内容对应通行本《道德经》第五十二章、帛书本《道德经》第十五章以及《姬氏道德经》道经卷的第八个段落。

关于本章内容，通行本、帛书本和《姬氏道德经》原文之表述主要有三处差异。第一处，通行本写作"塞其兑，闭其门，终身不勤"，帛书本写作"塞其堄，闭其门，终身不堇"，《姬氏道德经》写作"塞其闷，闭其门，终身不勤"。"兑""堄""闷"在此意思相近或相同。"堄"通"兑"，是孔、口的意思。"闷"本义是密闭、不透气，在此引申为孔、窍的意思。第二处，通行本写作"开其兑"，帛书本写作"启其堄"，《姬氏道德经》写作"启其闷"。"开""启"同义。"兑""堄""闷"同义。第三处，通行本写作"无遗身殃"，帛书本和《姬氏道德经》均写作"毋遗身殃"。"无""毋"同义，是不、不要的意思。

本章原文之修订，全部采用帛书本原文之表述。这一章，老子告诉人们道和天地万物都是可以被认识的。人们掌握了道的规律，并遵守道的规律，就会洞察入微、聪明智慧，就会坚守柔弱而不逞强，就会趋吉避凶，确保生命安全。老子还告诉人们，减少欲望，就不会多烦劳；放纵欲望，就会充满烦劳。

【释解】

（1）天下有始：天地万物有个初始。天下：天地万物。始：道，初始，本始，开始的东西。

（2）以为天下母：（它）是天地万物的母亲。以：连词，而。为：是。母：母体，母亲，指道、初始、本始或本原。

（3）既得其母：既然得知了天地万物的根源。得：得知，获得对……的认知。其：指天地万物。

（4）以知其子：就能认识天地万物。以：因此，就。知：认知，认识，知道。其子：道的产物，道的变化结果，即天地万物。

（5）复守其母：返回来坚守天地万物的根源——道。复：回归，返回。守：遵守，坚守。

（6）没身不殆：终身没有危险。没身：终身，终生。殆：危险。

（7）塞其兑（duì）：堵住欲望的孔口。塞：堵塞，堵住。其：这个，那个，这里指人们过分或贪婪的欲望。兑：通"兑"，口，孔。

（8）闭其门：关闭欲望之门。门：门道，门口，出入口。

（9）终身不堇：终身没有烦劳。堇：通"勤"，勤劳，勤勉，这里指烦劳，辛苦和忧心。

（10）启其兑：开启欲望的孔口。

（11）济其事：积极去做劳心劳力的事情。济：成就，谋划做。事：俗事，劳心劳力事。

（12）终身不救：（劳力劳心）终生无法终止，一辈子没完没了。救：终止，停止，制止，阻止。

（13）见小曰明：能够洞察入微，叫作英明睿智。见小：洞察入微，明察秋毫，能够观察到细微处。明：英明睿智，聪明智慧。

（14）守柔曰强：甘愿坚守柔弱之道，叫作坚强有力。强：坚强有力。

（15）用其光：（如果我们）借用道的智慧光芒。用：借用，利用。其：它的，这里指"道的"。光：光芒，光明，这里指道的光明智慧。

（16）复归其明：（让我们）达到光明智慧的境界。复归：恢复到，达到。明：英明睿智，光明智慧的境界。

（17）毋遗身殃：不给自己带来灾祸。毋：不。遗：遗留，留下，带来。殃：灾殃，祸害，灾祸。

（18）是谓袭常：这就叫遵循自然规律。袭：因袭，遵循。常：规律，规则。

【译文】

天地万物有个初始的本原——道，它是天地万物的母亲。既然已经得知了天地万物的根源，就能认识天地万物及其变化规律。既然已经认识到天地万物及其变化规律，就返回来坚守天地万物的根源——道，这样做就终身没有什么危险。堵住欲望的孔口，关闭欲望之门，就会终身没有烦劳。开启欲望的孔口，积极去做劳心劳力的事情，一辈子就会没完没了。能够洞察入微叫作英明睿智，甘愿坚守柔弱之道叫作坚强有力。（如果我们）借用道的智慧光芒，（让我们）达到光明智慧的境界，不给自己带来灾祸，这就叫遵循自然规律。

【拓展】

关于"其子"。姬英明、饶尚宽、徐志钧、赵卫国、曹音、李存山、文若愚、汤漳平和王朝华认为，"其子"是指"万物""由天下之始、天下之母产生而来的万物""天地万物"①；唐汉将"其子"解释为生物学意义上的母亲的孩子②。笔者赞同姬英明、饶尚宽等人的观点。

关于"挩"（通行本："兑"；《姬氏道德经》："闷"）。姬英明、饶尚宽、徐志钧、赵卫国、曹音、李存山、文若愚、汤漳平和王朝华等认为，"挩"或"兑"或"闷"是指"贪图妄欲的意识孔窍""嗜欲的感官""穴""欲望之孔""耳鼻目口等感官"③；唐汉认为，"挩"表示"土壁上动物爬进爬出的孔洞，或土块脱落后形成的缝隙"④。笔者赞同姬英明、饶尚宽等人的看法。

---

① 老子.姬氏道德经［M］.姬英明，译注.北京：朝华出版社，2017：10；老子［M］.饶尚宽，译注.北京：中华书局，2015：111；徐志钧.老子帛书校注［M］.南京：凤凰出版社，2016：107；赵卫国.帛书《道德经》新析［M］.沈阳：东北大学出版社，2017：25；曹音.《道德经》释疑［M］.上海：上海三联书店，2012：38；老子［M］.李存山，注译.郑州：中州古籍出版社，2008：112；文若愚.道德经全解［M］.北京：中国华侨出版社，2012：301；老子［M］.汤漳平，王朝华，译注.北京：中华书局，2014：210.

② 唐汉.道德经新解［M］.北京：北京联合出版公司，2016：81.

③ 老子.姬氏道德经［M］.姬英明，译注.北京：朝华出版社，2017：10；老子［M］.饶尚宽，译注.北京：中华书局，2015：112；徐志钧.老子帛书校注［M］.南京：凤凰出版社，2016：108；赵卫国.帛书《道德经》新析［M］.沈阳：东北大学出版社，2017：26；曹音.《道德经》释疑［M］.上海：上海三联书店，2012：38；老子［M］.李存山，注译.郑州：中州古籍出版社，2008：113；文若愚.道德经全解［M］.北京：中国华侨出版社，2012：301；老子［M］.汤漳平，王朝华，译注.北京：中华书局，2014：210.

④ 唐汉.道德经新解［M］.北京：北京联合出版公司，2016：82.

关于"救"。姬英明、饶尚宽、曹音、文若愚、汤漳平和王朝华等人认为，"终身不救"中的"救"是"挽救，疗治"的意思①；赵卫国、李存山将"救"解读为"安宁"②。笔者赞同赵卫国、李存山的理解，但更准确地说，"救"是终止或停止的意思。

关于"用其光，复归其明"。姬英明认为，"用其光，复归其明"是"要懂得运用敏锐的洞察力，又要懂得收敛聪明"的意思③；饶尚宽、赵卫国、文若愚、汤漳平和王朝华等人认为，它是指"使用智力之光，回复内省之明""运用道的智慧之光，让自己复归本体内在的明""运用'道'的光芒照亮外在的同时，再照自身来达到明"④；徐志钧、李存山将其解读为"唯其能用其光，复归其根""运用智慧之光，复归于对'道'的体认"⑤；唐汉将"用其光，复归其明"解释为"（进入洞窟时）运用手中的火把，归返到光亮之处"⑥；曹音认为，它是"借助细微事物闪现的一点小光达到光明清晰，即通过事物的端倪看清其本质"的意思⑦。笔者基本赞同饶尚宽、赵卫国等人的看法，认为"用其光，复归其明"是"（如果我们）借用道的智慧光芒，（让我们）达到光明智慧的境界"的意思。

关于"袭常"。姬英明、曹音、饶尚宽、赵卫国、李存山、文若愚、汤漳平和王朝华等人认为，"袭常"是指"懂得遵循自然生存规律的妙要""承袭常

① 老子.姬氏道德经［M］.姬英明，译注.北京：朝华出版社，2017：10；老子［M］.饶尚宽，译注.北京：中华书局，2015：112；曹音.《道德经》释疑［M］.上海：上海三联书店，2012：38；文若愚.道德经全解［M］.北京：中国华侨出版社，2012：301；老子［M］.汤漳平，王朝华，译注.北京：中华书局，2014：210.

② 赵卫国.帛书《道德经》新析［M］.沈阳：东北大学出版社，2017：26；老子［M］.李存山，注译.郑州：中州古籍出版社，2008：113.

③ 老子.姬氏道德经［M］.姬英明，译注.北京：朝华出版社，2017：11.

④ 老子［M］.饶尚宽，译注.北京：中华书局，2015：112；赵卫国.帛书《道德经》新析［M］.沈阳：东北大学出版社，2017：26；文若愚.道德经全解［M］.北京：中国华侨出版社，2012：301；老子［M］.汤漳平，王朝华，译注.北京：中华书局，2014：210.

⑤ 徐志钧.老子帛书校注［M］.南京：凤凰出版社，2016：111；老子［M］.李存山，注译.郑州：中州古籍出版社，2008：113.

⑥ 唐汉.道德经新解［M］.北京：北京联合出版公司，2016：81.

⑦ 曹音.《道德经》释疑［M］.上海：上海三联书店，2012：38.

道""沿袭自然规律""承袭永恒的道""习熟于道""因顺常道""因循万物的常理"①；徐志钧、唐汉将"袭常"解释为"长久累积而形成的可贵传承""沿袭至今的常规"②。笔者赞同姬英明、曹音等人的观点，认为"袭常"是指遵循常道或自然规律。

【三本对照】

通行本《道德经》第五十二章：天下有始，以为天下母。既得其母，以知其子。既知其子，复守其母，没身不殆。塞其兑，闭其门，终身不勤；开其兑，济其事，终身不救。见小曰明，守柔曰强。用其光，复归其明，无遗身殃，是为袭常。③

帛书本《道德经》第十五章：天下有始，以为天下母。既得其母，以知其子。既知其子，复守其母，没身不殆。塞其垅，闭其门，终身不堇。启其垅，济其事，终身不救。见小曰明，守柔曰强。用其光，复归其明，毋遗身殃，是谓袭常。④

《姬氏道德经》（道经卷）：天下有始，以为天下母。既得其母，以知其子；复守其母，没身不殆。塞其闷，闭其门，终身不勤；启其闷，济其事，终身不救。见小曰明，守柔曰强。用其光，复归其明，毋遗身殃，是谓袭常！⑤

① 老子．姬氏道德经［M］．姬英明，译注．北京：朝华出版社，2017：11；曹音．《道德经》释疑［M］．上海：上海三联书店，2012：38；老子［M］．饶尚宽，译注．北京：中华书局，2015：112；赵卫国．帛书《道德经》新析［M］．沈阳：东北大学出版社，2017：26；老子［M］．李存山，注译．郑州：中州古籍出版社，2008：113；文若愚．道德经全解［M］．北京：中国华侨出版社，2012：301；老子［M］．汤漳平，王朝华，译注．北京：中华书局，2014：210.
② 徐志钧．老子帛书校注［M］．南京：凤凰出版社，2016：110；唐汉．道德经新解［M］．北京：北京联合出版公司，2016：81.
③ 老子［M］．饶尚宽，译注．北京：中华书局，2015：111.
④ 徐志钧．老子帛书校注［M］．南京：凤凰出版社，2016：107；赵卫国．帛书《道德经》新析［M］．沈阳：东北大学出版社，2017：25.
⑤ 老子．姬氏道德经［M］．姬英明，译注．北京：朝华出版社，2017：9.

第九章

古之善为道者，微妙玄达

【原文之修订】（通行本《道德经》第十五章；帛书本《道德经》第五十九章）

古之善为道者，微妙玄达，深不可识。夫唯不可识，故强为之容。曰：豫兮，其若冬涉水；犹兮，其若畏四邻；俨兮，其若客；涣兮，其若凌释；沌兮，其若朴；混兮，其若浊；旷兮，其若浴；澹兮，其若海；飂兮，若无止。① 浊而静之徐清，安以动之徐生。葆此道者不欲盈。夫唯不欲盈，是以能敝而丕成。

【引言】

本章内容对应通行本《道德经》第十五章、帛书本《道德经》第五十九章以及《姬氏道德经》道经卷的第九个段落。

关于本章内容，通行本、帛书本和《姬氏道德经》原文之表述主要有八处差异。第一处，通行本写作"豫兮，若冬涉川"，帛书本写作"豫呵，其若冬涉水"，《姬氏道德经》写作"徐呵，其若冬涉水"。"豫""徐"同义，都是迟疑不决、犹犹豫豫的意思。"涉川""涉水"同义。第二处，通行本写作"涣兮，其若凌释"，帛书本和《姬氏道德经》均写作"涣呵，其若凌泽"。"泽"通"释"，"凌泽"即"凌释"，消解、消融之意。第三处，通行本写作"敦兮，其若朴"，帛书本和《姬氏道德经》均写作"沌呵，其若朴"。"敦""沌"同义，都是敦厚、淳朴的意思。第四处，通行本写作"旷兮，其若谷"，帛书本写作"旷呵，其若浴"，《姬氏道德经》写作"渊呵，其若浴"。"旷""渊"同义，都是开阔、广阔之意。"谷""浴"同义，都是山谷、幽谷的意思。第五处，通行本写作"混兮，其若浊"，帛书本写作"湷呵，其若浊"，《姬氏道德经》写

---

① 此句"澹兮，其若海；飂兮，若无止"原在通行本第二十章，疑为错简，应移至通行本第十五章。

作"混呵，其若浊"。"混""潗"同义，都是浑、混同、混杂的意思。第六处，饶尚宽译注的《老子》通行本写作"澹兮，其若海；飂兮，若无止"，《姬氏道德经》写作"恍呵，若无止"，而帛书本所对应的"惚呵，其若海；望呵，其若无所止"没有出现在第五十九章，而是出现在帛书本第六十四章。饶尚宽认为，原本被列在通行本第二十章的"澹兮，其若海；飂兮，若无止"疑为错简，应移至通行本第十五章。笔者赞同饶尚宽的判断，故在本章中也把"澹兮，其若海；飂兮，若无止"列在"旷兮，其若浴"之后。同样，原列入帛书本《道德经》第六十四章的"惚呵，其若海；望呵，其若无所止"疑为错简，应移至帛书本第五十九章。第七处，通行本写作"孰能浊以静之徐清？孰能安以动之徐生"，帛书本写作"浊而静之，徐清。安以动之，徐生"，《姬氏道德经》写作"浊而静之徐清，若以重之徐生"。"安"是安静、安定、静止的意思。"若"是顺从、遵循（道）的意思。"重"假借为"动"，是使萌动、使发动的意思。比较而言，帛书本更符合老子思想的原义。老子阐述"浊而静之，徐清。安以动之，徐生"的事实和道理，但通行本把陈述句编修为问句，显得有点突兀。第八处，通行本写作"夫唯不盈，故能蔽而新成"，而帛书本和《姬氏道德经》均写作"夫唯不欲盈，是以能敝而不成"。帛书本和《姬氏道德经》的"能敝而不成"中的"不"作"丕"讲，是大的意思。通行本的编修者为了避免人们对这里的"不"的误解（或者是因为编修者感到这句意思不通顺）而编修为"夫唯不盈，故能蔽而新成"。为了避免此种误解，本书一律把作"丕"意思讲的"不"写成"丕"，即"能敝而不成"写成"能蔽而丕成"。"丕成"是大成、很大成功的意思。

本章原文之修订，以帛书本原文之表述为主，兼采通行本和《姬氏道德经》原文表述的优点。例如，帛书本中的"呵"字一律改用"兮"，帛书本中的"凌泽"改用"凌释"，帛书本中的"潗"改用"混"，以便于人们理解和阅读。这一章，老子描述了古代善于行道的人会有怎样的表现。总的来说，善于行道的人，微妙玄通，高深莫测。他们与道契合，行事谨慎，端庄恭敬，道法自然，敦厚淳朴，胸怀宽广，宁静深沉，和光同尘，思想精密，节欲克己。

【释解】

（1）古之善为道者：古代善于行道的人。为道：行道。

（2）微妙玄达：精微玄妙，精深通达，令人难以捉摸。

（3）深不可识：深奥得无法辨识，深邃得难以认识。

（4）夫唯不可识：因为难以认识。夫：发语词，不译。唯：因为。

（5）故强为之容：所以勉强地对他们做些形容或描述。故：所以，因此。强：勉强。为：对。之：他们，这里是指善于行道的人。容：形容，描述。

（6）豫兮，其若冬涉水：他们就像冬天涉水过河一样迟疑不决。豫：迟疑不决。兮：文言助词，相当于"啊""呀"。其：他，他们。若：就像。

（7）犹兮，其若畏四邻：他们就像畏惧周围可能的危险一样警觉戒备。犹：迟疑不决，这里是指对周围可能的危险和袭击保持警觉戒备的心理。

（8）俨兮，其若客：他们就像在外做客一样庄重俨雅。俨：恭敬，庄重。

（9）涣兮，其若凌释：他们（的疑虑和担心）就像寒冰遇热消融一样一下子消散。涣：散开，涣散，消散。凌：冰。释：解散，消除，消散，消融。

（10）沌兮，其若朴：他们就像未加工过的木材一样敦厚质朴。沌：敦厚，淳朴。朴：未加工的木料或未雕琢的木材。

（11）混兮，其若浊：他们就像浑浊的泥水一样混同于世俗。混：混同，混合掺杂，这里指善于行道的人能够和光同尘，大智若愚，与民众打成一片。浊：水浑浊，不清。

（12）旷兮，其若浴：他们（的心胸）就像山谷一样空旷开阔。旷：开阔，空旷。浴：通"谷"，山谷，幽谷。

（13）澹兮，其若海：他们就像大海一样恬静安然。澹（dàn）：恬静，淡泊，安定。

（14）飂兮，若无止：他们（的心）就像高处的风一样无休无止地飘逸飞扬。飂（liù）：高处的风急吹、飘动的样子。无止：无休止，无止境。

（15）浊而静之徐清：如果使浑浊的水平静下来，它就会慢慢变得清澈。浊：（水）浑浊。而：如果。静：使……平静下来。之：它，指浊水。徐：渐渐地，慢慢地。清：清澈。

（16）安以动之徐生：如果使静止的事物运动起来，它就会慢慢地焕发活力。安：（事物）静止，稳定。以：连词，而，如果。动：使……动起来。之：它，指静止或稳定的事物。生：焕发生机，焕发光彩，充满勃勃生机，生机勃勃。

（17）葆此道者不欲盈：持有此道的人不追求盈满。葆：保持，持有。欲：追求，想要。盈：盈满，盈溢，满盈，圆满。

（18）夫唯不欲盈：正因为不追求盈满。夫：发语词，不译。唯：以，因为。

（19）是以能敝而丕成：所以即使有所失败也终能获得伟大成功。是以：所以，因此。敝：失败，毁坏。而：连词，表示连接关系。丕：大，伟大。成：

成功，成就。

【译文】

古代善于行道的人，精微玄妙，精深通达，深邃得难以辨识。因为难以认识，所以勉强地对他们做些形容。描述如下：他们就像冬天涉水过河一样迟疑不决；他们就像畏惧周围可能的危险一样警觉戒备；他们就像在外做客一样庄重俨雅；他们（的疑虑和担心）就像寒冰遇热消融一样一下子消散；他们就像未加工过的木材一样敦厚质朴；他们就像浑浊的泥水一样混同于世俗；他们（的心胸）就像山谷一样空旷开阔；他们就像大海一样恬静安然；他们（的心）就像高处的风一样无休无止地飘逸飞扬。如果使浑浊的水平静下来，它就会慢慢变得清澈；如果使静止的事物运动起来，它就会慢慢地焕发活力。持有此道的人不追求盈满，正因为不追求盈满，所以即使有所失败，他们也终能获得伟大的成功。

【拓展】

关于"涣"。姬英明、汤漳平和王朝华认为，"涣"是善于行道的人"对世事顺应潮流""顺应潮流不固执"的意思①；饶尚宽、徐志钧、唐汉、李存山认为，"涣"是指"融化流散""流散""涣散""散淡"②；赵卫国将"涣"解读为"融和温暖"③；曹音将"涣"解释为"疑虑积郁消散"④；文若愚认为，"涣"是"自在随意"的意思⑤。笔者基本赞同曹音的解释，认为"涣"是指善于行道的人的疑虑和担心消散。

关于"混"。姬英明、饶尚宽、徐志钧、李存山、汤漳平和王朝华认为，"混"是（善于行道的人）"德性浑厚含蓄""浑厚质朴""淳朴"的意思⑥；赵

① 老子. 姬氏道德经 [M]. 姬英明，译注. 北京：朝华出版社，2017：11；老子 [M]. 汤漳平，王朝华，译注. 北京：中华书局，2014：58.
② 老子 [M]. 饶尚宽，译注. 北京：中华书局，2015：34；徐志钧. 老子帛书校注 [M]. 南京：凤凰出版社，2016：406；唐汉. 道德经新解 [M]. 北京：北京联合出版公司，2016：263；老子 [M]. 李存山，注译. 郑州：中州古籍出版社，2008：66.
③ 赵卫国. 帛书《道德经》新析 [M]. 沈阳：东北大学出版社，2017：88.
④ 曹音.《道德经》释疑 [M]. 上海：上海三联书店，2012：12.
⑤ 文若愚. 道德经全解 [M]. 北京：中国华侨出版社，2012：93.
⑥ 老子. 姬氏道德经 [M]. 姬英明，译注. 北京：朝华出版社，2017：11；老子 [M]. 饶尚宽，译注. 北京：中华书局，2015：35；徐志钧. 老子帛书校注 [M]. 南京：凤凰出版社，2016：407；老子 [M]. 李存山，注译. 郑州：中州古籍出版社，2008：66；老子 [M]. 汤漳平，王朝华，译注. 北京：中华书局，2014：58.

卫国、文若愚认为，"混"是指"混同随顺""混同"①；唐汉认为，"混"表示"春天到来由冰雪融化而流淌向下的浑水"②；曹音将"混"作"深沉"讲③。笔者赞同赵卫国和文若愚的观点，本章中的"混"是指混同于世俗即能够和光同尘的意思。

关于"若浴"（通行本："若谷"）。姬英明认为，"若浴"是"好像浩渺无边的渊海一样"的意思④；饶尚宽、徐志钧、赵卫国、曹音、李存山、文若愚认为，"若浴"或"若谷"是指"像远山的幽谷""像山谷""深山幽谷""像空阔的山谷"⑤；唐汉将"若浴"解释为"如同峪水奔流"⑥。笔者赞同饶尚宽、徐志钧等人的观点。

关于"安以动之徐生"。姬英明认为，"安以动之徐生"是"万物如果遵循自然的规律就能延续繁衍"的意思⑦；饶尚宽、曹音、李存山、汤漳平和王朝华认为，"安以动之徐生"是指"在安定中启动，慢慢产生""安静一启动就会慢慢产生万物""在安稳中让它动起来，渐渐茁生"⑧；赵卫国将"安以动之徐生"解读为"如果晃动得太厉害了，慢慢地让它安定下来，事情就可能出现新的迹象"⑨；唐汉将"安以动之徐生"翻译为"你将此种下，会慢慢地长出"⑩；文若愚将"安以动之徐生"解释为"死寂无生气的人或事物运动起来，就会慢慢地焕发生机"⑪。笔者基本赞同文若愚的看法，但更准确地说，"安以动之徐生"是"如果使静止的事物运动起来，它就会慢慢地焕发活力"的意思。"安

① 赵卫国．帛书《道德经》新析［M］．沈阳：东北大学出版社，2017：88；文若愚．道德经全解［M］．北京：中国华侨出版社，2012：93.

② 唐汉．道德经新解［M］．北京：北京联合出版公司，2016：265.

③ 曹音．《道德经》释疑［M］．上海：上海三联书店，2012：12.

④ 老子．姬氏道德经［M］．姬英明，译注．北京：朝华出版社，2017：11.

⑤ 老子［M］．饶尚宽，译注．北京：中华书局，2015：35；徐志钧．老子帛书校注［M］．南京：凤凰出版社，2016：407；曹音．《道德经》释疑［M］．上海：上海三联书店，2012：12；老子［M］．李存山，注译．郑州：中州古籍出版社，2008：66；文若愚．道德经全解［M］．北京：中国华侨出版社，2012：93；老子［M］．汤漳平，王朝华，译注．北京：中华书局，2014：58.

⑥ 唐汉．道德经新解［M］．北京：北京联合出版公司，2016：263.

⑦ 老子．姬氏道德经［M］．姬英明，译注．北京：朝华出版社，2017：11.

⑧ 老子［M］．饶尚宽，译注．北京：中华书局，2015：35；曹音．《道德经》释疑［M］．上海：上海三联书店，2012：12；老子［M］．李存山，注译．郑州：中州古籍出版社，2008：66；老子［M］．汤漳平，王朝华，译注．北京：中华书局，2014：58-59.

⑨ 赵卫国．帛书《道德经》新析［M］．沈阳：东北大学出版社，2017：89.

⑩ 唐汉．道德经新解［M］．北京：北京联合出版公司，2016：263.

⑪ 文若愚．道德经全解［M］．北京：中国华侨出版社，2012：94.

以动之徐生"和前句"浊而静之徐清"句式结构相同,让浑浊的水平静下来,它就会变得清澈,同样让静止的东西动起来,它就会变得焕发生机。

关于"能敝而丕成"（通行本："能蔽而新成"；帛书本和《姬氏道德经》："能敝而不成"）。姬英明认为,"能敝而不成"是"能够不断克服自身弊端而有所成就"的意思①；饶尚宽、李存山、文若愚、汤漳平和王朝华认为,"能蔽而新成"是"敝旧却能新生""能够陈旧了再更新""能够历久而常新""能弃旧图新"的意思②；赵卫国将"能敝而不成"解释为"能够处在凋敝而且不成样的地位与处境中坦然生活"③；唐汉将"能敝而不成"解读为"能够遮护（为道者）而彰显成就"④；曹音认为,"能敝而不成"是"不完满而始终留些缺陷,事情就不至于到达极点而返回原点"的意思⑤。笔者认为以上学者对"能敝而不成"都没做出正确的理解。善于行道的人不追求圆满和完美无缺,所以他们在做出成就的过程中一定伴随着失败的教训,也因此,"敝"在这里是失败的意思,而"能敝而不成"只能是"能敝而丕成",即"即使有所失败也终能获得伟大的成功"的意思。

【三本对照】

通行本《道德经》第十五章：古之善为道者,微妙玄通,深不可识。夫唯不可识,故强为之容：豫兮,若冬涉川；犹兮,若畏四邻；俨兮,其若客；涣兮,其若凌释；敦兮,其若朴；旷兮,其若谷；混兮,其若浊；（澹兮,其若海；飂兮,若无止⑥）孰能浊以静之徐清？孰能安以动之徐生？保此道者,不欲盈。夫唯不盈,故能蔽而新成。⑦

帛书本《道德经》第五十九章：古之善为道者,微妙玄达,深不可识。夫唯不可识,故强为之容。曰：豫呵,其若冬涉水；犹呵,其若畏四邻；严呵,

---

① 老子. 姬氏道德经［M］. 姬英明,译注. 北京：朝华出版社,2017：11.
② 老子［M］. 饶尚宽,译注. 北京：中华书局,2015：34；老子［M］. 李存山,注译. 郑州：中州古籍出版社,2008：66；文若愚. 道德经全解［M］. 北京：中国华侨出版社,2012：94；老子［M］. 汤漳平,王朝华,译注. 北京：中华书局,2014：59.
③ 赵卫国. 帛书《道德经》新析［M］. 沈阳：东北大学出版社,2017：89.
④ 唐汉. 道德经新解［M］. 北京：北京联合出版公司,2016：263.
⑤ 曹音.《道德经》释疑［M］. 上海：上海三联书店,2012：12.
⑥ 饶尚宽认为,原本被列入通行本第二十章的"澹兮,其若海；飂兮,若无止"疑为错简,应移至通行本第十五章。笔者赞同饶尚宽的观点。
⑦ 老子［M］. 饶尚宽,译注. 北京：中华书局,2015：33.

其若客；涣呵，其若凌泽；沌呵，其若朴；湷呵，其若浊；旷呵，其若浴。（惚
呵，其若海；望呵，其若无所止①）浊而静之，徐清。安以动之，徐生。葆此
道者不欲盈。夫唯不欲盈，是以能敝而不成。②

　　《姬氏道德经》（道经卷）：古之善为道者，微妙玄达，深不可识。夫唯不
可识，故强为之容曰：猶呵，其若冬涉水；犹呵，其若畏四邻；俨呵，其若客；
涣呵，其若凌泽；沌呵，其若朴；混呵，其若浊；渊呵，其若浴；恍呵，若无
止！浊而静之徐清，若以重之徐生，葆此道不欲盈。夫唯不欲盈，是以能敝而
不成。③

① 原列入帛书本《道德经》第六十四章的"惚呵，其若海；望呵，其若无所止"疑为错
　简，应移至帛书本第五十九章。
② 徐志钧.老子帛书校注［M］.南京：凤凰出版社，2016：405；赵卫国.帛书《道德
　经》新析［M］.沈阳：东北大学出版社，2017：88.
③ 老子.姬氏道德经［M］.姬英明，译注.北京：朝华出版社，2017：9.

第十章

至虚极，守静笃

【原文之修订】（通行本《道德经》第十六章；帛书本《道德经》第六十章）

至虚极，守静笃，万物旁作，吾以观其复。天物芸芸，各复归于其根。归根曰"静"，静是谓"复命"。复命，常也。知常，明也。不知常，茫。茫作，凶。知常容，容乃公，公乃王，王乃天，天乃道，道乃久，没身不殆。

【引言】

本章内容对应通行本《道德经》第十六章、帛书本《道德经》第六十章以及《姬氏道德经》道经卷的第十个段落。

关于本章内容，通行本、帛书本和《姬氏道德经》原文之表述主要有六处差异。第一处，通行本写作"致虚极，守静笃"，帛书本写作"至虚极也，守静笃也"，《姬氏道德经》写作"至虚极也，守静表也"。"致"通"至"，是达到的意思。"静笃""静表"同义，都是坚守最佳清净心态、排除一切外来干扰的意思。第二处，通行本写作"万物并作，吾以观复"，帛书本和《姬氏道德经》均写作"万物旁作，吾以观其复也"。"并""旁"意思相近，"并"是一同、一起的意思，"旁"是广泛、普遍的意思。第三处，通行本写作"夫物芸芸"，帛书本写作"天物芸芸"，《姬氏道德经》写作"万物芸芸"。"物""天物""万物"在此同义。第四处，通行本写作"复命曰常，知常曰明"，帛书本和《姬氏道德经》均写作"复命常也，知常明也"。显而易见，"复命曰常""复命常也"同义，"知常曰明""知常明也"同义。第五处，通行本写作"不知常，妄作凶"，帛书本写作"不知常，芒。芒作，凶"，《姬氏道德经》写作"不知常，茫茫作，凶"。"妄""芒""茫"意思相近。"妄"是胡乱、任意的意思。"芒"通"茫"，是模糊不清、迷蒙不明的意思。第六处，通行本和《姬氏道德经》均写作"公乃全，全乃天"，帛书本写作"公乃王，王乃天"，即此处帛书本中的"王"在通行本和《姬氏道德经》中改成了"全"。笔者认为，老子作为周朝太子的老师，他的说教具有明确的指向，那就是他要教化太子如何做人做事和治国理政，所以帛书本中的"公乃王，王乃天"比通行本和《姬氏道德经》中的"公乃全，全乃天"更符合老子的思想。

本章原文之修订，以帛书本原文之表述为主，兼采通行本和《姬氏道德经》原文表述的优点。这一章，老子在讲自己如何在守静无为中观察万物变化的规律。老子发现，万事万物无论如何变化，最终都会返回到其根源。统治者只要掌握和遵循道的发展和变化规律，就能够做到包容、公正、客观、理性，就能够成为天下归心、万民敬仰的圣王。这样的圣王也就最接近道，与道契合了。与道契合，他就能持久，终身没有危险。

【释解】

（1）至虚极：让自己的身心达到高度虚静、无我无为的状态。至：达到，到达。虚极：虚之极点，极虚。虚：虚静无为，清静无为。极：顶端，最高点，尽头，极限。

（2）守静笃：保持高度清静无欲的状态。守：保持，持守。静笃：静之笃，笃静，笃定。静：清净无欲。笃：十分，甚，极限，把……专一到极点。

（3）万物旁作：万物普遍兴盛发展。旁：广泛，广大，普遍。作：兴起，兴盛，发展。

（4）吾以观其复：我的目的在于观察万物循环往复的生老兴衰规律。以：目的在于，以便。观：观察。其：它，指万物。复：往返，回归，指事物循环往复的新旧兴替规律。

（5）天物芸芸：自然生长的万物纷繁众多。天物：自然生物，天生的事物。芸芸：纷繁众多的样子。

（6）各复归于其根：都会各自回归到其根源。复归于：回归到，往返到。根：根源，本原。

（7）静是谓"复命"：静叫作"复命"。静：虚静，清净无欲的状态。复命：复归于天命，回归到自然本真的本原状态。

（8）知常：知道自然法则。知：知道，懂得。常：自然法则，自然规律。

（9）明也：圣明，明察，明智。也：助词，表示判断。

（10）茫作：轻举妄动，盲目作为。茫：模糊不清，迷蒙不明，对事理全无所知。作：作为，行动。

（11）容乃公：包容宽容就能公平公正。容：包容，宽容。乃：是，就是。公：公平，公正。

（12）王乃天：称王而统治天下就能遵循天理而行。王（wàng）：称王，做天子，统治天下。天：天理，天道，这里指遵守天道，遵循天理而行。

（13）天乃道：遵循天理而行就是遵循道。道：自然大道，宇宙本原，宇宙运行和演变规律，这里指遵循自然大道或持守宇宙运行和演变规律。

（14）道乃久：遵道而行才能长长久久。乃：才。久：长久，持久。

（15）没身不殆：终身没有危险。没身：终身，一辈子。殆：危险。

【译文】

万物普遍兴盛发展，我让自己的身心达到高度虚静、清静无欲和无我无为的状态，以便观察万物循环往复的生老兴衰规律。自然生长的万物纷繁众多，它们都会各自回归到其根源。回归到根源叫作"虚静"，虚静叫作"复命"（回归到自然本真的本原状态）。复命是天地万物运动永恒不变的自然规律和法则。懂得自然规律和法则，就是圣明睿智。不懂自然规律和法则，就是迷蒙不明。轻举妄动，盲目作为，就会十分凶险。懂得自然规律和法则，就能宽容大度，能宽容大度就能公平公正，能公平公正就能称王而统治天下，能称王而统治天下就能遵循天理而行，遵循天理而行就是遵循道，遵道而行才能长长久久，终身没有危险。

【拓展】

关于"万物旁作"（通行本："万物并作"）。姬英明认为，"万物旁作"是"站在万物的外部（来观察它们生长繁衍的规律）"的意思①；徐志钧、曹音将"万物旁作"解释为"万物普遍繁荣滋长"②；唐汉将"万物旁作"解读为"万物在周边生长"③；饶尚宽、李存山、文若愚、汤漳平和王朝华认为，"万物旁作"是"万物一起生长""万物都在生长""万物全都在蓬勃生长"的意思④。笔者赞同徐志钧、曹音的观点。当然，如果是对通行本的"万物并作"做解释，饶尚宽、李存山等人的观点也无不对。

---

① 老子. 姬氏道德经［M］. 姬英明，译注. 北京：朝华出版社，2017：11.
② 徐志钧. 老子帛书校注［M］. 南京：凤凰出版社，2016：411；曹音.《道德经》释疑［M］. 上海：上海三联书店，2012：13.
③ 唐汉. 道德经新解［M］. 北京：北京联合出版公司，2016：268.
④ 老子［M］. 饶尚宽，译注. 北京：中华书局，2015：37；老子［M］. 李存山，注译. 郑州：中州古籍出版社，2008：68；文若愚. 道德经全解［M］. 北京：中国华侨出版社，2012：99；老子［M］. 汤漳平，王朝华，译注. 北京：中华书局，2014：62.

关于"公乃王"（通行本和《姬氏道德经》："公乃全"）。姬英明认为，"公乃王"是"坦然大公才能够公待万物"的意思①；赵卫国、唐汉、文若愚将"公乃王"解释为"处事坦然公正了，就能让天下归心而王""公正才能为王""公正无私，才能使天下归从"②；饶尚宽、曹音、李存山、汤漳平和王朝华认为，"公乃全"是"能够公正就能普遍""公允才能周遍""公正无私就可以周全""公正坦荡就能周全"的意思③。笔者赞同赵卫国、唐汉等人的看法。

关于"没身不殆"。姬英明、饶尚宽、赵卫国、曹音、李存山、文若愚、汤漳平和王朝华认为，"没身不殆"是"终身免于危难""终生没有危险""终生无险""终生不会遭遇危险"的意思④；唐汉将"没身不殆"解释为"（道）沉没隐藏但不会（寻找）不见"⑤。笔者赞同姬英明、饶尚宽等人的解释。

【三本对照】

通行本《道德经》第十六章：致虚极，守静笃。万物并作，吾以观复。夫物芸芸，各复归其根。归根曰静，静曰复命。复命曰常，知常曰明。不知常，妄作凶。知常容，容乃公，公乃全，全乃天，天乃道，道乃久，没身不殆。⑥

帛书本《道德经》第六十章：至虚极也，守静笃也，万物旁作，吾以观其复也。天物芸芸，各复归于其根。归根曰静，静是谓复命。复命常也，知常明也。不知常，芒。芒作，凶。知常容，容乃公，公乃王，王乃天，天乃道，道

---

① 老子. 姬氏道德经 [M]. 姬英明，译注. 北京：朝华出版社，2017：12.

② 赵卫国. 帛书《道德经》新析 [M]. 沈阳：东北大学出版社，2017：90；唐汉. 道德经新解 [M]. 北京：北京联合出版公司，2016：268；文若愚. 道德经全解 [M]. 北京：中国华侨出版社，2012：99.

③ 老子 [M]. 饶尚宽，译注. 北京：中华书局，2015：37；曹音.《道德经》释疑 [M]. 上海：上海三联书店，2012：13；老子 [M]. 李存山，注译. 郑州：中州古籍出版社，2008：68；老子 [M]. 汤漳平，王朝华，译注. 北京：中华书局，2014：64.

④ 老子. 姬氏道德经 [M]. 姬英明，译注. 北京：朝华出版社，2017：12；老子 [M]. 饶尚宽，译注. 北京：中华书局，2015：37；赵卫国. 帛书《道德经》新析 [M]. 沈阳：东北大学出版社，2017：90；曹音.《道德经》释疑 [M]. 上海：上海三联书店，2012：14；老子 [M]. 李存山，注译. 郑州：中州古籍出版社，2008：68；文若愚. 道德经全解 [M]. 北京：中国华侨出版社，2012：99；老子 [M]. 汤漳平，王朝华，译注. 北京：中华书局，2014：64.

⑤ 唐汉. 道德经新解 [M]. 北京：北京联合出版公司，2016：268.

⑥ 老子 [M]. 饶尚宽，译注. 北京：中华书局，2015：36；文若愚. 道德经全解 [M]. 北京：中国华侨出版社，2012：99；老子 [M]. 汤漳平，王朝华，译注. 北京：中华书局，2014：61.

乃久，没身不殆。①

  《姬氏道德经》（道经卷）：至虚极也，守静表也，万物旁作，吾以观其复也。万物芸芸，各复归于其根。归根曰静，静是谓复命。复命常也，知常明也。不知常，茫茫作，凶。知常容，容乃公，公乃全，全乃天，天乃道，道乃久，没身不殆。②

---

① 徐志钧．老子帛书校注［M］．南京：凤凰出版社，2016：411；赵卫国．帛书《道德经》新析［M］．沈阳：东北大学出版社，2017：89；唐汉．道德经新解［M］．北京：北京联合出版公司，2016：268.
② 老子．姬氏道德经［M］．姬英明，译注．北京：朝华出版社，2017：9.

第十一章

道恒，无名，朴

【原文之修订】（通行本《道德经》第三十二章；帛书本《道德经》第七十六章）

道恒，无名，朴，虽小而天下弗能臣。侯王若能守之，万物将自宾。天地相合，以降甘露，民莫之令而自均焉。始制有名。名亦既有，夫亦将知止。知止所以不殆。俾道之在天下也，犹川谷之于江海也。

【引言】

本章内容对应通行本《道德经》第三十二章、帛书本《道德经》第七十六章以及《姬氏道德经》道经卷的第十一个段落。

关于本章内容，通行本、帛书本和《姬氏道德经》原文之表述主要有三处差异。第一处，通行本写作"道常无名"，帛书本和《姬氏道德经》均写作"道恒无名"。"常""恒"同义，原本为"恒"，但因要避皇帝刘恒名讳，而将"恒"改为"常"。第二处，通行本和《姬氏道德经》均写作"以降甘露"，帛书本写作"以俞甘露"。"俞""降"意义相近。"俞"通"输"，是输送、转运的意思，指从天上向地上输送。第三处，通行本写作"譬道之在天下"，帛书本写作"卑道之在天下也"，《姬氏道德经》写作"俾道之在天下也"。"譬"是譬如的意思。"卑"通"俾"，是归从、遵从的意思。经过比较分析，该句选用"俾道之在天下也"。

本章原文之修订，以帛书本原文之表述为主，兼采通行本和《姬氏道德经》原文表述的优点。这一章，老子讲道是宇宙的本原，它的力量极其强大，万物在它面前都要臣服。自从道产生天地万物以来，天地万物也便有了各自的名称和界限。天地万物包括人类，各守本分，各守边界，就不会遭遇危险。

【释解】

（1）道恒：道永恒存在。

（2）无名：（它本无名称，勉强）被冠以"无"的名称。"论道"篇第一章说："无名，万物之始也。"

（3）朴（pò）：壮大，强大。

（4）虽小而天下弗能臣：（道）虽然至微至小，但天下没有人能令它臣服。臣：臣服。

（5）侯王若能守之：侯王如果能够持守道的运动变化规律（以治国理政）。侯王：诸侯，诸侯王。之：道或道的运动变化规律和法则。

（6）万物将自宾：万物将会自动宾服。自：自动，自然，自己。宾：宾服，归顺，归服。

（7）天地相合：天地之间的阴阳二气相互交融。合：融合，交融。

（8）民莫之令而自均焉：百姓没有谁命令它们，它们就会自动均匀地降下。莫：没有。焉：用于句尾，表示陈述，相当于"矣"。

（9）始制有名：（有了人类社会）人们开始规定万物的名称，万物才有了各自的名称。制：制定，规制，规定。

（10）名亦既有：（天地万物）虽然已经有了各自的名称。亦：虽然。既：已经。

（11）夫亦将知止：它们也要知道各自的边界。夫（fú）：假借为"彼"，它，它们。止：边界，界限，限度。

（12）知止所以不殆：如果（天地万物）知道各自的边界，就不会发生危险。

（13）俾道之在天下也：在天下的万物归从道。俾（bì）：归从，服从，遵从。《尔雅·释诂》说："俾，从也。"①

（14）犹川谷之于江海也：犹如川谷之水归流江海一样。犹：犹如，如同。川：平原，平地。谷：山谷。之：助词，用于实词与介词之间。于：向，对于。

【译文】

道永恒存在，（它本无名称，勉强）被冠以"无"的名称，它作为宇宙的本原是极其强大的。它虽然至微至小，但天下没有人能够令它臣服。侯王如果能够持守道的运动变化规律（以治国理政），万物将会自动宾服。天地之间的阴

---

① 尔雅［M］. 郭璞，注. 杭州：浙江古籍出版社，2011：10.

阳二气相互交融，就会降下甘霖雨露，而百姓没有谁命令它们，它们就会自动均匀地降下。（有了人类社会）人们开始规定万物的名称，万物才有了各自的名称。（天地万物）虽然已经有了各自的名称，但是它们也要知道各自的边界。如果（天地万物）知道各自的边界，就不会发生危险。在天下的万物归从道，犹如川谷之水归流江海一样。

【拓展】

关于"道恒，无名"（通行本："道常无名"）。到目前为止，除了徐志钧的《老子帛书校注》之外，所有的通行本、帛书本以及《姬氏道德经》都把"道恒，无名"断句为"道恒无名"，即把这一句理解为"道永久没有名字"的意思。显而易见，这种说法是行不通的。诚然，道、天地万物本来没有什么名称，所有的名称都是人类给命名的，但是在人命名之后，包括道在内的所有事物都是有名称的。因此，人们将"道恒，无名"断句为"道恒无名"是错误的。此外，姬英明认为，"道恒无名"是"道的本象恒久存在而且种类繁多得无法命名"的意思①；饶尚宽、赵卫国、李存山、文若愚、汤漳平和王朝华等人认为，"道恒无名"（或"道常无名"）是指"道永远无名""永远是没有一个真正的名字的""道总是无名的"②；徐志钧、唐汉将"道恒，无名"或"道恒无名"解释为"道永久，长存"但"不可知其名""道恒久存在但没有名字"③；曹音将"道恒无名"理解为"'道'通常是无名（无形）的"④。笔者认为，以上学者的解读都有问题。"道恒，无名"作"道永恒存在，（它本无名称，勉强）被冠以'无'的名称"讲更符合"论道"篇从第一章到第十一章的行文逻辑。

关于"朴"。姬英明、徐志钧、文若愚、汤漳平和王朝华等人认为，"朴"

---

① 老子 . 姬氏道德经 [M]. 姬英明，译注 . 北京：朝华出版社，2017：14.
② 老子 [M]. 饶尚宽，译注 . 北京：中华书局，2015：72；赵卫国 . 帛书《道德经》新析 [M]. 沈阳：东北大学出版社，2017：110；老子 [M]. 李存山，注译 . 郑州：中州古籍出版社，2008：89；文若愚 . 道德经全解 [M]. 北京：中国华侨出版社，2012：188；老子 [M]. 汤漳平，王朝华，译注 . 北京：中华书局，2014：122.
③ 徐志钧 . 老子帛书校注 [M]. 南京：凤凰出版社，2016：524-527；唐汉 . 道德经新解 [M]. 北京：北京联合出版公司，2016：329.
④ 曹音 .《道德经》释疑 [M]. 上海：上海三联书店，2012：25.

是"道""道之中最微小的一分子""自然和原始状态""道的体现"的意思①；赵卫国、李存山、饶尚宽将"朴"解释为"质朴""质朴的状态"②；唐汉将"朴"解读为"像原木上的裂口一般"③；曹音将"朴"解释是将"未成器的原木"比喻"未启动运行的'道'"④。笔者认为，"朴"这里作"壮大""强大"讲。正是因为道至微而强大，所以，万物不得不臣服于它。

关于"始制有名"。姬英明、赵卫国、汤漳平、王朝华、饶尚宽等人认为，"始制有名"是"自然大道产生天地万物后也就产生了各自的名称""道生万物，万物兴作成制成形，这时就开始有了秩序与顺序，就产生了各种各样的名称""万物开始制作就有了名""万物出现后，就产生了各种名称"的意思⑤；徐志钧、王弼、唐汉、李存山、文若愚认为，"始制有名"是指"始制官长，不可不立名分以定尊卑""太古之时，民如野鹿，无所谓名分等级。自进入文明社会，确立了侯王们的名分开始，社会就有了等级""（侯王）设立初始的名分""开始建立制度规范，也就有了名""有了管理，也就有了名称"⑥；曹音将"始制有名"解释为"'道'一启动运行，就从无名（无形）到有名（有形）"⑦。笔者认为，以上学者的解释都有些偏颇或问题。所有事物的名称都是人类给命名的，所以只有产生了人类社会，人类才开始规定万物的名称，万物也才有了各自的名称。

---

① 老子. 姬氏道德经 ［M］. 姬英明，译注. 北京：朝华出版社，2017：14；徐志钧. 老子帛书校注 ［M］. 南京：凤凰出版社，2016：524；文若愚. 道德经全解 ［M］. 北京：中国华侨出版社，2012：188；老子 ［M］. 汤漳平，王朝华，译注. 北京：中华书局，2014：124.

② 赵卫国. 帛书《道德经》新析 ［M］. 沈阳：东北大学出版社，2017：110；老子 ［M］. 李存山，注译. 郑州：中州古籍出版社，2008：89；老子 ［M］. 饶尚宽，译注. 北京：中华书局，2015：72.

③ 唐汉. 道德经新解 ［M］. 北京：北京联合出版公司，2016：329.

④ 曹音. 《道德经》释疑 ［M］. 上海：上海三联书店，2012：25.

⑤ 老子. 姬氏道德经 ［M］. 姬英明，译注. 北京：朝华出版社，2017：14；赵卫国. 帛书《道德经》新析 ［M］. 沈阳：东北大学出版社，2017：111；老子 ［M］. 汤漳平，王朝华，译注. 北京：中华书局，2014：124；老子 ［M］. 饶尚宽，译注. 北京：中华书局，2015：72.

⑥ 徐志钧. 老子帛书校注 ［M］. 南京：凤凰出版社，2016：526-528；唐汉. 道德经新解 ［M］. 北京：北京联合出版公司，2016：329；老子 ［M］. 李存山，注译. 郑州：中州古籍出版社，2008：89；文若愚. 道德经全解 ［M］. 北京：中国华侨出版社，2012：188.

⑦ 曹音. 《道德经》释疑 ［M］. 上海：上海三联书店，2012：25.

关于"名亦既有，夫亦将知止"。姬英明、徐志钧、赵卫国、饶尚宽、汤漳平和王朝华等人认为，"名亦既有，夫亦将知止"是万物"各自的名称既然已有，各自就要知道其界限""名称均是随道而生，知道了万物不过是道的随生和分合，处世行事就不会再过分而遭到危险"的意思①；唐汉、李存山、文若愚认为，"名亦既有，夫亦将知止"是指"百官的名分既然已经有了，亦将知晓自己的职责和权限""名既然已经有了，那也应该知道适可而止"②；曹音将其解读为"既然有了形，就知道会有终结"③。笔者认为，"名亦既有，夫亦将知止"应是"（天地万物）虽然已经有了各自的名称，但是它们也要知道各自的边界"的意思。

关于"俾道之在天下也"。姬英明认为，"俾道之在天下也"是"道服务于天下万物的状态"的意思④；徐志钧认为，"俾道之在天下也"是指"顺从道于天下"⑤；唐汉将其解读为"阻拦道在天下的流布"⑥；曹音、李存山、文若愚、饶尚宽、汤漳平和王朝华等人将其解释为"'道'在天下运行""'道'遍布天下万物""这就如同说，'道'之为天下所归""就譬如道对于天下的关系"⑦。笔者赞同徐志钧的观点。"俾道之在天下也，犹川谷之于江海也"，其意思就是，人们在天下归从道，就如同川谷之水归入江海一般。

【三本对照】

通行本《道德经》第三十二章：道常无名，朴。虽小，天下莫能臣。侯王若能守之，万物将自宾。天地相合，以降甘露，民莫之令而自均。始制有名，

---

①　老子．姬氏道德经［M］．姬英明，译注．北京：朝华出版社，2017：14-15；徐志钧．老子帛书校注［M］．南京：凤凰出版社，2016：528；赵卫国．帛书《道德经》新析［M］．沈阳：东北大学出版社，2017：111；老子［M］．饶尚宽，译注．北京：中华书局，2015：72；老子［M］．汤漳平，王朝华，译注．北京：中华书局，2014：124.

②　唐汉．道德经新解［M］．北京：北京联合出版公司，2016：327；老子［M］．李存山，注译．郑州：中州古籍出版社，2008：89；文若愚．道德经全解［M］．北京：中国华侨出版社，2012：188.

③　曹音．《道德经》释疑［M］．上海：上海三联书店，2012：25.

④　老子．姬氏道德经［M］．姬英明，译注．北京：朝华出版社，2017：15.

⑤　徐志钧．老子帛书校注［M］．南京：凤凰出版社，2016：528.

⑥　唐汉．道德经新解［M］．北京：北京联合出版公司，2016：327.

⑦　曹音．《道德经》释疑［M］．上海：上海三联书店，2012：25；老子［M］．李存山，注译．郑州：中州古籍出版社，2008：89；文若愚．道德经全解［M］．北京：中国华侨出版社，2012：188；老子［M］．饶尚宽，译注．北京：中华书局，2015：72；老子［M］．汤漳平，王朝华，译注．北京：中华书局，2014：124.

名亦既有，夫亦将知止，知止所以不殆。譬道之在天下，犹川谷之于江海。①

帛书本《道德经》第七十六章：道恒无名，朴，虽小而天下弗敢臣。侯王若能守之，万物将自宾。天地相合，以俞甘露，民莫之令而自均焉。始制有名，名亦既有，夫亦将知止，知止所以不殆。卑道之在天下也，犹川谷之于江海也。②

《姬氏道德经》（道经卷）：道恒无名。朴虽小，而天下莫之能臣。侯王若守之，万物将自宾。天地相合，以降甘露，民莫之令而自均焉。始制有名，名亦既有，夫亦将知止，知止所以不殆。俾道之在天下也，犹小浴之与江海也。③

① 老子 [M]. 饶尚宽，译注. 北京：中华书局，2015：71.
② 徐志钧. 老子帛书校注 [M]. 南京：凤凰出版社，2016：524；赵卫国. 帛书《道德经》新析 [M]. 沈阳：东北大学出版社，2017：110.
③ 老子. 姬氏道德经 [M]. 姬英明，译注. 北京：朝华出版社，2017：13.

第十二章

执大象，天下往

【原文之修订】（通行本《道德经》第三十五章；帛书本《道德经》第七十九章）

执大象，天下往。往而不害，安平泰。乐与饵，过客止。故道之出言也，曰："淡呵，其无味也！视之不足见，听之不足闻，用之不可既。"

【引言】

本章内容对应通行本《道德经》第三十五章、帛书本《道德经》第七十九章以及《姬氏道德经》道经卷的第十二个段落。

关于本章内容，通行本、帛书本和《姬氏道德经》原文之表述主要有三处差异。第一处，通行本写作"安平泰"，帛书本和《姬氏道德经》均写作"安平大"。"大"通"太""泰"，是安泰、安宁的意思。第二处，通行本写作"道之出口"，帛书本和《姬氏道德经》均写作"故道之出言也"。"出口""出言"同义。第三处，通行本写作"淡乎其无味"，帛书本写作"淡呵，其无味也"，《姬氏道德经》写作"淡呵其无味也"。三者意思相同。由上可见，通行本、帛书本和《姬氏道德经》对应的这章内容在大意上根本一致，在具体的文字使用上也大同小异。

本章原文之修订，以帛书本原文之表述为主，兼采通行本原文表述的优点。这一章，老子告诉人们，如果遵循道的规律办事，就能"有理走遍天下"，就能实现天下归心、安定太平。道尽管是无色无味无声的，但是其功用无穷无尽。

【释解】

（1）执大象：掌握道。执：掌握，持守，奉行。大象：宇宙中无限大的形象，这里指老子所描述的宇宙本原——道。大象无形，所以道是无形无象的。

（2）天下往：天下的人都前往归附（于他）。往：前往归附，前往归向。

（3）往而不害：前往归附他而不会受到任何伤害。害：伤害，损害。

（4）安平泰：就会平顺和安泰。安：乃，才，就。平：平顺，平和。泰：通"太"，安定，安泰，太平。

（5）乐与饵：音乐与美食。饵：食物的总称，美食，美味。

（6）过客止：过客止步留恋。过客：过路的人。止：止步，停下脚步，驻足。

（7）故道之出言也：因此，要描述道的话。故：故而，因此，所以。出言：描述，讲述，形容。

（8）不足见：不可以听见。足：足够，足以，可以。

（9）不可既：不可用尽，不可用完。既：尽，完，全部。

【译文】

如果一个人能够掌握道，天下的人就会前往归附他。如果前往归附他而不会受到任何伤害，天下就会平顺和安泰。（这就像）过路的人听到美妙的音乐和看到美味的食物自然就会情不自禁地驻足观赏和品尝一样。因此，要描述道的话，我们可以这样说："它是多么平淡无味啊！我们用眼睛看，但看不到它，我们用耳朵听，也听不到它，但是用起它来无穷无尽。"

【拓展】

关于"执大象"。姬英明、饶尚宽、赵卫国、曹音、李存山、文若愚、汤漳平和王朝华认为，"执大象"是"掌握了道""执守大道""秉持大道"的意思①；徐志钧、唐汉认为，"执大象"是指"执拿道（太一）的形象"②。笔者赞同姬英明、饶尚宽等人的解释。

关于"往而不害"。姬英明认为，"往而不害"是"归附交往而不互相伤害"的意思③；饶尚宽、徐志钧、赵卫国、曹音、李存山认为，"往而不害"是

① 老子．姬氏道德经［M］．姬英明，译注．北京：朝华出版社，2017：15；老子［M］．饶尚宽，译注．北京：中华书局，2015：77；赵卫国．帛书《道德经》新析［M］．沈阳：东北大学出版社，2017：113；曹音．《道德经》释疑［M］．上海：上海三联书店，2012：27；老子［M］.李存山，注译．郑州：中州古籍出版社，2008：92；文若愚．道德经全解［M］．北京：中国华侨出版社，2012：206；老子［M］．汤漳平，王朝华，译注．北京：中华书局，2014：133.

② 徐志钧．老子帛书校注［M］．南京：凤凰出版社，2016：543；唐汉．道德经新解［M］．北京：北京联合出版公司，2016：336.

③ 老子．姬氏道德经［M］．姬英明，译注．北京：朝华出版社，2017：15.

指"归往而不伤害""归附于他（执守大道者）就不会遭到自然的伤害""归顺而不受伤害""万民归往而不受到伤害"①；唐汉将"往而不害"解释为"无论前往（何处）都没有祸害"②；文若愚、汤漳平和王朝华将"往而不害"理解为"即使天下的人都来投靠他，也不会彼此伤害""相互不会伤害"③。笔者赞同饶尚宽、徐志钧等人的解读。

关于"道之出言"。姬英明、饶尚宽、赵卫国、曹音、李存山、文若愚、汤漳平和王朝华认为，"道之出言"是"用语言表述道""道的讲述""'道'之表述""把'道'说出来""'道'一说出来""传道的各种表述"的意思④；唐汉将"道之出言"解释为"执大象（道）者说出这样的话"⑤。笔者赞同姬英明、饶尚宽等人的看法。

【三本对照】

通行本《道德经》第三十五章：执大象，天下往。往而不害，安平泰。乐与饵，过客止。道之出口，淡乎其无味，视之不足见，听之不足闻，用之不可既。⑥

帛书本《道德经》第七十九章：执大象，天下往。往而不害，安平大。乐与饵，过客止。故道之出言也，曰："淡呵，其无味也。视之，不足见也；听之，不足闻也；用之，不可既也。"⑦

---

① 老子［M］．饶尚宽，译注．北京：中华书局，2015：77；徐志钧．老子帛书校注［M］．南京：凤凰出版社，2016：541；赵卫国．帛书《道德经》新析［M］．沈阳：东北大学出版社，2017：113；曹音．《道德经》释疑［M］．上海：上海三联书店，2012：27；老子［M］．李存山，注译．郑州：中州古籍出版社，2008：92．
② 唐汉．道德经新解［M］．北京：北京联合出版公司，2016：336．
③ 文若愚．道德经全解［M］．北京：中国华侨出版社，2012：206；老子［M］．汤漳平，王朝华，译注．北京：中华书局，2014：133．
④ 老子．姬氏道德经［M］．姬英明，译注．北京：朝华出版社，2017：15；老子［M］．饶尚宽，译注．北京：中华书局，2015：77；赵卫国．帛书《道德经》新析［M］．沈阳：东北大学出版社，2017：113；曹音．《道德经》释疑［M］．上海：上海三联书店，2012：27；老子［M］．李存山，注译．郑州：中州古籍出版社，2008：92；文若愚．道德经全解［M］．北京：中国华侨出版社，2012：206；老子［M］．汤漳平，王朝华，译注．北京：中华书局，2014：133．
⑤ 唐汉．道德经新解［M］．北京：北京联合出版公司，2016：336．
⑥ 老子［M］．饶尚宽，译注．北京：中华书局，2015：77．
⑦ 徐志钧．老子帛书校注［M］．南京：凤凰出版社，2016：541；赵卫国．帛书《道德经》新析［M］．沈阳：东北大学出版社，2017：113．

　　《姬氏道德经》（道经卷）：执大象，天下往，往而不害，安平大。乐与饵，过客止，故道之出言也，淡呵其无味也，视之不足见也，听之不足闻也，用之不可既也！①

---

　　①　老子．姬氏道德经［M］．姬英明，译注．北京：朝华出版社，2017：13.

第十三章

大道泛呵，其可左右也

【原文之修订】（通行本《道德经》第三十四章；帛书本《道德经》第七十八章）

大道泛呵，其可左右也。万物恃之而生而不辞，成功遂事而不名有，万物归焉而不为主。恒无欲，可名于"小"；万物归焉而不为主，可名于"大"。是以圣人之能成其大也，以其不为大也，故能成其大！

【引言】

本章内容对应通行本《道德经》第三十四章、帛书本《道德经》第七十八章以及《姬氏道德经》道经卷的第十三个段落。

关于本章内容，通行本、帛书本和《姬氏道德经》原文之表述主要有五处差异。第一处，通行本写作"万物恃之而生而不辞"，帛书本和《姬氏道德经》都没有此句。我们修订本章原文时根据通行本增补。第二处，通行本写作"功成而不有"，帛书本写作"成功遂事而弗名有也"，《姬氏道德经》写作"成功遂事而不名有也"。很显然，三本原文所表达的意思相同。第三处，通行本写作"衣养万物而不为主"，帛书本写作"万物归焉而弗为主"，《姬氏道德经》写作"万物归焉而不为主"。"衣养万物"是说道养育万物，"万物归焉"是说万物归从于道。二者意思有所差异但彼此之间又有内在联系。第四处，通行本写作"常无欲"，帛书本和《姬氏道德经》均写作"恒无欲也"。"常""恒"同义，原文本为"恒"，因避西汉皇帝刘恒的名讳而改为"常"。第五处，通行本写作"以其终不自为大，故能成其大"，帛书本写作"是以圣人之能成大也，以其不为大也，故能成大"，《姬氏道德经》写作"是以圣人之能成其大也，以其不为大也，故能成其大"。很显然，这一处，三本原文所表达的意思是相同的。此外，一些校注和注解《道德经》的学者如饶尚宽、李存山、徐志钧、赵卫国，把"万物恃之以生而不辞，成功遂事而弗名有也，万物归焉而弗为主。恒（常）

63

无欲也,可名于'小'"断句为"万物恃之以生而不辞,成功遂事而弗名有也。万物归焉而弗为主,恒(常)无欲也,可名于'小'"是不妥的或错误的。这是因为"万物恃之以生而不辞,成功遂事而弗名有也,万物归焉而弗为主"这句是老子对"道"基本特征或品质的描述。而"恒无欲也,可名于'小';万物归焉而弗为主,可名于'大'"这句是老子对"道"无欲无为和不为主两种表现的"大""小"判断。

本章原文之修订,以《姬氏道德经》原文之表述为主,兼采帛书本和通行本原文表述的优点。这一章,老子讲述了道的运行和渗透无所不在,并强调它生养万物,成就天地,但从不居功自傲。因为它没有什么自己的私心欲望,所以可称其为默默无闻的"小";因为它生养万物却不自以为万物的主宰,所以可称其为虚怀若谷的"大"(伟大的谦虚)。掌握大道的圣人之所以能够成就一番伟业,正是因为他们谦虚。

【释解】

(1) 大道泛呵:大道广泛啊。泛:广泛。

(2) 其可左右也:它可以左右鼓荡。左右:向左向右,这里指道气弥漫在我们周围,流行、充盈或鼓荡。

(3) 万物恃之而生而不辞:万物依靠它生长而它义不容辞。恃:依赖,依仗,凭借。之:它,指"道"。辞:推辞,拒绝。

(4) 成功遂事而不名有:成就生育天地万物的事功而从不声称其功劳是自己的。成功遂事:成就或完成事功。不名有:不声称功劳是自己的,不占有名誉。

(5) 万物归焉而不为主:万物归附于它而它也不以主宰者自居。焉:于之,于它。不为主:不做主宰者,不自以为主宰者。

(6) 恒无欲:(它)永远没有自己的私欲。恒:永远,永恒。无欲:没有私欲,没有自私的欲望。

(7) 可名于"小":可命名为"小"。名于:命名为,称作。小:指无欲而默默无闻。

(8) 可名于"大":可命名为"大"。大:指"道"的气度或度量伟大、谦虚。

(9) 能成其大也:能够成就他的伟大。大:伟大,伟大品格、事功或功业。

(10) 以其不为大也:因为他不自恃伟大。不为大:不自以为伟大,不自恃伟大。

【译文】

大道广泛（流布）啊！它可以左右鼓荡（而无所不在）。万物依靠它生长而它义不容辞，它成就生育天地万物的事功而从不声称其功劳是自己的，万物归附于它而它也不以主宰者自居。（它）永远没有自己的私欲，可命名为"小"；万物归附于它而它也不以主宰者自居，可命名为"大"。因此，圣人之所以能够成就他的伟大，是因为他不自恃伟大，所以能够成就他的伟大。

【拓展】

关于"大道泛呵"。姬英明、饶尚宽、徐志钧、曹音、李存山认为，"大道泛呵"是"自然的大道广泛存在着""大道广泛而普遍地流行着""道广泛而活动""道广泛啊"的意思①；赵卫国、文若愚、汤漳平和王朝华认为，"大道泛呵"是指"道啊，泛滥流淌""大道像泛滥的河水一样""大道像江河泛滥"②；唐汉将"大道泛呵"（该句在唐汉校注的帛书本中为："道，沨呵"）解释为"道，像水面上的风呵"③。笔者赞同姬英明、饶尚宽等人的解释。

关于"其可左右也"。姬英明、饶尚宽、徐志钧、李存山、文若愚认为，"其可左右也"是"它上下左右无所不至地运转着""它可左可右，无所不在""可左右上下周旋，而用则无所不至也""周流于左右""或在左边，或在右边，无处不在"的意思④；赵卫国、汤漳平和王朝华认为，"其可左右也"是指"像那雾霭啊，它就在我们的左右弥漫""汹涌澎湃无边无缘"⑤；唐汉将"其可左

① 老子 . 姬氏道德经［M］. 姬英明，译注 . 北京：朝华出版社，2017：15；老子［M］. 饶尚宽，译注 . 北京：中华书局，2015：76；徐志钧 . 老子帛书校注［M］. 南京：凤凰出版社，2016：537；曹音 .《道德经》释疑［M］. 上海：上海三联书店，2012：26；老子［M］. 李存山，注译 . 郑州：中州古籍出版社，2008：91.

② 赵卫国 . 帛书《道德经》新析［M］. 沈阳：东北大学出版社，2017：112；文若愚 . 道德经全解［M］. 北京：中国华侨出版社，2012：201；老子［M］. 汤漳平，王朝华，译注 . 北京：中华书局，2014：130.

③ 唐汉 . 道德经新解［M］. 北京：北京联合出版公司，2016：333.

④ 老子 . 姬氏道德经［M］. 姬英明，译注 . 北京：朝华出版社，2017：15；老子［M］. 饶尚宽，译注 . 北京：中华书局，2015：76；徐志钧 . 老子帛书校注［M］. 南京：凤凰出版社，2016：537；老子［M］. 李存山，注译 . 郑州：中州古籍出版社，2008：91；文若愚 . 道德经全解［M］. 北京：中国华侨出版社，2012：201.

⑤ 赵卫国 . 帛书《道德经》新析［M］. 沈阳：东北大学出版社，2017：112；老子［M］. 汤漳平，王朝华，译注 . 北京：中华书局，2014：130.

右也"解释为"可向左向右任意刮过（无阻碍）"①；曹音将"其可左右也"解读为"其可大可小"（曹音认为，"左右，古代以右为上为大，以左为下为小，故'左右'指大小"）②。笔者赞同姬英明、饶尚宽等人的解释。

【三本对照】

通行本《道德经》第三十四章：大道氾兮，其可左右。万物恃之而生而不辞，功成而不有，衣养万物而不为主。常无欲，可名于"小"；万物归焉而不为主，可名为"大"。以其终不自为大，故能成其大。③

帛书本《道德经》第七十八章：道，泛呵，其可左右也。成功遂事而弗名有也。万物归焉而弗为主，则恒无欲也，可名于小。万物归焉而弗为主，可名于大。是以圣人之能成大也，以其不为大也，故能成大。④

《姬氏道德经》（道经卷）：大道泛呵，其可左右也，成功遂事而不名有也，万物归焉而不为主。则恒无欲也，可名于小；则万物归焉而不为主也，可名于大。是以圣人之能成其大也，以其不为大也，故能成其大！⑤

————————

① 唐汉.道德经新解［M］.北京：北京联合出版公司，2016：333.
② 曹音.《道德经》释疑［M］.上海：上海三联书店，2012：26.
③ 老子［M］.饶尚宽，译注.北京：中华书局，2015：75；老子［M］.汤漳平，王朝华，译注.北京：中华书局，2014：129；文若愚.道德经全解［M］.北京：中国华侨出版社，2012：201.
④ 徐志钧.老子帛书校注［M］.南京：凤凰出版社，2016：537；赵卫国.帛书《道德经》新析［M］.沈阳：东北大学出版社，2017：112.
⑤ 老子.姬氏道德经［M］.姬英明，译注.北京：朝华出版社，2017：13.

第十四章

天下皆谓我："道大，似不肖"

【原文之修订】 （通行本《道德经》第六十七章和第二十五章；帛书本《道德经》第三十二章和第六十九章）

天下皆谓我："道大，似不肖。"夫唯不肖，故能大。若肖，久矣其细也夫！故道大，天大，地大，王亦大。域中有四大，而王居一焉。人法地，地法天，天法道，道法自然。

【引言】

本章内容对应通行本《道德经》第六十七章和第二十五章的部分内容、帛书本《道德经》第三十二章和第六十九章的部分内容以及《姬氏道德经》道经卷的第十四个段落。

关于本章内容，通行本、帛书本和《姬氏道德经》原文之表述主要有四处差异。第一处，通行本写作"夫唯大，故似不肖"，帛书本写作"夫唯不肖，故能大"，《姬氏道德经》写作"夫唯大，故不肖"。通行本和《姬氏道德经》以及帛书本《道德经》甲本所写的基本相同，都说的是"夫唯大，故不肖"或"夫唯大，故似不肖"，只有帛书本《道德经》乙本中说"夫唯不肖，故能大"。笔者认为，如果使用"夫唯大，故不肖"则与前句"道大，似不肖"意思重复，也与后句"若肖，久矣其细也夫"无法构成正反条件句式，即如果肖，则……；如果不肖，则……。因此，笔者认为采用"夫唯不肖，故能大"更加合理。第二处，通行本和帛书本均写作"若肖，久矣其细也夫"，《姬氏道德经》写作"若肖，则细矣"。二者意思基本相同。第三处，通行本写作"道大，天大，地大，人亦大"，帛书本和《姬氏道德经》均写作"道大，天大，地大，王亦大"。前者强调人是"四大"之一，后者突出侯王是"四大"之一。笔者认为，后者的说法更符合老子的原义。第四处，通行本写作"域中有四大，而人居其一焉"，帛书本写作"国中有四大，而王居一焉"，《姬氏道德经》写作

"域中有四大，而王居一焉"。"域"可指一个小地域，也可指整个宇宙、整个天下。"国"现在的意思是指一个国家。在春秋时期，人们一般用"邦"指代国家，用"国"指代整个天下、整个宇宙，相当于"域"。例如，徐志钧说："国与封疆之界所称域，在古文中都以'或'表示。甲本与乙本所书国字处皆用邦，独此处用国，可见国之取义所在，即域。春秋之世，人之活动范围有限，往往视所到之境为天下，为宇宙。所以'国中有四大而王居一焉'之'国中'即'域中'，亦即天下宇宙也。"①

本章原文之修订，以帛书本原文之表述为主，兼采通行本和《姬氏道德经》原文表述的优点。这一章，老子在讲宇宙中有四"大"，其中一"大"就是"王"。这个国中的"王"必须效法天地，效法道和自然。

【释解】

(1) 天下皆谓我：天下人都跟我说。谓：给……说，告诉。

(2) 道大：（虽然）道是伟大的。

(3) 似不肖：似乎不像（那么伟大）。肖（xiào）：相似，像。

(4) 夫唯不肖：正因为不像（那么伟大）。夫：发语词，不译。唯：因为。

(5) 久矣其细也夫：倒装句，应为"其细久矣也夫"，它变得细小很久了啊，或它早就变细小了啊。久矣：很久了。其：它，指大道。细：细小，微小，渺小。也夫：语气助词，啊。

(6) 域中有四大：宇宙中有四大。域：疆域，地域，这里指宇宙。

(7) 王居一焉：王占其中之一。王：指天子或侯王。居：占，处于。焉：用于句尾，表示陈述。

(8) 道法自然：道效法其自然存在的规律和法则。

【译文】

天下人都跟我说："虽然道是伟大的，但是它看起来不像那么伟大。"正因为不像（那么伟大），所以它才能那么伟大。如果看起来像那么伟大，它早就会变细小了啊！所以道伟大，天伟大，地伟大，王也伟大。宇宙中有四大，而王占其中之一。人效法地，地效法天，天效法道，道效法其自然存在的规律和法则。

---

① 徐志钧.老子帛书校注［M］.南京：凤凰出版社，2016：473.

【拓展】

关于"似不肖"。姬英明、徐志钧认为，"似不肖"是"它没有任何具体的形象""没有具体形象"的意思①；饶尚宽、曹音认为，"似不肖"是指"却不像大""但又不像大"②；赵卫国、唐汉、文若愚将"似不肖"解释为"没有任何东西可以用来形容比拟（大道）""（道大且）不与他物相似""看上去和任何具体的事物都不像"③；李存山将"似不肖"解读为"似乎与一般人的行事不同"④；汤漳平和王朝华认为，"似不肖"是"看上去似乎没什么样子、没什么才能"⑤。笔者赞同饶尚宽和曹音的观点。

关于"久矣其细也夫"。姬英明、饶尚宽、徐志钧、赵卫国、曹音、李存山、文若愚、汤漳平和王朝华认为，"久矣其细也夫"是"那它也就渺小了""很早就细微渺小了""则必小""早就渺小了""那早就变渺小了""那就早已成为'小'了""那么它也就变成了微不足道、不值一提的东西了""那早就小了"的意思⑥；唐汉认为，"久矣其细也夫"是指"长久以后便会细小起来"⑦。笔者赞同姬英明、饶尚宽等人的看法。

关于"道法自然"。姬英明、饶尚宽、徐志钧、赵卫国、唐汉、曹音、李存山、文若愚、汤漳平和王朝华认为，"道法自然"是"道则要敬畏、顺应、取法于自然大道的法则""道效法自然""道顺自然""道仿效的是自己""道以其自我存在规律为法则""'道'则是纯任自己而然、自然而然""'道'则取法于它

---

① 老子.姬氏道德经［M］.姬英明，译注.北京：朝华出版社，2017：15；徐志钧.老子帛书校注［M］.南京：凤凰出版社，2016：232.

② 老子［M］.饶尚宽，译注.北京：中华书局，2015：146；曹音.《道德经》释疑［M］.上海：上海三联书店，2012：50.

③ 赵卫国.帛书《道德经》新析［M］.沈阳：东北大学出版社，2017：49；唐汉.道德经新解［M］.北京：北京联合出版公司，2016：159；文若愚.道德经全解［M］.北京：中国华侨出版社，2012：404.

④ 老子［M］.李存山，注译.郑州：中州古籍出版社，2008：135.

⑤ 老子［M］.汤漳平，王朝华，译注.北京：中华书局，2014：263.

⑥ 老子.姬氏道德经［M］.姬英明，译注.北京：朝华出版社，2017：15；老子［M］.饶尚宽，译注.北京：中华书局，2015：146；徐志钧.老子帛书校注［M］.南京：凤凰出版社，2016：229；赵卫国.帛书《道德经》新析［M］.沈阳：东北大学出版社，2017：49；曹音.《道德经》释疑［M］.上海：上海三联书店，2012：50；老子［M］.李存山，注译.郑州：中州古籍出版社，2008：135；文若愚.道德经全解［M］.北京：中国华侨出版社，2012：404；老子［M］.汤漳平，王朝华，译注.北京：中华书局，2014：265.

⑦ 唐汉.道德经新解［M］.北京：北京联合出版公司，2016：159.

自己的样子""道本性自然"的意思①。这些学者的解释大同小异。

【三本对照】

通行本《道德经》第六十七章：天下皆谓我："道大，似不肖。"夫唯大，故似不肖。若肖，久矣其细也夫!② 第二十五章：故道大，天大，地大，人亦大。域中有四大，而人居其一焉。人法地，地法天，天法道，道法自然。③

帛书本《道德经》第三十二章：天下皆谓我大，大而不肖。夫唯不肖，故能大。若肖，久矣其细也夫。④ 第六十九章：道大，天大，地大，王亦大。国中有四大，而王居一焉。人法地，地法天，天法道，道法自然。⑤

《姬氏道德经》（道经卷）：天下皆谓我道大，似不肖。夫唯大，故不肖。若肖，则细矣! 故道大，天大，地大，王亦大，域中有四大，而王居一焉。人法地，地法天，天法道，道法自然。⑥

① 老子.姬氏道德经 [M].姬英明，译注.北京：朝华出版社，2017：16；老子 [M].饶尚宽，译注.北京：中华书局，2015：57；徐志钧.老子帛书校注 [M].南京：凤凰出版社，2016：473；赵卫国.帛书《道德经》新析 [M].沈阳：东北大学出版社，2017：101；唐汉.道德经新解 [M].北京：北京联合出版公司，2016：302；曹音.《道德经》释疑 [M].上海：上海三联书店，2012：20；老子 [M].李存山，注译.郑州：中州古籍出版社，2008：80；文若愚.道德经全解 [M].北京：中国华侨出版社，2012：150.
② 老子 [M].饶尚宽，译注.北京：中华书局，2015：145.
③ 老子 [M].饶尚宽，译注.北京：中华书局，2015：56.
④ 徐志钧.老子帛书校注 [M].南京：凤凰出版社，2016：228；赵卫国.帛书《道德经》新析 [M].沈阳：东北大学出版社，2017：48.
⑤ 徐志钧.老子帛书校注 [M].南京：凤凰出版社，2016：470；赵卫国.帛书《道德经》新析 [M].沈阳：东北大学出版社，2017：100；唐汉.道德经新解 [M].北京：北京联合出版公司，2016：159.
⑥ 老子.姬氏道德经 [M].姬英明，译注.北京：朝华出版社，2017：13.

第二篇 论德

在该篇中，老子集中提出了关于德的观点。老子认为，德包括上德和下德两种。上德是大道品质的体现，失去了道和上德才会出现仁、义、礼这些世俗社会所崇奉的下德价值观念。大道和上德是道德的本质，而所谓仁、义、礼只是道德的外表而已。真正有道德的人应该遵循大道和持守上德，而舍弃仁、义、礼这些教条主义的道德规范。老子把上善比作水。他认为真正有道和上善的人，都会像道和水那样，只做对他人和万物有利的事情，而不会和他人及万物争夺利益。

老子认为，因为道恒顺自然，生育万物而不占有、主宰和居功自傲，所以万物莫不尊道而贵德。因此，人们要向大道学习，学习道所具有的"生之畜之，生而弗有，为而不恃，长而弗宰"的玄德。人们应该坚持修身，复归赤子无欲无求的状态，因为清心寡欲是保持养生、延年益寿之道，而逞强使气则是取祸不祥之道。

老子指出，人们可以"以身观身，以家观家，以乡观乡，以邦观邦，以天下观天下"。他还指出遵道修德对一个人、一个家庭、一个乡、一个国家和天下的好处。遵道而行的人能够心想事成，其子孙对他的祭祀也会绵绵不绝。自己修道就会培养出真正的道德；家人修道，整个家庭的道德就会充盈；整个乡里的人修道，全乡的道德就会长长久久；整个国家的人修道，整个国家的道德就会丰厚；天下人都修道，整个天下的道德就会普遍和广博。

老子希望统治者"以百姓之心为心"，学习江海谦虚和不争的优点，不与天下人争利，做一个有道的统治者；希望他们修道体道、读书明理、掌握智慧和提高觉悟；希望他们知雄守雌、持守恒德、复归婴儿、知白守辱、复归于朴；希望他们"不行而知，不见而明，不为而成"；希望他们效法大道，管理社会，物尽其用，人尽其才，从而成为天下人拥戴的首领。

老子最后谈到了自己与世人心境和追求的不同。其不同的根本原因在于老子自己执着于对生育滋养天地万物的道的追求，而世人通常满足于世俗的吃喝玩乐的生活。也正因为老子和世人的心境和追求不同，老子所讲的道很难被世人明白和践行。

第十五章

上德不德，是以有德

【原文之修订】（通行本《道德经》第三十八章；帛书本《道德经》第一章）

上德不德，是以有德；下德不失德，是以无德。上德无为而无以为也，上仁为之而无以为也，上义为之而有以为也，上礼为之而莫之应也，则攘臂而扔之。故失道而后德，失德而后仁，失仁而后义，失义而后礼。夫礼者，忠信之薄也，而乱之首也。前识者，道之华也，而愚之首也。是以大丈夫居其厚而不居其薄，居其实而不居其华。故去彼而取此。

【引言】

本章内容对应通行本《道德经》第三十八章、帛书本《道德经》第一章以及《姬氏道德经》德经卷的第一个段落。

关于本章内容，通行本、帛书本和《姬氏道德经》原文之表述主要有三处差异。第一处，通行本写作"上德无为而无以为，下德无为而有以为"，帛书本写作"上德无为而无以为也"，《姬氏道德经》写作"上德无为而无以为也，下德无为而有以为也"。由上可见，帛书本《道德经》没有"下德无为而有以为"这句，而《姬氏道德经》和通行本《道德经》都有，疑是《姬氏道德经》和通行本《道德经》的校注者、注解者或编辑者在理解上出现差错而凭己所加。①其原因主要有两方面：第一，"下德无为而有以为"此句自身存在着矛盾。上德可以做到"无为"，但下德做不到"无为"，所以"下德无为而有以为"这句说"下德无为"是有问题的。第二，"上德无为而无以为也"与后句"上仁为之而无以为也，上义为之而有以为也，上礼为之而莫之应也，则攘臂而扔之"构成

---

① 赵卫国在《帛书〈道德经〉新析》中也持有相同看法。见：赵卫国.帛书《道德经》新析［M］.沈阳：东北大学出版社，2017：4.

一个完整的句子和句意。所谓"下德"，它实际上是指"上仁""上义""上礼"以及中下等的仁、义和礼的人，它们都是"有为"或"为之"的人。因此，"上德无为而无以为也，上仁为之而无以为也，上义为之而有以为也，上礼为之而莫之应也，则攘臂而扔之"这几句自成一体，相互构成一个完整的句子。只有上德的人才能做到"无为"，这里的"上仁""上义""上礼"等下德之人都是"为之"的有为之人。第二处，通行本写作"愚之始"，帛书本和《姬氏道德经》均写作"愚之首也"。"首"是开始、开端的意思。因此，"首""始"同义。第三处，通行本写作"大丈夫处其厚，不居其薄；处其实，不居其华"，帛书本和《姬氏道德经》均写作"大丈夫居其厚而不居其薄，居其实而不居其华"。"处""居"意思相同。总之，关于这一章，通行本《道德经》、帛书本《道德经》和《姬氏道德经》所对应的内容几乎相同。

　　本章原文之修订，除了在标点符号方面有所改进外，其余完全采用帛书本原文之表述。这一章，老子鲜明地提出了关于上德和下德优劣及其相互关系的观点。老子指出，上德是大道品质的体现，失去了道和上德才会出现下德，才会出现仁、义、礼这些世俗社会所崇奉的道德价值观念。仁、义、礼是社会道德滑坡的表现，真正有道德的人应该遵循大道和持守上德，而舍弃仁、义、礼这些教条主义的道德规范。大道和上德是道德的本质，而所谓的仁、义、礼只是道德的外表而已。

　　【释解】

　　（1）上德不德：上等品德的人不自以为有德。上德：上等品德，这里指上等品德的人。不德：不自以为有德。上德之人一切都是效法道和自然，为人做事都是自然而然，所以不知道自己有什么德行，也不认为自己有德。

　　（2）是以有德：因此（他们是）有德的人。

　　（3）下德不失德：下德的人不违反社会所规定的道德法律、规范或习俗。换言之，下等品德的人时时处处向社会的道德标杆看齐，持守社会规定的道德法律和规范而不违反。失德：违反道德法律与规范，违背道德观念。

　　（4）无为而无以为也：顺应自然不妄为而无所作为。无为：自然无为，顺应自然而不妄作。无以为：无所作为。也：助词，表示判断。

　　（5）上仁为之：上等尊仁的人想要推广仁爱。上仁：上等尊仁的人。为之：作为，这里指推广仁爱等概念和学说等。

　　（6）上义为之而有以为也：上等尊义的人想要推广社会正义而有所作为。上义：上等尊义的人。为之：作为，这里指推广符合社会正义的行为准则和规范等。有以为：有所作为。

（7）上礼为之而莫之应也：上等尊礼的人想要推广礼仪制度和文明而没有人响应他。上礼：上等尊礼的人。为之：作为，这里指推广礼仪制度和文明。莫之应：倒装句，即"莫应之"，没有人响应他。

（8）则攘臂而扔之：就将起袖子用力强拉他人行礼。则：就。攘臂：捋起袖子，露出胳膊。扔（rèng）：强牵引，强拉，强拽。

（9）故失道而后德：所以失去了大道而后才有了德。

（10）忠信之薄也：忠诚和信用的衰微轻薄。薄（bó）：不庄重，不厚道，（世道人心）衰微轻薄。

（11）而乱之首也：祸乱的开端。首：开端，开头，开始。

（12）前识者：前面所提到的（仁、义、礼）概念，前面所知道的道理。识：所知道的道理，知识，概念，这里指前面提到的仁、义、礼等世俗社会所崇奉或倡导的思想观念。

（13）道之华也：道的浮华。华：浮华，虚华。

（14）而愚之首也：愚昧的开端。愚：愚昧，愚蠢。

（15）是以大丈夫居其厚而不居其薄：因此，大丈夫要处于道德厚实的地方，而不要处于道德轻薄的地方。在老子看来，由道、上德至仁、义、礼等下德，是由厚实到轻薄，反之，由礼、义、仁等下德至上德和道，是由轻薄到厚实。换言之，道、上德就是道德厚实的地方，而仁、义、礼等下德是道德轻薄的地方。

（16）居其实而不居其华：要处于道德敦实的地方，而不要处于道德虚华的地方。实：敦实，朴实，笃实。

（17）故去彼而取此：所以要抛弃那（轻薄虚华的）东西，选取这（厚实淳朴的）东西。故：所以，因此。去：去除，抛弃。彼：那，那些，指仁、义、礼等下德的东西。取：拿取，选取。此：这，这些，指道和上德的东西。

【译文】

上等品德的人（顺应自然而）不自以为有德，因此他们是有德的人。下德的人不违反社会所规定的道德法律、规范或习俗（而不能顺应社会的自然发展），因此他们是无德的人。上等品德的人顺应自然不妄为而无所作为，上等尊仁的人想要推广仁爱而无所作为，上等尊义的人想要推广社会正义而有所作为，上等尊礼的人想要推广礼仪制度和文明而没有人响应他，他们就会捋起袖子用力强拉他人行礼。所以失去了大道而后才有了德，失去了德而后才有了仁，失去了仁而后才有了义，失去了义而后才有了礼。所谓礼，就是忠诚和信用衰微轻薄的表现，它是祸乱的开端。前面所提到的（仁、义、礼）概念，它们是道的浮华表现，是愚昧的开端。因此，大丈夫要处于道德厚实的地方，而不要处于道德轻薄的地方，要处于道德敦实的地方，而不要处于道德虚华的地方。所以要抛弃那（轻薄虚华的）东西，选取这（厚实淳朴的）东西。

【拓展】

关于"上德不德"。姬英明认为，"上德不德"是"思想精神上仰望（形而上的）高尚的上德之人，不会刻意表现形式上的德"的意思①；饶尚宽、李存山认为，"上德不德"是指"上德的人顺应自然，不追求仁爱之德""上德之人不讲求'德'"②；赵卫国将"上德不德"解释为"具有最高道德的东西已经没有德的外在表现形式了"③；唐汉把"上德不德"中的"不"理解为"丕"（彰显）而把"上德不德"解释为"上等德行者彰显（自身孕育的）德行"④；曹音、文若愚、汤漳平和王朝华认为，"上德不德"是指"上德不自认为'德'""具有上乘之德的人并不知道自己有德""上德不自居有德"⑤。笔者赞同曹音、文若愚等人的解释。

关于"上德无为而无以为也"。姬英明、饶尚宽、徐志钧、曹音、李存山、文若愚、汤漳平和王朝华认为，"上德无为而无以为也"是"上德之人从不妄为而是顺其自然地作为""上德的人顺应自然而无所作为""上德顺应自然而不有意表现'德'""上德之人因顺自然，不有意作为""具有上乘之德的人顺其自然，并不刻意表现自己的德""上德自然无为而又无心作为"的意思⑥；赵卫国

① 老子.姬氏道德经［M］.姬英明，译注.北京：朝华出版社，2017：20.
② 老子［M］.饶尚宽，译注.北京：中华书局，2015：84；老子［M］.李存山，注译.郑州：中州古籍出版社，2008：96.
③ 赵卫国.帛书《道德经》新析［M］.沈阳：东北大学出版社，2017：3-4.
④ 唐汉.道德经新解［M］.北京：北京联合出版公司，2016：3.
⑤ 曹音.《道德经》释疑［M］.上海：上海三联书店，2012：29；文若愚.道德经全解［M］.北京：中国华侨出版社，2012：223；老子［M］.汤漳平，王朝华，译注.北京：中华书局，2014：144.
⑥ 老子.姬氏道德经［M］.姬英明，译注.北京：朝华出版社，2017：20；老子［M］.饶尚宽，译注.北京：中华书局，2015：84；徐志钧.老子帛书校注［M］.南京：凤凰出版社，2016：5；曹音.《道德经》释疑［M］.上海：上海三联书店，2012：29；老子［M］.李存山，注译.郑州：中州古籍出版社，2008：96；文若愚.道德经全解［M］.北京：中国华侨出版社，2012：223；老子［M］.汤漳平，王朝华，译注.北京：中华书局，2014：144.

认为，"上德无为而无以为也"是指"上德这件东西，来自虚无、来自空、来自无所作为，它是无法通过修行或任何力量的作为可以得到的"①；唐汉将"上德无为而无以为也"解释为"上等德行者不去仿效因而不需要凭借模仿"②。笔者赞同姬英明、饶尚宽等人的解读。

关于"前识者"。姬英明、饶尚宽、徐志钧、唐汉、曹音、李存山认为，"前识者"是"那些标榜自己有所谓先见之明的人""所谓有先见之明的人""前识，智巧的见解。指制礼之人，自以为有高见，其实恰恰相反""以前的那些有学识的人""制定礼乐制度的所谓先见者们""所谓'先知'"③；赵卫国、汤漳平和王朝华认为，"前识者"是指"前面提到的这些东西（仁、义、礼）""礼义之类的观念"④；文若愚将"前识者"解释为"所谓有远见"⑤。笔者赞同赵卫国、汤漳平和王朝华等人的观点。

关于"大丈夫居其厚而不居其薄"。姬英明、饶尚宽、徐志钧、赵卫国、曹音、李存山、文若愚、汤漳平和王朝华认为，"大丈夫居其厚而不居其薄"是"大丈夫立身处世，要居于敦厚而不居于浅薄""大丈夫身处敦厚，而不居于浅薄""大丈夫，能持道守德有独立见解，不囿于外物环境之影响""作为有识有为的男子汉，做人，应该站在厚重的地方而不踩在薄弱的地方""大丈夫取敦厚不取浅薄""大丈夫立身于敦厚，而不居于浅薄""大丈夫应立足于敦厚而避免浅薄""大丈夫立身处世，应当自处于厚实的道与德的境地，而远离浅薄与虚华"的意思⑥；唐汉认为，"大丈夫居其厚而不居其薄"是指"大丈夫要居于向

---

① 赵卫国. 帛书《道德经》新析［M］. 沈阳：东北大学出版社，2017：4.

② 唐汉. 道德经新解［M］. 北京：北京联合出版公司，2016：3.

③ 老子. 姬氏道德经［M］. 姬英明，译注. 北京：朝华出版社，2017：20；老子［M］. 饶尚宽，译注. 北京：中华书局，2015：85；徐志钧. 老子帛书校注［M］. 南京：凤凰出版社，2016：10；唐汉. 道德经新解［M］. 北京：北京联合出版公司，2016：3；曹音.《道德经》释疑［M］. 上海：上海三联书店，2012：29；老子［M］. 李存山，注译. 郑州：中州古籍出版社，2008：97.

④ 赵卫国. 帛书《道德经》新析［M］. 沈阳：东北大学出版社，2017：6；老子［M］. 汤漳平，王朝华，译注. 北京：中华书局，2014：144.

⑤ 文若愚. 道德经全解［M］. 北京：中国华侨出版社，2012：224.

⑥ 老子. 姬氏道德经［M］. 姬英明，译注. 北京：朝华出版社，2017：20；老子［M］. 饶尚宽，译注. 北京：中华书局，2015：85；徐志钧. 老子帛书校注［M］. 南京：凤凰出版社，2016：10；赵卫国. 帛书《道德经》新析［M］. 沈阳：东北大学出版社，2017：6；曹音.《道德经》释疑［M］. 上海：上海三联书店，2012：29；老子［M］. 李存山，注译. 郑州：中州古籍出版社，2008：97；文若愚. 道德经全解［M］. 北京：中国华侨出版社，2012：224；老子［M］. 汤漳平，王朝华，译注. 北京：中华书局，2014：144.

下伸延之处，而不居于末端的行止处"①。笔者赞同姬英明、饶尚宽等人的看法。

【三本对照】

通行本《道德经》第三十八章：上德不德，是以有德；下德不失德，是以无德。上德无为而无以为，下德无为而有以为。上仁为之而无以为，上义为之而有以为。上礼为之而莫之应，则攘臂而扔之。故失道而后德，失德而后仁，失仁而后义，失义而后礼。夫礼者，忠信之薄，而乱之首。前识者，道之华，而愚之始。是以大丈夫处其厚，不居其薄；处其实，不居其华。故去彼取此。②

帛书本《道德经》第一章：上德不德，是以有德。下德不失德，是以无德。上德无为而无以为也。上仁为之而无以为也。上义为之而有以为也。上礼为之而莫之应也，则攘臂而扔之。故失道而后德，失德而后仁，失仁而后义，失义而后礼。夫礼者，忠信之薄也，而乱之首也。前识者，道之华也，而愚之首也。是以大丈夫居其厚而不居其薄，居其实而不居其华。故去彼而取此。③

《姬氏道德经》（德经卷）：上德不德，是以有德；下德不失德，是以无德。上德无为而无以为也，下德无为而有以为也。上仁为之而无以为也，上义为之而有以为也，上礼为之而莫之应也，则攘臂而扔之。故失道而后德，失德而后仁，失仁而后义，失义而后礼。夫礼者，忠信之薄也而乱之首也；前识者，道之华也而愚之首也。是以大丈夫居其厚而不居其薄，居其实而不居其华，故去彼取此。④

① 唐汉．道德经新解 [M]．北京：北京联合出版公司，2016：3.
② 老子 [M]．饶尚宽，译注．北京：中华书局，2015：82-83.
③ 徐志钧．老子帛书校注 [M]．南京：凤凰出版社，2016：3；赵卫国．帛书《道德经》新析 [M]．沈阳：东北大学出版社，2017：3.
④ 老子．姬氏道德经 [M]．姬英明，译注．北京：朝华出版社，2017：18.

第十六章

含德之厚者，比于赤子

【原文之修订】（通行本《道德经》第五十五章；帛书本《道德经》第十八章）

含德之厚者，比于赤子。蜂虿虺蛇弗螫，攫鸟猛兽弗搏。骨弱筋柔而握固，未知牝牡之会而朘怒，精之至也。终日号而不嗄，和之至也。知和曰常，知常曰明。益生曰祥，心使气曰强。物壮则老，谓之不道。不道早已。

【引言】

本章内容对应通行本《道德经》第五十五章、帛书本《道德经》第十八章以及《姬氏道德经》德经卷的第二个段落。

关于本章内容，通行本、帛书本和《姬氏道德经》原文之表述主要有三处差异。第一处，通行本写作"毒虫不螫，猛兽不据，攫鸟不搏"，帛书本和《姬氏道德经》均写作"蜂虿虺蛇弗螫，攫鸟猛兽弗搏"。二者意思基本相同。第二处，通行本写作"未知牝牡之合而朘作"，帛书本和《姬氏道德经》均写作"未知牝牡之会而朘怒"。"合""会"意思相同，都是男女交合的意思。"作""怒"意思相同，都作"兴起，勃起"的意思讲。第三处，通行本和帛书本均写作"益生曰祥"，《姬氏道德经》写作"欲生曰殇"。"益生""欲生"同义，都是指过度贪求名利而损害生命健康的事或行为。"祥""殇"同义。"祥"指不祥、凶祸。"殇"是指像夭折、横死等非正常死亡。总之，关于这一章，通行本、帛书本和《姬氏道德经》所对应的内容大意基本一致。

本章原文之修订，完全采用帛书本原文之表述。这一章，老子强调修身与保持和谐和气状态对生存和发展的重要意义。他把德行敦厚的人比作赤子，即刚生下的婴儿。刚生下的婴儿无欲无求，身体柔软，中气十足，毒虫猛兽都不忍去伤害他们。人应该清心寡欲，不可逞强使气。清心寡欲是保持养生、延年益寿之道，而逞强使气则是取祸不祥之道。

【释解】

（1）含德之厚者：含德深厚的人，拥有深厚德行修养的人。

（2）比于赤子：好比刚刚出生的婴儿。比于：比作，如同，就像。

（3）蜂虿虺蛇弗螫：毒蜂、毒蝎和毒蛇都不会叮咬他。蜂：指黄蜂、马蜂、胡蜂、蜜蜂等毒蜂。虿（chài）：蝎子一类的毒虫。虺（huǐ）蛇：一种毒蛇。螫：（毒虫、蚊虫）叮咬。

（4）攫鸟猛兽弗搏：猛禽猛兽都不会抓取捕捉他。攫鸟：鹰、雕、鸢、鹫等用爪捕取猎物的食肉类猛禽。猛兽：老虎、狮子、熊、豹等用爪捕取猎物的凶猛野兽。弗：不。搏：抓取，捕捉。

（5）骨弱筋柔而握固：筋骨柔弱但拳头握得很紧。握：屈指成拳，手指弯曲合拢。固：结实，牢靠。

（6）未知牝牡之会而朘怒：不知男女交合之事但男婴小生殖器能自动勃起。牝牡之会：牝牡之合，指男女交合之事。牝（pìn）：雌性的鸟或兽，阴性。牡：雄性的鸟或兽，阳性。朘（zuī）：婴儿的阴茎，小生殖器。怒：兴起，勃起，奋起。

（7）精之至也：精气充盈的缘故。精：精气。至：极，最。

（8）终日号而不嗄：整天哭嚎而嗓子不哑。终日：整天。号（háo）：大声哭，哭嚎。嗄（shà）：嗓音嘶哑。

（9）和之至也：和气充盈的缘故。和：和气，元气。

（10）知和曰常：知道和气充盈好叫作"常"。知：知道……好。和：和气和谐充盈的状态。常：常规，规律，这里指掌握规律，把握常规。

（11）知常曰明：知道掌握规律好叫作明智。明：明智。

（12）益生曰祥：过分地追求名利来增益自己的生命生活叫作不祥。益生：增益生命，增加生活的品位和丰富性，这里指过分地贪求名利或纵欲过度。祥：吉凶的预兆，吉祥或不祥，这里指不祥、灾祥、灾殃。

（13）心使气曰强：任由心中的欲念驱使意气叫作逞强妄为。心使气：恣逞意气，任性使劲。强：逞强妄为，胡作非为。

（14）物壮则老：事物强壮过度就会走向衰亡。壮：强壮，强盛。老：衰老，衰亡。

（15）谓之不道：称之为"不道"。谓之：称之为，给它叫作。之：它，指"物壮"。不道：不符合道。

（16）不道早已：不符合道的事物早早就会消亡。不道：不符合道，这里指不符合道的事物。早：早早，很早，比常时为早。已：停止，消亡。

【译文】

拥有深厚德行修养的人，好比刚刚出生的婴儿。毒蜂、毒蝎和毒蛇都不会叮咬他，猛禽猛兽也不会抓取捕捉他。他筋骨柔弱但拳头握得很紧，他不知男女交合之事但其小生殖器能自动勃起，这都是精气充盈的缘故。他整天哭嚎而嗓子不哑，这是和气充盈的缘故。知道和气充盈好叫作"常"（把握规律），知道掌握规律好叫作"明"（明智）。过分地贪求名利来增益自己的生命生活叫作不祥，任由心中的欲念恣逞意气叫作逞强妄为。事物强壮过度就会走向衰亡，这是因为"事物强壮过度"不符合道。不符合道的事物早早就会消亡。

【拓展】

关于"益生曰祥"。姬英明、赵卫国、李存山认为，"益生曰祥"是"那些纵欲轻生者，会有妄损性命的灾祸""纵欲贪生叫作灾殃""贪生而厚自奉养就会有灾殃"的意思①；徐志钧、汤漳平和王朝华认为，"益生曰祥"是指"益生，为逆自然，故曰'益生曰祥'""刻意增益生命就叫作不祥"②；曹音、文若愚将"益生曰祥"解读为"人为的养生就是灾""如果不以常道养生，而是放纵自己的欲望就会遭到灾殃"③；饶尚宽将"益生曰祥"理解为"有益于养生叫'祥'"④；唐汉将"益生曰祥"解释为"（万物）增益和生殖就是吉祥"⑤。笔者赞同徐志钧、汤漳平和王朝华等人的观点，部分赞同姬英明、赵卫国等人的观点。

关于"心使气曰强"。姬英明、饶尚宽、赵卫国、曹音、李存山、文若愚、汤漳平和王朝华认为，"心使气曰强"是"心间的欲念控制了和气，就会妄为逞强""欲念放纵任气叫'强'""欲望支配精气叫作逞强""用欲来支配元气就是逞强""以欲念驱使体内的气就是逞强""欲念主使精气就叫作逞强""心放

① 老子．姬氏道德经［M］．姬英明，译注．北京：朝华出版社，2017：21；赵卫国．帛书《道德经》新析［M］．沈阳：东北大学出版社，2017：29；老子［M］．李存山，注译．郑州：中州古籍出版社，2008：118.
② 徐志钧．老子帛书校注［M］．南京：凤凰出版社，2016：132；老子［M］．汤漳平，王朝华，译注．北京：中华书局，2014：224.
③ 曹音．《道德经》释疑［M］．上海：上海三联书店，2012：41；文若愚．道德经全解［M］．北京：中国华侨出版社，2012：322.
④ 老子［M］．饶尚宽，译注．北京：中华书局，2015：118.
⑤ 唐汉．道德经新解［M］．北京：北京联合出版公司，2016：98.

任气的发泄就叫作'强'"的意思①；唐汉认为，"心使气曰强"是指"由心中生发（派遣）出的后天之气就是发愤图强"②。笔者赞同姬英明、饶尚宽等人的看法。

关于"谓之不道"。姬英明、饶尚宽、徐志钧、赵卫国、曹音、李存山、文若愚、汤漳平和王朝华认为，"谓之不道"是"这就叫作不合于道""就不符合道""不合乎道""这叫不合于道""盛极乃'不道'""这不符合'道'""这就叫不合于'道'""这就叫作'不道'"的意思③；唐汉认为，"谓之不道"（这里唐汉将"不"作"丕"讲）是指"这便是彰显出的道"④。笔者赞同姬英明、饶尚宽等人的解释。

关于"不道早已"。姬英明、饶尚宽、曹音、李存山、文若愚、汤漳平和王朝华认为，"不道早已"是"不合于道就会很快消亡""不符合道就会提早消亡""不道就早亡""不符合'道'就会早亡""不遵守常道就会很快死亡""'不道'就会快速灭亡"的意思⑤；唐汉将"不道早已"解读为"这种彰显出来的道早已存在"⑥。笔者赞同姬英明、饶尚宽等人的解读。

---

① 老子．姬氏道德经［M］．姬英明，译注．北京：朝华出版社，2017：21；老子［M］．饶尚宽，译注．北京：中华书局，2015：118；赵卫国．帛书《道德经》新析［M］．沈阳：东北大学出版社，2017：29；曹音．《道德经》释疑［M］．上海：上海三联书店，2012：41；老子［M］．李存山，注译．郑州：中州古籍出版社，2008：118；文若愚．道德经全解［M］．北京：中国华侨出版社，2012：322；老子［M］．汤漳平，王朝华，译注．北京：中华书局，2014：224.
② 唐汉．道德经新解［M］．北京：北京联合出版公司，2016：98.
③ 老子．姬氏道德经［M］．姬英明，译注．北京：朝华出版社，2017：21；老子［M］．饶尚宽，译注．北京：中华书局，2015：118；徐志钧．老子帛书校注［M］．南京：凤凰出版社，2016：132；赵卫国．帛书《道德经》新析［M］．沈阳：东北大学出版社，2017：29；曹音．《道德经》释疑［M］．上海：上海三联书店，2012：41；老子［M］．李存山，注译．郑州：中州古籍出版社，2008：118；文若愚．道德经全解［M］．北京：中国华侨出版社，2012：322；老子［M］．汤漳平，王朝华，译注．北京：中华书局，2014：224.
④ 唐汉．道德经新解［M］．北京：北京联合出版公司，2016：98.
⑤ 老子．姬氏道德经［M］．姬英明，译注．北京：朝华出版社，2017：21；老子［M］．饶尚宽，译注．北京：中华书局，2015：118；曹音．《道德经》释疑［M］．上海：上海三联书店，2012：41；老子［M］．李存山，注译．郑州：中州古籍出版社，2008：118；文若愚．道德经全解［M］．北京：中国华侨出版社，2012：322；老子［M］．汤漳平，王朝华，译注．北京：中华书局，2014：224.
⑥ 唐汉．道德经新解［M］．北京：北京联合出版公司，2016：98.

【三本对照】

通行本《道德经》第五十五章：含德之厚，比于赤子。毒虫不螫，猛兽不据，攫鸟不搏。骨弱筋柔而握固，未知牝牡之合而朘作，精之至也。终日号而不嗄，和之至也。知和曰常，知常曰明。益生曰祥，心使气曰强。物壮则老，谓之不道。不道早已。①

帛书本《道德经》第十八章：含德之厚者，比于赤子。蜂虿虺蛇弗螫，攫鸟猛兽弗搏。骨弱筋柔而握固，未知牝牡之会而朘怒，精之至也。终日号而不嗄，和之至也。知和曰常，知常曰明，益生曰祥，心使气曰强。物壮则老，谓之不道，不道早已。②

《姬氏道德经》（德经卷）：含德之厚者，比于赤子，蜂虿虺蛇弗螫，攫鸟猛兽弗搏。骨弱筋柔而握固，未知牝牡之会而朘怒，精之至也；终日嚎而不哑，和之至也。知和曰常，知和曰明，欲生曰殃，心使气曰强，物壮即老，谓之不道，不道早已。③

---

① 老子［M］．饶尚宽，译注．北京：中华书局，2015：117．
② 徐志钧．老子帛书校注［M］．南京：凤凰出版社，2016：129；赵卫国．帛书《道德经》新析［M］．沈阳：东北大学出版社，2017：29．
③ 老子．姬氏道德经［M］．姬英明，译注．北京：朝华出版社，2017：18．

第十七章

载营魄抱一，能毋离乎

【原文之修订】（通行本《道德经》第十章；帛书本《道德经》第五十四章）

载营魄抱一，能毋离乎？抟气致柔，能如婴儿乎？涤除玄鉴，能毋疵乎？爱民栝国，能毋以知乎？天门启阖，能为雌乎？明白四达，能毋以为乎？生之畜之，生而弗有，为而不恃，长而弗宰也，是谓玄德。

【引言】

本章内容对应通行本《道德经》第十章、帛书本《道德经》第五十四章以及《姬氏道德经》德经卷的第三个段落。

关于本章内容，通行本、帛书本和《姬氏道德经》原文之表述主要有六处差异。第一处，通行本写作"专气致柔，能如婴儿乎"，帛书本写作"抟气致柔，能婴儿乎"，《姬氏道德经》写作"专气致柔，能婴儿乎"。"专""抟"同义，都是聚合、集聚的意思。第二处，通行本写作"涤除玄鉴，能无疵乎"，帛书本写作"修除玄鉴，能毋疵乎"，《姬氏道德经》写作"修除玄览，能毋疵乎"。"涤除""修除"同义，"玄鉴""玄览"同义，"无""毋"同义。第三处，通行本写作"爱民治国，能无以智乎"，帛书本写作"爱民栝国，能毋以知乎"，《姬氏道德经》写作"爱民治国，能毋以智乎"。"栝""治"意思相近。"栝"通"恬"，是安定的意思，安邦定国是治理国家的最高目标。第四处，通行本写作"天门开阖，能为雌乎"，帛书本写作"天门启阖，能为雌乎"，《姬氏道德经》写作"天门启阖，能无雌乎"。"开""启"同义。"能为雌乎""能无雌乎"同义。"能为雌乎"是"能做到柔和吗"的意思，而"能无雌乎"是"能不柔和吗"的意思。第五处，通行本写作"明白四达，能无为乎"，帛书本写作"明白四达，能毋以为乎"，《姬氏道德经》写作"明白四达，能无以知乎"。"能无为乎""能毋以为乎"同义，二者与"能无以知乎"的意思有所差别。第六处，通行本写作"生而不有，为而不恃，长而不宰"，帛书本写作"生而弗有，长而弗宰也"，《姬氏道德经》写作"生而不有，长而不宰也"。通行本比帛书本、《姬氏道德经》多了"为而不恃"一句。就第六处内容而言，李存山、马叙伦、陈鼓应、古棣、周英等人认为这一处内容是后世衍文或错出。①笔者认为，通行本、帛书本和《姬氏道德经》所对应的这一章内容都有这一处，肯定有其合理的理由。表面上看，这最后一句与前面六句意思关联性不大，但深层次看，这一处内容是本章前六句意思的提升。

　　本章原文之修订，以帛书本原文之表述为主，兼采通行本原文表述的优点。这一章，老子在讲"玄德"的六点表现。老子使用了六个问句来提醒人们做到身心专一、精气柔顺、心灵净化、以智治国、清心寡欲和不刻意作为六点。老子在这一章末尾提醒，人们要向大道学习，学习道所具有的"生之畜之，生而弗有，为而不恃，长而弗宰"的玄德。

【释解】

　　(1) 载营魄抱一：如果修养精神使之持守大道。载：连词，假设，假如。《词诠》卷六："载，假设连词，设也。"② 营：动词，营筑，建筑，修建，这里指修养、修炼（身心）的意思。魄是指依附形体而存在的精神，魂魄。抱：持守，坚守，保持。一是指大道、太一。

　　(2) 能毋离乎：能做到精神与大道不分离吗。毋：不，没有。离：分离。乎：吗。

　　(3) 抟气致柔：集聚精气使之柔和。抟：集聚，聚合。气：精气。致：使达到。柔：柔和，柔顺。

　　(4) 涤除玄鉴：清洗玄妙的心境。涤除：清洗，洗去。玄：玄妙的，深奥的。鉴：镜子，这里指人的心境。

　　(5) 能毋疵乎：能做到没有瑕疵吗。疵：瑕疵，缺点，毛病。

　　(6) 爱民栝国：爱护人民，安定国家。栝（tián）：通"恬"，安静，安然，这里是动词，是安定的意思。

　　(7) 能毋以知乎：能做到不用智慧吗。以：用。知：才智，智慧。

　　(8) 天门启阖：人天然的感觉器官的开合。天：自然的，生成的。门：门道，通道，这里指人的眼、耳、鼻、舌、身等感觉器官。启：开启，开放。阖：

① 老子 [M]. 李存山，注译. 郑州：中州古籍出版社，2008：60.
② 徐志钧. 老子帛书校注 [M]. 南京：凤凰出版社，2016：368.

关闭，闭合。

（9）能为雌乎：能做到柔和吗。雌：雌性，阴性，这里指柔和、柔顺。

（10）明白四达：明白事理，通达一切。明白：明白事理。四达：通晓所有，通达一切。

（11）能毋以为乎：能够做到自然无为吗。以为：去刻意作为，妄为。

（12）生之畜之：生养万物。生：产生，生产。畜：蓄养，养育。

（13）生而弗有：生养万物而不占有。有：占有，据为私有。

（14）为而不恃：帮助万物繁荣而不自恃有功。为：有作为，有功劳，这里指养育万物并使之繁荣。恃：依赖，仗着，这里指自恃有功或居功自傲。

（15）长而弗宰也：抚育万物而不主宰它们。长：抚育，使……成长。宰：主宰，做主宰。

（16）是谓玄德：这就是道最玄妙也是最高的德性。玄：玄妙，深厚。

【译文】

如果修养精神使之持守大道，能做到精神与大道不分离吗？如果集聚精气使之柔和，能做到像婴儿那样吗？如果清洗玄妙的心境，能做到没有瑕疵吗？如果爱护人民，安定国家，能做到不用智慧吗？如果人天然的感觉器官开合，能做到柔和吗？如果明白事理，通达一切，能够做到自然无为吗？道生养万物，并且生养万物而不占有，帮助万物繁荣而不自恃有功，抚育万物而不主宰它们，这就是道最玄妙也是最高的德性。

【拓展】

关于"载营魄抱一"。姬英明、徐志钧、赵卫国、曹音、汤漳平和王朝华认为，"载营魄抱一"是"将形体和精气意念合二为一""如果身体和灵魂合二为一""让身体与道产生的气魄完全合一""让精神和肉体合于一体""精神与身体合一"的意思①；饶尚宽认为，"载营魄抱一"是指"守护灵魂与坚持大道"②；唐汉将"载营魄抱一"解读为"戴上（鬼脸）面具，聚集魂魄而浑然

---

① 老子. 姬氏道德经 [M]. 姬英明，译注. 北京：朝华出版社，2017：21；徐志钧. 老子帛书校注 [M]. 南京：凤凰出版社，2016：369；赵卫国. 帛书《道德经》新析 [M]. 沈阳：东北大学出版社，2017：80；曹音. 《道德经》释疑 [M]. 上海：上海三联书店，2012：9；老子 [M]. 汤漳平，王朝华，译注. 北京：中华书局，2014：40.

② 老子 [M]. 饶尚宽，译注. 北京：中华书局，2015：23.

一体"①；李存山将"载营魄抱一"解释为"承载魂魄而神形合一"②；文若愚认为，"载营魄抱一"是指"精神与形体相配合，持守住'道'"③。笔者认为，这些学者的解释仁者见仁，智者见智，但都不是十分准确的。在笔者看来，"载营魄抱一"是"如果修养精神使之持守大道"的意思。

关于"涤除玄鉴"。姬英明、饶尚宽、徐志钧、赵卫国、曹音、李存山、文若愚、汤漳平和王朝华认为，"涤除玄鉴"是"将心灵深处的欲望杂念洗刷干净""洗涤微妙的心境""洗涤微妙的心，熄灭妄念""洗涤被现实污染的身心""清除贪欲""清洗玄妙的心境""涤除杂念而深入观照""清除内心污垢，使之清澈如镜"的意思④；唐汉认为，"涤除玄鉴"是指"涂抹玄粉在青铜镜上"⑤。笔者赞同姬英明、饶尚宽等人的观点。

关于"天门启阖"。姬英明、饶尚宽、李存山、文若愚、汤漳平和王朝华认为，"天门启阖"是"当心神至五官意识在遇到随时变化的外界环境时""感官活动""耳目开合""自然的感官在接触外物时""外表感官常受刺激而开合"的意思⑥；徐志钧认为，"天门启阖"是指"产生万物的无有之门的开合"⑦；唐汉将"天门启阖"解释为"产门开启又闭合"⑧；曹音将"天门启阖"解读为"耳鼻口目等感官引起的物欲的开合"⑨。笔者赞同姬英明、饶尚宽等人的看法。

---

① 唐汉．道德经新解［M］．北京：北京联合出版公司，2016：240.

② 老子［M］．李存山，注译．郑州：中州古籍出版社，2008：60.

③ 文若愚．道德经全解［M］．北京：中国华侨出版社，2012：66.

④ 老子．姬氏道德经［M］．姬英明，译注．北京：朝华出版社，2017：21；老子［M］．饶尚宽，译注．北京：中华书局，2015：23；徐志钧．老子帛书校注［M］．南京：凤凰出版社，2016：370；赵卫国．帛书《道德经》新析［M］．沈阳：东北大学出版社，2017：80；曹音．《道德经》释疑［M］．上海：上海三联书店，2012：9；老子［M］．李存山，注译．郑州：中州古籍出版社，2008：60；文若愚．道德经全解［M］．北京：中国华侨出版社，2012：66；老子［M］．汤漳平，王朝华，译注．北京：中华书局，2014：40.

⑤ 唐汉．道德经新解［M］．北京：北京联合出版公司，2016：240.

⑥ 老子．姬氏道德经［M］．姬英明，译注．北京：朝华出版社，2017：21；老子［M］．饶尚宽，译注．北京：中华书局，2015：23；老子［M］．李存山，注译．郑州：中州古籍出版社，2008：60；文若愚．道德经全解［M］．北京：中国华侨出版社，2012：66；老子［M］．汤漳平，王朝华，译注．北京：中华书局，2014：40.

⑦ 徐志钧．老子帛书校注［M］．南京：凤凰出版社，2016：371.

⑧ 唐汉．道德经新解［M］．北京：北京联合出版公司，2016：240.

⑨ 曹音．《道德经》释疑［M］．上海：上海三联书店，2012：9.

【三本对照】

通行本《道德经》第十章：载营魄抱一，能无离乎？专气致柔，能如婴儿乎？涤除玄鉴，能无疵乎？爱民治国，能无以智乎？天门开阖，能为雌乎？明白四达，能无为乎？生之，畜之。生而不有，为而不恃，长而不宰，是谓玄德。①

帛书本《道德经》第五十四章：载营魄抱一，能毋离乎？抟气致柔，能婴儿乎？修除玄鉴，能毋疵乎？爱民栝国，能毋以知乎？天门启阖，能为雌乎？明白四达，能毋以为乎？生之，畜之。生而弗有，长而弗宰也，是谓玄德。②

《姬氏道德经》（德经卷）：营魄抱一，能毋离乎？专气致柔，能婴儿乎？修除玄览，能毋疵乎？爱民治国，能毋以智乎？天门启阖，能无雌乎？明白四达，能无以知乎？生之畜之，生而不有，长而不宰也，是谓玄德。③

---

① 老子 [M]. 汤漳平，王朝华，译注. 北京：中华书局，2014：36；老子 [M]. 饶尚宽，译注. 北京：中华书局，2015：22；文若愚. 道德经全解 [M]. 北京：中国华侨出版社，2012：66.

② 赵卫国. 帛书《道德经》新析 [M]. 沈阳：东北大学出版社，2017：80；徐志钧. 老子帛书校注 [M]. 南京：凤凰出版社，2016：368；唐汉. 道德经新解 [M]. 北京：北京联合出版公司，2016：240.

③ 老子. 姬氏道德经 [M]. 姬英明，译注. 北京：朝华出版社，2017：18-19.

第十八章

道生之而德畜之，物形之而器成之

【原文之修订】（通行本《道德经》第五十一章；帛书本《道德经》第十四章）

道生之而德畜之，物形之而器成之。是以万物尊道而贵德。道之尊也，德之贵也，夫莫之爵也，而恒自然也。道生之畜之，长之遂之，亭之毒之，养之覆之。生而弗有也，为而弗恃也，长而弗宰也，此之谓玄德。

【引言】

本章内容对应通行本《道德经》第五十一章、帛书本《道德经》第十四章以及《姬氏道德经》德经卷的第四个段落。

关于本章内容，通行本、帛书本和《姬氏道德经》原文之表述主要有五处差异。第一处，通行本写作"物形之，势成之"，帛书本和《姬氏道德经》均写作"物形之而器成之"。笔者认为"器成之"比"势成之"与之前的句意更为连贯和合理。"此句王弼本及其他传世本作'势成之'，帛书甲、乙本皆作'器成之'，应从帛书为是。由'道''德'而'物''器'，排列更合理，体现了事物生成发展由高到低、从抽象到具体的过程。"① 第二处，通行本写作"夫莫之命而常自然"，帛书本写作"夫莫之爵也，而恒自然也"，《姬氏道德经》写作"夫莫之命而恒自然也"。"命"是命令的意思，"爵"是封爵的意思。这一处前面说的是"道尊""德贵"，所以"夫莫之爵也，而恒自然也"的说法比"夫莫之命而常自然"或"夫莫之命而恒自然也"更合理合情。第三处，通行本和《姬氏道德经》均写作"长之育之"，帛书本写作"长之遂之"。"育""遂"同义，"遂"是成长、养育之意。第四处，通行本和帛书本均写作"亭之毒之"，《姬氏道德经》写作"成之熟之"。"亭""成"同义，都是使成长的意

_____
① 老子［M］．汤漳平，王朝华，译注．北京：中华书局，2014：206．

思。一些学者认为，"毒""熟"也是同义，都是使成熟的意思。笔者认为，"毒"通"督"，是监管、督导、教正的意思。第五处，通行本写作"生而不有，为而不恃，长而不宰，是谓玄德"，帛书本写作"生而弗有也，为而弗恃也，长而弗宰也，此之谓玄德"，《姬氏道德经》写作"生而不有也，为而不恃也，长而不宰也，此之谓玄德"。很显然，这三者意思相同。此外，这一处，即本章最后一句与前一章（本书第十七章）最后一句内容大致相同。有的学者认为是错简或错乱导致的重复，也有学者认为在古人的写作或言语中重复一些内容也是自然存在的现象。笔者认为，通行本、帛书本和《姬氏道德经》都有重复相同内容的情况，应当是老子的原义。

本章原文之修订，全部采用帛书本原文之表述。这一章，老子在讲道和德之所以尊贵的原因。道恒顺自然，生育万物而不占有、主宰和居功自傲，所以万物莫不尊道而贵德。

【释解】

（1）道生之而德畜之：道化生万物，德蓄养万物。生：生成，化生。畜：畜养，蓄养，积蓄培养。之：它们，指万物。

（2）物形之而器成之：事物的内容和种类决定着万物的形态，事物的气度和才能决定着万物的成就和成功。物：指事物的内容或种类。形：形塑，使形成，决定着……形态。器：气度，器量，胸怀，胸襟，度量，才干，才能，能力。成：使成就，使成功，决定着……成就。

（3）是以万物尊道而贵德：因此，万物都要尊重道和崇尚德。是以：因此，所以。尊：尊重，敬重，推崇。贵：崇尚，重视，看重。

（4）道之尊也：道的尊贵。尊：尊贵，高贵，地位高。

（5）德之贵也：德的贵重。贵：贵重，重要，地位高。

（6）夫莫之爵也：不能给它授予官爵。夫：发语词，不译。莫：不，不能。爵：封爵，授予官爵。之：它，指道。

（7）而恒自然也：而是永远自然而然，而是因为恒顺自然的缘故。恒：永久，永远。自然：遵从自然，顺从自然。

（8）长之遂之：使万物生长、成长。长：生长。遂：成长，养育，通达。之：万物。

（9）亭之毒之：使万物得到养育和督治。亭：养育，培育，化育，亭育。毒：通"督"，监管，督导，督正，治理。

（10）养之覆之：使万物得到抚养和保护。养：抚养，抚育，养育。覆：遮蔽，保护，庇护。

（11）此之谓玄德：这就叫道最玄妙、最高的德性。

【译文】

道化生万物，德蓄养万物，事物的内容和种类决定着万物的形态，事物的气度和才能决定着万物的成就和成功。因此，万物都要尊重道和崇尚德。道的尊贵，德的贵重，不是因为它有着最高的官爵（没有人能够给它授予官爵），而是因为它恒顺自然的缘故。所以，道生养万物，使万物生长、成长，使万物得到养育和督治，使万物得到抚养和保护。它生养万物而不占有，帮助万物繁荣而不自恃有功，抚育万物而不主宰它们，这就叫道最玄妙、最高的德性。

【拓展】

关于"物形之而器成之"（通行本："物形之，势成之"）。姬英明、饶尚宽、李存山、文若愚认为，"物形之而器成之"是"使万物形成了各自的形态，而且还在各自的环境下因势生长成各自体态""用不同形态区别万物，在各种环境成就万物""万物莫不有其形，依各种形势而成长、发展""万事万物之所以展现出各种形态，便是有一种'势'的力量在其中操纵"的意思①；赵卫国认为，"物形之而器成之"是指"因缘而形成万物，交织而万物成器"②；唐汉将"物形之而器成之"解释为"（各种）物体相互击打（使之成型），（各自的）功用则使万物得以实现"③；曹音将"物形之而器成之"解读为"物质给万物以形状然后形成器"④；汤漳平和王朝华认为，"物形之而器成之"是指"物赋予它形体，器使它完成自己"⑤。笔者认为，以上学者的解释都比较牵强，缺乏足够的意思连贯和合理逻辑。"物形之而器成之"应为"事物的内容和种类决定着万物的形态，事物的气度和才能决定着万物的成就和成功"的意思，这样上下文的意思才连贯，并合乎逻辑。

关于"夫莫之爵也"（通行本："夫莫之命"）。姬英明、饶尚宽、李存山、

① 老子．姬氏道德经［M］．姬英明，译注．北京：朝华出版社，2017：21；老子［M］．饶尚宽，译注．北京：中华书局，2015：110；老子［M］．李存山，注译．郑州：中州古籍出版社，2008：112；文若愚．道德经全解［M］．北京：中国华侨出版社，2012：299．

② 赵卫国．帛书《道德经》新析［M］．沈阳：东北大学出版社，2017：25．

③ 唐汉．道德经新解［M］．北京：北京联合出版公司，2016：76．

④ 曹音．《道德经》释疑［M］．上海：上海三联书店，2012：38．

⑤ 老子［M］．汤漳平，王朝华，译注．北京：中华书局，2014：208．

文若愚认为，"夫莫之命也"是"道与德从不施加任何命令""道和德没有对万物发号施令""不对万物加以干涉""不去强制它们"的意思①；徐志钧认为，"夫莫之爵也"是指"道、德并不以人为的爵禄地位来衡量万物"②；赵卫国、曹音、汤漳平和王朝华将"夫莫之爵也"解读为"没有谁给它们授爵""并非谁封给它们""没有人给道加封"③；唐汉将"夫莫之爵也"解释为"没有任何爵位等级"④。笔者比较同意赵卫国、曹音等人的看法。

　　关于"亭之毒之"。姬英明、饶尚宽、曹音、李存山、文若愚、汤漳平和王朝华认为，"亭之毒之"是"成长成熟""使万物结果成熟""结果成熟""成熟结果""使他们成熟"的意思⑤；徐志钧认为，"亭之毒之"是指"调和安定万物"⑥；赵卫国将"亭之毒之"解释为"使它发展，使它结籽"⑦；唐汉将"亭之毒之"解读为"让万物歇息并保护其不被灭绝（因其有毒）"⑧。笔者认为以上学者的解释都不太准确，"亭之毒之"应是"使万物得到养育和督治"的意思。

　　关于"养之覆之"。姬英明、徐志钧认为，"养之覆之"是"繁衍循环""蓄养循环往复"的意思⑨；饶尚宽、曹音、李存山、文若愚、汤漳平和王朝华认为，"养之覆之"是指"给万物抚育保护""使万物得到调养护理""养育和

---

① 老子．姬氏道德经［M］．姬英明，译注．北京：朝华出版社，2017：21；老子［M］．饶尚宽，译注．北京：中华书局，2015：110；老子［M］．李存山，注译．郑州：中州古籍出版社，2008：112；文若愚．道德经全解［M］．北京：中国华侨出版社，2012：299．

② 徐志钧．老子帛书校注［M］．南京：凤凰出版社，2016：99．

③ 赵卫国．帛书《道德经》新析［M］．沈阳：东北大学出版社，2017：25；曹音．《道德经》释疑［M］．上海：上海三联书店，2012：38；老子［M］．汤漳平，王朝华，译注．北京：中华书局，2014：208．

④ 唐汉．道德经新解［M］．北京：北京联合出版公司，2016：76．

⑤ 老子．姬氏道德经［M］．姬英明，译注．北京：朝华出版社，2017：22；老子［M］．饶尚宽，译注．北京：中华书局，2015：110；曹音．《道德经》释疑［M］．上海：上海三联书店，2012：38；老子［M］．李存山，注译．郑州：中州古籍出版社，2008：112；文若愚．道德经全解［M］．北京：中国华侨出版社，2012：299；老子［M］．汤漳平，王朝华，译注．北京：中华书局，2014：208．

⑥ 徐志钧．老子帛书校注［M］．南京：凤凰出版社，2016：99．

⑦ 赵卫国．帛书《道德经》新析［M］．沈阳：东北大学出版社，2017：25．

⑧ 唐汉．道德经新解［M］．北京：北京联合出版公司，2016：76．

⑨ 老子．姬氏道德经［M］．姬英明，译注．北京：朝华出版社，2017：22；徐志钧．老子帛书校注［M］．南京：凤凰出版社，2016：99．

庇护它们""使其受到抚养和保护""使它们得到培养和保护"①；赵卫国将"养之覆之"解释为"使它鲜艳，使它成熟"②；唐汉将"养之覆之"解读为"使之（生生）往复不断"③。笔者赞同饶尚宽、曹音等人的观点。

【三本对照】

通行本《道德经》第五十一章：道生之，德畜之，物形之，势成之。是以万物莫不尊道而贵德。道之尊也，德之贵，夫莫之命而常自然。故道生之，德畜之。长之育之，亭之毒之，养之覆之。生而不有，为而不恃，长而不宰，是谓玄德。④

帛书本《道德经》第十四章：道生之而德畜之，物形之而器成之。是以万物尊道而贵德。道之尊也，德之贵也，夫莫之爵也，而恒自然也。道生之畜之，长之遂之，亭之毒之，养之覆之。生而弗有也，为而弗恃也，长而弗宰也，此之谓玄德。⑤

《姬氏道德经》（德经卷）：道生之而德畜之，物形之而器成之，是以万物尊道而贵德。道之尊，德之贵也，夫莫之命而恒自然也。故道生之，德畜之，长之育之，成之熟之，养之覆之；生而不有也，为而不恃也，长而不宰也，此之谓玄德。⑥

① 老子［M］. 饶尚宽，译注. 北京：中华书局，2015：110；曹音.《道德经》释疑［M］. 上海：上海三联书店，2012：38；老子［M］. 李存山，注译. 郑州：中州古籍出版社，2008：112；文若愚. 道德经全解［M］. 北京：中国华侨出版社，2012：299；老子［M］. 汤漳平，王朝华，译注. 北京：中华书局，2014：208.
② 赵卫国. 帛书《道德经》新析［M］. 沈阳：东北大学出版社，2017：25.
③ 唐汉. 道德经新解［M］. 北京：北京联合出版公司，2016：76.
④ 老子［M］. 饶尚宽，译注. 北京：中华书局，2015：109.
⑤ 徐志钧. 老子帛书校注［M］. 南京：凤凰出版社，2016：98；赵卫国. 帛书《道德经》新析［M］. 沈阳：东北大学出版社，2017：24.
⑥ 老子. 姬氏道德经［M］. 姬英明，译注. 北京：朝华出版社，2017：19.

第十九章

上善如水，水善利万物而不争

【原文之修订】 （通行本《道德经》第八章；帛书本《道德经》第五十二章）

上善如水。水善利万物而不争，居众人之所恶，故几于道矣。居善地，心善渊，予善天，言善信，政善治，事善能，动善时。夫唯不争，故无尤。

【引言】

本章内容对应通行本《道德经》第八章、帛书本《道德经》第五十二章以及《姬氏道德经》德经卷的第五个段落。

关于本章内容，通行本、帛书本和《姬氏道德经》原文之表述主要有三处差异。第一处，通行本写作"处众人之所恶"，帛书本写作"居众人之所恶"，《姬氏道德经》写作"居众之所恶"。显而易见，这三者意思相同。第二处，通行本写作"与善仁，言善信"，帛书本写作"予善天，言善信"，《姬氏道德经》写作"予善信"（疑是该书作者记忆或誊抄有误）。"与善仁"是交往善良的人的意思，"予善天"是给予像上天那样慷慨无私的意思，"予善信"是指"予取善于信守承诺"① 的意思。笔者认为，帛书本的说法具有合理性，应以帛书本的说法为准。第三处，通行本和帛书本均写作"故无尤"，《姬氏道德经》写作"故无忧"。"尤""忧"意思有所不同。"尤"是过失的意思，"忧"是担忧、忧心的意思。

本章原文之修订，全部采用帛书本原文之表述。这一章，老子用水比喻道和上善。他认为真正有道和上善的人，都会像道和水那样，只做对他人和万物有利的事情，而不会和他人及万物争夺利益。因为从来不与他人和万物争夺利益，所以就不会有什么过失和怨恨。

---

① 老子. 姬氏道德经 [M]. 姬英明，译注. 北京：朝华出版社，2017：25.

【释解】

（1）上善如水：上等的善就像水一样。上善：上等的善，最高的善。

（2）水善利万物而不争：水喜爱滋养万物而不和它们争夺利益。善：喜好，喜爱。利：利益，使有利。

（3）居众人之所恶：待在众人讨厌的低洼之地。居：居住在，停留在，处于，待在。恶：厌恶，讨厌。

（4）故几于道矣：所以接近于道。故：所以，因此。几：接近。矣：助词，了。

（5）居善地：（有道之人）居住在善地。善地：好的地方。

（6）心善渊：心思像深渊那样（善于）深邃沉静。善：善于。渊：深渊，深潭，这里指像深渊那样深邃沉静。

（7）予善天：给予像上天那样（善于）慷慨无私。予：给予，施与，施舍。天：上天，老天，这里指像上天一样慷慨施舍。

（8）言善信：言语善于诚实守信。信：信实，诚信，守信。

（9）政善治：为政善于治理。政：为政，治国理政。治：治理，治国理政。

（10）事善能：办事善于发挥才干。事：做事，办事。能：才能，才干。

（11）动善时：行动善于把握时机。动：行动。时：时机，机会，这里指把握时机。

（12）夫唯不争：因为不争夺利益。夫：发语词，不译。唯：因为。

（13）故无尤：所以没有什么过失和怨恨。尤：过失，怨恨，责怪，怪罪。

【译文】

上等的善就像水一样。水喜爱滋养万物而不和它们争夺利益，总是待在众人讨厌的低洼之地，所以最接近于道。（有道之人）居住在善地，心思像深渊那样（善于）深邃沉静，给予像上天那样（善于）慷慨无私，言语善于诚实守信，为政善于治理，办事善于发挥才干，行动善于把握时机。因为他们（和他人及万物）不争夺利益，所以从来没有什么过失和怨恨。

【拓展】

关于"水善利万物而不争"。姬英明、饶尚宽、赵卫国、文若愚、汤漳平和王朝华认为，"水善利万物而不争"是"（水）善于滋养万物而又不与万物相争""水滋养万物而不与之争夺""水虽然善于滋润万物，却不与万物相争"

"水善于帮助万物却不与万物相争""水能够滋养万物而不争先"的意思①；唐汉、曹音认为，"水善利万物而不争"应是"水善利万物而有静"，而将其解释为"水善于滋润万物且沉静处之""水之善在于利万物而安静"②；李存山将"水善利万物而不争"解读为"水的善是使万物都得到好处而不与万物相争"③。笔者认为，"水善利万物而不争"中的"善"作"喜爱，喜好"的意思讲，因此它是"水喜爱滋养万物而不和它们争夺利益"的意思。

关于"予善天"（王弼通行本："与善仁"；河上本、傅奕本："与善人"）。唐汉、曹音等人认为，"予善天"是指"给予时要像天（下雨下雪时无私）""施与他人像天那样慷慨"④；饶尚宽、李存山、文若愚、汤漳平和王朝华等人认为，"与善仁"是"交接善良之人""交往善于友好待人""施予（或交往）善与仁爱""与人交往时心胸宽阔而善于忍让"的意思⑤。笔者赞同唐汉、曹音等人的观点。

关于"故无尤"。姬英明认为，"故无尤"是"所以也就没有得失的担忧"的意思⑥；饶尚宽、徐志钧、赵卫国、唐汉、曹音、李存山、汤漳平和王朝华认为，"故无尤"是指"所以没有过失""所以……不会有任何过失与危险了""所以没有闪失咎祸""所以无过失""所以才没有过失""所以就能避免失误"⑦；文若愚将"故无尤"解释为"才不会遭受责怪和怨恨"⑧。笔者认为，

① 老子.姬氏道德经［M］.姬英明，译注.北京：朝华出版社，2017：25；老子［M］.饶尚宽，译注.北京：中华书局，2015：19；赵卫国.帛书《道德经》新析［M］.沈阳：东北大学出版社，2017：78；文若愚.道德经全解［M］.北京：中国华侨出版社，2012：53；老子［M］.汤漳平，王朝华，译注.北京：中华书局，2014：31.

② 唐汉.道德经新解［M］.北京：北京联合出版公司，2016：233；曹音.《道德经》释疑［M］.上海：上海三联书店，2012：8.

③ 老子［M］.李存山，注译.郑州：中州古籍出版社，2008：57.

④ 唐汉.道德经新解［M］.北京：北京联合出版公司，2016：233；曹音.《道德经》释疑［M］.上海：上海三联书店，2012：8.

⑤ 老子［M］.饶尚宽，译注.北京：中华书局，2015：19；老子［M］.李存山，注译.郑州：中州古籍出版社，2008：57；文若愚.道德经全解［M］.北京：中国华侨出版社，2012：53；老子［M］.汤漳平，王朝华，译注.北京：中华书局，2014：31.

⑥ 老子.姬氏道德经［M］.姬英明，译注.北京：朝华出版社，2017：25.

⑦ 老子［M］.饶尚宽，译注.北京：中华书局，2015：19；徐志钧.老子帛书校注［M］.南京：凤凰出版社，2016：357；赵卫国.帛书《道德经》新析［M］.沈阳：东北大学出版社，2017：79；唐汉.道德经新解［M］.北京：北京联合出版公司，2016：233；曹音.《道德经》释疑［M］.上海：上海三联书店，2012：8；老子［M］.李存山，注译.郑州：中州古籍出版社，2008：57；老子［M］.汤漳平，王朝华，译注.北京：中华书局，2014：31.

⑧ 文若愚.道德经全解［M］.北京：中国华侨出版社，2012：53.

"故无尤"中的"尤"既有"过失"的意思，也有"责怪和怨恨"的意思，所以，"故无尤"应当解读为"所以从来没有什么过失和怨恨"。

【三本对照】

通行本《道德经》第八章：上善若水。水善利万物而不争，处众人之所恶，故几于道。居善地，心善渊，与善仁，言善信，政善治，事善能，动善时。夫唯不争，故无尤。①

帛书本《道德经》第五十二章：上善如水。水善利万物而不争，居众人之所恶，故几于道矣。居善地，心善渊，予善天，言善信，政善治，事善能，动善时。夫唯不争，故无尤。②

《姬氏道德经》（德经卷）：上善若水。水善利万物而又不争，居众之所恶，故几于道矣！居善地，心善渊，予善信，政善治，事善能，动善时。夫唯不争，故无忧。③

---

① 老子［M］. 饶尚宽，译注. 北京：中华书局，2015：18；老子［M］. 汤漳平，王朝华，译注. 北京：中华书局，2014：30；文若愚. 道德经全解［M］. 北京：中国华侨出版社，2012：53.

② 徐志钧. 老子帛书校注［M］. 南京：凤凰出版社，2016：356；赵卫国. 帛书《道德经》新析［M］. 沈阳：东北大学出版社，2017：78；唐汉. 道德经新解［M］. 北京：北京联合出版公司，2016：233.

③ 老子. 姬氏道德经［M］. 姬英明，译注. 北京：朝华出版社，2017：23.

第二十章

善建者不拔，善抱者不脱

【原文之修订】（通行本《道德经》第五十四章；帛书本《道德经》第十七章）

善建者不拔，善抱者不脱，子孙以祭祀不绝。修之于身，其德乃真；修之于家，其德乃余；修之于乡，其德乃长；修之于邦，其德乃丰；修之于天下，其德乃博。故以身观身，以家观家，以乡观乡，以邦观邦，以天下观天下。吾何以知天下之然哉？以此。

【引言】

本章内容对应通行本《道德经》第五十四章、帛书本《道德经》第十七章以及《姬氏道德经》德经卷的第六个段落。

关于本章内容，通行本、帛书本和《姬氏道德经》原文之表述主要有两处差异。第一处，通行本写作"子孙以祭祀不辍"，帛书本和《姬氏道德经》均写作"子孙以祭祀不绝"。"不辍""不绝"意思相同。第二处，通行本写作"修之于天下，其德乃普"，帛书本和《姬氏道德经》均写作"修之于天下，其德乃博"。"普""博"意思相近。"普"是普遍的意思，"博"是广博的意思。总之，关于本章内容，通行本、帛书本和《姬氏道德经》除了个别地方所使用的字词有所差异外，它们的根本意思是一致的。

本章原文之修订，以通行本原文之表述为主，兼采帛书本和《姬氏道德经》原文表述的优点。这一章，老子讲遵道修德的好处以及观察和了解天下状况的方法。老子指出，遵道而行的人能够心想事成，其子孙对他的祭祀也会绵绵不绝。自己修道就会培养真正的道德；家人修道，整个家庭的道德就会充盈；整个乡里的人修道，全乡的道德就会长长久久；整个国家的人修道，整个国家的道德就会丰厚；天下人都修道，整个天下的道德就会普遍和广博。此外，老子给出的观察和了解一个人、一个家庭、一个社会、一个国家和整个天下的方法就是"以身观身，以家观家，以乡观乡，以邦观邦，以天下观天下"。

【释解】

（1）善建者不拔：善于建树者，其所建之树不易被拔出。比喻善于建立遵道修德之志向的人不会轻易改变其心志。建：建树，树立旗帜，这里指树立遵道修德之志向。拔：拉出，连根拽出，这里指心志改变。

（2）善抱者不脱：善于拥抱的人，其所抱之物不易脱手。比喻善于持守道德的人不会轻易离开道德。抱：用手臂围住，拥抱，这里指持守道德。脱：脱离，脱手，这里指离开道德，失去道德。

（3）子孙以祭祀不绝：子孙才祭祀不绝。以：因此，才。绝：断绝，停止，中断。

（4）修之于身：修道于身，让自身修道。之：道。

（5）其德乃真：其所获之德是真实不虚的。乃：是，为。真：真实。

（6）修之于家：修道于家，让全家人修道。

（7）其德乃余：其所获之德是有盈余的。余：有盈余，有多余。

（8）修之于乡：修道于乡，让全乡人修道。

（9）其德乃长：其所获之德是长久的。长：长久，长长久久。

（10）修之于邦：修道于国，让全国人修道。

（11）其德乃丰：其所获之德是丰厚的。丰：丰厚，丰富，众多。

（12）修之于天下：修道于天下，让天下人修道。

（13）其德乃博：其所获之德是普遍和广博的。博：普遍，广博。

（14）故以身观身：所以用观照自身的方法观照他人之身。观：观照，观察，衡量，推断。

（15）以天下观天下：用观照自己所在天下的方法观照其他的天下。

（16）吾何以知天下之然哉：我凭什么知道天下的状况呢。何以：凭什么，用什么。然：如此，这样，这里指状况、情况。哉：疑问词，呢。

（17）以此：凭借的就是这种方法。以：凭借，依仗，用。

【译文】

善于建立遵道修德之志向的人不会轻易改变其心志，善于持守道德的人不会轻易离开道德，因此其子孙后代对他的祭祀才代代相续、相传不绝。让自身修道，其所获之德是真实不虚的；让全家人修道，其所获之德是有盈余的；让全乡人修道，其所获之德是长久的；让全国人修道，其所获之德是丰厚的；让天下人修道，其所获之德是普遍和广博的。所以要用观照自身的方法观照他人之身，用观照自己家庭的方法观照他人之家，用观照自己乡里的方法观照他人之乡，用观照自己国家的方法观照他人之国，用观照自己所在天下的方法观照其他的天下。我凭什么知道天下的状况呢？凭借的就是这种方法。

【拓展】

关于"善建者不拔"。姬英明认为，"善建者不拔"是"善于建树思想者不易被拔除"的意思①；饶尚宽、汤漳平和王朝华认为，"善建者不拔"是指"善于建树的人不可拔除""善于树立的不会被拔掉"②；徐志钧将"善建者不拔"解释为"善于建立道德的人不易被拔除"③；赵卫国将"善建者不拔"解读为"他们建立的事业不可摧毁，就像善于建筑的人造的房子不会倒塌"④；唐汉认为，"善建者不拔"是"善于朝见者不会被拉扯住"的意思⑤；曹音认为，"善建者不拔"是指"善于开国建邦的君主他的国家牢固"⑥；李存山将"善建者不拔"解释为"善于建立德业的，其德业不能拔除"⑦；文若愚将"善建者不拔"解读为"善于修德持德的人，建于心，持于内，也就不容易被取缔了"⑧。笔者认为，以上这些学者的解释都是不恰当的。

关于"善抱者不脱"。姬英明认为，"善抱者不脱"是"善于融合思想者不易被摆脱"的意思⑨；饶尚宽、徐志钧、唐汉、汤漳平和王朝华认为，"善抱者不脱"是指"善于抱持的人不会脱离""善于搂抱者不会让其逃脱""善于抱持的不会脱落"⑩；赵卫国将"善抱者不脱"解读为"善于摔跤的人不会让人挣

---

① 老子. 姬氏道德经 [M]. 姬英明，译注. 北京：朝华出版社，2017：25.

② 老子 [M]. 饶尚宽，译注. 北京：中华书局，2015：116；老子 [M]. 汤漳平，王朝华，译注. 北京：中华书局，2014：219.

③ 徐志钧. 老子帛书校注 [M]. 南京：凤凰出版社，2016：120-121.

④ 赵卫国. 帛书《道德经》新析 [M]. 沈阳：东北大学出版社，2017：28.

⑤ 唐汉. 道德经新解 [M]. 北京：北京联合出版公司，2016：93.

⑥ 曹音.《道德经》释疑 [M]. 上海：上海三联书店，2012：40.

⑦ 老子 [M]. 李存山，注译. 郑州：中州古籍出版社，2008：116.

⑧ 文若愚. 道德经全解 [M]. 北京：中国华侨出版社，2012：315.

⑨ 老子. 姬氏道德经 [M]. 姬英明，译注. 北京：朝华出版社，2017：25.

⑩ 老子 [M]. 饶尚宽，译注. 北京：中华书局，2015：116；徐志钧. 老子帛书校注 [M]. 南京：凤凰出版社，2016：120-121；唐汉. 道德经新解 [M]. 北京：北京联合出版公司，2016：93；老子 [M]. 汤漳平，王朝华，译注. 北京：中华书局，2014：219.

脱"①；曹音认为，"善抱者不脱"是指"善于守成的君主他的国家稳定"②；李存山将"善抱者不脱"解释为"善于保持德业的，其德业不会离失"③。笔者比较同意饶尚宽、徐志钧和李存山等人的观点。

关于"以身观身"。姬英明认为，"以身观身"是"以修此善德之人来对照不修此善德之人"的意思④；饶尚宽认为，"以身观身"是指"从自身之德观察他人之德"⑤；赵卫国将"以身观身"解释为"用自身做试验来体察变化"⑥；唐汉、文若愚、汤漳平和王朝华将"以身观身"解读为"以自身去观照他人之身""以自身观照别人""从身来看身"⑦；曹音认为，"以身观身"是"以个别人可观察推断天下人"的意思⑧；李存山认为，"以身观身"是指"从自身的角度观照自身"⑨。笔者比较同意唐汉、文若愚等人的看法，但认为其解释还不足够具体和准确。

关于"以天下观天下"。姬英明认为，"以天下观天下"是"以修此善德的天下来对照不修此善德的天下"的意思⑩；饶尚宽认为，"以天下观天下"是指"从今日天下之德观察未来天下之德"⑪；赵卫国将"以天下观天下"解释为"用天下做试验来看天下的变化"⑫；唐汉、李存山、汤漳平和王朝华将"以天下观天下"解读为"以这个天下（时代）去观照别的天下（时代）""从全天下的角度观照天下""从天下来看天下"⑬；曹音认为，"以天下观天下"是"以天下个别情况可观察推断天下普遍情况"的意思⑭；文若愚将"以天下观天

① 赵卫国. 帛书《道德经》新析［M］. 沈阳：东北大学出版社，2017：28.
② 曹音.《道德经》释疑［M］. 上海：上海三联书店，2012：40.
③ 老子［M］. 李存山，注译. 郑州：中州古籍出版社，2008：116.
④ 老子. 姬氏道德经［M］. 姬英明，译注. 北京：朝华出版社，2017：25.
⑤ 老子［M］. 饶尚宽，译注. 北京：中华书局，2015：116.
⑥ 赵卫国. 帛书《道德经》新析［M］. 沈阳：东北大学出版社，2017：28.
⑦ 唐汉. 道德经新解［M］. 北京：北京联合出版公司，2016：93；文若愚. 道德经全解［M］. 北京：中国华侨出版社，2012：315；老子［M］. 汤漳平，王朝华，译注. 北京：中华书局，2014：219.
⑧ 曹音.《道德经》释疑［M］. 上海：上海三联书店，2012：40.
⑨ 老子［M］. 李存山，注译. 郑州：中州古籍出版社，2008：116.
⑩ 老子. 姬氏道德经［M］. 姬英明，译注. 北京：朝华出版社，2017：26.
⑪ 老子［M］. 饶尚宽，译注. 北京：中华书局，2015：116.
⑫ 赵卫国. 帛书《道德经》新析［M］. 沈阳：东北大学出版社，2017：28.
⑬ 唐汉. 道德经新解［M］. 北京：北京联合出版公司，2016：93；老子［M］. 李存山，注译. 郑州：中州古籍出版社，2008：116；老子［M］. 汤漳平，王朝华，译注. 北京：中华书局，2014：219.
⑭ 曹音.《道德经》释疑［M］. 上海：上海三联书店，2012：40.

下"解释为"以现在的天下观照未来的天下"①。笔者比较同意唐汉、李存山等人的看法，但认为其解释仍不足够具体和准确。

【三本对照】

通行本《道德经》第五十四章：善建者不拔，善抱者不脱，子孙以祭祀不辍。修之于身，其德乃真；修之于家，其德乃余；修之于乡，其德乃长；修之于邦，其德乃丰；修之于天下，其德乃普。故以身观身，以家观家，以乡观乡，以邦观邦，以天下观天下。吾何以知天下之然哉？以此。②

帛书本《道德经》第十七章：善建者不拔，善抱者不脱，子孙以祭祀不绝。修之身，其德乃真；修之家，其德有余；修之乡，其德乃长；修之邦，其德乃丰；修之于天下，其德乃博。以身观身，以家观家，以乡观乡，以邦观邦，以天下观天下。吾何以知天下之然哉？以此。③

《姬氏道德经》（德经卷）：善建者不拔，善抱者不脱，子孙以祭祀不绝。修之于身，其德乃真；修之于家，其德有余；修之于乡，其德乃长；修之于邦，其德乃丰；修之于天下，其德乃博。故以身观身，以家观家，以乡观乡，以邦观邦，以天下观天下。吾何以知天下之然？兹以此。④

① 文若愚. 道德经全解 [M]. 北京：中国华侨出版社，2012：315.
② 老子 [M]. 饶尚宽，译注. 北京：中华书局，2015：115.
③ 徐志钧. 老子帛书校注 [M]. 南京：凤凰出版社，2016：120；赵卫国. 帛书《道德经》新析 [M]. 沈阳：东北大学出版社，2017：28.
④ 老子. 姬氏道德经 [M]. 姬英明，译注. 北京：朝华出版社，2017：23.

第二十一章

江海之所以能为百谷王者，以其善下之

【原文之修订】（通行本《道德经》第六十六章；帛书本《道德经》第二十九章）

江海之所以能为百谷王者，以其善下之，是以能为百谷王。是以圣人之欲上民也，必以其言下之；其欲先民也，必以其身后之。故居上而民不重也，居前而民不害也，天下皆乐推而不厌也。不以其无争与？以其不争，故天下莫能与之争。

【引言】

本章内容对应通行本《道德经》第六十六章、帛书本《道德经》第二十九章以及《姬氏道德经》德经卷的第七个段落。

关于本章内容，通行本、帛书本和《姬氏道德经》原文之表述主要有三处差异。第一处，通行本写作"江海所以能为百谷王者，以其善下之，故能为百谷王"，帛书本写作"江海之所以能为百浴王者，以其善下之也，是以能为百浴王"，《姬氏道德经》写作"江海之所以能为百浴王者，以其善下之，是以能成为百浴王"。"故""是以"同义，"百谷王""百浴王"同义。第二处，通行本写作"是以圣人处上而民不重，处前而民不害，是以天下乐推而不厌"，帛书本写作"故居上而民弗重也，居前而民弗害也，天下皆乐推而弗厌也"，《姬氏道德经》写作"故居前而民弗害也，居上而民弗重也，天下乐推而弗厌也"。"是以""故"同义，"处""居"同义，"不""弗"同义。第三处，通行本写作"以其不争"，帛书本写作"不以其无争与"，《姬氏道德经》写作"非以其无争与"。很显然，这三者意思相同。总之，关于本章内容，除了个别地方所使用的字词有所差异外，通行本、帛书本和《姬氏道德经》原文内容高度一致。

本章原文之修订，以帛书本原文之表述为主，兼采通行本和《姬氏道德经》原文表述的优点。这一章，老子通过江海因为谦让的缘故而成为百谷王的比喻

来强调谦让和不争的好处和重要性。统治者要想得到人民的爱戴，就必须言语谦让，把老百姓利益放在第一位，让老百姓感到信任和安全。一个有道的人，天下人谁都争不过他，这是因为其根本不用相争。

【释解】

（1）百谷王：百川之王，百川之领袖。

（2）以其善下之：因为它们善于居于比百川更低下的位置。以：因为。下：居于低下位置，处于低下地方。之：它们，指百川。

（3）是以圣人之欲上民也：因此，圣人要居于人民之上。是以：所以，因此。圣人：道德完美、智慧高超的君主或帝王。上民：统率人民，领导人民，居于人民之上。

（4）必以其言下之：必须在言语上对人民表示谦让。以其言：用其言语，在言语上。下：谦下，谦让，谦卑。之：他们，指人民。

（5）其欲先民也：他想要处于人民之前。先：在……前，在……先。

（6）必以其身后之：必须把自身置于人民之后。以：把。后：置后，放在……后面。

（7）故居上而民不重也：所以，居于人民之上而人民不感到沉重。重：沉重，有重负。

（8）居前而民不害也：居于人民之前而人民不感到有妨害。害：妨害，妨碍。

（9）天下皆乐推而不厌也：天下人都乐于推举拥戴他而不感到厌烦。推：推举，推崇，拥戴。厌：厌恶，厌烦，讨厌。

（10）不以其无争与：（难道）不是因为其与世无争吗。无争：不与人相争，与世无争。与（yú）：同"欤"，吗。

（11）以其不争：因为他不与人相争。

（12）故天下莫能与之争：所以天下都没有谁能与他争锋。争：争锋，争胜。

【译文】

江海之所以能成为百川之王，是因为它们善于居于比百川更低下的位置，因此它们才能够成为百川之王。因此，圣人要居于人民之上，必须在言语上对人民表示谦让。他想要处于人民之前，就必须把自身置于人民之后。所以，居于人民之上而人民不感到沉重，居于人民之前而人民不感到有妨害，天下人都乐于推举拥戴他而不感到厌烦。难道不是因为他与世无争吗？因为他不与人相争，所以天下都没有谁能与他争锋。

【拓展】

关于"百谷王"（帛书本和《姬氏道德经》："百浴王"）。姬英明、饶尚宽、唐汉、曹音、李存山、文若愚认为，"百谷王"是"天下泉潭湖泊汇聚的地方""百川汇流的地方""百条峪水的流往之处""所有河流的汇往""百川所归往"的意思①；徐志钧、赵卫国、汤漳平和王朝华认为，"百谷王"是指"百川之长""所有山谷溪流的领袖""百川之王"②。笔者赞同徐志钧、赵卫国等人的解释。

关于"天下皆乐推而不厌也"（帛书本："天下皆乐推而弗厌也"；《姬氏道德经》："天下乐推而弗厌也"）。姬英明、饶尚宽、徐志钧、赵卫国、唐汉、曹音、李存山、文若愚、汤漳平和王朝华认为，"天下皆乐推而弗厌也"是"天下人都乐于推崇拥戴他而不会厌弃他""天下百姓乐意拥戴而不厌恶""天下的人乐于推举他出来引领而不是厌烦他""让天下（人）全都欢呼雀跃（跟进）而不厌烦""天下人都乐于拥戴他而不讨厌他""天下人才乐于拥戴而不厌弃他""天下的人民都乐意推戴他而永不厌弃""天下人都乐于推戴他而不加厌弃他"的意思③。由此可见，以上所有学者对这一句都有相同或相近的看法。

---

① 老子. 姬氏道德经 ［M］. 姬英明，译注. 北京：朝华出版社，2017：26；老子 ［M］. 饶尚宽，译注. 北京：中华书局，2015：144；唐汉. 道德经新解 ［M］. 北京：北京联合出版公司，2016：148；曹音. 《道德经》释疑 ［M］. 上海：上海三联书店，2012：49；老子 ［M］. 李存山，注译. 郑州：中州古籍出版社，2008：133；文若愚. 道德经全解 ［M］. 北京：中国华侨出版社，2012：397.

② 徐志钧. 老子帛书校注 ［M］. 南京：凤凰出版社，2016：209；赵卫国. 帛书《道德经》新析 ［M］. 沈阳：东北大学出版社，2017：44；老子 ［M］. 汤漳平，王朝华，译注. 北京：中华书局，2014：260.

③ 老子. 姬氏道德经 ［M］. 姬英明，译注. 北京：朝华出版社，2017：26；老子 ［M］. 饶尚宽，译注. 北京：中华书局，2015：144；徐志钧. 老子帛书校注 ［M］. 南京：凤凰出版社，2016：210；赵卫国. 帛书《道德经》新析 ［M］. 沈阳：东北大学出版社，2017：44；唐汉. 道德经新解 ［M］. 北京：北京联合出版公司，2016：148；曹音. 《道德经》释疑 ［M］. 上海：上海三联书店，2012：49；老子 ［M］. 李存山，注译. 郑州：中州古籍出版社，2008：133；文若愚. 道德经全解 ［M］. 北京：中国华侨出版社，2012：397；老子 ［M］. 汤漳平，王朝华，译注. 北京：中华书局，2014：260.

【三本对照】

通行本《道德经》第六十六章：江海所以能为百谷王者，以其善下之，故能为百谷王。是以圣人欲上民，必以言下之；欲先民，必以身后之。是以圣人处上而民不重，处前而民不害，是以天下乐推而不厌。以其不争，故天下莫能与之争。①

帛书本《道德经》第二十九章：江海之所以能为百浴王者，以其善下之也，是以能为百浴王。是以圣人之欲上民也，必以其言下之；其欲先民也，必以其身后之。故居上而民弗重也，居前而民弗害也，天下皆乐推而弗厌也。不以其无争与？故天下莫能与争。②

《姬氏道德经》（德经卷）：江海之所以能为百浴王者，以其善下之，是以能成为百浴王。是以圣人之欲上民也，必以其言下之；欲先民也，必以其身后之。故居前而民弗害也，居上而民弗重也，天下乐推而弗厌也，非以其无争与，故天下莫能与之争。③

① 老子［M］. 饶尚宽，译注. 北京：中华书局，2015：143.
② 徐志钧. 老子帛书校注［M］. 南京：凤凰出版社，2016：209；唐汉. 道德经新解［M］. 北京：北京联合出版公司，2016：148；赵卫国. 帛书《道德经》新析［M］. 沈阳：东北大学出版社，2017：43.
③ 老子. 姬氏道德经［M］. 姬英明，译注. 北京：朝华出版社，2017：23.

第二十二章

知其雄，守其雌

【原文之修订】（通行本《道德经》第二十八章；帛书本《道德经》第七十二章）

知其雄，守其雌，为天下溪。为天下溪，恒德不离。恒德不离，复归于婴儿。知其白，守其辱，为天下谷。为天下谷，恒德乃足。恒德乃足，复归于朴。朴散则为器，圣人用之则为官长。夫大制无割。

【引言】

本章内容对应通行本《道德经》第二十八章、帛书本《道德经》第七十二章以及《姬氏道德经》德经卷的第八个段落。

关于本章内容，通行本、帛书本和《姬氏道德经》原文之表述主要有四处差异。第一处，通行本写作"为天下豀，常德不离"，帛书本和《姬氏道德经》均写作"为天下溪，恒德不离"。"豀"同"溪"，"常""恒"同义。第二处，通行本写作"为天下谷，常德乃足"，帛书本写作"为天下谷，恒德乃足"，《姬氏道德经》写作"为天下浴，恒德乃足"。"谷""浴"同义。第三处，通行本和帛书本均写作"圣人用之，则为官长"，《姬氏道德经》写作"圣人用之则为首长"。"官长""首长"同义。第四处，通行本写作"知其白，守其黑，为天下式。为天下式，常德不忒，复归于无极"，帛书本和《姬氏道德经》均写作"知其白，守其黑，为天下式。为天下式，恒德不忒。恒德不忒，复归于无极"。根据饶尚宽的研究，这一处应是"后人妄加，当删。《庄子·天下篇》引老聃曰：'知其雄，守其雌，为天下溪。知其白，守其辱，为天下谷。'可证。"① 笔者同意饶尚宽的观点，但认为"知其白，守其黑，为天下式。为天下式，恒德不忒。恒德不忒，复归于无极"一句应是某个人对"知其白，守其辱，为天下

---

① 老子［M］. 饶尚宽，译注. 北京：中华书局，2015：63.

谷。为天下谷，恒德乃足。恒德乃足，复归于朴"的解释。后人重新编修《道德经》的时候，错误地把某个人对《道德经》原文的解释当作老子的话语，从而编修到原文之后。于是，帛书本的本章内容就成了今天所看到的"知其雄，守其雌，为天下溪。为天下溪，恒德不离。恒德不离，复归于婴儿。知其白，守其辱，为天下谷。为天下谷，恒德乃足。恒德乃足，复归于朴。知其白，守其黑，为天下式。为天下式，恒德不忒。恒德不忒，复归于无极。朴散则为器，圣人用则为官长。夫大制无割"这样。

通行本《道德经》第四十一章说："大白若辱。""辱"在这句中是黑的意思，正好是白与黑相对。由此可见，"知其白，守其辱"实际上就是"知其白，守其黑"的意思，这一点不仅能够验证"知其白，守其黑，为天下式。为天下式，恒德不忒。恒德不忒，复归于无极"一句正是对"知其白，守其辱，为天下谷。为天下谷，恒德乃足。恒德乃足，复归于朴"一句的解释说明，而且能够验证通行本中把"知其白，守其辱，为天下谷"改成"知其荣，守其辱，为天下谷"是对原句的错误理解导致的结果。"辱"是"黑"而不是"耻辱"的意思，因此将"知其白"改为"知其荣"是大错特错。

本章原文之修订，采用帛书本原文之表述，但把"知其白，守其黑，为天下式。为天下式，恒德不忒。恒德不忒，复归于无极"这句解释的话删掉了。这一章，老子讲了知雄守雌、持守恒德、复归婴儿、知白守辱、复归于朴的美德和好处。圣人"常善救物，故无弃物"。道德完美、智慧高超的君主或帝王效法大道，管理社会，物尽其用，人尽其才，从而成为天下人拥戴的首领。

【释解】

（1）知其雄：知道自身雄壮有力。雄：雄壮，雄劲，雄伟。

（2）守其雌：甘愿示弱，持守雌弱的地位。雌：雌弱，柔弱，细小无力。

（3）为天下溪：本章第一句和第二句中都有"为天下溪"。第一句中的"为天下溪"意思是这就是天下溪水的本性。为：是。溪：溪流，溪水，这里指溪水的本性。第二句中的"为天下溪"意思是人要像天下的溪水那样知雄守雌。为：做，成为。溪：溪流，溪水，这里指像溪水那样知雄守雌。

（4）恒德不离：天赋德性就不会离开他。恒德：天赋的德性，永恒的德性。离：分离，脱离，离开。

（5）复归于婴儿：复归到像婴儿那样淳朴的状态。复归于：回归到，复归到。婴儿：指像婴儿那样的淳朴状态。

（6）知其白：知道自身明亮显赫有锋芒。白：白亮，明亮，显赫，有锋芒。

（7）守其辱：甘愿不露锋芒，持守在昏暗无光的地方。辱：黑，黑暗，光线不足，不露锋芒。

（8）为天下谷：本章第四句和第五句中都有"为天下谷"。第四句中的"为天下谷"意思是这就是天下山谷的本性。为：是。谷：山谷，河谷，这里指山谷或河谷的本性。第五句中的"为天下谷"意思是人要像天下的山谷那样知白守辱或知白守黑。为：做，成为。谷：山谷，河谷，这里指像山谷那样知白守辱或知白守黑。

（9）恒德乃足：天赋德性就会充足。乃：便，才，就。足：充足，完备。

（10）复归于朴：复归到像原木那样朴实无华的状态。朴：原木，未加工的木材，这里指像原木那样质朴的状态。

（11）朴散则为器：原木被锯解和加工后便成为木器。朴：原木，未加工的木材。散：锯解和加工，用锯子锯成木板后再加工。则：便，就。器：用具，木器。

（12）圣人用之则为官长：圣人仿效（原木被锯解后便成为木器的）原则培养更多治国理政的人才，使他们成为百姓的长官或领导。用之：采用（像原木被锯解后便成为木器的）原则培养治国理政的人才。

（13）夫大制无割：但是国家的治国理政大才是不能靠锯解切割的方式来培养的。夫：发语词，不译。大制：大制作，大制造，大器，这里指国家的治国理政大才或大器。

【译文】

知道自身雄壮有力，却甘愿示弱而持守雌弱的地位，这就是天下溪水的本性。如果人像天下的溪水那样知雄守雌，天赋的德性就不会离开他。如果天赋的德性不离开他，他就会复归到像婴儿那样淳朴的状态。知道自身明亮显赫有锋芒，却甘愿不露锋芒而持守在昏暗无光的地方，这就是天下山谷的本性。如果人像天下的山谷那样知白守黑，他的天赋德性就会充足。如果他的天赋德性充足，他便会复归到像原木那样朴实无华的状态。原木被锯解和加工后便成为木器，圣人仿效（原木被锯解和加工后便成为木器的）原则培养更多治国理政的人才，使他们成为百姓的长官。但是，国家的治国理政大才是不能靠锯解切割的方式来培养的。

【拓展】

关于"知其白，守其辱"（通行本："知其荣，守其辱"）。姬英明认为，

"知其白，守其辱"是"深知自己是清白高尚的，却甘愿居于卑下的地位"的意思①；饶尚宽认为，"知其白，守其辱"是指"深知自己的洁白，却甘守污黑"②；徐志钧将"知其白，守其辱"解释为"知强守弱"③；赵卫国将"知其白，守其辱"解读为"知道自己高贵的身份，但却坚持使自己处于卑下的地位"④；唐汉将"知其白，守其辱"理解为"知晓（原木上的纹路）目标，守护住（顺应着的）裂口"⑤；曹音、文若愚、汤漳平和王朝华认为，"知其荣，守其辱"是"知道荣耀，安受耻辱""知道荣耀的好处，却能安于卑辱的地位""深知荣耀的尊贵，却安守卑下的位置"的意思⑥；李存山认为，"知其白，守其辱"是指"知道什么是白亮，却安守于昏暗"⑦。以上学者对"知其白，守其辱"的理解五花八门，笔者认为，他们在理解上多少都存在着问题。

关于"朴散则为器"。姬英明认为，"朴散则为器"是"自然最初虚无无群的极度形态转化为万物"的意思⑧；饶尚宽、李存山、文若愚、汤漳平和王朝华认为，"朴散则为器"是指"质朴分散为各种器具""素朴散了就成为各种器物""朴质的状态被破坏之后，就会成为具体的器物""真朴分散制成器物"⑨；徐志钧将"朴散则为器"解释为"自然原始的木材经过加工成为各种器物"⑩；赵卫国将"朴散则为器"理解为"这人身上这些无穷无尽的淳朴之道散发开来，就成为万物的灵魂"⑪；唐汉将"朴散则为器"解读为"将木板分割后便有了各种器具"⑫；曹音认为，"朴散则为器"是"不能守质朴的人只能成为无法担大任的专才"的意思⑬。笔者赞同徐志钧的观点。唐汉的解释比较接近徐志钧的

---

① 老子. 姬氏道德经 [M]. 姬英明，译注. 北京：朝华出版社，2017：26.
② 老子 [M]. 饶尚宽，译注. 北京：中华书局，2015：64.
③ 徐志钧. 老子帛书校注 [M]. 南京：凤凰出版社，2016：491.
④ 赵卫国. 帛书《道德经》新析 [M]. 沈阳：东北大学出版社，2017：105.
⑤ 唐汉. 道德经新解 [M]. 北京：北京联合出版公司，2016：312.
⑥ 曹音.《道德经》释疑 [M]. 上海：上海三联书店，2012：22；文若愚. 道德经全解 [M]. 北京：中国华侨出版社，2012：169；老子 [M]. 汤漳平，王朝华，译注. 北京：中华书局，2014：111.
⑦ 老子 [M]. 李存山，注译. 郑州：中州古籍出版社，2008：84.
⑧ 老子. 姬氏道德经 [M]. 姬英明，译注. 北京：朝华出版社，2017：27.
⑨ 老子 [M]. 饶尚宽，译注. 北京：中华书局，2015：64；老子 [M]. 李存山，注译. 郑州：中州古籍出版社，2008：84；文若愚. 道德经全解 [M]. 北京：中国华侨出版社，2012：169；老子 [M]. 汤漳平，王朝华，译注. 北京：中华书局，2014：111.
⑩ 徐志钧. 老子帛书校注 [M]. 南京：凤凰出版社，2016：493.
⑪ 赵卫国. 帛书《道德经》新析 [M]. 沈阳：东北大学出版社，2017：106.
⑫ 唐汉. 道德经新解 [M]. 北京：北京联合出版公司，2016：312.
⑬ 曹音.《道德经》释疑 [M]. 上海：上海三联书店，2012：22.

解释，但是语言表述不够准确。

关于"圣人用之则为官长"。姬英明认为，"圣人用之则为官长"是"有道的统治者沿用了这套自然界中最质朴的规则模式，成为天下民众所推崇的统领者"的意思①；饶尚宽、李存山、汤漳平和王朝华认为，"圣人用之则为官长"是指"圣人使用这些器具，就可以成为百官之长""圣人利用它们而为百官之长""圣人利用它们，成为众人的领袖"②；赵卫国将"圣人用之则为官长"理解为"圣人沿着这些朴实之气行事，就成为百官之长"③；唐汉将"圣人用之则为官长"解释为"圣人使用（器具）便成为（人造之物）的主宰"④；曹音认为，"圣人用之则为官长"是"有道者则可为领袖"的意思⑤；文若愚认为，"圣人用之则为官长"是指"圣人依循这个原则，建立了管理和领导的体制"⑥。以上学者对"圣人用之则为官长"的理解各不相同，笔者认为，这些学者都没有真正读懂老子原文的意思。

关于"大制无割"。姬英明认为，"大制无割"是"只有完善治国的制度模式，百姓才不会相互伤害，国家也就不会分裂"的意思⑦；饶尚宽认为，"大制无割"是指"完美的制度是不会伤害百姓的"⑧；徐志钧将"大制无割"理解为"像道这样含咏万物的利器是感觉不到它的刀锋的"⑨；赵卫国将"大制无割"解释为"这是天下最大的制式，浑然和谐，没有割裂的痕迹"⑩；唐汉将"大制无割"解读为"大的制作（盖房子）却不需要切割（原木为木板）"⑪；曹音认为，"大制无割"是"天下大治而无祸害"的意思⑫；李存山认为，"大制无割"是指"符合'道'的大治，不是去宰割天下"⑬；文若愚将"大制无割"

---

① 老子．姬氏道德经［M］．姬英明，译注．北京：朝华出版社，2017：27.

② 老子［M］．饶尚宽，译注．北京：中华书局，2015：64；老子［M］．李存山，注译．郑州：中州古籍出版社，2008：84；老子［M］．汤漳平，王朝华，译注．北京：中华书局，2014：111.

③ 赵卫国．帛书《道德经》新析［M］．沈阳：东北大学出版社，2017：106.

④ 唐汉．道德经新解［M］．北京：北京联合出版公司，2016：312.

⑤ 曹音．《道德经》释疑［M］．上海：上海三联书店，2012：22.

⑥ 文若愚．道德经全解［M］．北京：中国华侨出版社，2012：169.

⑦ 老子．姬氏道德经［M］．姬英明，译注．北京：朝华出版社，2017：27.

⑧ 老子［M］．饶尚宽，译注．北京：中华书局，2015：64.

⑨ 徐志钧．老子帛书校注［M］．南京：凤凰出版社，2016：493.

⑩ 赵卫国．帛书《道德经》新析［M］．沈阳：东北大学出版社，2017：106.

⑪ 唐汉．道德经新解［M］．北京：北京联合出版公司，2016：312.

⑫ 曹音．《道德经》释疑［M］．上海：上海三联书店，2012：22.

⑬ 老子［M］．李存山，注译．郑州：中州古籍出版社，2008：84.

理解为"在完善的体制中是不会有强行割裂之事发生的"①；汤漳平和王朝华将"大制无割"解释为"完美的体制浑然如一"②。笔者认为，以上学者都没有读懂老子原文的含义。从"朴散则为器，圣人用之则为官长。夫大制无割"这两句联系上看，老子这里在谈如何成器和如何培养人才和使用人才的问题。老子最后强调，真正治国理政大才或大器是不可能通过分割式专才培养的方式获得的，而只能通过通才教育的方式获得。

【三本对照】

通行本《道德经》第二十八章：知其雄，守其雌，为天下谿。为天下谿，常德不离，复归于婴儿。知其白，（守其黑，为天下式。为天下式，常德不忒，复归于无极。知其荣③，）守其辱，为天下谷。为天下谷，常德乃足，复归于朴。朴散则为器，圣人用之，则为官长，故大制不割。④

帛书本《道德经》第七十二章：知其雄，守其雌，为天下溪。为天下溪，恒德不离。恒德不离，复归于婴儿。知其白，守其辱，为天下谷。为天下谷，恒德乃足。恒德乃足，复归于朴。（知其白，守其黑，为天下式。为天下式，恒德不忒。恒德不忒，复归于无极。）朴散则为器，圣人用之，则为官长。夫大制无割。⑤

《姬氏道德经》（德经卷）：知其雄，守其雌，为天下溪；为天下溪，恒德不离；恒德不离，复归婴儿。知其白，守其辱，为天下浴；为天下浴，恒德乃足，复归于朴。（知其白，守其黑，为天下式；为天下式，恒德不忒；恒德不忒，复归于无极，）朴散则为器。圣人用之则为首长，故大制无割。⑥

① 文若愚. 道德经全解［M］. 北京：中国华侨出版社，2012：169.
② 老子［M］. 汤漳平，王朝华，译注. 北京：中华书局，2014：111.
③ 饶尚宽认为，"以上六句为后人妄加，当删。《庄子·天下篇》引老聃曰：'知其雄，守其雌，为天下溪。知其白，守其辱，为天下谷。'可证。"见：老子［M］. 饶尚宽，译注. 北京：中华书局，2015：63.
④ 老子［M］. 饶尚宽，译注. 北京：中华书局，2015：62；文若愚. 道德经全解［M］. 北京：中国华侨出版社，2012：169.
⑤ 徐志钧. 老子帛书校注［M］. 南京：凤凰出版社，2016：489；赵卫国. 帛书《道德经》新析［M］. 沈阳：东北大学出版社，2017：105；唐汉. 道德经新解［M］. 北京：北京联合出版公司，2016：312.
⑥ 老子. 姬氏道德经［M］. 姬英明，译注. 北京：朝华出版社，2017：23-24.

第二十三章

不出于户，以知天下

【原文之修订】（通行本《道德经》第四十七章；帛书本《道德经》第十章）

不出于户，以知天下；不窥于牖，以知天道。其出弥远者，其知弥少。是以圣人不行而知，不见而明，不为而成。

【引言】

本章内容对应通行本《道德经》第四十七章、帛书本《道德经》第十章以及《姬氏道德经》德经卷的第九个段落。

关于本章内容，通行本、帛书本和《姬氏道德经》原文之表述主要有两处差异。第一处，通行本写作"不窥牖，见天道"，帛书本和《姬氏道德经》均写作"不窥于牖，以知天道"。"见""知"意思相同，"见""知"都是了解、懂得的意思。第二处，通行本和《姬氏道德经》均写作"不见而明"，帛书本写作"不见而名"。"名"通"明"，实际意思完全相同，使用"不见而明"比使用"不见而名"更直观，更易被人们理解。总之，关于本章内容，通行本、帛书本和《姬氏道德经》所用字词多少有别，但其大意完全一样。

本章原文之修订，以帛书本原文之表述为主，兼采通行本和《姬氏道德经》原文表述的优点。这一章，老子讲修道体道、读书明理、掌握智慧和提高觉悟的好处和重要性。通过在家中读书思考、修身养性以及与家人、朋友交流沟通，人们就可以了解天下大事，了解天道运行的规律。擅长读书、观察和思考的人，比起那些喜欢旅行但不喜欢读书、观察和思考的人要懂得更多。掌握自然大道的圣人，能够"不行而知，不见而明，不为而成"。

【释解】

（1）不出于户：足不出户，不出家门。

（2）以知天下：可以知道天下大势。以：可以，能够。

（3）不窥于牖：不看窗外，不向窗外看。窥：观看，观察。牖：窗户。

（4）以知天道：可以知道天地万物运行的自然规律。

（5）其出弥远者：那些出行越远的人。其：那，那些。弥：更加，越。

（6）其知弥少：他们知道的东西就越少。其：他们。

（7）不行而知：不出行就能知道天下大势。

（8）不见而明：不用观看就能明白天地万物运行的自然规律。

（9）不为而成：不用亲自去做事就能使事情获得成功。

【译文】

足不出户就可以知道天下大势，不向窗外看就可以知道天地万物运行的自然规律。那些出行越远的人，他们知道的东西就越少。因此，圣人能够做到：不出行就能知道天下大势，不用观看就能明白天地万物运行的自然规律，不用亲自去做事就能使事情获得成功。

【拓展】

关于"不行而知"。姬英明、饶尚宽、徐志钧、曹音、李存山、文若愚认为，"不行而知"是"不用远行就能够知晓天下的事理""不出行而知情""不出门而能知""不出行就能知道""不出行却能够推知事理"的意思①；唐汉认为，"不行而知"是指"不凭借外出巡行而智慧聪明"②；汤漳平和王朝华将"不行而知"解释为"不用去做就能知道"③。笔者基本同意姬英明、饶尚宽等人的解释。

关于"不见而明"（帛书本："不见而名"）。姬英明、饶尚宽、徐志钧、曹音、李存山、文若愚、汤漳平和王朝华认为，"不见而明"是"不用窥视就能明了天道所示""不眼见而明白""不察看而能明""不亲见就能明了""不用往

---

① 老子．姬氏道德经［M］．姬英明，译注．北京：朝华出版社，2017：29；老子［M］．饶尚宽，译注．北京：中华书局，2015：102；徐志钧．老子帛书校注［M］．南京：凤凰出版社，2016：73-75；曹音．《道德经》释疑［M］．上海：上海三联书店，2012：35；老子［M］．李存山，注译．郑州：中州古籍出版社，2008：107；文若愚．道德经全解［M］．北京：中国华侨出版社，2012：274．

② 唐汉．道德经新解［M］．北京：北京联合出版公司，2016：60．

③ 老子［M］．汤漳平，王朝华，译注．北京：中华书局，2014：187．

外看就能讲出自然的法则""不用去看就能明了"的意思①；唐汉认为，"不见而明"是指"不依赖四处观望而得知（道）的名状"②。笔者基本同意姬英明、饶尚宽等人的观点。

关于"不为而成"。姬英明、饶尚宽、徐志钧、曹音、李存山、文若愚、汤漳平和王朝华认为，"不为而成"是"不作为也能有所成就""不作为而成功""遵循自然，无为而无不为""无为而能成功""不去做就能成功""不用做许多事情便自然成了""无所作为就有所成就"的意思③；唐汉认为，"不为而成"是指"不去仿效他人而自成"④。笔者基本赞同姬英明、饶尚宽等人的看法。

此外，赵卫国认为，"所谓的'其出也弥远，其知弥少。是以圣人不行而知，不见而明，弗为而成'讲的也是关于道的哲学概念，人的知觉与行动之间的辩证关系问题，行动的瞬间不能同时思考，察看的瞬间不能同时讲话，而作为一个修道得道的人，更需要的是弗为而成，在静思默想中悟道更能让人接近道！"⑤ 笔者认为，赵卫国简单地把老子在这里的说法归结为修道体道，还是有些偏颇的。事实上，老子在这里谈论的是得道的圣人一旦把自己的感性认识上升到高度的理性认识，也就是掌握了道的运行规律和法则，他就可以通过演绎法来推知天下的大事和事理的，也能够效法自然，无为而无不为。

【三本对照】

通行本《道德经》第四十七章：不出户，知天下；不窥牖，见天道。其出弥远，其知弥少。是以圣人不行而知，不见而明，不为而成。⑥

① 老子．姬氏道德经［M］．姬英明，译注．北京：朝华出版社，2017：29；老子［M］．饶尚宽，译注．北京：中华书局，2015：102；徐志钧．老子帛书校注［M］．南京：凤凰出版社，2016：73-75；曹音．《道德经》释疑［M］．上海：上海三联书店，2012：35；老子［M］．李存山，注译．郑州：中州古籍出版社，2008：107；文若愚．道德经全解［M］．北京：中国华侨出版社，2012：274；老子［M］．汤漳平，王朝华，译注．北京：中华书局，2014：187.
② 唐汉．道德经新解［M］．北京：北京联合出版公司，2016：60.
③ 老子．姬氏道德经［M］．姬英明，译注．北京：朝华出版社，2017：29；老子［M］．饶尚宽，译注．北京：中华书局，2015：102；徐志钧．老子帛书校注［M］．南京：凤凰出版社，2016：73-75；曹音．《道德经》释疑［M］．上海：上海三联书店，2012：35；老子［M］．李存山，注译．郑州：中州古籍出版社，2008：107；文若愚．道德经全解［M］．北京：中国华侨出版社，2012：274；老子［M］．汤漳平，王朝华，译注．北京：中华书局，2014：187.
④ 唐汉．道德经新解［M］．北京：北京联合出版公司，2016：60.
⑤ 赵卫国．帛书《道德经》新析［M］．沈阳：东北大学出版社，2017：20.
⑥ 老子［M］．饶尚宽，译注．北京：中华书局，2015：101.

帛书本《道德经》第十章：不出于户，以知天下。不窥于牖，以知天道。其出弥远者，其知弥少。是以圣人不行而知，不见而名，弗为而成。①

《姬氏道德经》（德经卷）：不出于户，以知天下；不窥于牖，以知天道。其出也弥远，其知弥少。是以圣人不行而知，不见而明，不为而成！②

① 徐志钧. 老子帛书校注 [M]. 南京：凤凰出版社，2016：71；赵卫国. 帛书《道德经》新析 [M]. 沈阳：东北大学出版社，2017：18.
② 老子. 姬氏道德经 [M]. 姬英明，译注. 北京：朝华出版社，2017：28.

第二十四章

圣人恒无心，以百姓之心为心

【原文之修订】（通行本《道德经》第四十九章；帛书本《道德经》第十二章）

圣人恒无心，以百姓之心为心。善者吾善之，不善者吾亦善之，德善也！信者吾信之，不信者吾亦信之，德信也！圣人之在天下也，歙歙焉，为天下浑心。百姓皆注其耳目焉，圣人皆咳之。

【引言】

本章内容对应通行本《道德经》第四十九章、帛书本《道德经》第十二章以及《姬氏道德经》德经卷的第十个段落。

关于本章内容，通行本、帛书本和《姬氏道德经》原文之表述主要有两处差异。第一处，通行本和《姬氏道德经》均写作"圣人无常心"，帛书本写作"圣人恒无心"。"常""恒"同义。第二处，通行本写作"百姓皆注其耳目，圣人皆孩之"，帛书本写作"百姓皆注其耳目焉。圣人皆咳之"，《姬氏道德经》写作"百姓皆属其耳目，圣人皆孩之"。"咳"，通"孩"，是"孩童"或"婴孩"的意思。帛书本的"圣人皆咳之"与通行本及《姬氏道德经》的"圣人皆孩之"意思完全相同。总之，关于本章内容，通行本、帛书本和《姬氏道德经》在用词表述及断句方面有少许不同，但在内容大意上完全一致。

本章原文之修订，以帛书本原文之表述为主，兼采《姬氏道德经》原文表述的优点。这一章，老子讲有道的圣人丝毫没有自己的私心，他们都是"以百姓之心为心"。在有道的圣人眼里，无论百姓是好是坏，无论他们是否诚信，都会一样对待，这就叫作"德善"和"德信"。

【释解】

（1）圣人恒无心：圣人永远没有自己的私心。恒：永久，永远。心：私心。

（2）善者吾善之：善良的人我善待他。善之：善待他。

（3）不善者吾亦善之：不善良的人我也善待他。

（4）德善也：（这样所有人都）得到了善待。德：通"得"，得到。善：善待。

（5）信者吾信之：诚信的人我信任他。信之：信任他。

（6）不信者吾亦信之：不诚信的人我也信任他。亦：也。

（7）德信也：（这样所有人都）得到了信任。

（8）圣人之在天下也：圣人在天下（治理天下）。

（9）歙歙（xī xī）焉：无所偏执的样子。焉：助词，表示状态，相当于"然""样子"。

（10）为天下浑心：为了天下人的利益而把自己的心与百姓的心混同在一起。浑（hùn）：混同，混杂。心：指圣人的心与百姓的心。

（11）百姓皆注其耳目焉：百姓都把他们的注意力集中在耳目口腹等欲望上。注：专注于，将（精神、注意力等）集中在一点。其：他们的。耳目：指耳目口腹之欲。焉：语气助词，用于句尾，表示陈述。

（12）圣人皆咳之：圣人总把他们当作淳朴的孩童一般对待。咳：通"孩"，孩童，婴孩。之：他们，指老百姓。

【译文】

圣人永远没有自己的私心，他们总是以百姓心为心。善良的人我善待他，不善良的人我也善待他，（这样所有人都）得到了善待。诚信的人我信任他，不诚信的人我也信任他，（这样所有人都）得到了信任。圣人在天下（治理天下），总是无所偏执的样子，为了天下人的利益而把自己的心与百姓的心混同在一起（以和光同尘）。百姓都把他们的注意力集中在耳目口腹等欲望上，但圣人总把他们当作淳朴的孩童一般对待。

【拓展】

关于"德善也"。姬英明、曹音认为，"德善也"是"这样就可以使人人都有向往善良的德性了""使人人向善"的意思①；饶尚宽、徐志钧、李存山、文若愚、汤漳平和王朝华认为，"德善也"是指"得到了善良""得到善""这样

---

① 老子. 姬氏道德经［M］. 姬英明，译注. 北京：朝华出版社，2017：29；曹音.《道德经》释疑［M］. 上海：上海三联书店，2012：36.

就得到善了""这样便得到了善""这样最终就得到了善"①；赵卫国将"德善也"解读为"这样体现了大道之德，整个社会就没有不善良的了"②；唐汉将"德善也"解释为"这便是直奔向善啊"③。笔者认为，以上学者的解释都不太妥当，"德善也"应该是"（这样所有人都）得到了善待"的意思。

关于"德信也"。姬英明、曹音认为，"德信也"是"这样就可以使人人都有向往信誉的德性了""使人人守信"的意思④；饶尚宽、徐志钧、李存山、文若愚、汤漳平和王朝华认为，"德信也"是指"得到了诚信""得到信""这样就得到信了""这样便得到了诚信""这样最终就得到了诚信"⑤；赵卫国将"德信也"解读为"这样体现了大道之德，整个社会就没有不诚信的了"⑥；唐汉将"德信也"解释为"这便是直奔通向诚信啊"⑦。笔者认为，以上学者的解释都不太妥当，"德信也"应该是"（这样所有人都）得到了信任"的意思。

关于"歙歙焉"。姬英明、徐志钧、曹音、李存山、文若愚认为，"歙歙焉"是"早已收敛了自己的欲望杂念""犹言收敛，韬晦。言圣人在天下自然而不张扬，行事低调而朴实""收敛自己的意志和欲望""收敛自己的主观意志""收敛自己的意欲"的意思⑧；饶尚宽认为，"歙歙焉"是指"总是谨慎的样子"⑨；赵卫国将"歙歙焉"解读为"充分地道"⑩；唐汉将"歙歙焉"解释

① 老子［M］．饶尚宽，译注．北京：中华书局，2015：106；徐志钧．老子帛书校注［M］．南京：凤凰出版社，2016：86；老子［M］．李存山，注译．郑州：中州古籍出版社，2008：109；文若愚．道德经全解［M］．北京：中国华侨出版社，2012：288；老子［M］．汤漳平，王朝华，译注．北京：中华书局，2014：194．

② 赵卫国．帛书《道德经》新析［M］．沈阳：东北大学出版社，2017：22．

③ 唐汉．道德经新解［M］．北京：北京联合出版公司，2016：66．

④ 老子．姬氏道德经［M］．姬英明，译注．北京：朝华出版社，2017：29；曹音．《道德经》释疑［M］．上海：上海三联书店，2012：36．

⑤ 老子［M］．饶尚宽，译注．北京：中华书局，2015：106；徐志钧．老子帛书校注［M］．南京：凤凰出版社，2016：87；老子［M］．李存山，注译．郑州：中州古籍出版社，2008：109；文若愚．道德经全解［M］．北京：中国华侨出版社，2012：288；老子［M］．汤漳平，王朝华，译注．北京：中华书局，2014：194．

⑥ 赵卫国．帛书《道德经》新析［M］．沈阳：东北大学出版社，2017：22．

⑦ 唐汉．道德经新解［M］．北京：北京联合出版公司，2016：66．

⑧ 老子．姬氏道德经［M］．姬英明，译注．北京：朝华出版社，2017：30；徐志钧．老子帛书校注［M］．南京：凤凰出版社，2016：88；曹音．《道德经》释疑［M］．上海：上海三联书店，2012：36；老子［M］．李存山，注译．郑州：中州古籍出版社，2008：109；文若愚．道德经全解［M］．北京：中国华侨出版社，2012：288．

⑨ 老子［M］．饶尚宽，译注．北京：中华书局，2015：106．

⑩ 赵卫国．帛书《道德经》新析［M］．沈阳：东北大学出版社，2017：23．

为"应该是（大智若愚）浑噩闭口"①；汤漳平和王朝华将"歙歙焉"理解为"显得安详和合"②。笔者认为，以上学者的解释都不太妥当，"歙歙焉"应该是"总是无所偏执的样子"的意思。

关于"为天下浑心"。姬英明认为，"为天下浑心"是"以无妄无欲的方式使天下的民众回归到自然淳朴的浑心时代"的意思③；饶尚宽、赵卫国、曹音、李存山、文若愚、汤漳平和王朝华认为，"为天下浑心"是指"为天下而混沌百姓的心""浑朴人心""让天下人心都归于浑厚质朴""使天下的人心归于浑朴""使天下之人的心思归于浑朴""让天下人的心归于浑朴"④；徐志钧将"为天下浑心"解读为"为天下混沌之心，无知无欲"⑤；唐汉将"为天下浑心"解释为"为了（聚集）天下（之人）而使己心同百姓之心"⑥。笔者比较赞同唐汉的解释。更准确地说，"为天下浑心"应该是"为了天下人的利益而把自己的心与百姓的心混同在一起（以和光同尘）"的意思。

关于"百姓皆注其耳目焉"。姬英明认为，"百姓皆注其耳目焉"是"爱护百姓就像爱护自己的耳朵和眼睛一样"的意思⑦；饶尚宽、徐志钧、文若愚认为，"百姓皆注其耳目焉"是指"百姓们都专注自己的耳目欲望""注意耳目欲望""百姓都专注于自己的所见所听"⑧；赵卫国将"百姓皆注其耳目焉"解读为"老百姓见到圣人，这样也就会学着去做"⑨；唐汉、李存山、汤漳平和王朝华将"百姓皆注其耳目焉"解释为"百姓相偕（一个跟着一个）张目盯视、竖

① 唐汉. 道德经新解 [M]. 北京：北京联合出版公司，2016：66.
② 老子 [M]. 汤漳平，王朝华，译注. 北京：中华书局，2014：194.
③ 老子. 姬氏道德经 [M]. 姬英明，译注. 北京：朝华出版社，2017：30.
④ 老子 [M]. 饶尚宽，译注. 北京：中华书局，2015：106；赵卫国. 帛书《道德经》新析 [M]. 沈阳：东北大学出版社，2017：23；曹音.《道德经》释疑 [M]. 上海：上海三联书店，2012：36；老子 [M]. 李存山，注译. 郑州：中州古籍出版社，2008：109；文若愚. 道德经全解 [M]. 北京：中国华侨出版社，2012：288；老子 [M]. 汤漳平，王朝华，译注. 北京：中华书局，2014：194.
⑤ 徐志钧. 老子帛书校注 [M]. 南京：凤凰出版社，2016：88.
⑥ 唐汉. 道德经新解 [M]. 北京：北京联合出版公司，2016：66.
⑦ 老子. 姬氏道德经 [M]. 姬英明，译注. 北京：朝华出版社，2017：30.
⑧ 老子 [M]. 饶尚宽，译注. 北京：中华书局，2015：106；徐志钧. 老子帛书校注 [M]. 南京：凤凰出版社，2016：88；文若愚. 道德经全解 [M]. 北京：中国华侨出版社，2012：288.
⑨ 赵卫国. 帛书《道德经》新析 [M]. 沈阳：东北大学出版社，2017：23.

耳静听""百姓都用其耳目聪明""百姓都运用自己的聪明，耳目各有所关注"①；曹音认为，"百姓皆注其耳目焉"是"百姓皆不受约束自由地生活"的意思②。笔者比较赞同饶尚宽、徐志钧等人的观点。

关于"圣人皆咳之"。姬英明、饶尚宽、曹音、李存山、文若愚认为，"圣人皆咳之"是"有德性的统治者才能使民众回归到孩童般的纯朴状态""圣人则要使他们回复到婴孩般纯厚质朴""有道者使他们都像孩童般纯朴""圣人则要使他们都恢复婴孩般的纯真质朴状态""圣人则致力于掩塞他们的耳目，使他们恢复到婴儿般的淳朴状态"的意思③；徐志钧、赵卫国、汤漳平和王朝华认为，"圣人皆咳之"是指"圣人把百姓当作孩子般对待""圣人对待百姓就像对待纯朴的孩子一样""圣人都把他们看作纯朴无知的婴儿"④；唐汉将"圣人皆咳之"解读为"圣人则以'咳、咳、咳'之声应对他们（即行不言之教，又无明察苛求之心）"⑤。笔者赞同徐志钧、赵卫国等人的看法。

【三本对照】

通行本《道德经》第四十九章：圣人无常心，以百姓心为心。善者，吾善之；不善者，吾亦善之，德善。信者，吾信之；不信者，吾亦信之，德信。圣人在天下，歙歙焉，为天下浑其心。百姓皆注其耳目，圣人皆孩之。⑥

帛书本《道德经》第十二章：圣人恒无心，以百姓之心为心。善者善之，不善者亦善之，德善也。信者信之，不信者亦信之，德信也。圣人之在天下也，

① 唐汉．道德经新解［M］．北京：北京联合出版公司，2016：66；老子［M］．李存山，注译．郑州：中州古籍出版社，2008：109；老子［M］．汤漳平，王朝华，译注．北京：中华书局，2014：194.
② 曹音．《道德经》释疑［M］．上海：上海三联书店，2012：36.
③ 老子．姬氏道德经［M］．姬英明，译注．北京：朝华出版社，2017：30；老子［M］．饶尚宽，译注．北京：中华书局，2015：106；曹音．《道德经》释疑［M］．上海：上海三联书店，2012：36；老子［M］．李存山，注译．郑州：中州古籍出版社，2008：109；文若愚．道德经全解［M］．北京：中国华侨出版社，2012：288.
④ 徐志钧．老子帛书校注［M］．南京：凤凰出版社，2016：88；赵卫国．帛书《道德经》新析［M］．沈阳：东北大学出版社，2017：23；老子［M］．汤漳平，王朝华，译注．北京：中华书局，2014：194.
⑤ 唐汉．道德经新解［M］．北京：北京联合出版公司，2016：66.
⑥ 老子［M］．饶尚宽，译注．北京：中华书局，2015：105.

歙歙焉，为天下浑心。百姓皆注其耳目焉。圣人皆咳之。①

《姬氏道德经》（德经卷）：圣人无常心，以百姓心为心。善者吾善之，不善者吾亦善之，德善也！信者吾信之，不信者吾亦信之，德信也！圣人之在天下歙歙焉，为天下浑心，百姓皆属其耳目，圣人皆孩之！②

---

① 徐志钧．老子帛书校注［M］．南京：凤凰出版社，2016：85；唐汉．道德经新解［M］．北京：北京联合出版公司，2016：66；赵卫国．帛书《道德经》新析［M］．沈阳：东北大学出版社，2017：22.
② 老子．姬氏道德经［M］．姬英明，译注．北京：朝华出版社，2017：28.

第二十五章

望呵，其未央哉

【原文之修订】（通行本《道德经》第二十章；帛书本《道德经》第六十四章）

望呵，其未央哉！众人熙熙，若享于太牢，而春登台。我泊焉未兆，若婴儿未咳。累呵，似无所归！众人皆有余，而我独遗。我愚人之心也，涛涛呵。俗人昭昭，我独若昏呵；俗人察察，我独闷闷呵。众人皆有以，我独顽以鄙。吾欲独异于人，而贵食母。

【引言】

本章内容对应通行本《道德经》第二十章、帛书本《道德经》第六十四章以及《姬氏道德经》德经卷的第十一个段落。

关于本章内容，通行本、帛书本和《姬氏道德经》原文之表述主要有十一处差异。第一处，通行本（第二十章）写作"唯之与阿，相去几何？善之与恶，相去若何？人之所畏，不可不畏"，帛书本（第六十四章）写作"唯与诃，其相去几何？美与恶，其相去何若？人之所畏，亦不可以不畏"，而相类似的"唯与诃，其相去几何？美与恶，其相去若何？人之所畏，亦不可不畏"这三句，没有出现在《姬氏道德经》德经卷的第十一个段落中，而是出现于《姬氏道德经》道理卷的第七个段落中。仔细分析通行本第二十章或帛书本第六十四章中的"唯之与阿……不可不畏"或"唯与诃……亦不可以不畏"一段话，与其后的"荒兮，其未央哉……而贵食母"或"望呵，其未央哉……而贵食母"一段话，事实上没有什么内在的关联。很显然，通行本第二十章或帛书本第六十四章中的"唯之与阿……不可不畏"或"唯与诃……亦不可以不畏"一段话，是后来的编修者错置或错编所致。根据《姬氏道德经》所对应的这段话出现于《姬氏道德经》道理卷的第七个段落中，且与其后的段落内容有内在关联的事实推断，通行本第二十章中的"唯之与阿……不可不畏"这一段话应移到通行本

第二章的"天下皆知美之为美"之前。同样,帛书本第六十四章中的"唯与诃……亦不可以不畏"这一段话应移到帛书本第四十六章的"天下皆知美之为美"之前("唯与诃……亦不可不畏"这段话应出现在本书第三十三章的"天下皆知美之为美"之前,详见本书论道理篇第三十三章"唯与诃,其相去几何")。

第二处,通行本写作"荒兮,其未央哉",帛书本写作"望呵,其未央哉",《姬氏道德经》写作"恍呵,其未央哉"。"荒""恍"意思相近,而与"望"的意思有所差别。"荒"是荒远、广阔的意思。"望"是向远处看、放眼观望的意思。"恍"是广阔的意思。

第三处,通行本写作"如享太牢",帛书本写作"若享于太牢",《姬氏道德经》写作"若食于太牢"。三者意思相同。

第四处,通行本写作"我独泊兮,其未兆,如婴儿之未孩",帛书本写作"我泊焉未兆,若婴儿未咳",《姬氏道德经》写作"我泊焉未兆兮,若婴儿未咳"。"孩"通"咳",指小儿笑。

第五处,通行本写作"儽儽兮,若无所归",帛书本和《姬氏道德经》均写作"累呵,似无所归"。"儽"通"累",疲劳不堪的样子。

第六处,通行本写作"众人皆有余,而我独若遗",帛书本写作"众人皆有余,而我独遗",《姬氏道德经》写作"俗人皆有余,我独遗"。"众人""俗人"意思相同。

第七处,通行本写作"我愚人之心也哉,沌沌兮",帛书本和《姬氏道德经》均写作"我愚人之心也,湷湷呵"。"沌沌""湷湷"意思相近。"沌沌"是混混沌沌、混沌无知的意思。"湷湷",是愚蠢而不明事理的意思。

第八处,通行本写作"俗人昭昭,我独昏昏",帛书本写作"俗人昭昭,我独若昏呵",《姬氏道德经》写作"俗人昭昭,我独昏呵"。显而易见,三者意思相同。

第九处,通行本写作"俗人察察,我独闷闷",帛书本写作"俗人察察,我独闵闵呵",《姬氏道德经》写作"俗人察察,我独闷闷呵"。"闷闷""闵闵"意思相近。"闷闷"是头脑发昏、不清楚的意思。"闵闵"是昏庸愚昧、不明事理的意思。

第十处,通行本(第二十章)写作"澹兮其若海,飂兮若无止",帛书本(第六十四章)写作"惚呵,其若海;望呵,其若无所止",而《姬氏道德经》所对应的"恍呵,若无止"没有出现在《姬氏道德经》德经卷的第十一个段落中,而是出现于《姬氏道德经》道经卷的第九个段落中。经仔细分析,通行本

第二十章的这一句"澹兮其若海，飂兮若无止"疑为错简，应移至通行本第十五章"孰能浊以静之徐清"之前。帛书本第六十四章的这一句"惚呵，其若海；望呵，其若无所止"疑为错简，应移至帛书本第五十九章"浊而静之，徐清"之前。①

第十一处，通行本写作"我独顽且鄙"，帛书本写作"我独顽以鄙"，《姬氏道德经》写作"我独顽以俚"。"且""以"同义。"以"是"而""而且"的意思。"鄙""俚"同义，都是粗鄙、粗俗、浅陋的意思。

总之，关于本章内容，通行本、帛书本和《姬氏道德经》原文大意基本一致。

本章原文之修订，除了被疑为错简或错置而被删减的部分之外，其余全部采用帛书本原文之表述。这一章，老子在讲自己与世人截然不同的心境。世人熙熙攘攘，热热闹闹，吃喝玩乐，而老子却淡泊宁静，好像没有什么人生目标。世人看起来非常精明，而老子却好像糊里糊涂。老子与世人产生如此之区别的原因，可能就是老子的兴趣主要在于追求生育滋养天地万物的道。

【释解】

(1) 望呵：举目四望，天地辽阔深远啊。望：向远处看，放眼观望。呵：啊。

(2) 其未央哉：它们没有尽头啊。其：它们，指天地。未：没有。央：尽，尽头。

(3) 众人熙熙：众人在一起有说有笑，快乐和美，热闹非凡。熙熙：人多喧闹，欢笑热闹。

(4) 若享于太牢：就像在隆重祭祀活动时享用牛、羊、猪祭品一样。享：享用。太牢：牛、羊、豕三牲全部具备的祭品。古时人们把祭祀用的牲畜叫作"牢"。

(5) 而春登台：春天登台参观游览。而：连词，及，和。

(6) 我泊焉未兆：我安静地停留在那里，对众人所做的事情毫不关心。泊：安静地停留，恬静地驻留。焉：在那里。未兆：没有任何其他活动的征兆，这里指对众人游乐之事无动于衷，置之不理。

(7) 若婴儿未咳：就像还不会笑的婴儿一样。未：还不会，尚未能。咳(hái)：小儿笑。

---

① 这一处内容详见本书第九章"古之善为道者，微妙玄达"。

（8）似无所归：好像无家可归一样。《史记·孔子世家》记载说："郑人或谓子贡曰：'东门有人，其颡似尧，其项类皋陶，其肩类子产，然自要以下不及禹三寸，累累若丧家之狗。'子贡以实告孔子。孔子欣然笑曰：'形状，末也。而谓似丧家之狗，然哉！然哉！'"①

（9）众人皆有余：众人都有多余的快乐，心满意得。这里指众人都感到生活很满足，拥有充足的快乐。

（10）我独遗：我却独自感到怅然若失。遗：缺失，丢失，这里指心情有点沮丧，像丢了什么东西。

（11）我愚人之心也：我长了一颗愚人的心，或我拥有一颗愚人的心。

（12）湷湷呵：太愚蠢而不明事理啊。湷（hún）：古通"浑"，糊涂，愚蠢，不明事理。

（13）俗人昭昭：俗世之人都能够明白事理。昭昭：明白事理，活得明白清楚。

（14）我独若昏呵：而我却独自像个昏聩糊涂的人不明事理啊。昏：昏聩，糊涂，不明事理。

（15）俗人察察：俗世之人都那么精明清楚。察：精明，聪明伶俐。

（16）我独闷闷呵：我却独自昏庸愚昧啊。闷：昏庸愚昧，不明事理。

（17）众人皆有以：众人都有用处。以：用，用处，作用和价值。

（18）我独顽以鄙：我却独自顽劣鄙陋，粗俗不堪。顽：愚顽，顽劣。鄙：品质低劣，见识浅薄，行为低下、粗俗。

（19）吾欲独异于人：我（之所以）要与众不同。欲：要，想要。异：不同。

（20）而贵食母：（是因为我）崇尚的是滋养万物的道。贵：崇尚，重视，看重。食（sì）：饲养，拿东西给人吃。食母：乳母，这里指养育天地万物的道。

【译文】

举目四望，天地辽阔深远啊，它们没有尽头啊！众人在一起有说有笑，快乐和美，热闹非凡，就像在隆重祭祀活动时享用牛、羊、猪祭品一样快乐，也像春天登台参观游览一样自在。我安静地停留在那里，对众人所做的事情毫不关心，就像还不会笑的婴儿一样无动于衷。我身心俱疲、沮丧失意的样子，好

---

① 司马迁. 史记：第二册［M］. 哈尔滨：北方文艺出版社，2007：445.

像无家可归的人一样。众人都有充足的快乐，心满意得，而我却独自感到怅然若失。我长了一颗愚人的心，太愚蠢而不明事理啊！俗世之人都能够明白事理，而我却独自像个昏聩糊涂的人不明事理啊！俗世之人都那么精明清楚，而我却独自昏庸愚昧啊！众人都有用处，而我却独自顽劣鄙陋，粗俗不堪。我之所以要与众不同，是因为我崇尚的是滋养万物的道。

【拓展】

关于"我泊焉未兆，若婴儿未咳"。姬英明认为，"我泊焉未兆，若婴儿未咳"是"我却独自恬静淡泊，也没有什么其他想法，就好像一个没有开窍的婴儿"的意思①；饶尚宽、徐志钧、赵卫国、曹音、李存山、文若愚认为，"我泊焉未兆，若婴儿未咳"是指"我却独自淡泊宁静啊，无动于衷""好像婴儿不知嬉笑""我独自淡泊恬静，好像不会笑的婴孩""我因为道的作用，恬然淡泊而无动于衷，混混沌沌似还不会微笑的婴儿""我却淡泊而不参与其中，像婴儿般安静""我却独自淡泊守静，深沉而不露声色；混混沌沌啊，像是还不会笑的婴儿""唯独我是淡泊的，对这些没有任何的反应，好像还不会笑的婴儿"②；唐汉将"我泊焉未兆，若婴儿未咳"解释为"我（用有柄兜网）捕捉大雁，未能跳起；如同婴儿，不会吐痰"③；汤漳平和王朝华将"我泊焉未兆，若婴儿未咳"解读为"我却独自漂泊，不知向何处去。就像婴儿还不会欢笑"④。笔者比较赞同饶尚宽、徐志钧等人的解释，认为他们解释得还不够准确。"我泊焉未兆，若婴儿未咳"应是"我安静地停留在那里，对众人所做的事情毫不关心，就像还不会笑的婴儿一样无动于衷"的意思。

关于"众人皆有余，而我独遗"。姬英明、饶尚宽、曹音、文若愚认为，"众人皆有余，而我独遗"是"世俗之人好像都很富足，唯独我好像很穷困""众人都有剩余，而唯独我好像不足""众人都富足，我独贫困""众人都绰绰

---

① 老子．姬氏道德经［M］．姬英明，译注．北京：朝华出版社，2017：30.
② 老子［M］．饶尚宽，译注．北京：中华书局，2015：45；徐志钧．老子帛书校注［M］．南京：凤凰出版社，2016：441-442；赵卫国．帛书《道德经》新析［M］．沈阳：东北大学出版社，2017：95；曹音．《道德经》释疑［M］．上海：上海三联书店，2012：16；老子［M］．李存山，注译．郑州：中州古籍出版社，2008：74；文若愚．道德经全解［M］．北京：中国华侨出版社，2012：121.
③ 唐汉．道德经新解［M］．北京：北京联合出版公司，2016：279.
④ 老子［M］．汤漳平，王朝华，译注．北京：中华书局，2014：80.

有余，而唯独我好像有所不足"的意思①；徐志钧认为，"众人皆有余，而我独遗"是指"众人皆寻欢作乐，已独向隅独处，无动于衷"②；赵卫国将"众人皆有余，而我独遗"解读为"众人都有太多的负担要解脱，唯独我好像旷野上被他们遗忘的物品一样慵散而自得"③；唐汉将"众人皆有余，而我独遗"解释为"众人都有伞，我独自遗失了伞"④；李存山、汤漳平和王朝华将"众人皆有余，而我独遗"理解为"众人都心满意得的样子，而我却独自若有所失""众人都感到满足，而我却一无所有"⑤。笔者比较赞同李存山、汤漳平和王朝华等人的观点。

关于"俗人昭昭，我独若昏呵"。姬英明、徐志钧、汤漳平和王朝华认为，"俗人昭昭，我独若昏呵"是"世俗之人都是那么光鲜亮丽，唯独我是糊里糊涂的""俗人显扬得意，而我却惛惛，思虑凝滞，于外物无所辨别和感受""世人都自我炫耀，我却糊里糊涂"的意思⑥；饶尚宽、赵卫国、曹音、李存山、文若愚认为，"俗人昭昭，我独若昏呵"是指"世俗的人都活得明白鲜亮，而我却过得糊涂暗昧""俗人们都明白的事，只有我糊里糊涂""俗人明白，我独糊涂""世人都聪明伶俐，唯独我昏昏昧昧""世人都是那样明白清楚，唯独我是这样的暗昧糊涂"⑦；唐汉将"俗人昭昭，我独若昏呵"解释为"卖家心中清清楚楚，我们独自疑惑不定啊"⑧。笔者赞同饶尚宽、赵卫国等人的看法。

关于"贵食母"。姬英明、赵卫国、徐志钧、李存山、汤漳平和王朝华认为，"贵食母"是"重视用道来滋养自己""推崇并依赖作为万物之源的道来滋润着自己""独自崇信育养'我'的食母——道""以那滋养万物的'道'为最

① 老子．姬氏道德经 [M]．姬英明，译注．北京：朝华出版社，2017：30；老子 [M]．饶尚宽，译注．北京：中华书局，2015：45；曹音．《道德经》释疑 [M]．上海：上海三联书店，2012：16；文若愚．道德经全解 [M]．北京：中国华侨出版社，2012：121．
② 徐志钧．老子帛书校注 [M]．南京：凤凰出版社，2016：442．
③ 赵卫国．帛书《道德经》新析 [M]．沈阳：东北大学出版社，2017：95．
④ 唐汉．道德经新解 [M]．北京：北京联合出版公司，2016：279．
⑤ 老子 [M]．李存山，注译．郑州：中州古籍出版社，2008：74；老子 [M]．汤漳平，王朝华，译注．北京：中华书局，2014：80．
⑥ 老子．姬氏道德经 [M]．姬英明，译注．北京：朝华出版社，2017：30；徐志钧．老子帛书校注 [M]．南京：凤凰出版社，2016：442-443；老子 [M]．汤漳平，王朝华，译注．北京：中华书局，2014：80．
⑦ 老子 [M]．饶尚宽，译注．北京：中华书局，2015：45-46；赵卫国．帛书《道德经》新析 [M]．沈阳：东北大学出版社，2017：95；曹音．《道德经》释疑 [M]．上海：上海三联书店，2012：16；老子 [M]．李存山，注译．郑州：中州古籍出版社，2008：74；文若愚．道德经全解 [M]．北京：中国华侨出版社，2012：121．
⑧ 唐汉．道德经新解 [M]．北京：北京联合出版公司，2016：279．

珍贵""看重寻求道的滋养"的意思①；饶尚宽认为，"贵食母"是指"重视取法于道"②；唐汉将"贵食母"解读为"依然倚重自己的乳母"③；曹音将"贵食母"理解为"宁可选择无官一身轻"④；文若愚认为，"贵食母"是"我所看重的是生民之本"的意思⑤。笔者赞同姬英明、赵卫国等人的解释。

【三本对照】

通行本《道德经》第二十章：（唯之与阿，相去几何？善之与恶，相去若何？人之所畏，不可不畏。⑥）荒兮，其未央哉！众人熙熙，如享太牢，如春登台。我独泊兮，其未兆，如婴儿之未孩；傫傫兮，若无所归。众人皆有余，而我独若遗。我愚人之心也哉，沌沌兮！俗人昭昭，我独昏昏；俗人察察，我独闷闷。澹兮其若海，飂兮若无止。⑦ 众人皆有以，而我独顽且鄙。我独异于人，而贵食母。⑧

帛书本《道德经》第六十四章：（唯与诃，其相去几何？美与恶，其相去何若？人之所畏，亦不可以不畏。⑨）望呵，其未央哉！众人熙熙，若享于太牢，而春登台。我泊焉未兆，若婴儿未咳。累呵，似无所归！众人皆有余，而我独遗。我愚人之心也，湷湷呵。俗人昭昭，我独若昏呵；俗人察察，我独闵闵呵。惚呵，其若海；望呵，其若无所止。⑩ 众人皆有以，我独顽以鄙。吾欲独异于

① 老子．姬氏道德经［M］．姬英明，译注．北京：朝华出版社，2017：30；赵卫国．帛书《道德经》新析［M］．沈阳：东北大学出版社，2017：95；徐志钧．老子帛书校注［M］．南京：凤凰出版社，2016：446；老子［M］．李存山，注译．郑州：中州古籍出版社，2008：74；老子［M］．汤漳平，王朝华，译注．北京：中华书局，2014：80.
② 老子［M］．饶尚宽，译注．北京：中华书局，2015：46.
③ 唐汉．道德经新解［M］．北京：北京联合出版公司，2016：279.
④ 曹音．《道德经》释疑［M］．上海：上海三联书店，2012：17.
⑤ 文若愚．道德经全解［M］．北京：中国华侨出版社，2012：121.
⑥ 这三句话应移至通行本第二章的"天下皆知美之为美"之前。
⑦ 这一句"澹兮，其若海；飂兮，若无止"疑为错简，应移至通行本第十五章。参见本书第九章"古之善为道者，微妙玄达"引言部分的相关解释。
⑧ 老子［M］．饶尚宽，译注．北京：中华书局，2015：43-44；文若愚．道德经全解［M］．北京：中国华侨出版社，2012：120；老子［M］．汤漳平，王朝华，译注．北京：中华书局，2014：77.
⑨ 这三句话应移至帛书本第四十六章的"天下皆知美之为美"之前。
⑩ 这一句"惚呵，其若海；望呵，其若无所止"疑为错简，应移至帛书本第五十九章。参见本书第九章"古之善为道者，微妙玄达"引言部分的相关解释。

人，而贵食母。①

《姬氏道德经》（德经卷）：恍呵，其未央哉！众人熙熙，若食于太牢，如春登台。我泊焉未兆兮，若婴儿未咳，累呵，似无所归！俗人皆有余，我独遗，我愚人之心也！涛涛呵，俗人昭昭，我独昏呵！俗人察察，我独闷闷呵！众人皆有以，我独顽以俚，吾欲独异于人而贵食母。②

①　徐志钧．老子帛书校注 [M]．南京：凤凰出版社，2016：439；唐汉．道德经新解 [M]．北京：北京联合出版公司，2016：279；赵卫国．帛书《道德经》新析 [M]．沈阳：东北大学出版社，2017：94.
②　老子．姬氏道德经 [M]．姬英明，译注．北京：朝华出版社，2017：28.

第二十六章

吾言甚易知也，甚易行也

【原文之修订】（通行本《道德经》第七十章；帛书本《道德经》第三十五章）

吾言甚易知也，甚易行也。而天下莫之能知也，莫之能行也。夫言有宗，事有君。夫唯无知也，是以不我知。知我者希，则我贵矣！是以圣人被褐而怀玉。

【引言】

本章内容对应通行本《道德经》第七十章、帛书本《道德经》第三十五章以及《姬氏道德经》德经卷的第十二个段落。

关于本章内容，通行本、帛书本和《姬氏道德经》原文之表述主要有三处差异。第一处，通行本写作"天下莫能知，莫能行"，帛书本写作"天下莫之能知也，莫之能行也"，而《姬氏道德经》写作"人莫之能知也，而莫之能行也"。显而易见，三者意思相同。第二处，通行本和帛书本写作"言有宗，事有君"，而《姬氏道德经》写作"言有君，事有宗"。"宗""君"意思相近。"宗"是宗旨、目的的意思，"君"是主宰、主旨的意思。第三处，通行本写作"知我者希，则我者贵"，帛书本和《姬氏道德经》均写作"知我者希，则我贵矣"。可见三者意思相同。总之，关于这一章内容，通行本、帛书本和《姬氏道德经》原文大意完全相同，所用语言风格也大同小异。

本章原文之修订，全部采用帛书本原文之表述。这一章，老子强调自己所说的思想观点都是有根据和宗旨的，都是容易被了解和践行的，但是天下却很少有人能读懂它，也很少有人能去践行它，因为没人能了解老子所说的，也就无人能读懂老子。物以稀为贵，人也是这样。

【释解】

（1）吾言甚易知也：我所说的思想言论是很容易被了解的。言：言论，说话。甚：很。知：了解，懂得。

（2）甚易行也：很容易践行。行：实行，践行。也：语气助词，表示陈述。

（3）而天下莫之能知也：倒装句，即"而天下莫能知之也"，但是天下没有人能了解它。

（4）莫之能行也：倒装句，即"莫能行之也"，没有人能去践行它。

（5）夫言有宗：（我）这思想言论是有目的和宗旨的。夫（fú）：文言指示代词，相当于"这"。宗：宗旨，主要目的或意图。

（6）事有君：（我）做事也是有道义原则和要领的。事：做事，行事，办事。君：万物的主宰，事物的根本，自然大道，这里具体指符合道义的根本原则和要领。

（7）夫唯无知也：因为世人不了解这些（道理的真谛）。夫：发语词，不译。唯：因为。

（8）是以不我知：倒装句，即"是以不知我"，所以他们不了解我。是以：所以，因此。

（9）知我者希：了解我的人少。希：少，稀有，稀少。

（10）则我贵矣：那么我就很难得和贵重啊。则：那么。贵：贵重，重要，难得，难能可贵。矣：文言助词，表示感叹，相当于"啊"。

（11）是以圣人被褐而怀玉：因此，圣人总是穿着粗布衣服而怀里揣着宝玉（，他们看起来外表普通但大智若愚，深藏不露）。被（pī）：同"披"，披着，穿着。褐（hè）：粗布衣服。怀：怀着，怀揣着。被褐而怀玉：穿着粗布衣服而怀里揣着宝玉，比喻人虽生活朴素，不注重穿着，但有真才实学，高深莫测，含蓄内敛。

【译文】

我所说的思想言论是很容易了解的，也是很容易践行的，但是天下没有人能了解它，也没有人能去践行它。我这思想言论是有目的和宗旨的，我做事也是有道义原则和要领的。因为世人不了解这些（道理的真谛），所以他们不了解我。了解我的人少，那么我就很难得和贵重啊！因此，圣人总是穿着粗布衣服而怀里揣着宝玉（，他们看起来外表普通但大智若愚，深藏不露）。

【拓展】

关于"夫言有宗，事有君"（《姬氏道德经》："言有君，事有宗"）。姬英明、饶尚宽认为，"夫言有宗，事有君"是"我的言论是有根据的，我的行事是有宗旨的""我说话有根据，我行事有主旨"的意思①；徐志钧认为，"夫言有宗，事有君"是指"说话要有根本，行事要有主宰"②；赵卫国将"夫言有宗，事有君"解读为"说话都有个源头，做事都有个由头"③；唐汉将"夫言有宗，事有君"解释为"言论有宗旨，行事有主次"④；曹音将"夫言有宗，事有君"理解为"我言论出于衷心，做事尊重君主"⑤；李存山、文若愚、汤漳平和王朝华认为，"夫言有宗，事有君"是"说话要有宗旨，做事要有根据""我的言论有它的宗旨，行为有它的原则，那便是遵循大道""言论有宗旨，行事有要领"的意思⑥。笔者比较赞同李存山、文若愚等人的观点。

关于"知我者希，则我贵矣"（通行本："知我者希，则我者贵"）。姬英明、饶尚宽、文若愚认为，"知我者希，则我贵矣"是"能理解我的人已经非常稀少了，那么能效法我的人就更加难得了""了解我的人很少，效法我的人更是难能可贵""理解我的人少，效法我的人就更难得了"的意思⑦；徐志钧、赵卫国、唐汉、曹音、李存山、汤漳平和王朝华认为，"知我者希，则我贵矣"是指"知道我的人少，那么我就很贵重""知道我的人现在还很稀少，所以至今我还是物以稀为贵，还属于非常贵重的宝物""知晓我（的道理）的人少，我（的道理）就更宝贵啊""正因懂我者稀少我才高贵""理解我的人少，我就更可贵

① 老子. 姬氏道德经［M］. 姬英明，译注. 北京：朝华出版社，2017：30；老子［M］. 饶尚宽，译注. 北京：中华书局，2015：153.

② 徐志钧. 老子帛书校注［M］. 南京：凤凰出版社，2016：250.

③ 赵卫国. 帛书《道德经》新析［M］. 沈阳：东北大学出版社，2017：53.

④ 唐汉. 道德经新解［M］. 北京：北京联合出版公司，2016：171.

⑤ 曹音. 《道德经》释疑［M］. 上海：上海三联书店，2012：52.

⑥ 老子［M］. 李存山，注译. 郑州：中州古籍出版社，2008：138；文若愚. 道德经全解［M］. 北京：中国华侨出版社，2012：421；老子［M］. 汤漳平，王朝华，译注. 北京：中华书局，2014：273.

⑦ 老子. 姬氏道德经［M］. 姬英明，译注. 北京：朝华出版社，2017：30；老子［M］. 饶尚宽，译注. 北京：中华书局，2015：153；文若愚. 道德经全解［M］. 北京：中国华侨出版社，2012：421.

了""知道我的人少，那我就更高贵了"①。笔者赞同徐志钧、赵卫国等人的解释。

【三本对照】

通行本《道德经》第七十章：吾言甚易知，甚易行。天下莫能知，莫能行。言有宗，事有君。夫唯无知，是以不我知。知我者希，则我者贵。是以圣人被褐而怀玉。②

帛书本《道德经》第三十五章：吾言甚易知也，甚易行也。而天下莫之能知也，莫之能行也。夫言有宗，事有君。夫唯无知也，是以不我知。知我者希，则我贵矣。是以圣人被褐而怀玉。③

《姬氏道德经》（德经卷）：吾言甚易知也，甚易行也，而人莫之能知也，而莫之能行也！言有君，事有宗，其唯无知也，是以不我知。知我者希，则我贵矣！是以圣人被褐而怀玉！④

① 徐志钧．老子帛书校注 [M]．南京：凤凰出版社，2016：250-251；赵卫国．帛书《道德经》新析 [M]．沈阳：东北大学出版社，2017：53；唐汉．道德经新解 [M]．北京：北京联合出版公司，2016：171；曹音．《道德经》释疑 [M]．上海：上海三联书店，2012：52；老子 [M]．李存山，注译．郑州：中州古籍出版社，2008：138；老子 [M]．汤漳平，王朝华，译注．北京：中华书局，2014：273.
② 老子 [M]．饶尚宽，译注．北京：中华书局，2015：152；文若愚．道德经全解 [M]．北京：中国华侨出版社，2012：421.
③ 徐志钧．老子帛书校注 [M]．南京：凤凰出版社，2016：249；唐汉．道德经新解 [M]．北京：北京联合出版公司，2016：171；赵卫国．帛书《道德经》新析 [M]．沈阳：东北大学出版社，2017：52.
④ 老子．姬氏道德经 [M]．姬英明，译注．北京：朝华出版社，2017：28.

第三篇　论道理

在该篇中，老子讲述了一些生活常识和道理，这些生活常识和道理实际上也是自然大道在社会生活中的运用和体现。老子还讲述了一些事物之间的辩证统一关系，以及圣人之道、天之道和人之道的基本特征和原则。老子主张统治阶级过清心寡欲、节俭知足的生活，反对过骄奢淫逸、纵情声色犬马的生活，来维持人们的基本生存和温饱以及社会生活的正常运转。

老子认为，有生于无。宇宙间万事万物相生相克、对立统一，如有和无、完美与残缺、充盈与虚空、直与曲、巧与拙、辩与讷、赢与绌、躁与寒、静与炅（热）等。它们既对立又统一，既区别又联系，相互作用，相互依赖，相辅相成。

老子还认为，"知人者智，自知者明。胜人者有力，自胜者强。知足者富，强行者有志。不失其所者久，死而不亡者寿"；生命要重于名声、财货，知足才可以常乐，适可而止才能长长久久；"曲则全，枉则正。洼则盈，敝则新。少则得，多则惑"，"圣人执一，以为天下牧"，"不自视故彰，不自见故明，不自伐故有功，弗矜故能长。夫唯不争，故莫能与之争"；善于治国理政的圣人既能"恒善救人"，又能"恒善救物"，"善人，善人之师；不善人，善人之资也。不贵其师，不爱其资，虽智乎大迷"；"信言不美，美言不信；知者不博，博者不知；善者不多，多者不善"，"天之道，利而不害；人之道，为而弗争"；物极必反，物壮而老，"坚强者死之徒，柔弱者生之徒"；上、中、下三等人对闻道有着截然不同的思想态度和行为表现，上等人会勤奋去实践，中等人觉得可有可无，而下等人觉得所讲的道非常荒谬可笑；善有善报，恶有恶报，天网恢恢，疏而不漏。

老子指出，"物极必反""功成身退""美恶相对""有无相生""难易相成""长短相形""高下相盈""音声相和""先后相随"等是永恒不变的自然法则。圣人之所以能够成为圣人，是因为圣人永远按照道的自然法则行事。圣人效法天道，实行无为而治，节制欲望，谦虚内敛，成功而不居，如此才成就他们流芳百世的美名；天道喜欢"不战""不言""不召""繟然"，只要做到这四点，就能够"善胜""善应""自来""善谋"。每个人都有自己的认知局限。自以为是、自以为什么都懂、"自视""自见""自伐""自矜"等都是非常严重的缺点。人们任何时候都应该保持谦虚谨慎、客观理性。

第二十七章

三十辐共一毂，当其无

【原文之修订】（通行本《道德经》第十一章；帛书本《道德经》第五十五章）

三十辐共一毂，当其无，有车之用也；埏埴而为器，当其无，有埴器之用也。凿户牖以为室，当其无，有室之用也。故有之以为利，无之以为用。

【引言】

本章内容对应通行本《道德经》第十一章、帛书本《道德经》第五十五章以及《姬氏道德经》道理卷的第一个段落。

关于本章内容，通行本、帛书本和《姬氏道德经》原文之表述主要有两处差异。第一处，通行本写作"埏埴以为器，当其无，有器之用"，帛书本写作"埏埴而为器，当其无，有埴器之用也"，而《姬氏道德经》写作"捻埴为器，当其无，有器之用也"。"埏埴""捻埴"同义，都是和泥制作陶器的意思。埏是用水和土的意思。"捻"是捏、揉的意思。第二处，通行本写作"凿户牖以为室，当其无，有室之用"，帛书本和《姬氏道德经》均写作"凿户牖，当其无，有室之用也"。很显然，三者意思相同。总之，关于这一章内容，通行本、帛书本和《姬氏道德经》原文大意完全相同。

本章原文之修订，以帛书本原文之表述为主，兼采通行本和《姬氏道德经》原文表述的优点。譬如，本章第一句，选用《姬氏道德经》的"三十辐共一毂，当其无，有车之用也"；本章第二句选用帛书本的"埏埴而为器，当其无，有埴器之用也"；本章第三句选用通行本的"凿户牖以为室，当其无"和帛书本的"有室之用也"。这一章，老子在讲有和无的对立统一关系。有无相对，有生于无。有和无相互作用、相互依赖、相辅相成。人类发明器物是为了给人们提供生活上的便利，但是轮毂、陶器、瓷器和房子等器物正是因为有了中空的空间，才使这些器物有了各自的作用和功能。

【释解】

（1）三十辐共一毂：三十根辐条共用一个轮毂，它们和轮辋等一起做成车。辐：辐条，车辐。毂：轮毂，车毂。一个车轮由轮辋（轮圈）、轮毂和几十根辐条组成。

（2）当其无：在其中空的地方。当：在。无：虚空，中空，空无，这里主要指车斗。

（3）有车之用也：有着车的功用。用：功用，功能。

（4）埏埴而为器：和泥制作成陶器。埏（shān）：用水和泥。埴（zhí）：黏土，泥土。

（5）有埴器之用也：有着陶器的功用。埴器：陶器，土做的器皿。

（6）凿户牖以为室：开凿门窗做成房屋。户：门。牖：窗户。室：房屋，房间。

（7）有室之用也：有着房屋的功用。

（8）故有之以为利：所以"有"是为了给人们提供器物上的便利。故：所以，因此。之：助词，用于强调或补足语气。

（9）无之以为用："无"是为了给人们提供器物的功用。

【译文】

三十根辐条共用一个轮毂，它们和轮辋等一起做成车，在其中空的地方，有着车的功用。和泥制作成陶器，在其中空的地方，有着陶器的功用。开凿门窗做成房屋，在其中空的地方，有着房屋的功用。所以"有"是为了给人们提供器物上的便利，而"无"是为了给人们提供器物的功用。

【拓展】

关于"当其无，有车之用也"。姬英明、饶尚宽、徐志钧、李存山、汤漳平和王朝华认为，"当其无，有车之用也"是"有了车毂至车轴之间空虚的存在，才成就了车的作用""有了车毂的中空，才能具有车的作用""车毂以有内外之空间，故可资以利转而有车之用也""有了车轮的空无之处，才有车的作用"

"那车的空间，是车的功用"的意思①；唐汉认为，"当其无，有车之用也"是指"当它们（辐条和车毂）不独自存在时，便有了马车的使用"②；曹音将"当其无，有车之用也"解释为"必须是中空，车才能行走"③；赵卫国、文若愚将"当其无，有车之用也"解读为"因为（其他地方）是空的，所以轮子可以转动，车子就前行了""正是因为它有了中间空虚的地方，才有了车的用处"④。笔者比较赞同姬英明、饶尚宽等人的解释。曹音、赵卫国、文若愚等学者将"当其无"中的"当"理解为"必须""正是因为"是不正确的。

关于"有之以为利，无之以为用"。姬英明、赵卫国、曹音、李存山、文若愚认为，"有之以为利，无之以为用"是"'实有'能以各种形式给人们提供便利，正是由于有'虚无'形态的存在，才会产生各自的作用""表面上是'有'在体现功能与便利，实际上是靠'无'发挥作用，两者相辅相助才是成就""实体'有'之所以能被利用，是因为虚体'无'的作用""'有'给人以便利，有和无配合起来才能起作用""'有'带来便利，'无'带来用处"的意思⑤；饶尚宽、徐志钧认为，"有之以为利，无之以为用"是指"有了器物可以带来便利，器物中空才能发挥作用""所言之无仍然是以车子、陶器、房屋的拥有作为依托的。'有'作为存在者本身只是一种利益，而'无'作为存在才成为一种作用，这种作用实现了有的价值。如果没有了'无'所实现的价值，那么'有'也就失去其存在者的价值"⑥；唐汉将"有之以为利，无之以为用"解读为"有了独立物件时便有了利用之物，当失去独立物件后，便有了可用之物"⑦；汤漳平和王朝华将"有之以为利，无之以为用"理解为"'有'是物体

---

① 老子.姬氏道德经［M］.姬英明，译注.北京：朝华出版社，2017：35；老子［M］.饶尚宽，译注.北京：中华书局，2015：25；徐志钧.老子帛书校注［M］.南京：凤凰出版社，2016：376；老子［M］.李存山，注译.郑州：中州古籍出版社，2008：61；老子［M］.汤漳平，王朝华，译注.北京：中华书局，2014：43.

② 唐汉.道德经新解［M］.北京：北京联合出版公司，2016：245.

③ 曹音.《道德经》释疑［M］.上海：上海三联书店，2012：9.

④ 赵卫国.帛书《道德经》新析［M］.沈阳：东北大学出版社，2017：83；文若愚.道德经全解［M］.北京：中国华侨出版社，2012：72.

⑤ 老子.姬氏道德经［M］.姬英明，译注.北京：朝华出版社，2017：35；赵卫国.帛书《道德经》新析［M］.沈阳：东北大学出版社，2017：83；曹音.《道德经》释疑［M］.上海：上海三联书店，2012：10；老子［M］.李存山，注译.郑州：中州古籍出版社，2008：61；文若愚.道德经全解［M］.北京：中国华侨出版社，2012：72.

⑥ 老子［M］.饶尚宽，译注.北京：中华书局，2015：25；徐志钧.老子帛书校注［M］.南京：凤凰出版社，2016：380.

⑦ 唐汉.道德经新解［M］.北京：北京联合出版公司，2016：245.

形成的条件，'无'才是物体功用之所在"①。笔者比较赞同姬英明、赵卫国等人的解读。

【三本对照】

通行本《道德经》第十一章：三十辐共一毂，当其无，有车之用。埏埴以为器，当其无，有器之用。凿户牖以为室，当其无，有室之用。故有之以为利，无之以为用。②

帛书本《道德经》第五十五章：卅辐同一毂，当其无，有车之用也。埏埴而为器，当其无，有埴器之用也。凿户牖，当其无，有室之用也。故有之以为利，无之以为用。③

《姬氏道德经》（道理卷）：三十辐共一毂，当其无，有车之用也；捻埴为器，当其无，有器之用也；凿户牖，当其无，有室之用也。故有之以为利，无之以为用。④

---

① 老子［M］.汤漳平，王朝华，译注.北京：中华书局，2014：43.
② 老子［M］.饶尚宽，译注.北京：中华书局，2015：24.
③ 徐志钧.老子帛书校注［M］.南京：凤凰出版社，2016：375；赵卫国.帛书《道德经》新析［M］.沈阳：东北大学出版社，2017：82.
④ 老子.姬氏道德经［M］.姬英明，译注.北京：朝华出版社，2017：34.

第二十八章

五色使人目盲，五音使人耳聋

【原文之修订】（通行本《道德经》第十二章；帛书本《道德经》第五十六章）

　　五色使人目盲，五音使人耳聋，五味使人口爽，驰骋田猎使人心发狂，难得之货使人之行妨。是以圣人之治也，为腹而不为目，故去彼而取此。

【引言】

　　本章内容对应通行本《道德经》第十二章、帛书本《道德经》第五十六章以及《姬氏道德经》道理卷的第二个段落。

　　关于本章内容，通行本、帛书本和《姬氏道德经》原文之表述主要有两处差异。第一处，通行本写作"五色令人目盲"，帛书本和《姬氏道德经》均写作"五色使人目盲"。"令""使"同义。第二处，通行本写作"是以圣人为腹不为目"，帛书本和《姬氏道德经》均写作"是以圣人之治也，为腹而不为目"。很显然，三者意思相同，不过帛书本和《姬氏道德经》表述得更加明确清楚。总之，关于这一章内容，通行本、帛书本和《姬氏道德经》原文大意完全相同，所使用的文字也几乎相同。此外，帛书本一些句子的排序与通行本和《姬氏道德经》的句子排序有所不同。在帛书本中，"五味使人之口爽，五音使人之耳聋"排在"难得之货使人之行妨"之后，而在通行本和《姬氏道德经》中，"五音令人耳聋，五味令人口爽"或"五音使人耳聋，五味使人口爽"排在"五色令人目盲"或"五色使人目盲"之后。笔者认为，帛书本的这两句排位应是错简所致，而通行本和《姬氏道德经》的排位应是合情合理的。

　　本章原文之修订，全部采用《姬氏道德经》原文之表述。这一章，老子指出"五色""五音""五味""驰骋田猎""难得之货"等娱乐、音乐、美食、游玩、奢侈品消费活动容易滋生人们骄奢淫逸、纵情声色犬马的贪欲。上层社会的人们肆意挥霍社会财富，将会导致普通民众的生活更加困难，社会也就很容易陷入混乱或动乱的状态中。因此，圣人治理天下，首先要保证人们的基本生存和温饱，为此必须对骄奢淫逸的生活方式进行规约和限制。

【释解】

（1）五色使人目盲：五颜六色令人头晕目眩。五色：青、黄、赤、白、黑，这里泛指各种各样缤纷的颜色。盲：眼睛，这里指五彩缤纷令人眼花缭乱，目不暇接，而使眼睛受损。

（2）五音使人耳聋：各种靡靡之音令人耳朵听力受损。五音：宫、商、角（jué）、徵（zhǐ）、羽，这里泛指各种靡靡之音。聋：听力丧失，这里指听力受损。

（3）五味使人口爽：各种各样的美味令人口感变差。五味：酸、甜、苦、辣、咸，这里泛指各种味道。爽：（口感或味觉）变差，败坏，丧失。

（4）驰骋田猎使人心发狂：纵马狩猎令人心癫狂。

（5）难得之货使人之行妨：稀有难得的财货令人行为不端。妨：（行为受到）妨害，伤害，损害。

（6）为腹而不为目：是为了人们的生存和温饱，而不是为了眼睛、耳朵等外在感官的享受。

（7）故去彼而取此：所以要抛弃外在感官的享受，选择生存和温饱。

【译文】

五颜六色令人头晕目眩，各种靡靡之音令人耳朵听力受损，各种各样的美味令人口感变差，纵马狩猎令人心癫狂，稀有难得的财货令人行为不端。所以，圣人治理天下，是为了人们的生存和温饱，而不是为了眼睛、耳朵等外在感官的享受，所以人们要抛弃外在感官的享受，选择生存和温饱。

【拓展】

关于"为腹而不为目"。姬英明认为，"为腹而不为目"是"得道的圣人在教化引导我们时，要我们注重内心的修为而不是眼前的诱惑"的意思[①]；饶尚宽、赵卫国、唐汉、曹音、李存山、文若愚、汤漳平和王朝华认为，"为腹而不为目"是指"只为温饱生存，不求纵情声色""只求吃饱，不求花色好看""只追求温饱而不纵情于色娱""只求温饱不求享乐""充实人的体腹而不炫惑人的

---

① 老子. 姬氏道德经［M］. 姬英明，译注. 北京：朝华出版社，2017：36.

耳目""只求饱腹而不求炫目""（圣人）关注民众能否温饱，摒弃耳目的奢望"①；徐志钧将"为腹而不为目"解读为"要过一种简单清净，无知无欲之生活，而不要过一种巧伪多欲之生活"②。笔者比较赞同饶尚宽、赵卫国等人的解释。

关于"去彼而取此"。姬英明、文若愚认为，"去彼而取此"是"要我们摒弃虚华的物欲诱惑而注重内心的修为""舍去外在的诱惑，而只留取内在的满足"的意思③；饶尚宽、赵卫国、唐汉、曹音、李存山、汤漳平和王朝华认为，"去彼而取此"是指"抛弃物欲，只要温饱""去除过分纵欲的做法，采用圣人所讲的为腹不为目的做法""要弃除那个（为目）而择取这个（为腹）""摒弃声色犬马，选取平静温饱""摒弃奢侈多欲，采取温饱"④；徐志钧将"去彼而取此"解读为"要实行禁欲，过简单清净的生活"⑤。笔者比较赞同饶尚宽、赵卫国等人的解读。

【三本对照】

通行本《道德经》第十二章：五色令人目盲，五音令人耳聋，五味令人口爽，驰骋畋猎令人心发狂，难得之货令人行妨。是以圣人为腹不为目，故去彼取此。⑥

帛书本《道德经》第五十六章：五色使人目盲，驰骋田猎使人心发狂，难

① 老子［M］.饶尚宽，译注.北京：中华书局，2015：27；赵卫国.帛书《道德经》新析［M］.沈阳：东北大学出版社，2017：84；唐汉.道德经新解［M］.北京：北京联合出版公司，2016：249；曹音.《道德经》释疑［M］.上海：上海三联书店，2012：10；老子［M］.李存山，注译.郑州：中州古籍出版社，2008：62；文若愚.道德经全解［M］.北京：中国华侨出版社，2012：77；老子［M］.汤漳平，王朝华，译注.北京：中华书局，2014：46.
② 徐志钧.老子帛书校注［M］.南京：凤凰出版社，2016：384.
③ 老子.姬氏道德经［M］.姬英明，译注.北京：朝华出版社，2017：36；文若愚.道德经全解［M］.北京：中国华侨出版社，2012：77.
④ 老子［M］.饶尚宽，译注.北京：中华书局，2015：27；赵卫国.帛书《道德经》新析［M］.沈阳：东北大学出版社，2017：84；唐汉.道德经新解［M］.北京：北京联合出版公司，2016：249；曹音.《道德经》释疑［M］.上海：上海三联书店，2012：10；老子［M］.李存山，注译.郑州：中州古籍出版社，2008：62；老子［M］.汤漳平，王朝华，译注.北京：中华书局，2014：46.
⑤ 徐志钧.老子帛书校注［M］.南京：凤凰出版社，2016：388.
⑥ 老子［M］.饶尚宽，译注.北京：中华书局，2015：26；文若愚.道德经全解［M］.北京：中国华侨出版社，2012：72.

得之货使人之行妨，五味使人之口爽，五音使人之耳聋。是以圣人之治也，为腹而不为目，故去彼而取此。①

《姬氏道德经》（道理卷）：五色使人目盲，五音使人耳聋，五味使人口爽，驰骋田猎使人心发狂，难得之货使人之行妨。是以圣人之治也，为腹而不为目，故去彼取此。②

① 徐志钧. 老子帛书校注 [M]. 南京：凤凰出版社，2016：383；唐汉. 道德经新解 [M]. 北京：北京联合出版公司，2016：249；赵卫国. 帛书《道德经》新析 [M]. 沈阳：东北大学出版社，2017：83.
② 老子. 姬氏道德经 [M]. 姬英明，译注. 北京：朝华出版社，2017：34.

第二十九章

知人者智，自知者明

【原文之修订】（通行本《道德经》第三十三章；帛书本《道德经》第七十七章）

知人者智，自知者明。胜人者有力，自胜者强。知足者富，强行者有志。不失其所者久，死而不亡者寿。

【引言】

本章内容对应通行本《道德经》第三十三章、帛书本《道德经》第七十七章以及《姬氏道德经》道理卷的第三个段落。

关于本章内容，通行本、帛书本和《姬氏道德经》原文之表述主要有四处差异。第一处，通行本写作"知人者智，自知者明"，帛书本和《姬氏道德经》均写作"知人者，智也；自知者，明也"。显然，三者意思相同。第二处，通行本写作"胜人者有力，自胜者强"，帛书本和《姬氏道德经》均写作"胜人者，有力也；自胜者，强也"。同样，三者意思相同。第三处，通行本写作"知足者富。强行者有志"，帛书本和《姬氏道德经》均写作"知足者，富也；强行者，有志也"。同样，三者意思相同。第四处，通行本写作"不失其所者久。死而不亡者寿"，帛书本和《姬氏道德经》均写作"不失其所者，久也；死而不忘者，寿也"。三者意思相同。总之，关于这一章内容，通行本和帛书本、《姬氏道德经》所用文字几乎相同。与帛书本及《姬氏道德经》所用文字相比，通行本在语言表达上更加精练。例如，通行本"知人者智，自知者明"的表述在精练程度上胜过帛书本和《姬氏道德经》"知人者，智也；自知者，明也"的表述。

本章原文之修订，全部采用通行本原文之表述。这一章，老子对"知人者""自知者""胜人者""自胜者""知足者""强行者""不失其所者""死而不亡者"几种人做出了经典性的评价。知人者固然聪明智慧，但自知者更加高明智慧。能够战胜他人的人只能说明自己有力量，但是自始至终能够战胜自己的人才是真正的强大。占有巨大财富仍贪得无厌的人不能称为真正的富有，只有知足常乐的人才是真正的富有。流芳百世的人要胜过遗臭万年的人。

【释解】

(1) 知人者智：能了解他人的人智慧。

(2) 自知者明：能了解自己的人才算高明。明：高明，明哲，明智。

(3) 胜人者有力：能战胜他人的人有力量。

(4) 自胜者强：能够战胜自己的人才算强大。

(5) 知足者富：知道满足的人富有。

(6) 强行者有志：顽强坚持不懈的人才算有志气。强行：顽强践行，坚持不懈，持之以恒。志：志气，志向。

(7) 不失其所者久：不失去其根本的人能够长久。所：道理，方法，这里指根本性的东西，自然大道。

(8) 死而不亡者寿：肉体死亡而不被人们忘记的人才算长寿。亡：通"忘"，忘记，遗忘。

【译文】

能了解他人的人智慧，能了解自己的人才算高明。能战胜他人的人有力量，能够战胜自己的人才算强大。知道满足的人富有，顽强坚持不懈的人才算有志气。不失去其根本的人能够长久，肉体死亡而不被人们忘记的人才算长寿。

【拓展】

关于"不失其所者久"。姬英明、饶尚宽、徐志钧、赵卫国、唐汉、李存山、文若愚、汤漳平和王朝华认为，"不失其所者久"是"不离失其根本的人，才能够真正地长久不衰""不失根本的人就能长久""不失去道的规范""人能做到不丧失根基的，才会永恒长久""不丢失其由来者能够长久""不离开其根基的可以长久""不迷失根据，才能够长久""不失根基能长久"的意思①；曹音认为，"不失其所者久"是指"不失适宜者长久"②。笔者赞同姬英明、饶尚宽等人的解释。

关于"死而不亡者寿"。姬英明、徐志钧、赵卫国、唐汉、汤漳平和王朝华认为，"死而不亡者寿"是"身死也不会被人们所遗忘的人，才是真正的长寿者""死后因德泽惠及后人，故而长忆不忘""身死而不被忘记的，才能算是真正的长寿""死后被人们铭记不忘才算长寿""死后不被遗忘叫长寿"的意思③；饶尚宽、曹音、李存山、文若愚认为，"死而不亡者寿"是指"身死而精神不亡的人才算长寿""死而不朽才是长寿""身死而精神不朽的才是长寿""死了而仍然能够存在的，才是真正的长寿"④。笔者赞同姬英明、徐志钧等人的解释。尽管饶尚宽、曹音等人的解释在整体意思上也无不妥，但是他们的错误在于把"死而不亡者寿"中的"亡"理解为"死亡"，这显然是不对的。

【三本对照】

通行本《道德经》第三十三章：知人者智，自知者明。胜人者有力，自胜者强。知足者富。强行者有志。不失其所者久。死而不亡者寿。⑤

帛书本《道德经》第七十七章：知人者，智也。自知者，明也。胜人者，有力也；自胜者，强也。知足者，富也；强行者，有志也。不失其所者，久也；

---

① 老子．姬氏道德经［M］．姬英明，译注．北京：朝华出版社，2017：36；老子［M］．饶尚宽，译注．北京：中华书局，2015：74；徐志钧．老子帛书校注［M］．南京：凤凰出版社，2016：531；赵卫国．帛书《道德经》新析［M］．沈阳：东北大学出版社，2017：112；唐汉．道德经新解［M］．北京：北京联合出版公司，2016：331；老子［M］．李存山，注译．郑州：中州古籍出版社，2008：90；文若愚．道德经全解［M］．北京：中国华侨出版社，2012：194；老子［M］．汤漳平，王朝华，译注．北京：中华书局，2014：127.
② 曹音．《道德经》释疑［M］．上海：上海三联书店，2012：26.
③ 老子．姬氏道德经［M］．姬英明，译注．北京：朝华出版社，2017：36；徐志钧．老子帛书校注［M］．南京：凤凰出版社，2016：531；赵卫国．帛书《道德经》新析［M］．沈阳：东北大学出版社，2017：112；唐汉．道德经新解［M］．北京：北京联合出版公司，2016：331；老子［M］．汤漳平，王朝华，译注．北京：中华书局，2014：127.
④ 老子［M］．饶尚宽，译注．北京：中华书局，2015：74；曹音．《道德经》释疑［M］．上海：上海三联书店，2012：26；老子［M］．李存山，注译．郑州：中州古籍出版社，2008：90；文若愚．道德经全解［M］．北京：中国华侨出版社，2012：194.
⑤ 老子［M］．饶尚宽，译注．北京：中华书局，2015：73.

死而不忘者，寿也。①

　　《姬氏道德经》（道理卷）：知人者，智也；自知者，明也；胜人者，有力也；自胜者，强也；知足者，富也；强行者，有志也；不失其所者，久也；死而不忘者，寿也！②

---

①　徐志钧．老子帛书校注［M］．南京：凤凰出版社，2016：529；赵卫国．帛书《道德经》新析［M］．沈阳：东北大学出版社，2017：111.
②　老子．姬氏道德经［M］．姬英明，译注．北京：朝华出版社，2017：34.

第三十章

名与身孰亲，身与货孰多

【原文之修订】（通行本《道德经》第四十四章；帛书本《道德经》第七章）

名与身孰亲？身与货孰多？得与亡孰病？甚爱必大费，多藏必厚亡。故知足不辱，知止不殆，可以长久。

【引言】

本章内容对应通行本《道德经》第四十四章、帛书本《道德经》第七章以及《姬氏道德经》道理卷的第四个段落。

关于本章内容，通行本、帛书本和《姬氏道德经》所用文字完全相同，故本章原文之修订不需做任何筛选和改动。这一章，老子在谈论名声与生命、生命与财货、得与失之间的辩证关系。人们越爱什么，就越会在什么上大力消费。同样，人们越是积蓄什么，就越会在某方面遭受重大损失。所以，人们知足才可以常乐，知道适可而止才能保证长长久久。

【释解】

（1）名与身孰亲：名声和身体哪个（和我们自己的生命）关系更密切？身：身体，生命。孰：哪个。亲：亲近，亲密，关系密切。

（2）身与货孰多：身体和财货哪个（在我们的生命中）占据的分量更多？货：财货，财富。多：占据的分量多，贵重，重要。

（3）得与亡孰病：得到（名声和财货）与失去身体健康（或生命）哪个损害更大？亡：失去。病：损害，祸害，危害。

（4）甚爱必大费：过分爱好什么必然会在什么上加大耗费。甚：太，过分。

（5）多藏必厚亡：过多地储积财货必然导致大的损失。多：过多地。藏：储积，储藏，收藏，储存。厚：多，大，重大。亡：失去。

（6）故知足不辱：所以知道满足就不会遭受耻辱。辱：耻辱，羞辱。

（7）知止不殆：知道适可而止就不会遭遇危险。

【译文】

名声和身体哪个（和我们自己的生命）关系更密切？身体和财货哪个（在我们的生命中）占据的分量更多？得到（名声和财货）与失去身体健康（或生命）哪个损害更大？过分爱好什么必然会在什么上加大耗费，过多地储积财货必然导致大的损失。所以知道满足就不会遭受耻辱，知道适可而止就不会遭遇危险，这样就可以长长久久。

【拓展】

关于"得与亡孰病"。姬英明、唐汉、曹音、李存山、文若愚认为，"得与亡孰病"是"获得名利与失去生命相比较，哪一个弊病更大呢""得到名声和财货与失去健康相比，哪个危害更严重""得和失哪个更有害""获得与失去哪个更有害""得到和失去相比，哪一个更有害"的意思①；饶尚宽认为，"得与亡孰病"是指"得到与丧失相比哪一个更痛苦"②；赵卫国将"得与亡孰病"解读为"获得与丧失，哪个更破费"③；汤漳平和王朝华将"得与亡孰病"解释为"得到名利和失去名利哪一个更有害"④。笔者赞同姬英明、唐汉等人的解释。

关于"甚爱必大费"。姬英明、饶尚宽、唐汉、曹音、李存山、文若愚、汤漳平和王朝华认为，"甚爱必大费"是"过分偏爱名利就必定要付出很大的代价""过分私爱必然要有重大的耗费""过分的喜好（一件事）必然导致花费钱财""爱名爱财爱获得必导致大破费""过分的贪爱必定付出更大的耗费""过

① 老子.姬氏道德经［M］.姬英明，译注.北京：朝华出版社，2017：36；唐汉.道德经新解［M］.北京：北京联合出版公司，2016：48；曹音.《道德经》释疑［M］.上海：上海三联书店，2012：33；老子［M］.李存山，注译.郑州：中州古籍出版社，2008：104；文若愚.道德经全解［M］.北京：中国华侨出版社，2012：259.

② 老子［M］.饶尚宽，译注.北京：中华书局，2015：96.

③ 赵卫国.帛书《道德经》新析［M］.沈阳：东北大学出版社，2017：15.

④ 老子［M］.汤漳平，王朝华，译注.北京：中华书局，2014：177.

分地爱名利就必定要付出重大的损耗""过分爱惜必有重大的损耗"的意思①；赵卫国认为，"甚爱必大费"是指"过分吝啬一定会大大耗费"②。笔者赞同姬英明、饶尚宽等人的解读。

【三本对照】

通行本《道德经》第四十四章：名与身孰亲？身与货孰多？得与亡孰病？甚爱必大费，多藏必厚亡。故知足不辱，知止不殆，可以长久。③

帛书本《道德经》第七章：名与身孰亲？身与货孰多？得与亡孰病？甚爱必大费，多藏必厚亡。故知足不辱，知止不殆，可以长久。④

《姬氏道德经》（道理卷）：名与身孰亲？身与货孰多？得与亡孰病？甚爱必大费，多藏必厚亡。故知足不辱，知止不殆，可以长久。⑤

---

① 老子.姬氏道德经［M］.姬英明，译注.北京：朝华出版社，2017：36；老子［M］.饶尚宽，译注.北京：中华书局，2015：96；唐汉.道德经新解［M］.北京：北京联合出版公司，2016：48；曹音.《道德经》释疑［M］.上海：上海三联书店，2012：33；老子［M］.李存山，注译.郑州：中州古籍出版社，2008：104；文若愚.道德经全解［M］.北京：中国华侨出版社，2012：259；老子［M］.汤漳平，王朝华，译注.北京：中华书局，2014：177.
② 赵卫国.帛书《道德经》新析［M］.沈阳：东北大学出版社，2017：15.
③ 老子［M］.饶尚宽，译注.北京：中华书局，2015：96.
④ 徐志钧.老子帛书校注［M］.南京：凤凰出版社，2016：55；赵卫国.帛书《道德经》新析［M］.沈阳：东北大学出版社，2017：15.
⑤ 老子.姬氏道德经［M］.姬英明，译注.北京：朝华出版社，2017：34.

第三十一章

知不知，尚矣

【原文之修订】（通行本《道德经》第七十一章；帛书本《道德经》第三十六章）

知不知，尚矣。不知知，病也。圣人不病，以其病病。夫唯病病，是以不病。

【引言】

本章内容对应通行本《道德经》第七十一章、帛书本《道德经》第三十六章以及《姬氏道德经》道理卷的第五个段落。

关于本章内容，通行本、帛书本和《姬氏道德经》原文之表述有一处差异。这一处，通行本写作"圣人不病，以其病病。夫唯病病，是以不病"，帛书本写作"是以圣人之不病也，以其病病也，是以不病"，《姬氏道德经》写作"是以圣人之不病，以其病病也，是以不病"。显而易见，三者表述虽有些许差异但意思相同。通行本原文经过了进一步加工，读起来更加朗朗上口。

本章原文之修订，全部采用通行本原文之表述。这一章，老子在讲人们都有认知的局限。有的人能够知道自己的不足，但有些人却自以为什么都知道。圣人把自以为是和自以为知道都看作是严重的缺点，正因为圣人是如此谦虚谨慎，客观理性，所以圣人可以说是没有什么缺点的。

【释解】

（1）知不知：知道自己的无知。不知：无知，不知道，有所不知。

（2）尚矣：这就是优点了。尚：通"上"，上等，最好，优点。

（3）不知知：不知道却自以为知道。

（4）病也：这就是缺点了。病：缺点，毛病。

（5）圣人不病：圣人没有缺点。

（6）以其病病：因为他把"不知道却自以为知道"这种缺点视为缺点。病：第一个"病"是指"以……为缺点"；第二个"病"是指前面提到的"不知道却自以为知道"这种缺点。

（7）夫唯病病：正因为他把"不知道却自以为知道"这种缺点视为缺点。夫：发语词，不译。唯：正因为。

【译文】

知道自己的无知，这就是优点了。不知道却自以为知道，这就是缺点了。圣人没有缺点，是因为他把"不知道却自以为知道"这种缺点视为缺点。正因为他把"不知道却自以为知道"这种缺点视为缺点，所以他才没有缺点。

【拓展】

关于"病"。姬英明、徐志钧、赵卫国、唐汉、曹音、李存山、文若愚、汤漳平和王朝华认为，"病"是"最大的缺点""弊端""毛病""缺点""大毛病"的意思①；饶尚宽认为，"病"是指"祸患"②；笔者赞同姬英明、徐志钧等人的解释。

关于"以其病病"。姬英明、徐志钧、赵卫国、曹音、李存山、文若愚、汤漳平和王朝华认为，"以其病病"是"因为他把缺点当作祸患""因为忧虑错误、弊病""将出状况看作出状况""因他能正确对待自己的缺点""因为他把这个毛病看作病""因为圣人把这个缺点当作缺点""因为他把'不知知'这种毛病当作毛病"的意思③；饶尚宽认为，"以其病病"是指"因为早已知道祸患

---

① 老子．姬氏道德经［M］．姬英明，译注．北京：朝华出版社，2017：36；徐志钧．老子帛书校注［M］．南京：凤凰出版社，2016：255；赵卫国．帛书《道德经》新析［M］．沈阳：东北大学出版社，2017：54；唐汉．道德经新解［M］．北京：北京联合出版公司，2016：174；曹音．《道德经》释疑［M］．上海：上海三联书店，2012：52；老子［M］．李存山，注译．郑州：中州古籍出版社，2008：139；文若愚．道德经全解［M］．北京：中国华侨出版社，2012：428；老子［M］．汤漳平，王朝华，译注．北京：中华书局，2014：275.

② 老子［M］．饶尚宽，译注．北京：中华书局，2015：154.

③ 老子．姬氏道德经［M］．姬英明，译注．北京：朝华出版社，2017：36；徐志钧．老子帛书校注［M］．南京：凤凰出版社，2016：256；赵卫国．帛书《道德经》新析［M］．沈阳：东北大学出版社，2017：54；曹音．《道德经》释疑［M］．上海：上海三联书店，2012：52；老子［M］．李存山，注译．郑州：中州古籍出版社，2008：139；文若愚．道德经全解［M］．北京：中国华侨出版社，2012：428；老子［M］．汤漳平，王朝华，译注．北京：中华书局，2014：275.

就是祸患，认真对待，及时处置"①；唐汉将"以其病病"解释为"凭借他知晓不知道（道）的弊端"②。笔者赞同姬英明、徐志钧的观点，特别是赞同汤漳平和王朝华的解读。

【三本对照】

通行本《道德经》第七十一章：知不知，尚矣；不知知，病也。圣人不病，以其病病。夫唯病病，是以不病。③

帛书本《道德经》第三十六章：知不知，尚矣。不知知，病矣。是以圣人之不病也，以其病病也，是以不病。④

《姬氏道德经》（道理卷）：知不知，尚也；不知知，病矣。是以圣人之不病，以其病病也，是以不病。⑤

① 老子［M］. 饶尚宽，译注. 北京：中华书局，2015：154.
② 唐汉. 道德经新解［M］. 北京：北京联合出版公司，2016：174.
③ 老子［M］. 饶尚宽，译注. 北京：中华书局，2015：154.
④ 徐志钧. 老子帛书校注［M］. 南京：凤凰出版社，2016：255；唐汉. 道德经新解［M］. 北京：北京联合出版公司，2016：255；赵卫国. 帛书《道德经》新析［M］. 沈阳：东北大学出版社，2017：53.
⑤ 老子. 姬氏道德经［M］. 姬英明，译注. 北京：朝华出版社，2017：34.

第三十二章

炊者不立，自视者不彰

【原文之修订】（通行本《道德经》第二十四章；帛书本《道德经》第六十六章）

炊者不立。自视者不彰，自见者不明，自伐者无功，自矜者不长。其在道也，曰："余食赘行"。物或恶之，故有道者不处。

【引言】

本章内容对应通行本《道德经》第二十四章、帛书本《道德经》第六十六章以及《姬氏道德经》道理卷的第六个段落。

关于本章内容，通行本、帛书本和《姬氏道德经》原文之表述主要有三处差异。这一处，通行本写作"企者不立，跨者不行"，帛书本写作"炊者不立"，《姬氏道德经》写作"垂者不立，跨者不行"。笔者认为，"炊者不立"应是老子的原文，"垂者不立"疑是讹传，而"企者不立，跨者不行"应是后世之人补充和解说"炊者不立"现象和意涵的文字。第二处，通行本写作"自是者，不彰"，帛书本写作"自视者不章"，《姬氏道德经》写作"自视者，不彰"。"自是者"和"自视者"意思略有不同。"自是者"是自以为是的人的意思，"自视者"是喜欢自我宣传和炫耀的人的意思。"章"同"彰"，是彰明、彰显的意思。第三处，通行本写作"物或恶之，故有道者不处"，帛书本写作"物或恶之，故有欲者弗居"，《姬氏道德经》写作"物或恶之，故有德者不居"。"有道者""有德者""有欲者"这三者意思相近。"有道者"必然是"有德者"，而根据上下文，"有欲者"应是"有欲学道者"的意思。比较来看，通行本"物或恶之，故有道者不处"的文字表达，不仅符合老子的原义，而且不容易像帛书本的"故有欲者弗居"那样容易引起歧义（有学者把"有欲者"理解为"老子所指的不认同自然的一种人"①）。

本章原文之修订，以帛书本原文之表述为主，兼采通行本原文表述的优点。这一章，老子批评四种缺点，即习惯"自视""自见""自伐""自矜"。这四种缺点是人们都厌恶的，也是对人们长期有害的东西。真正有道的人和一心向道的人都会摒弃它们。

【释解】

（1）炊者不立：烧火做饭的人不能站着。

（2）自视者不彰：喜欢自我宣传的人得不到彰显。视：通"示"，拿出来让别人知道，宣示，宣扬，宣传。彰：宣扬，显扬。

（3）自见者不明：喜欢自我表现的人得不到显露。见：通"现"，表现，显露。明：显露，彰显。

（4）自伐者无功：喜欢自吹自擂的人不会有功劳。伐：自夸，自吹自擂。

（5）自矜者不长：自大自恃的人不会有长进。矜：自大，自恃，傲慢。

（6）其在道也：它们从道的视角来看，它们在道方面（来说）。其：它们，指"自视""自见""自伐""自矜"。

（7）余食赘行：剩饭和赘肉。余食：残羹剩饭。行：通"形"，形态，形状。赘行：赘肉或赘瘤。

（8）物或恶之：民众也许很厌恶它们。物：众人，民众，社会大众。或：或许，也许。恶：讨厌，厌恶。之：它们，指"自视""自见""自伐""自矜"四种缺点。

（9）故有道者不处：所以有道的人更不会让自己拥有这些缺点。处：处于（居于）某种状态。

【译文】

烧火做饭的人不能站着。喜欢自我宣传的人得不到彰显，喜欢自我表现的人得不到显露，喜欢自吹自擂的人不会有功劳，自大自恃的人不会有长进。从道的视角来看，它们就叫"剩饭和赘肉"。民众也许很厌恶它们，所以有道的人更不会让自己拥有这些缺点。

---

① 徐志钧. 老子帛书校注［M］. 南京：凤凰出版社，2016：458.

【拓展】

关于"自视者不彰"（通行本："自是者，不彰"）。姬英明认为，"自视者不彰"是"自以为自己最重要的人，反而得不到别人的重视"的意思①；饶尚宽、曹音、汤漳平和王朝华认为，"自是者，不彰"是指"自以为是的人，不彰显""自以为是的人不得彰显"②；徐志钧将"自视者不彰"解读为"自我炫耀反使功劳不显著，甚至被看作无功"③；赵卫国将"自视者不彰"解释为"自己看自己是看不清楚全貌的"④；唐汉将"自视者不彰"理解为"自视者（内省到的事物）无法彰显"⑤；李存山、文若愚认为，"自是者，不彰"是"自以为是的人反而不明""自以为是的人，反而判断不清是非"的意思⑥。笔者认为，以上学者的理解都是不妥当的。这句话的意思很明显是"喜欢自我宣传的人得不到彰显"。

关于"自见者不明"。姬英明认为，"自见者不明"是"自持己见的人，反而不能明辨真理"的意思⑦；饶尚宽、汤漳平和王朝华认为，"自见者不明"是指"自我表现的人，不聪明""表现自我的不高明"⑧；赵卫国将"自见者不明"解释为"自己听自己说话的声音不是很分明"⑨；唐汉将"自见者不明"解读为"独自一人看到的事物无法明达"⑩；曹音将"自见者不明"理解为"自以为懂的人不能明白"⑪；李存山认为，"自见者不明"是"自己炫耀的人反而不显"的意思⑫；文若愚认为，"自见者不明"是指"自己亲眼看见的人，反而看不分明"⑬。笔者认为，以上学者对此句的解读都不甚妥当。

---

① 老子．姬氏道德经［M］．姬英明，译注．北京：朝华出版社，2017：37.
② 老子［M］．饶尚宽，译注．北京：中华书局，2015：54；曹音．《道德经》释疑［M］．上海：上海三联书店，2012：19；老子［M］．汤漳平，王朝华，译注．北京：中华书局，2014：93.
③ 徐志钧．老子帛书校注［M］．南京：凤凰出版社，2016：455.
④ 赵卫国．帛书《道德经》新析［M］．沈阳：东北大学出版社，2017：97.
⑤ 唐汉．道德经新解［M］．北京：北京联合出版公司，2016：289.
⑥ 老子［M］．李存山，注译．郑州：中州古籍出版社，2008：79；文若愚．道德经全解［M］．北京：中国华侨出版社，2012：143.
⑦ 老子．姬氏道德经［M］．姬英明，译注．北京：朝华出版社，2017：37.
⑧ 老子［M］．饶尚宽，译注．北京：中华书局，2015：54；老子［M］．汤漳平，王朝华，译注．北京：中华书局，2014：93.
⑨ 赵卫国．帛书《道德经》新析［M］．沈阳：东北大学出版社，2017：97.
⑩ 唐汉．道德经新解［M］．北京：北京联合出版公司，2016：289.
⑪ 曹音．《道德经》释疑［M］．上海：上海三联书店，2012：19.
⑫ 老子［M］．李存山，注译．郑州：中州古籍出版社，2008：79.
⑬ 文若愚．道德经全解［M］．北京：中国华侨出版社，2012：143.

关于"自矜者不长"。姬英明、曹音、李存山认为，"自矜者不长"是"自大自满的人，反而是不能长进的""骄傲自大的人不长""自傲者不会有长进"的意思①；饶尚宽认为，"自矜者不长"是指"自我骄傲的人，不长久"②；徐志钧、文若愚、汤漳平和王朝华将"自矜者不长"解读为"骄傲自负的人不会成为头领""自高自大的人，反而不能领导别人""抬高自我的人领导不了众人"③；赵卫国将"自矜者不长"解释为"自鸣得意不会给自己带来什么"④；唐汉将"自矜者不长"理解为"自我骄矜者不会长久"⑤。笔者赞同姬英明、曹音等人的解读。

【三本对照】

通行本《道德经》第二十四章：企者不立，跨者不行。自见者，不明；自是者，不彰；自伐者，无功；自矜者，不长。其在道也，曰："余食赘行"。物或恶之，故有道者不处。⑥

帛书本《道德经》第六十六章：炊者不立。自视者不章，自见者不明，自伐者无功，自矜者不长。其在道也，曰："余食、赘行"。物或恶之，故有欲者弗居。⑦

《姬氏道德经》（道理卷）：垂者不立，跨者不行。自视者，不彰；自见者，不明；自伐者，无功；自矜者，不长。其在道曰：余食赘行。物或恶之，故有德者不居。⑧

---

① 老子．姬氏道德经［M］．姬英明，译注．北京：朝华出版社，2017：37；曹音．《道德经》释疑［M］．上海：上海三联书店，2012：19；老子［M］．李存山，注译．郑州：中州古籍出版社，2008：79.
② 老子［M］．饶尚宽，译注．北京：中华书局，2015：54.
③ 徐志钧．老子帛书校注［M］．南京：凤凰出版社，2016：455；文若愚．道德经全解［M］．北京：中国华侨出版社，2012：143；老子［M］．汤漳平，王朝华，译注．北京：中华书局，2014：93.
④ 赵卫国．帛书《道德经》新析［M］．沈阳：东北大学出版社，2017：97.
⑤ 唐汉．道德经新解［M］．北京：北京联合出版公司，2016：289.
⑥ 老子［M］．饶尚宽，译注．北京：中华书局，2015：53.
⑦ 徐志钧．老子帛书校注［M］．南京：凤凰出版社，2016：454；唐汉．道德经新解［M］．北京：北京联合出版公司，2016：289；赵卫国．帛书《道德经》新析［M］．沈阳：东北大学出版社，2017：97.
⑧ 老子．姬氏道德经［M］．姬英明，译注．北京：朝华出版社，2017：34.

第三十三章

唯与诃，其相去几何

【原文之修订】（通行本《道德经》第二十章和第二章；帛书本《道德经》
第六十四章和第四十六章）

唯与诃，其相去几何？美与恶，其相去若何？人之所畏，亦不可不畏。天
下皆知美之为美，斯恶已；皆知善之为善，斯不善矣。故有无之相生也，难易
之相成也，长短之相形也，高下之相盈也，音声之相和也，先后之相随也，恒
也！是以圣人居无为之事，行不言之教。万物作而不始也，为而不恃也，成功
而不居也。夫唯不居，是以不去。

【引言】

本章内容对应通行本《道德经》第二十章和第二章、帛书本《道德经》第
六十四章和第四十六章以及《姬氏道德经》道理卷的第七个段落。

关于本章内容，通行本、帛书本和《姬氏道德经》原文之表述主要有六处
差异。第一处，通行本写作"唯之与阿，相去几何"，帛书本和《姬氏道德经》
均写作"唯与诃，其相去几何"。"阿"同"诃"，通"呵"，是呵斥、责备的意
思。第二处，通行本写作"美之与恶，相去若何"，帛书本写作"美与恶，其相
去何若"，《姬氏道德经》写作"美与恶，其相去若何"。"若何""何若"同义。
第三处，通行本写作"高下相倾"，帛书本和《姬氏道德经》均写作"高下之
相盈也"。"倾""盈"近义。"倾"是依存、依靠的意思，"盈"是满足、依存
的意思。通行本把"高下之相盈也"写作"高下相倾"，是为了避西汉皇帝刘
盈的名讳。第四处，通行本写作"前后相随"，帛书本和《姬氏道德经》均写
作"先后之相随也"。"前后""先后"意思相同。第五处，通行本写作"万物
作而弗始，生而弗有，为而弗恃，功成而弗居"，帛书本写作"万物作而弗始
也，为而弗恃也，成功而弗居也"，《姬氏道德经》写作"万物作而不始也，为
而不恃也，成功而不居也"。"弗""不"同义。此外，通行本比帛书本和《姬

氏道德经》多了"生而弗有"一句，显然是后人所加的。第六处，通行本写作"夫唯弗居，是以不去"，帛书本写作"夫唯弗居，是以弗去"，《姬氏道德经》写作"夫唯不居，是以不去"。很显然，三者意思相同。总之，关于这一章内容，通行本、帛书本和《姬氏道德经》原文之表述大同小异，原文大意完全相同。

本章原文之修订，全部采用《姬氏道德经》原文之表述。这一章，老子指出了"唯与诃""美与恶""善与不善""有无""难易""长短""高下""音声""先后"几组对立统一关系，并指出"有无相生""难易相成""长短相形""高下相盈""音声相和""先后相随"是永恒不变的自然法则。圣人之所以能够成为圣人，是因为圣人永远按照道的自然法则行事。他们无为无不为，成就治理天下或国家的大功而从不居功自傲，正因为他们"成功而不居"，所以他们的美名才能流芳百世。

【释解】

（1）唯与诃：唯唯诺诺和怒声责骂。唯：谦卑的应答声，唯唯诺诺。诃：同"呵"，呵斥，怒责，怒声责骂。

（2）其相去几何：它们彼此之间相距多远。相去：相距，相离。几何：多少，几许，若干。

（3）若何：如何，怎样。

（4）天下皆知美之为美：天下人都知道美之所以是美。

（5）斯恶已：就丑陋了。斯：则，就。恶：丑陋，不美。

（6）有无之相生：有和无相互依存。

（7）难易之相成：难和易相互成全。成：成就，成全。

（8）长短之相形：长和短相互对照。形：对照，比较。

（9）高下之相盈：高和下相互满足。盈：满足，依存。

（10）音声之相和：音与声相互和谐。音：有节奏和有高低音调的声。声：耳朵可听到的声。和：谐和，谐调，相安。

（11）先后之相随：先与后相互跟随。随：跟着，跟从，跟随。

（12）居无为之事：尊道而自然地做事，不刻意做事。无为：不刻意作为。

（13）行不言之教：实行榜样示范和道德感化的社会教化。不言：不使用强制性、干预性的言语，这里指统治者或社会管理者要大公无私，率先垂范，用榜样示范的教化方式教化人民，敦化社会，化民成俗。

（14）作而不始：兴起万物而不为它们进一步谋划发展。作：产生，兴起，创造。始：谋划，设计。

（15）为而不恃：施恩于万物但不自恃而骄。为：施为，施恩惠。恃：依仗，自大自负。

（16）成功而不居：成就伟大功业而不居功自傲。

（17）夫唯不居：正因为不居功自傲。

（18）是以不去：所以它的伟大功业才能永恒不灭。去：失去，消失。

【译文】

唯唯诺诺和怒声责骂，它们彼此之间相距多远？美丽与丑陋，它们相差又如何？众人所畏惧的，自己也不敢不敬畏。天下人都知道美之所以是美，那就不美了；天下人都知道善之所以为善，那就不善了。所以，有和无相互依存、难和易相互成全、长和短相互对照、高和下相互满足、音与声相互和谐、先与后相互跟随，这些都是永恒不变的自然法则。因此，圣人尊道而自然地做事（而从不刻意做事），他们实行榜样示范和道德感化的社会教化。自然大道兴起万物而不为它们进一步谋划发展，它施恩于万物但不自恃而骄，它成就伟大功业而不居功自傲。正因为它不居功自傲，所以它的伟大功业才能永恒不灭。

【拓展】

关于"高下之相盈"。姬英明、赵卫国、李存山、曹音认为，"高下之相盈"是"高与下是相互彰显的""高因为有低站着才是高，低因为有高比着才算低""高和下相比较而成为高下""高低互为呈现"的意思①；饶尚宽、文若愚、汤漳平和王朝华认为，"高下之相盈"是指"高与下互相依靠""高和下相互依存""高下相互依存"②；唐汉将"高下之相盈"解释为"高举与垂下互相盈余"③。笔者认为，姬英明、赵卫国等人以及饶尚宽、文若愚等人的解释都是可以说得通的。

关于"圣人居无为之事"。姬英明、饶尚宽、赵卫国、曹音、李存山、文若

① 老子．姬氏道德经［M］．姬英明，译注．北京：朝华出版社，2017：39；赵卫国．帛书《道德经》新析［M］．沈阳：东北大学出版社，2017：70；老子［M］．李存山，注译．郑州：中州古籍出版社，2008：52；曹音．《道德经》释疑［M］．上海：上海三联书店，2012：4．

② 老子［M］．饶尚宽，译注．北京：中华书局，2015：7；文若愚．道德经全解［M］．北京：中国华侨出版社，2012：12；老子［M］．汤漳平，王朝华，译注．北京：中华书局，2014：10．

③ 唐汉．道德经新解［M］．北京：北京联合出版公司，2016：212．

愚、汤漳平和王朝华认为，"圣人居无为之事"是"有道的统领者以不妄为的观念来处理世事""圣人用无为的方式处事""得道的圣人生活在世间时，以'无为'的态度与万物相处""有道者以'无为'来处事""圣人以无为来处事""圣人以无为的态度来处理世事""圣人顺应自然不胡作非为"的意思①；唐汉认为，"圣人居无为之事"是指"圣人居处在不是仿效来的事情之中"②。笔者赞同姬英明、饶尚宽等人的观点。

关于"万物作而不始"。姬英明、赵卫国、曹音、文若愚、汤漳平和王朝华认为，"万物作而不始"是"任凭万物自然生长发展而不强为其主宰""任凭万物自然地生长变化而不去强加干预（即一切随缘）""任万物自然兴起而不干涉，施与助人而不自以为德""万物任由其生长变化而不加干涉""听凭万物兴起而不加干预"的意思③；饶尚宽、李存山认为，"万物作而不始"是指"万物兴起而不首倡""顺应万事万物的自然生长而不为创始"④；唐汉将"万物作而不始"解释为"万物有以往而没开始"⑤。笔者赞同姬英明、赵卫国等人的解释，但认为他们对"始"的解释还是不够准确。他们把"始"解释为"主宰""干预"或"干涉"，从总的意义上讲虽也说得通，但"始"字本身并无"主宰""干涉""干预"之意，而有"谋划""设计"之意。

【三本对照】

通行本《道德经》第二十章：唯之与阿，相去几何？美之与恶，相去若何？人之所畏，不可不畏。⑥ 第二章：天下皆知美之为美，斯恶已；皆知善之为善，

---

① 老子.姬氏道德经［M］.姬英明，译注.北京：朝华出版社，2017：40；老子［M］.饶尚宽，译注.北京：中华书局，2015：7；赵卫国.帛书《道德经》新析［M］.沈阳：东北大学出版社，2017：70；曹音.《道德经》释疑［M］.上海：上海三联书店，2012：4；老子［M］.李存山，注译.郑州：中州古籍出版社，2008：52；文若愚.道德经全解［M］.北京：中国华侨出版社，2012：12；老子［M］.汤漳平，王朝华，译注.北京：中华书局，2014：10.
② 唐汉.道德经新解［M］.北京：北京联合出版公司，2016：212.
③ 老子.姬氏道德经［M］.姬英明，译注.北京：朝华出版社，2017：40；赵卫国.帛书《道德经》新析［M］.沈阳：东北大学出版社，2017：70；曹音.《道德经》释疑［M］.上海：上海三联书店，2012：4；文若愚.道德经全解［M］.北京：中国华侨出版社，2012：12-13；老子［M］.汤漳平，王朝华，译注.北京：中华书局，2014：10.
④ 老子［M］.饶尚宽，译注.北京：中华书局，2015：7；老子［M］.李存山，注译.郑州：中州古籍出版社，2008：52.
⑤ 唐汉.道德经新解［M］.北京：北京联合出版公司，2016：212.
⑥ 老子［M］.饶尚宽，译注.北京：中华书局，2015：43.

斯不善已。有无相生，难易相成，长短相形，高下相倾，音声相和，前后相随，恒也。是以圣人处无为之事，行不言之教。万物作而弗始，生而弗有，为而弗恃，功成而弗居。夫唯弗居，是以不去。①

帛书本《道德经》第六十四章：唯与诃，其相去几何？美与恶，其相去何若？人之所畏，亦不可以不畏。② 第四十六章：天下皆知美之为美，恶已；皆知善之为善，斯不善矣。有无之相生也，难易之相成也，长短之相形也，高下之相盈也，音声之相和也，先后之相随也，恒也。是以圣人居无为之事，行不言之教。万物作而弗始也，为而弗恃也，成功而弗居也。夫唯弗居，是以弗去。③

《姬氏道德经》（道理卷）：唯与诃，其相去几何？美与恶，其相去若何？人之所畏，亦不可不畏。天下皆知美之为美，斯恶已；皆知善之为善，斯不善矣。故有无之相生也，难易之相成也，长短之相形也，高下之相盈也，音声之相和也，先后之相随也，恒也！是以圣人居无为之事，行不言之教；万物作而不始也，为而不恃也，成功而不居也。夫唯不居，是以不去。④

---

① 老子 [M]. 饶尚宽，译注. 北京：中华书局，2015：5-6.
② 徐志钧. 老子帛书校注 [M]. 南京：凤凰出版社，2016：439；赵卫国. 帛书《道德经》新析 [M]. 沈阳：东北大学出版社，2017：94.
③ 徐志钧. 老子帛书校注 [M]. 南京：凤凰出版社，2016：320；赵卫国. 帛书《道德经》新析 [M]. 沈阳：东北大学出版社，2017：69.
④ 老子. 姬氏道德经 [M]. 姬英明，译注. 北京：朝华出版社，2017：38.

第三十四章

持而盈之，不如其已

【原文之修订】（通行本《道德经》第九章；帛书本《道德经》第五十三章）

持而盈之，不如其已；揣而锐之，不可长保。金玉满堂，莫之能守；富贵而骄，自遗其咎。功遂身退，天之道也！

【引言】

本章内容对应通行本《道德经》第九章、帛书本《道德经》第五十三章以及《姬氏道德经》道理卷的第八个段落。

关于本章内容，通行本、帛书本和《姬氏道德经》原文之表述主要有五处差异。第一处，通行本写作"不如其已"，帛书本和《姬氏道德经》均写作"不若其已"。"如""若"同义。第二处，通行本写作"揣而锐之，不可长保"，帛书本写作"揣而允之，不可长葆也"，而《姬氏道德经》写作"揣而锐之，不可常保之"。"允"通"锐"，"葆""保"同义。第三处，通行本写作"金玉满堂"，帛书本和《姬氏道德经》均写作"金玉盈室"。"满堂""盈室"同义。第四处，通行本写作"富贵而骄，自遗其咎"，帛书本和《姬氏道德经》均写作"贵富而骄，自遗咎也"。显然，三者意思相同。第五处，通行本和帛书本均写作"功遂身退"，《姬氏道德经》写作"功成身退"。三者意思相同。总之，关于这一章内容，通行本、帛书本和《姬氏道德经》在原文文字表述上大同小异，其内容大意完全一致。

本章原文之修订，全部采用相对而言更加朗朗上口的通行本原文之表述。这一章，老子指出物极必反、功成身退是自然规律和法则。他建议人们要节制欲望，不要过多地积攒财富，要谦虚，不要骄傲，否则就会自遗其咎。

【释解】

（1）持而盈之：如果让持有的东西装得太满。盈：使充满，使溢出。

（2）不如其已：不如适可而止。已：停止。

（3）揣而锐之：如果把一件东西锻打得过于锋利。揣（zhuī）：锻造，锻打，捶击。锐：使锐利，使锋利。

（4）不可长保：无法得到长久保全。保：保有，保持，保全。

（5）金玉满堂：如果金玉等财宝堆满了房屋。

（6）莫之能守：没有人能守得住它们。

（7）自遗其咎：自取其咎，自己给自己造成灾祸。遗（wèi）：给予，给自己带来。咎：灾祸，祸害。

（8）功遂身退：功成身退。遂：成功，实现。

（9）天之道：自然规律和法则。

【译文】

如果让持有的东西装得太满，还不如适可而止；如果把一件东西锻打得过于锋利，它就无法得到长久保全。如果金玉等财宝堆满了房屋，就没有人能守得住它们；如果已经富贵但却骄横跋扈，就必定会给自己带来意想不到的灾祸。功成身退是宇宙的自然规律和法则啊！

【拓展】

关于"持而盈之，不如其已"。姬英明认为，"持而盈之，不如其已"是"自持骄满，不如适可而止"的意思①；饶尚宽、赵卫国、徐志钧、曹音、李存山、文若愚、汤漳平和王朝华认为，"持而盈之，不如其已"是指"把持而使它满盈，不如趁早停止""东西已经满了抱着不肯放手，不如放手""持守使它盈满，不如停止""储备而达满的地步，不如趁早停止""执求盈满，不如趁早停止""持有的东西达到了满盈的状态时，不如就此罢手""与其装得过满而溢

---

① 老子. 姬氏道德经［M］. 姬英明，译注. 北京：朝华出版社，2017：40.

出，不如及早停止灌注①；唐汉将"持而盈之，不如其已"解释为"双手持拿（太多）而掉落下来，不如将其中的放置（下来一些）"②。笔者赞同饶尚宽、赵卫国、徐志钧等人的解释。

关于"揣而锐之，不可长保"（帛书本："揣而允之"）。姬英明、李存山认为，"揣而锐之，不可长保"是"锋芒太露，锐势是不可能长久保持的""锋芒锐利，不可保持长久"的意思③；饶尚宽、赵卫国、曹音、文若愚、汤漳平和王朝华认为，"揣而锐之，不可长保"是指"捶击而使它锐利，不能保持长远""尖锐锋利的刺尖，不能长久保持尖刺""刀剑锻造到锋利的程度，不可能长期保其锋利""锤炼得很尖锐，是不能够长久保持的""器具捶打得过于尖利，不会长久得以保持"④；唐汉将"揣而允之，不可长保"解释为"用力将手中之物拉伸变长，不可长久保持（这种状态）"⑤；徐志钧将"揣而允之，不可长保"解读为"尾大不掉，摇而不动，不可能保持长久"⑥。笔者赞同饶尚宽、赵卫国、曹音等人的解读。

【三本对照】

通行本《道德经》第九章：持而盈之，不如其已；揣而锐之，不可长保。金玉满堂，莫之能守；富贵而骄，自遗其咎。功遂身退，天之道也。⑦

帛书本《道德经》第五十三章：持而盈之，不若其已。揣而允之，不可长

① 老子［M］.饶尚宽，译注.北京：中华书局，2015：21；赵卫国.帛书《道德经》新析［M］.沈阳：东北大学出版社，2017：80；徐志钧.老子帛书校注［M］.南京：凤凰出版社，2016：361-362；曹音.《道德经》释疑［M］.上海：上海三联书店，2012：8；老子［M］.李存山，注译.郑州：中州古籍出版社，2008：58；文若愚.道德经全解［M］.北京：中国华侨出版社，2012：60；老子［M］.汤漳平，王朝华，译注.北京：中华书局，2014：34.
② 唐汉.道德经新解［M］.北京：北京联合出版公司，2016：237.
③ 老子.姬氏道德经［M］.姬英明，译注.北京：朝华出版社，2017：40；老子［M］.李存山，注译.郑州：中州古籍出版社，2008：58.
④ 老子［M］.饶尚宽，译注.北京：中华书局，2015：21；赵卫国.帛书《道德经》新析［M］.沈阳：东北大学出版社，2017：80；曹音.《道德经》释疑［M］.上海：上海三联书店，2012：8；文若愚.道德经全解［M］.北京：中国华侨出版社，2012：60；老子［M］.汤漳平，王朝华，译注.北京：中华书局，2014：34.
⑤ 唐汉.道德经新解［M］.北京：北京联合出版公司，2016：237.
⑥ 徐志钧.老子帛书校注［M］.南京：凤凰出版社，2016：362.
⑦ 老子［M］.饶尚宽，译注.北京：中华书局，2015：20.

葆也。金玉盈室，莫之能守也。贵富而骄，自遗咎也。功遂身退，天之道也。①

　　《姬氏道德经》（道理卷）：持而盈之，不若其已；揣而锐之，不可常保之。金玉盈室，莫之守也。贵富而骄，自遗咎也。功成身退，天之道也。②

————————

①　赵卫国. 帛书《道德经》新析［M］. 沈阳：东北大学出版社，2017：79；徐志钧. 老子帛书校注［M］. 南京：凤凰出版社，2016：361；唐汉. 道德经新解［M］. 北京：北京联合出版公司，2016：237.
②　老子. 姬氏道德经［M］. 姬英明，译注. 北京：朝华出版社，2017：38.

第三十五章

曲则全，枉则正

【原文之修订】（通行本《道德经》第二十二章；帛书本《道德经》第六十七章）

曲则全，枉则正。洼则盈，敝则新。少则得，多则惑。是以圣人执一，以为天下牧。不自视故彰，不自见故明，不自伐故有功，弗矜故能长。夫唯不争，故莫能与之争。古之所谓"曲则全"者，几语哉！诚曲则全归之。

【引言】

本章内容对应通行本《道德经》第二十二章、帛书本《道德经》第六十七章以及《姬氏道德经》道理卷的第九个段落。

关于本章内容，通行本、帛书本和《姬氏道德经》主要有三处差异。第一处，通行本写作"枉则直"，帛书本写作"枉则正"，而《姬氏道德经》写作"枉则生"。"枉""直"相对，"枉"与"正"也相对。"枉则生"则是"屈就反而能存活"① 的意思。第二处，通行本写作"圣人抱一为天下式"，帛书本写作"圣人执一，以为天下牧"，《姬氏道德经》写作"圣人执一，以为天下式"。"抱一""执一"同义。"式""牧"意思不同。"式"是范式、准则的意思。"牧"是牧养者、有道的统治者的意思。笔者认为，有道的统治者坚守自然大道，做天下万民的"牧养者"，更符合老子的无为无不为的思想。第三处，通行本写作"不自见故明，不自是故彰"，帛书本写作"不自视故章，不自见故明"，而《姬氏道德经》写作"不自视，故明；不自见，故彰"。"章"通"彰"是彰显、彰明的意思。此外，本书第三十二章（帛书本《道德经》第六十六章）中有"自视者不彰，自见者不明，自伐者无功，自矜者不长"一句，这与本章（帛书本《道德经》第六十七章）中的"不自视故彰，不自见故明，不自

---

① 老子. 姬氏道德经 [M]. 姬英明，译注. 北京：朝华出版社，2017：40.

伐故有功，弗矜故能长"的说法正好一致。

本章原文之修订，以帛书本原文之表述为主，兼采通行本和《姬氏道德经》原文表述的优点，并根据上下文的句意，将"诚全归之"修订为"诚曲则全归之"，使句意表达得更加明确。这一章，老子在讲曲和全、枉和正、洼和盈、敝和新、少和得、多和惑、不自视和明、不自见和彰、不自伐和功、弗矜和长、不争和争等之间的辩证关系。人们理清和掌握了事物之间的相反相成的关系，为人处事就能稳如泰山，处变不惊，游刃有余。

【释解】

（1）曲则全：弯曲的东西（如树木）容易得到保全。

（2）枉则正：弯的东西也容易被扳正。

（3）洼则盈：低洼的地方容易被水灌满。洼：低洼的地方。

（4）敝则新：破旧的东西容易被更新掉。敝：破烂，破旧。新：更新，换新。

（5）少则得：缺少的东西容易得到补足。少：缺少，不足。

（6）多则惑：拥有的东西多了反而容易使人迷乱。惑：使迷乱，使迷惑。

（7）执一：执守自然大道。

（8）以为天下牧：以便做好天下民众的牧羊人。牧：放牧人，这里指统治者。《礼记·曲礼下》："九州之长，入天子之国曰牧。"

（9）不自视故彰：不喜欢自我宣传的人最终能得到彰显。视：通"示"，拿出来让别人知道，宣示，宣扬，宣传。彰：彰扬，宣扬，显扬。

（10）不自见故明：不喜欢自我表现的人最终能得到显露。见：通"现"，表现，显露。明：显露，彰显。

（11）不自伐故有功：不喜欢自吹自擂的人最终会有功劳。伐：自夸，自吹自擂。

（12）弗矜故能长：不喜欢自大自恃的人最终会有长进。矜：自大，自恃，傲慢。

（13）夫唯不争：正因为有道的人不与人相争。夫：发语词，不译。唯：因为。

（14）故莫能与之争：所以，没有人能与他相争。

（15）几语哉：多么精微智慧的言语啊。几：精微，细微，隐微。徐志钧认为，"几语，由哲学的思考而得到的精微之见"。①

（16）诚曲则全归之：如果一个人能真正做到委屈自己，那么他就一定能够得到保全。诚：真心，真诚，真正。曲：弯曲，指委屈自己。全：保全。归：归向，归到。之：他，指能真正做到主动委屈自己的人。

【译文】

弯曲的东西（如树木）容易得到保全，弯的东西也容易被扳正。低洼的地方容易被水灌满，破旧的东西容易被更新掉。缺少的东西容易得到补足，拥有的东西多了反而容易使人迷乱。因此圣人执守自然大道，以便做好天下民众的牧羊人。不喜欢自我宣传的人最终能得到彰显，不喜欢自我表现的人最终能得到显露，不喜欢自吹自擂的人最终会有功劳，不喜欢自大自恃的人最终会有长进。正因为有道的人不与人相争，所以，没有人能与他相争。古人所说的"曲则全"这样的话，是多么精微智慧的言语啊！如果一个人能真正做到委屈自己，那么他就一定能够得到保全。

【拓展】

关于"曲则全，枉则正"（通行本："曲则全，枉则直"；《姬氏道德经》："曲则全，枉则生"）。姬英明认为，"曲则全，枉则生"是"委婉反而能保全，屈就反而能存活"的意思②；饶尚宽认为，"曲则全，枉则直"是指"弯曲才能保全，委屈才能伸直"③；赵卫国、李存山、文若愚、汤漳平和王朝华将"曲则全，枉则正"解释为"委曲能够求全，弯曲能够取直""委曲才能保全，屈枉才能伸直""委曲反能保全，屈枉反能伸直""委曲反能保全，弯曲反能伸直"④；唐汉将"曲则全，枉则正"解读为"弯曲则能全部进入，矫枉则会正对目标"⑤；曹音将"曲则全，枉则正"理解为"曲木反得保全，矫枉必须过正"⑥。关于"曲则全"，笔者赞同饶尚宽、曹音等人的解释；关于"枉则正"

---

① 徐志钧.老子帛书校注［M］.南京：凤凰出版社，2016：461.
② 老子.姬氏道德经［M］.姬英明，译注.北京：朝华出版社，2017：40.
③ 老子［M］.饶尚宽，译注.北京：中华书局，2015：50.
④ 赵卫国.帛书《道德经》新析［M］.沈阳：东北大学出版社，2017：98；老子［M］.李存山，注译.郑州：中州古籍出版社，2008：76；文若愚.道德经全解［M］.北京：中国华侨出版社，2012：133；老子［M］.汤漳平，王朝华，译注.北京：中华书局，2014：87.
⑤ 唐汉.道德经新解［M］.北京：北京联合出版公司，2016：292.
⑥ 曹音.《道德经》释疑［M］.上海：上海三联书店，2012：18.

或"枉则直",笔者赞同赵卫国、李存山、文若愚等人的解读。

关于"为天下牧"(通行本和《姬氏道德经》:"为天下式")。姬英明、汤漳平和王朝华认为,"为天下式"是"作为管理天下的范式""作为天下的范式"的意思①;饶尚宽、李存山认为,"为天下式"是指"为天下的楷模""为天下人的楷模"②;赵卫国、文若愚将"为天下牧"或"为天下式"解释为"作天下的法则""作为天下的准则"③;唐汉、曹音将"为天下牧"解读为"成为天下的州牧(主宰)""治理天下"④。笔者赞同唐汉和曹音的观点。

关于"诚曲则全归之"(通行本:"诚全而归之";帛书本和《姬氏道德经》:"诚全归之")。姬英明认为,"诚全归之"是"它(指'曲而全')是真正而实实在在能保全自己的真理"的意思⑤;饶尚宽、曹音、李存山、文若愚认为,"诚全而归之"是指"确实能够让他保全""它的确能给你保全""诚然,委曲的人的确得到了保全""实在是真的能够使人保全而善度一生"⑥;赵卫国将"诚全归之"解释为"它实实在在是能够做到的,这全要归功于道啊"⑦;唐汉将"诚全归之"解读为"诚恳地全部归还给你"⑧;汤漳平和王朝华将"诚全而归之"理解为"确实做到周全,就会回归于道"⑨。笔者认为,以上学者的解释都不甚妥当。

【三本对照】

通行本《道德经》第二十二章:曲则全,枉则直,洼则盈,敝则新,少则得,多则惑。是以圣人抱一为天下式。不自见故明,不自是故彰,不自伐故有

① 老子.姬氏道德经[M].姬英明,译注.北京:朝华出版社,2017:40;老子[M].汤漳平,王朝华,译注.北京:中华书局,2014:87.
② 老子[M].饶尚宽,译注.北京:中华书局,2015:50;老子[M].李存山,注译.郑州:中州古籍出版社,2008:76.
③ 赵卫国.帛书《道德经》新析[M].沈阳:东北大学出版社,2017:98;文若愚.道德经全解[M].北京:中国华侨出版社,2012:133.
④ 唐汉.道德经新解[M].北京:北京联合出版公司,2016:292;曹音.《道德经》释疑[M].上海:上海三联书店,2012:18.
⑤ 老子.姬氏道德经[M].姬英明,译注.北京:朝华出版社,2017:40.
⑥ 老子[M].饶尚宽,译注.北京:中华书局,2015:50;曹音.《道德经》释疑[M].上海:上海三联书店,2012:18;老子[M].李存山,注译.郑州:中州古籍出版社,2008:77;文若愚.道德经全解[M].北京:中国华侨出版社,2012:133.
⑦ 赵卫国.帛书《道德经》新析[M].沈阳:东北大学出版社,2017:99.
⑧ 唐汉.道德经新解[M].北京:北京联合出版公司,2016:292.
⑨ 老子[M].汤漳平,王朝华,译注.北京:中华书局,2014:87.

功，不自矜故长。夫唯不争，故天下莫能与之争。古之所谓"曲则全"者，岂虚言哉？诚全而归之。①

帛书本《道德经》第六十七章：曲则全，枉则正。洼则盈，敝则新。少则得，多则惑。是以圣人执一，以为天下牧。不自视故章，不自见故明，不自伐故有功，弗矜故能长。夫唯不争，故莫能与之争。古之所谓曲全者，几语哉！诚全归之。②

《姬氏道德经》（道理卷）：曲则全，枉则生；洼则盈，敝则新；少则得，多则惑。是以圣人执一，以为天下式。不自视，故明；不自见，故彰；不自伐，故有功；弗矜，故能长。夫唯不争，故天下莫能与之争。古之所谓曲全者，岂虚言哉？诚全归之。③

① 老子 [M]．饶尚宽，译注．北京：中华书局，2015：49.
② 徐志钧．老子帛书校注 [M]．南京：凤凰出版社，2016：459；唐汉．道德经新解 [M]．北京：北京联合出版公司，2016：292；赵卫国．帛书《道德经》新析 [M]．沈阳：东北大学出版社，2017：98.
③ 老子．姬氏道德经 [M]．姬英明，译注．北京：朝华出版社，2017：38.

第三十六章

勇于敢则杀，勇于不敢则活

【原文之修订】（通行本《道德经》第七十三章；帛书本《道德经》第三十八章）

勇于敢则杀，勇于不敢则活，此两者或利或害。天之所恶，孰知其故？天之道，不战而善胜，不言而善应，不召而自来，繟然而善谋。天网恢恢，疏而不失。

【引言】

本章内容对应通行本《道德经》第七十三章、帛书本《道德经》第三十八章以及《姬氏道德经》道理卷的第十个段落。

关于本章内容，通行本、帛书本和《姬氏道德经》主要有四处差异。第一处，《姬氏道德经》在"此两者或利或害"和"天之所恶"两句之间有一句"唯不敢也"，而通行本和帛书本都没有此句。第二处，通行本和《姬氏道德经》在"孰知其故"和"天之道"两句之间分别有一句"是以圣人犹难之"或"是以圣人不敢为也"，而帛书本没有这句。关于"是以圣人犹难之"这一句，饶尚宽认为，此句为通行本第六十三章错简重出，应当删掉。① 高亨的《老子正诂》说："此句乃后人引六十三章以注此文者，宜据删。"② 第三处，通行本写作"不争而善胜"，而帛书本和《姬氏道德经》均写作"不战而善胜"。"争""战"意思相近。第四处，通行本和帛书本均写作"繟然而善谋"，而《姬氏道德经》写作"安而善谋也"。"安""繟"意思相近，"安"是安然、平静和安定的意思，繟是舒缓、坦然的意思。

本章原文之修订，全部采用帛书本原文之表述。这一章，老子继续在讲天

---

① 老子［M］. 饶尚宽，译注. 北京：中华书局，2015：157.

② 老子［M］. 李存山，注译. 郑州：中州古籍出版社，2008：141.

道规律，以及勇于有为和勇于无为的利弊得失。老子指出，天道喜欢"不战""不言""不召""繟然"，只要做到这四点，就能够"善胜""善应""自来""善谋"。天地就像一张大网，把人们的行为善恶及其后果网在其中，让行善者最终得到善报，使作恶者最终得到恶报。

【释解】

（1）勇于敢则杀："勇敢战则杀"，勇敢战斗的人就容易遭受杀戮。勇：有勇气。敢：有胆量做某件事情。杀：杀戮，这里指遭受杀戮。

（2）勇于不敢则活："勇于不敢战则活"，不敢战斗的人就容易存活。

（3）此两者或利或害：这两者都有利有害。或利或害：有利有弊，有利有害。

（4）天之所恶：天所厌恶的（是战争）。恶：讨厌，厌恶。

（5）孰知其故：谁知道其中的缘故。

（6）不战而善胜：不喜欢战争但善于取胜。不战：不愿战争，不喜欢战争。

（7）不言而善应：不喜欢说话但善于回应。

（8）不召而自来：不需要召唤就会自动前来。

（9）繟然而善谋：坦坦荡荡且善于谋划安排。繟（chǎn）：舒缓，坦然。

（10）天网恢恢：天网广阔无垠。恢恢：宽阔广大的样子。

（11）疏而不失：虽然稀疏但不会有遗漏。失：漏失，遗漏。

【译文】

勇敢战斗的人就容易遭受杀戮，不敢战斗的人就容易存活，这两者都有利有害。天所厌恶的（是战争），谁知道其中的缘故？天道不喜欢战争但善于取胜，不喜欢说话但善于回应，不需要召唤就会自动前来，它坦坦荡荡且善于谋划安排。天网广阔无垠，它虽然稀疏但不会有遗漏。

【拓展】

关于"勇于敢则杀，勇于不敢则活"。姬英明、饶尚宽、李存山、汤漳平和王朝华认为，"勇于敢则杀，勇于不敢则活"是"敢于冒进的人就会被杀害，谦退忍让的人就会容易存活""勇于进取就死，勇于谦让就活""勇于敢争就会死，勇于不争就会活""勇于敢的就会死，勇于不敢的就会活"的意思①；赵卫国认为，"勇于敢则杀，勇于不敢则活"是指"勇士（有刑杀权威的）中嗜杀的武将碰到了犯了死罪的敌人，会立即下手杀了他；勇士（有刑杀权威的）中不怎么嗜杀的武将碰到这种情况时，可能会放人一马"②；唐汉、曹音、文若愚将"勇于敢则杀，勇于不敢则活"解释为"凭借勇气而敢想敢干者遭到打杀，将勇气用来支撑柔弱（苟存）便会活下去""刚强则死，柔弱则活""性格刚强、胆大妄为的人，必不得善终；善于表现柔弱的人，则能保全自己"③。笔者比较赞同姬英明、饶尚宽等人以及唐汉、曹音等人的解释，但觉得这些解释仍不够准确。

关于"此两者或利或害"。姬英明、李存山、汤漳平和王朝华认为，"此两者或利或害"是"敢与不敢这两者都有利弊，最难做到的是'勇于不敢'呀""这两种勇，有的得利，有的受害""这两种勇或有利或有害，有时似乎并不易知"的意思④；饶尚宽、曹音、文若愚认为，"此两者或利或害"是指"这二者，一个利一个害""此二者一个受益一个受害""这两者中勇于刚强是有害的，善于柔弱则会得到益处"⑤；赵卫国、唐汉将"此两者或利或害"解释为"这两者究竟是谁有利谁有害呢""这两种勇哪个是利哪个是害"⑥。笔者赞同姬英明、李存山等人的解读。

【三本对照】

通行本《道德经》第七十三章：勇于敢则杀，勇于不敢则活。此两者，或

---

① 老子. 姬氏道德经 [M]. 姬英明，译注. 北京：朝华出版社，2017：40；老子 [M]. 饶尚宽，译注. 北京：中华书局，2015：158；老子 [M]. 李存山，注译. 郑州：中州古籍出版社，2008：141；老子 [M]. 汤漳平，王朝华，译注. 北京：中华书局，2014：280.

② 赵卫国. 帛书《道德经》新析 [M]. 沈阳：东北大学出版社，2017：55-56.

③ 唐汉. 道德经新解 [M]. 北京：北京联合出版公司，2016：179；曹音.《道德经》释疑 [M]. 上海：上海三联书店，2012：53；文若愚. 道德经全解 [M]. 北京：中国华侨出版社，2012：440.

④ 老子. 姬氏道德经 [M]. 姬英明，译注. 北京：朝华出版社，2017：40；老子 [M]. 李存山，注译. 郑州：中州古籍出版社，2008：141；老子 [M]. 汤漳平，王朝华，译注. 北京：中华书局，2014：280.

⑤ 老子 [M]. 饶尚宽，译注. 北京：中华书局，2015：158；曹音.《道德经》释疑 [M]. 上海：上海三联书店，2012：53；文若愚. 道德经全解 [M]. 北京：中国华侨出版社，2012：440.

⑥ 赵卫国. 帛书《道德经》新析 [M]. 沈阳：东北大学出版社，2017：56；唐汉. 道德经新解 [M]. 北京：北京联合出版公司，2016：179.

利或害。天之所恶，孰知其故？（是以圣人犹难之。）天之道，不争而善胜，不言而善应，不召而自来，繟然而善谋。天网恢恢，疏而不失。①

帛书本《道德经》第三十八章：勇于敢则杀，勇于不敢则活，此两者或利或害。天之所恶，孰知其故？天之道，不战而善胜，不言而善应，不召而自来，繟然而善谋。天网恢恢，疏而不失。②

《姬氏道德经》（道理卷）：勇于敢则杀，勇于不敢则活，此两者或利或害，唯不敢也！天之所恶，孰知其故？是以圣人不敢为也。天之道，不战而善胜，不言而善应，不召而自来，安而善谋也！天网恢恢，疏而不失。③

① 老子［M］. 饶尚宽，译注. 北京：中华书局，2015：157.
② 徐志钧. 老子帛书校注［M］. 南京：凤凰出版社，2016：265；赵卫国. 帛书《道德经》新析［M］. 沈阳：东北大学出版社，2017：55.
③ 老子. 姬氏道德经［M］. 姬英明，译注. 北京：朝华出版社，2017：38-39.

第三十七章

上士闻道，勤而行之

【原文之修订】（通行本《道德经》第四十一章；帛书本《道德经》第三章）

上士闻道，勤而行之；中士闻道，若存若亡；下士闻道，大笑之。不笑，不足以为道。是以建言有之曰：明道如昧，进道如退，夷道如类。上德若谷，广德若不足，建德若偷，质真若渝。大白若辱，大方无隅，大器免成，大音希声，天象无形。道褒无名。夫唯道，善始且善成。

【引言】

本章内容对应通行本《道德经》第四十一章、帛书本《道德经》第三章以及《姬氏道德经》道理卷的第十一个段落。

关于本章内容，通行本、帛书本和《姬氏道德经》主要有六处差异。第一处，通行本和《姬氏道德经》写作"勤而行之"，而帛书本写作"堇能行之"。"堇"通"勤"。第二处，通行本和《姬氏道德经》写作"明道若昧"，帛书本写作"明道如费"。"昧""费"同义。"费"通"拂"，是违背和逆反的意思，与"明"相反就是"昧"。第三处，通行本和《姬氏道德经》写作"大器晚成"，而帛书本写作"大器免成"。二者意义有较大差异。第四处，通行本写作"大象无形"，而帛书本和《姬氏道德经》写作"天象无形"，虽然"大象无形"和"天象无形"意思相差不大，但"天象无形"更为具体。第五处，通行本和《姬氏道德经》写作"道隐无名"，帛书本写作"道褒无名"。二者意义相差较大。第六处，通行本写作"善贷且成"，帛书本和《姬氏道德经》写作"善始且善成"，二者意义相差较大。

本章原文之修订，以帛书本原文之表述为主，兼采通行本和《姬氏道德经》原文表述的优点。这一章，老子在讲上、中、下三等人在闻道后的思想行为表现。上等人会勤奋去实践，中等人觉得可有可无，而下等人觉得所讲的道非常荒谬可笑。明道、修道和行道看起来好像昏暗不明、退行和坎坷不平。正因为道有着与世俗见解截然不同的特征，所以才很难被普通的世俗人所接受。尽管大道无名无状，隐形不见，但是它却能够做到善始、善成和善终。

【释解】

（1）上士闻道：上等智慧的人听到了道的奥妙。上士：上等士人，这里指上等智慧的人。

（2）若存若亡：觉得若有若无，半信半疑。

（3）大笑之：大声嘲笑所讲的道。

（4）不足以为道：不足以称为（高深玄妙的）道了。

（5）建言有之曰：古人立言中有这样的话说。建言：立言。

（6）明道如昧：光明的大道好像暗昧不明。

（7）进道如退：前进的大道好像在后退。

（8）夷道如类：平坦的大道好像崎岖不平。夷：平坦。类：不平。

（9）上德若谷：最高尚的德行好像空旷低下的山谷。

（10）广德若不足：最广大的德行好像不充分。足：足够，充分，完备。

（11）建德若偷：最刚健的德行好像苟且偷安一般。建：通"健"，刚健。偷：苟且，偷安，偷合取容。

（12）质真若渝：最质朴纯真的德行好像浑浊污染一般。渝：水由净变污，污染变质，玷污。

（13）大白若辱：最洁白的东西好像污黑一样。白：白色，白色的东西。辱：黑色，污黑。

（14）大方无隅：最大的方形东西好像没有棱角一样。方：方形，方形的东西。隅：角，角落。

（15）大器免成：最大的器皿浑然天成，不可以人工制成。免：不可以，不允许。成：制成，合成。

（16）大音希声：最大的声音罕有声音。希：稀少，稀有，罕有。

（17）道褒无名：大道广大无边，没有名称。褒：广大，高大，宽大。

（18）夫唯道：只有道。夫：发语词，不译。唯：只有，唯有。

（19）善始且善成：善于创始万物又善于成就万物。始：创始，开始。成：成就，完成。

【译文】

上等智慧的人听到了道的奥妙，完全相信，就会勤勉地去实践道；中等智慧的人听到了道的奥妙，半信半疑，觉得可有可无；下等智慧的人听到了道的奥妙，完全不信，就大声嘲笑所讲的道。如果下等智慧的人不放声大笑的话，那所讲的道就不足以称为（高深玄妙的）道了。因此，古人立言中有这样的话说："光明的大道好像暗昧不明，前进的大道好像在后退，平坦的大道好像崎岖不平。"最高尚的德行好像空旷低下的山谷，最广大的德行好像不充分，最刚健的德行好像苟且偷安一般，最质朴纯真的德行好像浑浊污染一般。最洁白的东西好像污黑一样，最大的方形东西好像没有棱角一样，最大的器皿浑然天成（不可以人工制成），最大的声音罕有声音，最大的天象无形无状。大道广大无边，没有名称。只有道，善于创始万物又善于成就万物。

【拓展】

关于"明道如昧"（通行本和《姬氏道德经》："明道若昧"；帛书本："明道如费"）。姬英明、饶尚宽、徐志钧、赵卫国、李存山、文若愚、汤漳平和王朝华认为，"明道若昧"是"光明之道好似暗昧之道""光明的道好像暗昧""明显之道有如暗昧不清""光明的道往往像看不见的黑暗""光明的道好似暗昧""光明的道像是昏暗的"的意思①；唐汉认为，"明道如费"是指"光亮平坦的大道如同是一种浪费（人们多走近路、小路而不走大道）"②；曹音将"明道如费"解释为"明白的道看似费解"③。笔者赞同姬英明、饶尚宽、徐志钧等人的解释。

关于"建德若偷"。姬英明认为，"建德若偷"是"越强健的德就越好像软弱的样子"的意思④；饶尚宽认为，"建德若偷"是指"刚健的德好像苟且"⑤；

---

① 老子．姬氏道德经［M］．姬英明，译注．北京：朝华出版社，2017：44；老子［M］．饶尚宽，译注．北京：中华书局，2015：91；徐志钧．老子帛书校注［M］．南京：凤凰出版社，2016：27；赵卫国．帛书《道德经》新析［M］．沈阳：东北大学出版社，2017：10；老子［M］．李存山，注译．郑州：中州古籍出版社，2008：100；文若愚．道德经全解［M］．北京：中国华侨出版社，2012：240；老子［M］．汤漳平，王朝华，译注．北京：中华书局，2014：164.

② 唐汉．道德经新解［M］．北京：北京联合出版公司，2016：26.

③ 曹音．《道德经》释疑［M］．上海：上海三联书店，2012：31.

④ 老子．姬氏道德经［M］．姬英明，译注．北京：朝华出版社，2017：44.

⑤ 老子［M］．饶尚宽，译注．北京：中华书局，2015：91.

徐志钧将"建德若偷"解释为"建功立业之人却如谄媚幸进之徒"①；赵卫国、李存山、文若愚、汤漳平和王朝华将"建德若偷"解读为"修刚健品德的人让人感觉似在偷懒""刚健的德好像怠惰""最刚健的德好似怠惰""刚健的德性像是松弛懈怠"②；唐汉将"建德若偷"理解为"寻找德行如同与情人幽会一般"③；曹音认为，"建德若偷"是"刚健的德看似不厚道"的意思④。笔者赞同饶尚宽的解读。

关于"质真若渝"。姬英明认为，"质真若渝"是"越质朴纯真的德就越好像混沌未开的样子"的意思⑤；饶尚宽、李存山、汤漳平和王朝华认为，"质真若渝"是指"质朴纯真好像污秽""质地纯真好像污秽变质""本质纯真像是受污染变质"⑥；徐志钧将"质真若渝"解释为"本体精淳之人，却看起来如卑鄙污秽之徒"⑦；赵卫国将"质真若渝"解读为"刚从田园里出来的新鲜货闻上去像是变质腐烂的食品"⑧；唐汉将"质真若渝"理解为"置换真理如同横渡河流一般（由此岸抵达彼岸）"⑨；曹音、文若愚认为，"质真若渝"是"质朴真实看似虚空""最充实的德好似虚无"的意思⑩。笔者赞同饶尚宽、李存山等人的理解。

关于"道褒无名"（通行本和《姬氏道德经》："道隐无名"）。姬英明、饶尚宽、文若愚认为，"道隐无名"是"就好像道一样，隐幽玄妙、无形无象而且

---

① 徐志钧. 老子帛书校注 [M]. 南京：凤凰出版社，2016：29.
② 赵卫国. 帛书《道德经》新析 [M]. 沈阳：东北大学出版社，2017：10；老子 [M]. 李存山，注译. 郑州：中州古籍出版社，2008：100；文若愚. 道德经全解 [M]. 北京：中国华侨出版社，2012：241；老子 [M]. 汤漳平，王朝华，译注. 北京：中华书局，2014：164.
③ 唐汉. 道德经新解 [M]. 北京：北京联合出版公司，2016：26.
④ 曹音.《道德经》释疑 [M]. 上海：上海三联书店，2012：31.
⑤ 老子. 姬氏道德经 [M]. 姬英明，译注. 北京：朝华出版社，2017：44.
⑥ 老子 [M]. 饶尚宽，译注. 北京：中华书局，2015：91；老子 [M]. 李存山，注译. 郑州：中州古籍出版社，2008：100；老子 [M]. 汤漳平，王朝华，译注. 北京：中华书局，2014：164.
⑦ 徐志钧. 老子帛书校注 [M]. 南京：凤凰出版社，2016：29.
⑧ 赵卫国. 帛书《道德经》新析 [M]. 沈阳：东北大学出版社，2017：10.
⑨ 唐汉. 道德经新解 [M]. 北京：北京联合出版公司，2016：26.
⑩ 曹音.《道德经》释疑 [M]. 上海：上海三联书店，2012：31；文若愚. 道德经全解 [M]. 北京：中国华侨出版社，2012：241.

无法命名""大道幽隐没有名称""大道幽隐而不可说，没有具体的名称"的意思①；徐志钧、汤漳平和王朝华将"道褒无名"解释为"道广大万能但却没有名称""大道深广而没有名称"②；赵卫国、唐汉将"道褒无名"解读为"道，是无论你用什么样的词称赞它也找不到恰当的词汇的""即便要褒扬道也不知道该如何称呼它"③；曹音将"道褒无名"理解为"'道'哺育万物是无形的"④；李存山认为，"道隐无名"应为"道始无名"，而把其解释为"'道'最初是无名的"⑤。笔者赞同徐志钧、汤漳平和王朝华等人的观点。

【三本对照】

通行本《道德经》第四十一章：上士闻道，勤而行之；中士闻道，若存若亡；下士闻道，大笑之。不笑，不足以为道。故建言有之：明道若昧，进道若退，夷道若纇。上德若谷，广德若不足，建德若偷，质真若渝。大白若辱，大方无隅，大器晚成，大音希声，大象无形，道隐无名。夫唯道，善贷且成。⑥

帛书本《道德经》第三章：上士闻道，堇能行之；中士闻道，若存若亡；下士闻道，大笑之。弗笑，不足以为道！是以建言有之曰：明道如费，进道如退，夷道如类。上德如谷，大白如辱，广德如不足。建德如偷，质真如渝。大方无隅，大器免成，大音希声，天象无形，道褒无名。夫唯道，善始且善成。⑦

《姬氏道德经》（道理卷）：上士闻道，勤而行之；中士闻道，若存若亡；下士闻道，大笑之。不笑，不足以为道，故建言有之曰：明道若昧，进道若

① 老子．姬氏道德经［M］．姬英明，译注．北京：朝华出版社，2017：44；老子［M］．饶尚宽，译注．北京：中华书局，2015：92；文若愚．道德经全解［M］．北京：中国华侨出版社，2012：241.
② 徐志钧．老子帛书校注［M］．南京：凤凰出版社，2016：33；老子［M］．汤漳平，王朝华，译注．北京：中华书局，2014：164.
③ 赵卫国．帛书《道德经》新析［M］．沈阳：东北大学出版社，2017：10；唐汉．道德经新解［M］．北京：北京联合出版公司，2016：26.
④ 曹音．《道德经》释疑［M］．上海：上海三联书店，2012：31.
⑤ 老子［M］．李存山，注译．郑州：中州古籍出版社，2008：100.
⑥ 老子［M］．饶尚宽，译注．北京：中华书局，2015：90-91.
⑦ 徐志钧．老子帛书校注［M］．南京：凤凰出版社，2016：26；赵卫国．帛书《道德经》新析［M］．沈阳：东北大学出版社，2017：9.

退，夷道若壘；上德若浴，大白若辱，广德若不足，健德若输，质真若渝。大方无隅，大器晚成，大音希声，天象无形，道隐无名。夫唯道，善始且善成。①

---

①　老子. 姬氏道德经［M］. 姬英明，译注. 北京：朝华出版社，2017：42.

第三十八章

大成若缺，其用不敝

【原文之修订】（通行本《道德经》第四十五章；帛书本《道德经》第八章）

大成若缺，其用不敝。大盈若冲，其用不穷。大直如诎，大巧如拙，大辩如讷，大赢如绌。躁胜寒，静胜炅，清静可以为天下正。

【引言】

本章内容对应通行本《道德经》第四十五章、帛书本《道德经》第八章以及《姬氏道德经》道理卷的第十二个段落。

关于本章内容，通行本、帛书本和《姬氏道德经》主要有六处差异。第一处，通行本和《姬氏道德经》写作"其用不弊"，而帛书本写作"其用不敝"，"弊"通"敝"，其意相同。第二处，通行本写作"大盈若冲，其用不穷"，帛书本写作"大盈若冲，其用不窘"，《姬氏道德经》写作"大盈若空，其用不窘"。"冲""空"同义，都是空虚、中虚的意思。"窘"通"穷"，是穷尽的意思。第三处，通行本写作"大直若屈"，帛书本写作"大直如诎"，《姬氏道德经》写作"大直若曲"。"若""如"同义。"屈""诎""曲"同义，都是弯曲、不挺直的意思。第四处，通行本和《姬氏道德经》均写作"大辩若讷"，而帛书本没有此句。此句疑是后人所加，非老子原义。第五处，通行本写作"大赢若绌"，帛书本写作"大赢如绌"，而《姬氏道德经》没有此句。第六处，通行本写作"静胜躁，寒胜热"，帛书本写作"躁胜寒，静胜炅（热）"，《姬氏道德经》写作"炅胜寒，静胜躁"。三者具体用词有所不同，但大意基本相同。

本章原文之修订，以帛书本原文之表述为主，兼采通行本和《姬氏道德经》原文表述的优点，如在"大巧如拙"和"大赢如绌"之间加入"大辩如讷"。这一章，老子指出了宇宙间万事万物相生相克、对立统一的规律，如完美与残缺、充盈与虚空、直与曲、巧与拙、辩与讷、赢与绌、躁与寒、静与炅（热）

等，它们既对立又统一，既区别又联系，相辅又相成。我们如果要做天下人的君长、长官或主事人，就必须时时刻刻保持清静无为的状态。

【释解】

（1）大成若缺：最为完美的东西好像都有缺陷。成：完成的东西。缺：缺陷，残缺，欠缺。

（2）其用不敝：其作用是经久不衰的。敝：衰败，败坏。

（3）大盈若冲：最为充盈的东西好像都很空虚。冲：空虚，谦虚。

（4）其用不穷：其作用是无穷无尽的。

（5）大直如诎：最为挺直的东西好像都很弯曲。诎：弯曲，不挺直。

（6）大巧如拙：最为灵巧的东西好像都很笨拙。

（7）大辩如讷：最优秀的辩手言语好像都很迟钝。讷：言语迟钝，口齿笨拙。

（8）大赢如绌：最大赢利的东西好像都很短缺。绌：不足，短缺。

（9）躁胜寒：疾走可以战胜寒冷。躁：疾走，快速运动。

（10）静胜炅：安静可以战胜炎热。静：安静，沉静。炅（jiǒng）：热，炎热，炙热。

（11）清静可以为天下正：清静无为才可以成为天下的君长。

【译文】

最为完美的东西好像都有缺陷，其作用是经久不衰的。最为充盈的东西好像都很空虚，其作用是无穷无尽的。最为挺直的东西好像都很弯曲，最为灵巧的东西好像都很笨拙，最优秀的辩手言语好像都很迟钝，最大赢利的东西好像都很短缺。疾走可以战胜寒冷，安静可以战胜炎热，清静无为才可以成为天下的君长。

【拓展】

关于"大成若缺"。姬英明、饶尚宽、赵卫国、李存山、文若愚、汤漳平和王朝华认为，"大成若缺"是"越广大完美的（德）越好像有残缺的样子""最美好的东西好像残缺""圆满的东西往往表现得像有欠缺一样""最圆满的好像缺损""最完满的东西，看上去就好像有残缺一样""大完满好像有欠缺"的意思①；徐志钧认为，"大成若缺"是指"十分整齐完备的古乐也有欠缺"②；唐汉、曹音将"大成若缺"解释为"最大的成就存在着缺失""大的成功就像有缺陷"③。笔者赞同姬英明、饶尚宽、赵卫国等人的解释。

关于"大赢如绌"。饶尚宽认为，"大赢如绌"是"最大的赢利好像亏本"的意思④；徐志钧认为，"大赢如绌"是指"最有盈余的东西好像也最短缺"⑤；赵卫国将"大赢如绌"解释为"赢得多了，如果表现得像输了钱的，就不会被人找麻烦"⑥；唐汉将"大赢如绌"解读为"最大的赢出如同蚕丝连绵抽出"⑦；曹音将"大赢如绌"理解为"最满的（月）看似有亏"⑧。笔者赞同徐志钧的解读。

关于"清静可以为天下正"。姬英明认为，"清静可以为天下正"是"清静无为之道才可以作为天下的正统之道"的意思⑨；饶尚宽、徐志钧、李存山、文若愚认为，"清静可以为天下正"是指"清静无为可以成为天下的君长""清静可以成为天下的君主""清静（无为）可以做天下的君长""清静无为才能够统治天下"⑩；赵卫国将"清静可以为天下正"解释为"内心清静就得到了天下的正气"⑪；唐汉将"清静可以为天下正"解读为"清静（无欲）便可以在人世间直行无碍"⑫；曹音、汤漳平和王朝华将"清静可以为天下正"理解为"清

---

① 老子．姬氏道德经 [M]．姬英明，译注．北京：朝华出版社，2017：44；老子 [M]．饶尚宽，译注．北京：中华书局，2015：98；赵卫国．帛书《道德经》新析 [M]．沈阳：东北大学出版社，2017：16；老子 [M]．李存山，注译．郑州：中州古籍出版社，2008：105；文若愚．道德经全解 [M]．北京：中国华侨出版社，2012：266；老子 [M]．汤漳平，王朝华，译注．北京：中华书局，2014：180.
② 徐志钧．老子帛书校注 [M]．南京：凤凰出版社，2016：62.
③ 唐汉．道德经新解 [M]．北京：北京联合出版公司，2016：51；曹音．《道德经》释疑 [M]．上海：上海三联书店，2012：34.
④ 老子 [M]．饶尚宽，译注．北京：中华书局，2015：98.
⑤ 徐志钧．老子帛书校注 [M]．南京：凤凰出版社，2016：63.
⑥ 赵卫国．帛书《道德经》新析 [M]．沈阳：东北大学出版社，2017：16.
⑦ 唐汉．道德经新解 [M]．北京：北京联合出版公司，2016：51.
⑧ 曹音．《道德经》释疑 [M]．上海：上海三联书店，2012：34.
⑨ 老子．姬氏道德经 [M]．姬英明，译注．北京：朝华出版社，2017：44.
⑩ 老子 [M]．饶尚宽，译注．北京：中华书局，2015：98；徐志钧．老子帛书校注 [M]．南京：凤凰出版社，2016：64；老子 [M]．李存山，注译．郑州：中州古籍出版社，2008：105；文若愚．道德经全解 [M]．北京：中国华侨出版社，2012：266.
⑪ 赵卫国．帛书《道德经》新析 [M]．沈阳：东北大学出版社，2017：16.
⑫ 唐汉．道德经新解 [M]．北京：北京联合出版公司，2016：51.

静可以为天下的准则""只有清静才是天下万物的准则"①。笔者赞同饶尚宽、徐志钧等人的理解。

【三本对照】

通行本《道德经》第四十五章：大成若缺，其用不弊。大盈若冲，其用不穷。大直若屈，大巧若拙，大辩若讷，大赢若绌。静胜躁，寒胜热。清静，为天下正。②

帛书本《道德经》第八章：大成若缺，其用不敝。大盈若冲，其用不窘。大直如诎，大巧如拙，大赢如绌。躁胜寒，静胜炅（热）③，清静可以为天下正。④

《姬氏道德经》（道理卷）：大成若缺，其用不弊；大盈若空，其用不窘；大直若曲，大巧若拙，大辩若讷。炅胜寒，静胜躁，清静可以为天下正。⑤

① 曹音.《道德经》释疑［M］.上海：上海三联书店，2012：34；老子［M］.汤漳平，王朝华，译注.北京：中华书局，2014：180.
② 老子［M］.饶尚宽，译注.北京：中华书局，2015：97.
③ "炅""热"同义。徐志钧所著《老子帛书校注》和唐汉所著《道德经新解》写作"静胜炅"，赵卫国所著《帛书〈道德经〉新析》写作"静胜热"。见：徐志钧.老子帛书校注［M］.南京：凤凰出版社，2016：62；唐汉.道德经新解［M］.北京：北京联合出版公司，2016：51；赵卫国.帛书《道德经》新析［M］.沈阳：东北大学出版社，2017：16.
④ 徐志钧.老子帛书校注［M］.南京：凤凰出版社，2016：62；赵卫国.帛书《道德经》新析［M］.沈阳：东北大学出版社，2017：16.
⑤ 老子.姬氏道德经［M］.姬英明，译注.北京：朝华出版社，2017：42.

第三十九章

善行者无辙迹，善言者无瑕谪

【原文之修订】（通行本《道德经》第二十七章；帛书本《道德经》第七十一章）

善行者无辙迹，善言者无瑕谪，善数者不以筹策。善闭者无关籥而不可启也，善结者无绳约而不可解也。是以圣人恒善救人，故无弃人；恒善救物，故无弃物。是谓曳明。故善人，善人之师；不善人，善人之资也。不贵其师，不爱其资，虽智乎大迷。是谓妙要。

【引言】

本章内容对应通行本《道德经》第二十七章、帛书本《道德经》第七十一章以及《姬氏道德经》道理卷的第十三个段落。

关于本章内容，通行本、帛书本和《姬氏道德经》主要有三处差异。第一处，通行本写作"常善救人，故无弃人；常善救物，故无弃物"，帛书本写作"恒善救人而无弃人，物无弃财"，《姬氏道德经》写作"常善救人而无人弃，善物故无弃才"。"常""恒"同义。原本用"恒"字，因避西汉皇帝刘恒的名讳而改用"常"。"才"通"财"，指财物。第二处，通行本写作"袭明"，帛书本写作"曳明"，而《姬氏道德经》写作"神明"。曳明即袭明，神明即"在思想上开悟之人，智慧上觉悟之人"①。第三处，通行本写作"故善人者不善人之师，不善人者善人之资"，而帛书本和《姬氏道德经》均写作"故善人，善人之师；不善人，善人之资"。从句意来看，帛书本的表述显然是针对善人而言的。就善人而说，所有其他的善人都是他们的老师，而所有的不善人自然是他们的反面教材。显而易见，通行本曲解了帛书本的原义。

本章原文之修订，以帛书本原文之表述为主，兼采通行本原文表述的优点。

① 老子. 姬氏道德经［M］. 姬英明，译注. 北京：朝华出版社，2017：46.

这一章，老子通过"善行者""善言者""善数者""善闭者""善结者"五种有所擅长的人才的行为表现推知，善于治国理政的圣人既能"恒善救人"，又能"恒善救物"，他们自然能够做到"无弃人""无弃物"。老子指出，善人和不善人都可以做善人的老师，不过一个是正面榜样，另一个是反面教材。人们不知道"见贤思齐焉，见不贤而内自省也"，即使自以为聪明智慧，也不过是糊涂透顶。学习他人的优点和长处，杜绝和改掉与他人类似的缺点和短处，不断扬长补短或扬长避短才是会做人、能进步的妙要。

【引言】

（1）善行者无辙迹：善于驾车的人不留下车轮压的痕迹。

（2）善言者无瑕谪：善于言谈的人不留下话柄。瑕谪：玉上的斑痕，比喻人言语失当的瑕疵或过失。

（3）善数者不以筹策：善于计算的人不使用筹码。筹策：筹码，古时的计算用具。

（4）善闭者无关籥而不可启：善于关门闭户的人不使用关键和锁钥但能使他人无法打开门户。关籥（yuè）：关钥，关键和锁钥。

（5）善结者无绳约而不可解：善于捆绑打结的人不使用绳索但能使他人解不开捆绑。

（6）恒善救人：总是善于救助人。救：救助，解救，挽救。

（7）故无弃人：所以世上没有被遗弃的人。弃：被遗弃，被抛弃。

（8）恒善救物：总是善于利用财物。救：利用，使用。物：财物，资财与物品。

（9）故无弃物：所以世上没有被遗弃的财物。

（10）是谓曳明：这就是因袭（道的妙要）而获得的真聪明、真智慧。曳明：袭明，因袭（道的妙要）而获得的真聪明。

（11）善人之资：善人的借鉴。资：资助，帮助，这里指借鉴、借镜和警戒的意思。

（12）不贵其师：不尊重老师。贵：尊重，尊敬，敬重。

（13）不爱其资：不珍爱借鉴。

（14）虽智乎大迷：即使看起来聪明智慧，实质上却是大迷糊。乎：用在句中，表示稍作停顿，用以舒缓语气和引人注意下文。

（15）妙要：玄妙精要。

【译文】

善于驾车的人不留下车轮压的痕迹，善于言谈的人不留下话柄，善于计算的人不使用筹码，善于关门闭户的人不使用关键和锁钥但能使他人无法打开门户，善于捆绑打结的人不使用绳索但能使他人解不开捆绑。因此，圣人总是善于救助人，所以世上没有被遗弃的人；圣人总是善于利用财物，所以世上没有被遗弃的财物。这就是因袭（道的妙要）而获得的真聪明、真智慧。所以，善人是善人的老师，不善人是善人的借鉴。一个人如果不尊重老师，不珍爱借鉴，那么他即使看起来聪明智慧，实质上也是大迷糊。这就是玄妙精要的道理。

【拓展】

关于"善言者无瑕谪"。姬英明、饶尚宽、徐志钧、赵卫国、曹音、李存山、文若愚、汤漳平和王朝华认为，"善言者无瑕谪"是"善于言谈者是不会授人话柄的""善于言谈的人，没有瑕疵""善于言谈的人没有言语失当""善于说话的人说话能做到滴水不漏，让人抓不到错处""善言者无失言""善于言说的，无可挑剔""善于言谈，就不会有可指摘之处""善于言谈的不留瑕疵"的意思①；唐汉认为，"善言者无瑕谪"是指"善于演说者不需要他人解说或翻译"②。笔者赞同姬英明、饶尚宽、徐志钧等人的解释。

关于"曳明"（通行本："袭明"；《姬氏道德经》："神明"）。姬英明、徐志钧认为，"神明"或"曳明"是"真智慧真明慧""睿智"的意思③；饶尚宽、曹音认为，"袭明"是指"重明""既善救人，又善救物，双重知明""双重的聪明""绝顶聪明"④；唐汉将"曳明"解释为"拉曳到明亮处（即搞明

---

① 老子.姬氏道德经［M］.姬英明，译注.北京：朝华出版社，2017：44；老子［M］.饶尚宽，译注.北京：中华书局，2015：61；徐志钧.老子帛书校注［M］.南京：凤凰出版社，2016：483-484；赵卫国.帛书《道德经》新析［M］.沈阳：东北大学出版社，2017：104；曹音.《道德经》释疑［M］.上海：上海三联书店，2012：21；老子［M］.李存山，注译.郑州：中州古籍出版社，2008：82；文若愚.道德经全解［M］.北京：中国华侨出版社，2012：162；老子［M］.汤漳平，王朝华，译注.北京：中华书局，2014：106.

② 唐汉.道德经新解［M］.北京：北京联合出版公司，2016：307.

③ 老子.姬氏道德经［M］.姬英明，译注.北京：朝华出版社，2017：45；徐志钧.老子帛书校注［M］.南京：凤凰出版社，2016：485.

④ 老子［M］.饶尚宽，译注.北京：中华书局，2015：61；曹音.《道德经》释疑［M］.上海：上海三联书店，2012：21.

白）"①；李存山将"袭明"解读为"因顺对'道'的认识"②；文若愚、汤漳平和王朝华将"袭明"理解为"掩藏在内的聪明""内敛聪明"③。笔者比较赞同姬英明、徐志钧、李存山等人的解读。

关于"善人之资"。姬英明、徐志钧、唐汉、曹音、李存山、文若愚认为，"善人之资"是"善良人借鉴的对象""善人的鉴戒""善人引以为戒的资本""善人的资助""善人的借鉴"的意思④；饶尚宽认为，"善人之资"是指"善人的学生"⑤；汤漳平和王朝华将"善人之资"解释为"善人的一种财富"⑥。笔者赞同姬英明、徐志钧、唐汉等人的理解。

【三本对照】

通行本《道德经》第二十七章：善行，无辙迹；善言，无瑕谪；善数，不用筹策；善闭，无关楗而不可开；善结，无绳约而不可解。是以圣人常善救人，故无弃人；常善救物，故无弃物。是谓"袭明"。故善人者不善人之师，不善人者善人之资。不贵其师，不爱其资，虽智大迷，是谓"要妙"。⑦

帛书本《道德经》第七十一章：善行者无辙迹，善言者无瑕谪，善数者不以筹策。善闭者无关籥而不可启也，善结者无绳约而不可解也。是以圣人恒善救人而无弃人，物无弃财，是谓曳明。故善人，善人之师；不善人，善人之资也。不贵其师，不爱其资，虽智乎大迷。是谓妙要。⑧

《姬氏道德经》（道理卷）：善行者无辙迹，善言者无瑕谪，善数者不以筹

① 唐汉.道德经新解 [M].北京：北京联合出版公司，2016：307.
② 老子 [M].李存山，注译.郑州：中州古籍出版社，2008：83.
③ 文若愚.道德经全解 [M].北京：中国华侨出版社，2012：162；老子 [M].汤漳平，王朝华，译注.北京：中华书局，2014：105.
④ 老子.姬氏道德经 [M].姬英明，译注.北京：朝华出版社，2017：45；徐志钧.老子帛书校注 [M].南京：凤凰出版社，2016：485；唐汉.道德经新解 [M].北京：北京联合出版公司，2016：307；曹音.《道德经》释疑 [M].上海：上海三联书店，2012：21；老子 [M].李存山，注译.郑州：中州古籍出版社，2008：83；文若愚.道德经全解 [M].北京：中国华侨出版社，2012：162.
⑤ 老子 [M].饶尚宽，译注.北京：中华书局，2015：61.
⑥ 老子 [M].汤漳平，王朝华，译注.北京：中华书局，2014：105.
⑦ 老子 [M].饶尚宽，译注.北京：中华书局，2015：60.
⑧ 徐志钧.老子帛书校注 [M].南京：凤凰出版社，2016：483；赵卫国.帛书《道德经》新析 [M].沈阳：东北大学出版社，2017：103.

策，善闭者无关籥而不可启也，善结者无绳约而不可解也。是以圣人常善救人而无人弃，善物故无弃才，是谓神明！故善人，善人之师；不善人，善人之资。不贵其师，不爱其资，虽知乎大迷，是谓妙要。①

---

① 老子．姬氏道德经［M］．姬英明，译注．北京：朝华出版社，2017：42．

第四十章

人之生也柔弱，其死也坚强

【原文之修订】（通行本《道德经》第七十六章；帛书本《道德经》第四十一章）

人之生也柔弱，其死也坚强；草木之生也柔脆，其死也枯槁。故曰："坚强者死之徒，柔弱者生之徒。"是以兵强则灭，木强则折。强大处下，柔弱处上。

【引言】

本章内容对应通行本《道德经》第七十六章、帛书本《道德经》第四十一章以及《姬氏道德经》道理卷的第十四个段落。

关于本章内容，通行本、帛书本和《姬氏道德经》主要有四处差异。第一处，通行本写作"其死也坚强"，帛书本写作"其死也亘仞坚强"，《姬氏道德经》写作"其死也梗韧坚强"。"亘仞""梗韧"同义，都是身体僵硬挺直的意思。第二处，通行本写作"坚强者死之徒，柔弱者生之徒"，帛书本写作"坚强，死之徒也；柔弱，生之徒也"，《姬氏道德经》写作"坚强者死之徒也，柔弱微细生之徒也"。很显然，三者意思相同。第三处，通行本写作"兵强则灭，木强则折"，帛书本写作"兵强则不胜，木强则兢"，《姬氏道德经》写作"兵强则不胜，木强则梗"。"灭""不胜"近义。"折""兢""梗"三者意思稍有不同。"折"是折断的意思。"兢"通"竟"，是终了、完了的意思。"梗"是僵硬挺直的意思。这三者在此所表达的意思还是相同的。第四处，通行本写作"强大处下，柔弱处上"，帛书本写作"强大居下，柔弱居上"，《姬氏道德经》写作"强大居下，柔弱微细居上"。显而易见，三者意思相同。总之，关于本章内容，通行本、帛书本和《姬氏道德经》原文之表述根本大意完全相同，而通行本原文之表述更为简洁明快。

本章原文之修订，采用通行本原文之表述。这一章，老子通过人和草木在活着时候的柔弱和柔脆表现以及在死亡时候的僵硬和枯槁表现，推断出"坚强者死之徒，柔弱者生之徒"的人生哲理。物极必反，物壮而老。军队强大到巅峰就会不可避免地走向衰微，树木繁盛过后就会走向枯槁和衰亡。因此，强大的东西处于下行趋势，开始走下坡路；柔弱的东西处于上行趋势，其生命力正不断走向强大。

【释解】

（1）生也柔弱：活着的时候身体柔软脆弱。

（2）死也坚强：死亡之后身体僵硬挺直。

（3）死之徒：死亡一类的。徒：同一类的。

（4）生之徒：活着一类的。

（5）兵强则灭：军队强大到一定程度就会走向衰微。

（6）木强则折：树木繁盛到一定程度就会折断。

（7）强大处下：强大的东西处于下行趋势，生命力越来越弱小。

（8）柔弱处上：柔弱的东西处于上行趋势，生命力越来越强大。

【译文】

人活着的时候身体柔软脆弱，死亡之后身体就会变得僵硬挺直；草木活着的时候枝干也是柔软脆弱的，但其死亡之后枝干也会变得枯萎干硬。所以，坚硬强大的东西属于死亡一类，柔软脆弱的东西属于活着一类。因此，军队强大到一定程度就会走向衰微，树木繁盛到一定程度就会折断。强大的东西处于下行趋势，生命力会越来越弱小；柔弱的东西处于上行趋势，生命力会越来越强大。

【拓展】

关于"坚强者死之徒，柔弱者生之徒"。姬英明、饶尚宽、赵卫国、唐汉、曹音、李存山、文若愚、汤漳平和王朝华认为，"坚强者死之徒，柔弱者生之徒"是"坚强属于走向死亡的一类，柔弱属于继续生长的一类""坚硬强大的东西属于死亡一类，柔软弱小的东西属于生存一类""坚强者，接下来诞生的一定是死亡；柔弱微细的东西，接下来诞生的一定是欣欣向荣的成长""坚强通向死亡，柔弱通往生存""坚强是通往死亡之路，柔软是通往生存之路""坚强的属于死亡之类，柔弱的属于生长之类""凡是坚强的东西属于死亡的一类，凡是柔弱的东西都属于有生命力的一类""坚强的属于死的一类，柔弱的属于活的一类"的意思①。笔者赞同姬英明、饶尚宽、赵卫国等人的解读。

关于"强大处下，柔弱处上"。姬英明、饶尚宽、曹音、文若愚认为，"强大处下，柔弱处上"是"凡是强大的总是处于下位，凡是柔弱微细的反而居于上面""强大者处于下方，柔弱者处于上方""强大居下，柔弱居上""凡是强大的，总是处于下位，凡是柔弱的，反而居于上位"的意思②；赵卫国认为，"强大处下，柔弱处上"是指"强大者的趋势是下行的，而柔弱者的趋势才是上行的"③；唐汉将"强大处下，柔弱处上"解释为"坚强的东西最终倒在地面（而死去），柔弱的东西仍居处其上（而生存）"④；李存山、汤漳平和王朝华将"强大处下，柔弱处上"解读为"坚强的实际处于劣势，柔弱的实际处于优势""强大处于劣势，柔弱处于优势"⑤。笔者赞同赵卫国的解释。

【三本对照】

通行本《道德经》第七十六章：人之生也柔弱，其死也坚强；草木之生也柔脆，其死也枯槁。故曰坚强者死之徒，柔弱者生之徒。是以兵强则灭，木强则折。强大处下，柔弱处上。⑥

帛书本《道德经》第四十一章：人之生也柔弱，其死也亘仞坚强。万物草木之生也柔脆，其死也枯槁。故曰："坚强，死之徒也；柔弱，生之徒也。"是

① 老子. 姬氏道德经［M］. 姬英明，译注. 北京：朝华出版社，2017：45；老子［M］. 饶尚宽，译注. 北京：中华书局，2015：164；赵卫国. 帛书《道德经》新析［M］. 沈阳：东北大学出版社，2017：59；唐汉. 道德经新解［M］. 北京：北京联合出版公司，2016：191；曹音. 《道德经》释疑［M］. 上海：上海三联书店，2012：55；老子［M］. 李存山，注译. 郑州：中州古籍出版社，2008：145；文若愚. 道德经全解［M］. 北京：中国华侨出版社，2012：460.
② 老子. 姬氏道德经［M］. 姬英明，译注. 北京：朝华出版社，2017：45；老子［M］. 饶尚宽，译注. 北京：中华书局，2015：164；曹音. 《道德经》释疑［M］. 上海：上海三联书店，2012：55；文若愚. 道德经全解［M］. 北京：中国华侨出版社，2012：460；老子［M］. 汤漳平，王朝华，译注. 北京：中华书局，2014：290.
③ 赵卫国. 帛书《道德经》新析［M］. 沈阳：东北大学出版社，2017：59-60.
④ 唐汉. 道德经新解［M］. 北京：北京联合出版公司，2016：191.
⑤ 老子［M］. 李存山，注译. 郑州：中州古籍出版社，2008：145；老子［M］. 汤漳平，王朝华，译注. 北京：中华书局，2014：290.
⑥ 老子［M］. 饶尚宽，译注. 北京：中华书局，2015：163.

以兵强则不胜，木强则兢。强大居下，柔弱居上。①

　　《姬氏道德经》（道理卷）：人之生也柔弱，其死也梗韧坚强；万物草木之生也柔脆，其死也枯槁。故曰坚强者死之徒也，柔弱微细生之徒也！兵强则不胜，木强则梗；强大居下，柔弱微细居上。②

①　徐志钧. 老子帛书校注［M］. 南京：凤凰出版社，2016：281；唐汉. 道德经新解［M］. 北京：北京联合出版公司，2016：191；赵卫国. 帛书《道德经》新析［M］. 沈阳：东北大学出版社，2017：59.
②　老子. 姬氏道德经［M］. 姬英明，译注. 北京：朝华出版社，2017：42-43.

第四十一章

信言不美，美言不信

【原文之修订】（通行本《道德经》第八十一章；帛书本《道德经》第三十一章）

信言不美，美言不信；知者不博，博者不知；善者不多，多者不善。圣人无积，既以为人，己愈有；既以予人矣，己愈多。故天之道，利而不害；人之道，为而弗争。

【引言】

本章内容对应通行本《道德经》第八十一章、帛书本《道德经》第三十一章以及《姬氏道德经》道理卷的第十五个段落（也是该卷最后一个段落）。

关于本章内容，通行本、帛书本和《姬氏道德经》原文之表述主要有三处差异。第一处，通行本写作"善者不辩，辩者不善"，而帛书本和《姬氏道德经》均写作"善者不多，多者不善"。可见，通行本这个地方是后来的编修者修改所致的。第二处，通行本写作"既以与人，己愈多"，帛书本和《姬氏道德经》均写作"既以予人矣，己愈多"。"与""予"意思相同，都是给予的意思。第三处，通行本写作"圣人之道"，帛书本和《姬氏道德经》均写作"人之道"。圣人之道，实质上是做人处世之道，即"人之道"。所以，帛书本更符合老子的原义。

本章原文之修订，全部采用帛书本原文之表述。这一章，老子讲信与美、智与博、善与多之间的辩证统一关系，以及圣人之道、天之道和人之道的基本特征和原则。

【释解】

（1）信言不美：真实可信的言语不漂亮。美：华美，华丽，漂亮。

（2）美言不信：漂亮的言语不真实可信。

（3）知者不博：有真知灼见的人未必知识渊博。知者：智者，有智慧的人。博：知识渊博。

（4）博者不知：知识渊博的人未必有真知灼见。

（5）善者不多：善良的人不会多贪多占。多：贪多，贪占，贪婪。

（6）多者不善：多贪多占的人不善良。

（7）圣人无积：圣人不积蓄财富。

（8）既以为人，己愈有：全部用来帮助他人，自己却更富有。既：全部，都。

（9）既以予人矣，己愈多：全部给予他人，自己却更富有。多：丰富，有余。

（10）利而不害：利益万物而不损害它们。

（11）为而弗争：有利于他人而不与他人争夺利益。

【译文】

真实可信的言语不漂亮，漂亮的言语不真实可信；有真知灼见的人未必知识渊博，知识渊博的人未必有真知灼见；善良的人不会多贪多占，多贪多占的人不善良。圣人不积蓄财富，全部用来帮助他人，自己却更富有；全部给予他人，自己却更富有。所以，天之道，有利于万物而不损害它们；人之道，有利于他人而不与他人争夺利益。

【拓展】

关于"利而不害"。姬英明、饶尚宽、唐汉、曹音、李存山、文若愚、汤漳平和王朝华认为，"利而不害"是"让所有的事物都往有利的方向发展，而不是侵害它们""利物而不害物""有利万物而不侵害""让万事万物都得到好处，而不伤害它们"的意思[①]；赵卫国认为，"利而不害"是指"给别人带来好处，自己一点儿不会缺损"[②]。笔者赞同姬英明、饶尚宽、唐汉等人的解释。

---

① 老子.姬氏道德经［M］.姬英明，译注.北京：朝华出版社，2017：46；老子［M］.饶尚宽，译注.北京：中华书局，2015：174；唐汉.道德经新解［M］.北京：北京联合出版公司，2016：156；曹音.《道德经》释疑［M］.上海：上海三联书店，2012：58；老子［M］.李存山，注译.郑州：中州古籍出版社，2008：150；文若愚.道德经全解［M］.北京：中国华侨出版社，2012：495；老子［M］.汤漳平，王朝华，译注.北京：中华书局，2014：302.

② 赵卫国.帛书《道德经》新析［M］.沈阳：东北大学出版社，2017：48.

关于"为而弗争"（通行本和《姬氏道德经》："为而不争"）。姬英明、饶尚宽、李存山认为，"为而弗争"或"为而不争"是"加强自身的修为，施惠于众而不是与人争夺""帮助而不争夺""帮助人而不与人争夺"的意思①；赵卫国、曹音、文若愚、汤漳平和王朝华认为，"为而弗争"或"为而不争"是指"你如果去做事，只要认真做，又不和别人去争，你的道同样是绵延不绝，不减反增的""施为而不争夺""有所为而不争强好胜""有所作为而无所争夺"②；唐汉将"为而弗争"解释为"仿效（道）而不去争夺"③。笔者赞同姬英明、饶尚宽等人的解读。

【三本对照】

通行本《道德经》第八十一章：信言不美，美言不信。善者不辩，辩者不善。知者不博，博者不知。圣人不积，既以为人，己愈有；既以与人，己愈多。天之道，利而不害；圣人之道，为而不争。④

帛书本《道德经》第三十一章：信言不美，美言不信。知者不博，博者不知。善者不多，多者不善。圣人无积，既以为人，己愈有；既以予人矣，己愈多。故天之道，利而不害；人之道，为而弗争。⑤

《姬氏道德经》（道理卷）：信言不美，美言不信；知者不博，博者不知；善者不多，多者不善。圣人无积，既以为人，己愈有，既以予人矣，己愈多！故天之道，利而不害；人之道，为而不争。⑥

---

① 老子.姬氏道德经［M］.姬英明，译注.北京：朝华出版社，2017：46；老子［M］.饶尚宽，译注.北京：中华书局，2015：174；老子［M］.李存山，注译.郑州：中州古籍出版社，2008：150.

② 赵卫国.帛书《道德经》新析［M］.沈阳：东北大学出版社，2017：48；曹音.《道德经》释疑［M］.上海：上海三联书店，2012：58；文若愚.道德经全解［M］.北京：中国华侨出版社，2012：495；老子［M］.汤漳平，王朝华，译注.北京：中华书局，2014：302.

③ 唐汉.道德经新解［M］.北京：北京联合出版公司，2016：156.

④ 老子［M］.饶尚宽，译注.北京：中华书局，2015：173.

⑤ 徐志钧.老子帛书校注［M］.南京：凤凰出版社，2016：223；赵卫国.帛书《道德经》新析［M］.沈阳：东北大学出版社，2017：47.

⑥ 老子.姬氏道德经［M］.姬英明，译注.北京：朝华出版社，2017：43.

第四篇　论道政

在该篇中，老子指出，道是所有人安身立命的法宝，是天地万物的依靠。因此，有道的统治者应该效法自然大道，大公无私，实行清静无为而治。统治者尊道贵德，则战无不胜，攻无不克，才能保证国家长治久安。

老子认为，统治者应该做有道的统治者，应该"方而不割，廉而不刿，直而不绁，光而不耀"，时刻保持清心寡欲、恬淡知足、节俭节用，来确保天下和平安宁；治国理政要未雨绸缪、防患于未然，凡事要大处着眼小处着手，要"为之于未有，治之于未乱"，要善始善终才能避免失败的结果；祸福相依，正与奇、善与妖相互转变；有道的人总能保持清心寡欲、谨慎少言、和光同尘、排忧解难；有道的统治者公而忘私，把人民群众的利益放在第一位，先天下之忧而忧，后天下之乐而乐，才能保证国家的长治久安，才能受到民众的尊崇和爱戴；"慈""俭""不敢为天下先"是治国理政、保家卫国和做人处事的法宝，特别是"慈"这个法宝，是勇敢的力量源泉，只要慈爱具足，就能"以战则胜，以守则固"。

老子还认为，有道的统治者，应该效法自然大道，保持无为、好静、无事和无欲，以诚信为本，重视言行一致，政治宽厚，从不轻易发号施令，而让百姓休养生息，自然发展。百姓在无为而治的政策下，愉快生活，努力耕耘，不知不觉就变得淳朴、富裕、正直和文明起来。反之，无道的统治者，政治和法令严苛，扰民政策多，百姓就变得狡诈失德，盗贼也层出不穷。

在老子看来，百姓智巧越多，国家就越难治理；百姓越是淳朴简单，国家就越容易治理。所以，他希望统治者不以智巧治理国家，而是要以清静无为、自然而然、敦厚淳朴的思想治理国家。这反映了老子自然清净、无为政治的思想。有些学者将这种思想称为"愚民政治"思想，笔者认为是非常偏颇的，因为老子本意根本不是为了愚民，而是主张统治者做有道的统治者，尊道贵德，"以正治国，以奇用兵，以无事取天下"。"以正治国"就是尊道贵德，按照天道自然无为的原则和精神治理国家，化育百姓，让百姓养成敦厚淳朴、恬淡自足的思想作风和自然做事的习惯，使整个社会秩序自然和谐、良性发展。事实上，统治者要想做到彻底的"愚民"，也是根本不可能做到的。因此，尊道贵德的老子也断然不会提倡所谓的"愚民"政治。

第四十二章

道者，万物之主也

【原文之修订】（通行本《道德经》第六十二章；帛书本《道德经》第二十五章）

道者，万物之主也，善人之宝也，不善人之所保也。美言可以市，尊行可以贺人。人之不善也，何弃之有？故立天子，置三公，虽有拱璧以先驷马，不如坐进此道。古之所以贵此道者，何也？不谓求以得，有罪以免与？故为天下贵。

【引言】

本章内容对应通行本《道德经》第六十二章、帛书本《道德经》第二十五章以及《姬氏道德经》道政卷的第一个段落。

关于本章内容，通行本、帛书本和《姬氏道德经》原文之表述主要有三处差异。第一处，通行本写作"道者，万物之奥"，帛书本写作"道者，万物之注也"，而《姬氏道德经》写作"道呵！万物之柱也"。"奥""注"和"柱"是"主宰""支柱"的意思，该句原文之修订决定采用"道者，万物之主也"。第二处，通行本写作"美言可以市尊，美行可以加人"，帛书本写作"美言可以市，尊行可以贺人"，《姬氏道德经》写作"美言可以市尊，正行可以贺人"。通行本和《姬氏道德经》所表达的意思基本相近，即好的言语可以获得人们的尊敬，好的行为可以增益人，这与帛书本"美言可以市"所表达的意思有所区别。第三处，通行本写作"故立天子，置三公，虽有拱璧以先驷马，不如坐进此道"，帛书本写作"故立天子，置三卿，虽有共之璧以先四马，不若坐而进此"，《姬氏道德经》写作"故立天子，置三公，虽有拱之璧以先而驷马，不若善而坐进此道"。"拱璧""共之璧""拱之璧"意思相同。"驷马""四马"意思相同。可见，三者大意完全相同，但通行本的表述更为简洁。

本章原文之修订，以帛书本原文之表述为主，兼采通行本和《姬氏道德经》

原文表述的优点。这一章，老子讲道的重要性。道是所有人安身立命的法宝，是天地万物的依靠。道从来不抛弃任何人，也总是平等对待一切事物。有道的统治者也会像道那样，平等地对待一切人。立志追求道的人不仅能够求仁得仁，而且即使有了罪过也能被赦免。

【释解】

（1）万物之主：万物的主宰。

（2）善人之宝：善人的珍宝。宝：珍宝，法宝。

（3）不善人之所保：不善人所必须保有的（法宝）。

（4）美言可以市：美好的言语有助于实现交易。美言：赞美的话，美好的言语。市：交易，做买卖。

（5）尊行可以贺人：尊敬谦让的行为可以增益人。尊：尊敬，谦让。贺（jiā）：通"嘉"，增加，增益，使人受惠或受益。

（6）人之不善也：人即使做了不善的事情。之：助词，用在主谓结构之间，不译。

（7）何弃之有：有什么可抛弃的呢，指道"常善救人，故无弃人；常善救物，故无弃物"①。

（8）立天子：设立天子。

（9）置三公：设置三公。三公：在周代，三公是指太师、太傅、太保。

（10）虽有拱璧以先驷马：虽然有先进献拱璧而后进献驷马（的环节）。

（11）坐进此道：安坐下来进献此道。

（12）古之所以贵此道者：古人之所以珍视这个道。贵：重视，珍视，看重。

（13）何也：为什么呢。

（14）不谓求以得：不是说有求（于道）必有所得吗。

（15）有罪以免与：有罪可以得到（道的）赦免吗。与：语气助词，吗。

（16）故为天下贵：所以（道）被天下人所珍视。

【译文】

道是天地万物的主宰，是善人的珍宝，也是不善人所必须保有的法宝。美好的言语有助于实现交易，尊敬谦让的行为可以增益人。人做了不善的事情，

___

① 老子［M］. 饶尚宽，译注. 北京：中华书局，2015：60.

道有什么理由抛弃他呢？道绝对不会抛弃他。所以在举办设立天子、设置三公的仪式时，虽然有先进献拱璧而后进献驷马的环节，但还不如（在这个环节）安坐下来进献此道。古人之所以珍视这个道，是因为什么呢？不是说有求于道必有所得、有罪也可以得到它的赦免吗？是的，所以道被天下人所珍视。

【拓展】

关于"美言可以市，尊行可以贺人"（通行本："美言可以市尊，美行可以加人"；《姬氏道德经》："美言可以市尊，正行可以贺人"）。姬英明认为，"美言可以市尊，正行可以贺人"是"美好的言辞可以换来别人对自己的尊重，正直良好的行为可以助自己见重于人"的意思①；饶尚宽、赵卫国、李存山、文若愚认为，"美言可以市尊，美行可以加人"是指"美好的言论可以博取人们的尊敬，美好的行为可以受到人们的重视""美好的言辞可以取得人们的尊敬，美好的行为可以使人添加尊重""美好的言辞可以取得别人的尊敬，美善的行为可以见重于人"②；徐志钧、汤漳平和王朝华将"美言可以市，尊行可以贺人"解释为"动听的言辞便于做成买卖，谦让的行为可以使人受惠""美丽的言语可以用于交易，尊贵的行为可以给人施加影响"③；唐汉将"美言可以市，尊行可以贺人"解读为"赞美的言辞可以促成买卖，尊敬他人的行为等于恭贺他人"④；曹音将"美言可以市，尊行可以贺人"理解为"美言是缺点但有助于做买卖，高尚的行为是优点能获得尊重"⑤。就"美言可以市，尊行可以贺人"的解释而言，笔者赞同徐志钧、汤漳平和王朝华的解读。

关于"人之不善也，何弃之有"。姬英明、饶尚宽、赵卫国认为，"人之不善也，何弃之有"是"那些不善之人，怎么能把道抛弃呢""人即使是不善，为什么要抛弃道呢""即使所谓不善的人，又怎么可能将道抛弃呢"的意思⑥；

① 老子.姬氏道德经［M］.姬英明，译注.北京：朝华出版社，2017：50.
② 老子［M］.饶尚宽，译注.北京：中华书局，2015：135；赵卫国.帛书《道德经》新析［M］.沈阳：东北大学出版社，2017：38；老子［M］.李存山，注译.郑州：中州古籍出版社，2008：127；文若愚.道德经全解［M］.北京：中国华侨出版社，2012：368.
③ 徐志钧.老子帛书校注［M］.南京：凤凰出版社，2016：178；老子［M］.汤漳平，王朝华，译注.北京：中华书局，2014：249.
④ 唐汉.道德经新解［M］.北京：北京联合出版公司，2016：131.
⑤ 曹音.《道德经》释疑［M］.上海：上海三联书店，2012：45.
⑥ 老子.姬氏道德经［M］.姬英明，译注.北京：朝华出版社，2017：50；老子［M］.饶尚宽，译注.北京：中华书局，2015：135；赵卫国.帛书《道德经》新析［M］.沈阳：东北大学出版社，2017：38.

徐志钧认为,"人之不善也,何弃之有"是指"作为贵族的善人不能抛弃作为庶民的不善人"①;唐汉将"人之不善也,何弃之有"解释为"一个人已经失去善良,还有什么可以丢弃的呢"②;曹音、李存山、文若愚、汤漳平和王朝华将"人之不善也,何弃之有"解读为"即使是不善之人,道都不抛弃他们""如果人做了不善的事,怎么就可以抛弃他呢""即使是恶人,只要你因为明白了大道,真心悔过,道怎么会弃你于不顾呢""人有所不善,有什么可抛弃的呢"③。笔者赞同曹音、李存山、文若愚、汤漳平和王朝华等人的解释。

【三本对照】

通行本《道德经》第六十二章:道者,万物之奥。善人之宝,不善人之所保。美言可以市尊,美行可以加人。人之不善,何弃之有?故立天子,置三公,虽有拱璧以先驷马,不如坐进此道。古之所以贵此道者何?不曰:求以得,有罪以免邪?故为天下贵。④

帛书本《道德经》第二十五章:道者,万物之注也。善人之宝也,不善人之所保也。美言可以市,尊行可以贺人。人之不善也,何弃之有?故立天子,置三卿,虽有共之璧以先四马,不若坐而进此。古之所以贵此者,何也?不谓求以得,有罪以免与?故为天下贵。⑤

《姬氏道德经》(道政卷):道呵!万物之柱也,善人之宝也,不善人之所保也。美言可以市尊,正行可以贺人;人之不善,何弃之有?故立天子,置三公,虽有拱之璧以先而驷马,不若善而坐进此道。古之所以贵此道者何?不曰,求以得,有罪以免予?故为天下贵。⑥

① 徐志钧. 老子帛书校注 [M]. 南京:凤凰出版社,2016:180-181.
② 唐汉. 道德经新解 [M]. 北京:北京联合出版公司,2016:131.
③ 曹音.《道德经》释疑 [M]. 上海:上海三联书店,2012:45;老子 [M]. 李存山,注译. 郑州:中州古籍出版社,2008:127;文若愚. 道德经全解 [M]. 北京:中国华侨出版社,2012:368;老子 [M]. 汤漳平,王朝华,译注. 北京:中华书局,2014:249.
④ 老子 [M]. 饶尚宽,译注. 北京:中华书局,2015:134.
⑤ 徐志钧. 老子帛书校注 [M]. 南京:凤凰出版社,2016:176;赵卫国. 帛书《道德经》新析 [M]. 沈阳:东北大学出版社,2017:37.
⑥ 老子. 姬氏道德经 [M]. 姬英明,译注. 北京:朝华出版社,2017:48.

第四十三章

希言自然，故飘风不终朝

【原文之修订】（通行本《道德经》第二十三章；帛书本《道德经》第六十八章）

希言自然。故飘风不终朝，骤雨不终日。孰为此者？天地。天地尚不能久，而况于人乎？故从事于道者同于道，德者同于德，失者同于失。同于道者，道亦乐得之；同于德者，道亦德之；同于失者，道亦失之。

【引言】

本章内容对应通行本《道德经》第二十三章、帛书本《道德经》第六十八章以及《姬氏道德经》道政卷的第二个段落。

关于本章内容，通行本、帛书本和《姬氏道德经》原文之表述主要有六处差异。第一处，通行本写作"飘风不终朝，骤雨不终日"，帛书本写作"飘风不终朝，暴雨不终日"，《姬氏道德经》写作"飙风不终朝，暴雨不终日"。"飘风""飙风"同义，"骤雨""暴雨"同义。第二处，通行本写作"孰为此者？天地"，帛书本和《姬氏道德经》均写作"孰为此"。通行本有问有答，帛书本和《姬氏道德经》只有问。第三处，通行本写作"而况于人乎"，帛书本写作"又况于人乎"，《姬氏道德经》写作"又何况于人乎"。很显然，三者意思相同。第四处，通行本写作"同于道者，道亦乐得之"，而帛书本和《姬氏道德经》均没有这一句。根据该章的行文和思想逻辑，笔者认为应当有这一句。第五处，通行本写作"同于德者，德亦乐得；同于失者，失亦乐得之"，帛书本和《姬氏道德经》均写作"同于德者，道亦德之。同于失者，道亦失之"。笔者认为，帛书本和《姬氏道德经》这一处的表述比通行本更合情合理。第六处，通行本写作"信不足焉，有不信焉"，而帛书本和《姬氏道德经》在这个地方都没有这一句。鉴于通行本第十七章、帛书本第六十一章和《姬氏道德经》道政卷的第六个段落已有这一句，且通行本在这一章中的"信不足焉，有不信焉"

与其他各句内容没有什么关联，显得突兀，笔者可推断通行本在这一章中的"信不足焉，有不信焉"应是错简重出或错误编修所致。

　　本章原文之修订，以通行本原文之表述为主，兼采帛书本原文表述的优点。这一章，老子在讲道法自然、无为而治的重要性和必要性。老子通过"飘风不终朝，骤雨不终日"的比喻，说明使用狂暴的政治或社会治理手段来治理社会是不能长久的。老子还指出，追求道德的人，一定会获得道德；反之，违背道德的人，也一定会失去道德。

【释解】

（1）希言自然：少发号施令乃自然之道。希言：少说话，引申为少发号施令。

（2）飘风不终朝：狂风刮不了一早晨。终朝：整个早晨，一早上。

（3）骤雨不终日：暴雨下不了一整天。终日：整天。

（4）孰为此者：是谁造成这种（狂风暴雨）现象的呢。

（5）故从事于道者同于道：所以追求道的人其行为也渐渐趋同于道。

（6）德者同于德：追求德的人其行为也渐渐趋同于德。

（7）失者同于失：失道失德的人其行为也渐渐趋同于失道失德。

（8）道亦乐得之：道也乐于使他得到道。得之：使之得（道）。之：他，指同于道者。

（9）道亦德之：道也使他得到德。德之：使之得到德。之：他，指同于德者。

（10）道亦失之：道也使他失去道和德。失之：使之失去道和德。之：他，指同于失者。

【译文】

　　少发号施令乃自然之道。所以，狂风刮不了一早晨，暴雨下不了一整天。是谁造成这种（狂风暴雨）现象的呢？是天地。天地尚不能永久存在，何况人呢？因此，追求道的人其行为也渐渐趋同于道，追求德的人其行为也渐渐趋同于德，失道失德的人其行为也渐渐趋同于失道失德。行为与道趋同的人，道也乐于使他得到道；行为与德趋同的人，道也使他得到德；行为与失道失德趋同的人，道也使他失去道和德。

【拓展】

关于"希言自然"。姬英明、饶尚宽、徐志钧、李存山、文若愚、汤漳平和王朝华认为，"希言自然"是"少下达政令，行不言之教才是符合自然规律的""不言教令是符合自然规律的""不言之教符合自然规律""少说话，乃符合自然""少说话才是合乎自然的""少发政令合于自然"的意思①；赵卫国认为，"希言自然"是指"自然界或天地不言而有大德"②；唐汉将"希言自然"解释为"用很少的语言述说自然而然之事"③；曹音将"希言自然"理解为"少发号施令，让万物自己运行"④。笔者赞同姬英明、饶尚宽、徐志钧等人的解释。

关于"同于德者，道亦德之"。姬英明、赵卫国、徐志钧、曹音认为，"同于德者，道亦德之"是"行为合乎德的施政者，道也会乐于帮助他得到德""追求德的人，道其实同他在一起""能同一于德者，道亦加以恩惠""循德者必得'道'"的意思⑤；饶尚宽、李存山、文若愚、汤漳平和王朝华认为，"同于德者，道亦德之"是指"行为与德相同的人，德也乐意得到他""同于'德'的人，'德'也乐于得到他""认同有德的人，德也会乐于得到他""与德合一的人，德也得到他"⑥；唐汉将"同于德者，道亦德之"解读为"有共同德行者，道亦会驾驭他们"⑦。笔者赞同姬英明、赵卫国等人的解读。

关于"同于失者，道亦失之"。姬英明认为，"同于失者，道亦失之"是"行事失于道的施政者，道也会使他失去天下"的意思⑧；饶尚宽、徐志钧、赵卫国、唐汉、曹音、文若愚、汤漳平和王朝华认为，"同于失者，道亦失之"是

① 老子.姬氏道德经［M］.姬英明，译注.北京：朝华出版社，2017：50；老子［M］.饶尚宽，译注.北京：中华书局，2015：52；徐志钧.老子帛书校注［M］.南京：凤凰出版社，2016：465；老子［M］.李存山，注译.郑州：中州古籍出版社，2008：78；文若愚.道德经全解［M］.北京：中国华侨出版社，2012：136；老子［M］.汤漳平，王朝华，译注.北京：中华书局，2014：90.

② 赵卫国.帛书《道德经》新析［M］.沈阳：东北大学出版社，2017：99.

③ 唐汉.道德经新解［M］.北京：北京联合出版公司，2016：296.

④ 曹音.《道德经》释疑［M］.上海：上海三联书店，2012：19.

⑤ 老子.姬氏道德经［M］.姬英明，译注.北京：朝华出版社，2017：50；赵卫国.帛书《道德经》新析［M］.沈阳：东北大学出版社，2017：100；徐志钧.老子帛书校注［M］.南京：凤凰出版社，2016：467；曹音.《道德经》释疑［M］.上海：上海三联书店，2012：19.

⑥ 老子［M］.饶尚宽，译注.北京：中华书局，2015：52；老子［M］.李存山，注译.郑州：中州古籍出版社，2008：78；文若愚.道德经全解［M］.北京：中国华侨出版社，2012：136；老子［M］.汤漳平，王朝华，译注.北京：中华书局，2014：91.

⑦ 唐汉.道德经新解［M］.北京：北京联合出版公司，2016：296.

⑧ 老子.姬氏道德经［M］.姬英明，译注.北京：朝华出版社，2017：50.

指"行为与失道失德相同的人，失道失德也乐意得到他""同一于失者，道亦以不道不德应之""失去德的人，道其实也离开了他""失去德行者，道亦会丢失他们""失德者必失'道'""认同于失德的人，无德也会乐于得到他""与失合一的人，道也抛弃他"①；李存山将"同于失者，道亦失之"解释为"同于失'德'的人，其失败不可避免"②。笔者赞同饶尚宽、徐志钧、赵卫国等人的观点。

【三本对照】

通行本《道德经》第二十三章：希言自然。故飘风不终朝，骤雨不终日。孰为此者？天地。天地尚不能久，而况于人乎？故从事于道者，同于道；德者，同于德；失者，同十失。同于道者，道亦乐得之，同于德者，德亦乐得之；同于失者，失亦乐得之。（信不足焉，有不信焉。③）④

帛书本《道德经》第六十八章：希言自然。飘风不终朝，暴雨不终日，孰为此？天地而弗能久，又况于人乎？故从事于道者同于道，德者同于德，失者同于失。同于德者，道亦德之。同于失者，道亦失之。⑤

《姬氏道德经》（道政卷）：希言自然。飙风不终朝，暴雨不终日，孰为此？天地尚不能久也，又何况于人乎？故从事于道者，同于道；德者，同于德；失者，同于失之。同于德者，道亦德之；同于失者，道亦失之。⑥

---

① 老子 [M]. 饶尚宽，译注. 北京：中华书局，2015：52；徐志钧. 老子帛书校注 [M]. 南京：凤凰出版社，2016：467；赵卫国. 帛书《道德经》新析 [M]. 沈阳：东北大学出版社，2017：100；唐汉. 道德经新解 [M]. 北京：北京联合出版公司，2016：296；文若愚. 道德经全解 [M]. 北京：中国华侨出版社，2012：136；老子 [M]. 汤漳平，王朝华，译注. 北京：中华书局，2014：91.
② 老子 [M]. 李存山，注译. 郑州：中州古籍出版社，2008：78.
③ "信不足焉，有不信焉"一句已见于通行本第十七章、帛书本第六十一章和《姬氏道德经》道政卷的第六个段落。这句被放置于此大概率是错简重出或错误编辑所致。
④ 老子 [M]. 饶尚宽，译注. 北京：中华书局，2015：51.
⑤ 徐志钧. 老子帛书校注 [M]. 南京：凤凰出版社，2016：465；唐汉. 道德经新解 [M]. 北京：北京联合出版公司，2016：296；赵卫国. 帛书《道德经》新析 [M]. 沈阳：东北大学出版社，2017：99.
⑥ 老子. 姬氏道德经 [M]. 姬英明，译注. 北京：朝华出版社，2017：48.

第四十四章

天下有道，却走马以粪

【原文之修订】（通行本《道德经》第四十六章；帛书本《道德经》第
九章）

天下有道，却走马以粪。天下无道，戎马生于郊。罪莫厚于甚欲，祸莫大
于不知足，咎莫憯于欲得。故知足之足，恒足矣。

【引言】

本章内容对应通行本《道德经》第四十六章、帛书本《道德经》第九章以
及《姬氏道德经》道政卷的第三个段落。

关于本章内容，通行本、帛书本和《姬氏道德经》原文之表述主要有三处
差异。第一处，帛书本写作"罪莫大于可欲"，《姬氏道德经》写作"罪莫大于
不可欲"，通行本中无此句，而郭店竹简本写作"罪莫厚于甚欲"①。比较来看，
"罪莫厚于甚欲"比"罪莫大于可欲"和"罪莫大于不可欲"的表述更为直观
和明确，该句遂采用"罪莫厚于甚欲"之表述。第二处，通行本写作"咎莫大
于欲得"，帛书本写作"咎莫憯于欲得"，而《姬氏道德经》写作"咎莫惨于欲
得"。"大""憯""惨"在此表达的意思相近。"憯"通"惨"，是惨痛、伤痛
的意思。第三处，通行本写作"常足矣"，而帛书本和《姬氏道德经》均写作
"恒足矣"。"常""恒"同义。

综合来看，关于本章内容，通行本、帛书本和《姬氏道德经》原文之表述
在大意和简洁性方面都十分接近，除了"罪莫厚于甚欲"之表述采用郭店竹简
本的表述外，其余各句均采用帛书本的原文之表述。这一章，老子指出清心寡
欲、恬淡知足的重要性。天下有道的时候，天下就和平安宁；天下无道的时候，
战争杀戮就会频繁出现。人所有的灾祸和罪过都是贪得无厌的欲望泛滥所致。

---

① 徐志钧. 老子帛书校注［M］. 南京：凤凰出版社，2016：67.

人只有理性地节制自己的欲望，知道满足和适可而止，才能成为永恒满足的人。

【释解】

（1）却走马以粪：退还战马（给农夫）来耕田。却：退回，退还。走马：战马。粪：施肥，粪田，这里指耕田。

（2）戎马生于郊：战马在郊野生下马驹。戎马：战马，这里指母战马。一般优先选用公马作战马，但当战事日久、战马不足的时候，母马也被投入战场，故怀孕的母马不得不在战场生下马驹。

（3）罪莫厚于甚欲：没有比贪欲更大的罪过。

（4）祸莫大于不知足：没有比不知足更大的祸殃。

（5）咎莫憯于欲得：没有比贪心更甚的过失。咎：过失，灾祸。憯（cǎn）：甚，惨。

（6）知足之足：知道满足的满足。

（7）恒足：永恒的满足。

【译文】

天下有道的时候，国泰民安，战马被退还给农夫来耕田。天下无道的时候，战事不断，连怀孕的母马也要被投入战场，母马就会在郊野的战场生下马驹。没有比贪欲更大的罪过，没有比不知足更大的祸殃，没有比贪心更甚的过失。所以，知道满足的满足才是永恒的满足。

【拓展】

关于"天下有道，却走马以粪"。姬英明、饶尚宽、赵卫国、曹音、文若愚、汤漳平和王朝华认为，"天下有道，却走马以粪"是"治理天下只要合乎道的原则，天下就能太平安宁，战马也就可以退回到田间用来耕种""天下有道，退回战马去运肥播种""天下如果合乎道运行的话，战马可以退回去用作耕牛""天下有道，让军马退役用于农耕""当治理天下合乎'道'，就会天下太平，没有战争，就会把马还给农夫让其到田间耕种""天下有道政治清明，把奔跑的战马退回去耕作"的意思①；徐志钧认为，"天下有道，却走马以粪"是指"天下政治清明、社会和谐的时候，拒绝使用战马用于作战，而是将之用于耕田"②；唐汉将"天下有道，却走马以粪"解释为"天下人修筑了直通向前的大道时，（大道）却任由（驾车的）马匹行走和抛撒粪便"③；李存山将"天下有道，却走马以粪"解读为"天下有道，驱赶马去施肥种田"④。笔者赞同姬英明、饶尚宽、赵卫国等人的解释。

关于"天下无道，戎马生于郊"。姬英明、饶尚宽、徐志钧、赵卫国、曹音、李存山、文若愚认为，"天下无道，戎马生于郊"是"治理天下不合乎道的原则，天下就会混乱，就连怀胎的母马也要被送上战场作战""天下无道，连怀孕的母马也要上战场，在荒郊野外生下马驹""天下无道，连年战争，战马不足，连怀孕的战马也被征用，从而在战地产下马驹""天下如果违背了道运行的话，怀胎的母马都会上战场而产子于郊外""天下无道，连年征战，连母马也用作战马""天下无道，马驹生在战火之郊""当治理天下不合乎'道'时，天下就会发生战乱，连怀孕的母马也会被拉上战场，只得在荒郊野外生小马驹"的意思⑤；唐汉认为，"天下无道，戎马生于郊"是指"天下人没有修筑大道（只有小路）时，自由搏击的野马自生自灭于郊野"⑥；汤漳平和王朝华将"天下无道，戎马生于郊"解释为"天下无道政治昏乱，战马兴起于郊野"⑦。笔者赞同姬英明、饶尚宽、徐志钧等人的解读。

---

① 老子．姬氏道德经 [M]．姬英明，译注．北京：朝华出版社，2017：50；老子 [M]．饶尚宽，译注．北京：中华书局，2015：100；赵卫国．帛书《道德经》新析 [M]．沈阳：东北大学出版社，2017：17；曹音．《道德经》释疑 [M]．上海：上海三联书店，2012：34；文若愚．道德经全解 [M]．北京：中国华侨出版社，2012：271；老子 [M]．汤漳平，王朝华，译注．北京：中华书局，2014：183.

② 徐志钧．老子帛书校注 [M]．南京：凤凰出版社，2016：66.

③ 唐汉．道德经新解 [M]．北京：北京联合出版公司，2016：56.

④ 老子 [M]．李存山，注译．郑州：中州古籍出版社，2008：106.

⑤ 老子．姬氏道德经 [M]．姬英明，译注．北京：朝华出版社，2017：50-51；老子 [M]．饶尚宽，译注．北京：中华书局，2015：100；徐志钧．老子帛书校注 [M]．南京：凤凰出版社，2016：66-67；赵卫国．帛书《道德经》新析 [M]．沈阳：东北大学出版社，2017：17；曹音．《道德经》释疑 [M]．上海：上海三联书店，2012：34；老子 [M]．李存山，注译．郑州：中州古籍出版社，2008：106；文若愚．道德经全解 [M]．北京：中国华侨出版社，2012：271.

⑥ 唐汉．道德经新解 [M]．北京：北京联合出版公司，2016：56.

⑦ 老子 [M]．汤漳平，王朝华，译注．北京：中华书局，2014：183.

【三本对照】

通行本《道德经》第四十六章：天下有道，却走马以粪；天下无道，戎马生于郊。祸莫大于不知足；咎莫大于欲得。故知足之足，常足矣。①

帛书本《道德经》第九章：天下有道，却走马以粪。天下无道，戎马生于郊。罪莫大于可欲，祸莫大于不知足，咎莫憯于欲得。故知足之足，恒足矣。②

《姬氏道德经》（道政卷）：天下有道，却走马以粪；天下无道，戎马生于郊。罪莫大于不可欲，祸莫大于不知足，咎莫惨于欲得。故知足之足，恒足矣！③

① 老子［M］．饶尚宽，译注．北京：中华书局，2015：99.
② 徐志钧．老子帛书校注［M］．南京：凤凰出版社，2016：66；赵卫国．帛书《道德经》新析［M］．沈阳：东北大学出版社，2017：17.
③ 老子．姬氏道德经［M］．姬英明，译注．北京：朝华出版社，2017：48.

第四十五章

其安易持，其未兆易谋

【原文之修订】（通行本《道德经》第六十四章；帛书本《道德经》第二十七章）

其安易持，其未兆易谋，其脆易泮，其微易散。为之于未有，治之于未乱。合抱之木，生于毫末；九层之台，起于累土；千里之行，始于足下。民之从事，常于几成而败之。慎终如始，则无败事。是以圣人欲不欲，不贵难得之货；学不学，复众人之所过；以辅万物之自然，而不敢为。

【引言】

本章内容对应通行本《道德经》第六十四章、帛书本《道德经》第二十七章以及《姬氏道德经》道政卷的第四个段落。

关于本章内容，通行本、帛书本和《姬氏道德经》原文之表述主要有两处差异。第一处，通行本写作"千里之行，始于足下"，而帛书本和《姬氏道德经》均写作"百仞之高，始于足下"。第二处，通行本写作"为者败之，执者失之。是以圣人无为，故无败；无执，故无失"，帛书本写作"为之者败之，执之者失之。是以圣人无为也，故无败也；无执也，故无失也"，而《姬氏道德经》所对应的该句位于其《道术卷》第七个段落中（见本书论道术篇第七十四章）。我们仔细分析与本章内容相对应的通行本《道德经》第六十四章、帛书本《道德经》第二十七章的各句大意，通行本的"为者败之，执者失之。是以圣人无为，故无败；无执，故无失"一句和帛书本的"为之者败之，执之者失之。是以圣人无为也，故无败也；无执也，故无失也"一句均与上下文意义不合，且"为者败之，执者失之"和"为之者败之，执之者失之"这两句不仅分别出现在通行本《道德经》第二十九章、帛书本《道德经》第七十三章中，还分别与上下文意义相合，故通行本第六十四章的"为者败之，执者失之。是以圣人无为，故无败；无执，故无失"一句和帛书本第二十七章的"为之者败之，执之者失之。是以圣人无为也，故无败也；无执也，故无失也"一句应是错简或编修错误所致，它们应分别移至通行本《道德经》第二十九章和帛书本《道德经》第七十三章中（见本书论道术篇第七十四章）。

关于本章原文之修订，因为通行本、帛书本和《姬氏道德经》所对应的内容大意几乎一致，且通行本的原文表述更为简洁明快，所以本章（除了删去"为者败之，执者失之。是以圣人无为，故无败；无执，故无失"一句之外）一律采用通行本第六十四章原文之表述。这一章，老子讲未雨绸缪、防患于未然的治国道理。老子指出，千里之行始于足下，凡事要大处着眼小处着手，要"为之于未有，治之于未乱"，要善始善终才能避免失败的结果。

【释解】

(1) 其安易持：事物在安稳状态的时候容易掌握。持：保持，掌握，控制。

(2) 其未兆易谋：事物尚未显露出征兆的时候容易图谋。谋：图谋应对，谋划处理。

(3) 其脆易泮：事物在其脆弱的时候容易消解。泮：消解，融解，涣散。

(4) 其微易散：事物在微小的时候容易丧失。散：分散，分离，丧失。

(5) 为之于未有，治之于未乱：在矛盾尚未发生之时早做预防，在祸乱尚未发生之时早做处置。

(6) 合抱之木，生于毫末：两臂环抱的粗大树木生于细小的萌芽。

(7) 民之从事，常于几成而败之：人们做事常常在快要成功的时候功亏一篑。几：几乎，差不多。

(8) 慎终如始：始终如一保持谨慎小心的态度。

(9) 是以圣人欲不欲：所以圣人以无欲为欲。

(10) 学不学：以常人不学的知识为学习目标。

(11) 复众人之所过：审查和纠正众人所犯的过错。复：还原，这里指审查和纠正。

(12) 以辅万物之自然：能辅助万物自然发展。以：可，能。之：趋向，达到。

【译文】

事物在安稳状态的时候容易掌握，事物尚未显露出征兆的时候容易图谋，事物在其脆弱的时候容易消解，事物在微小的时候容易丧失。在矛盾尚未发生之时早做预防，在祸乱尚未发生之时早做处置。两臂环抱的粗大树木生于细小的萌芽，九层的高台起于积累的泥土，千里的旅行始于第一步。人们做事常常在快要成功的时候功亏一篑，只要始终如一保持谨慎小心的态度，做事就不会失败。所以，圣人以无欲为欲，不看重稀有难得之货；以常人不学的知识为学习目标，审查和纠正众人所犯的过错；辅助万物自然发展，而不敢任性妄为。

【拓展】

关于"学不学，复众人之所过"（《姬氏道德经》："教不教，复众人之所过"）。姬英明认为，"教不教，复众人之所过"是"对民众行使不言之教，来纠正民众在认识上的错误"的意思①；饶尚宽、徐志钧、李存山、赵卫国、文若愚、汤漳平和王朝华认为，"学不学，复众人之所过"是指"学习他人所不学，挽回众人的过错""以不学为学，来覆盖和纠正众人的过错""以不学为学，纠正众人所犯的过错""得道的圣人的学习是不学掺着别人主观的东西，而再去重复别人已经犯过的错误""学习的知识也不是众人所喜爱的那些可以用来卖弄聪明的知识，排除众人所有后天的妄见妄知""以不学为学，抛弃众人的过失而复归于根本"②；唐汉将"学不学，复众人之所过"解释为"学习那些（常人）不学的知识，归返众人已经走过的道路"③；曹音将"学不学，复众人之所过"解读为"悟道而不求学问知识，领悟众人的失败"④。笔者赞同饶尚宽、徐志钧、李存山等人的观点。

关于"以辅万物之自然，而不敢为"。姬英明认为，"以辅万物之自然，而不敢为"是"以道为原则来辅助民众像万物一样自然发展，而不敢强作妄为"的意思⑤；饶尚宽、徐志钧、赵卫国、曹音、李存山、文若愚、汤漳平和王朝华认为，"以辅万物之自然，而不敢为"是指"用来辅助万物的自然发展，而不敢有所作为""辅佐万物趋于自然之境界，而不敢有为""尽量做到辅助万物自然随性发展，而不敢依照自己的主观意志胡乱主张""能辅助万物按自己的规律演化，而不敢对万物有所作为""能辅助万物的自然发展，而不敢强力去做""辅

①　老子. 姬氏道德经［M］. 姬英明，译注. 北京：朝华出版社，2017：51.
②　老子［M］. 饶尚宽，译注. 北京：中华书局，2015：139；徐志钧. 老子帛书校注［M］. 南京：凤凰出版社，2016：195-196；老子［M］. 李存山，注译. 郑州：中州古籍出版社，2008：131；赵卫国. 帛书《道德经》新析［M］. 沈阳：东北大学出版社，2017：42；文若愚. 道德经全解［M］. 北京：中国华侨出版社，2012：384；老子［M］. 汤漳平，王朝华，译注. 北京：中华书局，2014：254.
③　唐汉. 道德经新解［M］. 北京：北京联合出版公司，2016：139.
④　曹音.《道德经》释疑［M］. 上海：上海三联书店，2012：48.
⑤　老子. 姬氏道德经［M］. 姬英明，译注. 北京：朝华出版社，2017：51.

助万物自然发展，而不敢有所作为""辅助万物自然成长而不敢作为"①；唐汉将"以辅万物之自然，而不敢为"解释为"凭借这些辅佐道法自然之路，而不敢仿效"②。笔者赞同饶尚宽、徐志钧、赵卫国等人的解读。

【三本对照】

通行本《道德经》第六十四章：其安易持，其未兆易谋；其脆易泮，其微易散。为之于未有，治之于未乱。合抱之木，生于毫末；九层之台，起于累土；千里之行，始于足下。（为者败之，执者失之。是以圣人无为，故无败；无执，故无失。）民之从事，常于几成而败之。慎终如始，则无败事。是以圣人欲不欲，不贵难得之货；学不学，复众人之所过。以辅万物之自然，而不敢为。③

帛书本《道德经》第二十七章：其安也，易持也；其未兆也，易谋也；其脆也，易判也；其微也，易散也。为之于其未有也，治之于其未乱也。合抱之木，作于毫末；九成之台，作于累土；百仞之高，始于足下。（为之者败之，执之者失之。是以圣人无为也，故无败也；无执也，故无失也。）民之从事也，恒于其成而败之。故曰慎终若始，则无败事矣。是以圣人欲不欲，而不贵难得之货；学不学，而复众人之所过。能辅万物之自然，而弗敢为。④

《姬氏道德经》（道政卷）：其安也，易持也；其未兆也，易谋也；其脆也，易判也；其微也，易散也，为之于其未有也，治之于其未乱也。合抱之木，生于毫末；九层之台，作于垒土；百仞之高，始于足下。民之从事也，常于其成事而败之，故慎终若始，则无败事矣！是以圣人欲不欲，不贵难得之货，教不教，复众人之所过，以复万物之自然，而不敢为也。⑤

① 老子 [M]. 饶尚宽，译注. 北京：中华书局，2015：139；徐志钧. 老子帛书校注 [M]. 南京：凤凰出版社，2016：196；赵卫国. 帛书《道德经》新析 [M]. 沈阳：东北大学出版社，2017：42；曹音. 《道德经》释疑 [M]. 上海：上海三联书店，2012：48；老子 [M]. 李存山，注译. 郑州：中州古籍出版社，2008：131；文若愚. 道德经全解 [M]. 北京：中国华侨出版社，2012：384；老子 [M]. 汤漳平，王朝华，译注. 北京：中华书局，2014：254.
② 唐汉. 道德经新解 [M]. 北京：北京联合出版公司，2016：139.
③ 老子 [M]. 饶尚宽，译注. 北京：中华书局，2015：138.
④ 徐志钧. 老子帛书校注 [M]. 南京：凤凰出版社，2016：192；赵卫国. 帛书《道德经》新析 [M]. 沈阳：东北大学出版社，2017：41.
⑤ 老子. 姬氏道德经 [M]. 姬英明，译注. 北京：朝华出版社，2017：48-49.

第四十六章

治大国，若烹小鲜

【原文之修订】（通行本《道德经》第六十章；帛书本《道德经》第二十三章）

治大国，若烹小鲜。以道莅天下，其鬼不神。非其鬼不神，其神不伤人。非其神不伤人，圣人亦不伤人。夫两不相伤，故德交归焉。

【引言】

本章内容对应通行本《道德经》第六十章、帛书本《道德经》第二十三章以及《姬氏道德经》道政卷的第五个段落。

关于本章内容，通行本、帛书本和《姬氏道德经》原文之表述主要有一处差异。这一处，通行本写作"非其神不伤人，圣人亦不伤人"，帛书本写作"非其神不伤人也，圣人亦弗伤也"，《姬氏道德经》写作"非其神不伤人也，圣人亦不伤也"。显然，三者意思相同。相较而言，通行本原文之表述显得更加简洁明快。

本章原文之修订，全部采用通行本原文之表述。这一章，老子指出治国理政应遵照道的效法自然、清静无为原则。老子认为，根据道的原则治理天下，鬼神和有道的统治者都不会劳民伤财、伤害人民，这两者"不伤人"的德行均归功于自然大道。

【释解】

（1）若烹小鲜：就像烹煎小鱼。

（2）以道莅天下：用道治理天下。莅：治理，管理，统治。

（3）其鬼不神：那些鬼灵精怪都不神异了。其：那些。鬼：鬼灵精怪。神：显灵，显神异。

（4）其神不伤人：它们显出神异也不伤害人。

（5）两不相伤：（鬼灵精怪和有道的统治者）两者都不伤害人。

（6）故德交归焉：所以他们不伤害人的德行都一起归功于自然大道。交：一起，同时。焉：于此，这里指于自然大道。

【译文】

治理大国就像烹煎小鱼。用道治理天下，那些鬼灵精怪都不神异了，不是那些鬼灵精怪都不神异了，而是它们显出神异也不伤害人。它们不仅显出神异不伤害人，而且圣人（有道的统治者）也不伤害人。鬼灵精怪和有道的统治者两者都不伤害人，所以他们不伤害人的德行都一起归功于自然大道。

【拓展】

关于"夫两不相伤，故德交归焉"。姬英明认为，"夫两不相伤，故德交归焉"是"只要统治者没有了装神弄鬼的人对他政权的威胁，就不会因为害怕而伤及无辜的人了，因而只要依照道的原则来治国理政，就能让自然的大德恩泽于众人"的意思①；饶尚宽认为，"夫两不相伤，故德交归焉"是指"鬼怪与圣人都不伤人，因此，功德恩泽都归向百姓"②；徐志钧将"夫两不相伤，故德交归焉"解释为"鬼神和圣人都不伤人，所以鬼神和圣人不伤人的德行'皆归合于道'"③；赵卫国将"夫两不相伤，故德交归焉"解读为"鬼神与圣人都由于吸收了道而互不伤害，其德就一起归于这个大国"④；唐汉将"夫两不相伤，故德交归焉"理解为"神祇和圣人都不伤害人，所以他们的德行，交合归一啊"⑤；曹音认为，"夫两不相伤，故德交归焉"是"统治者和民众互不搅扰对方，双方的德就相交而归于统一，则相安无事"的意思⑥；李存山认为，"夫两不相伤，故德交归焉"是指"鬼神与人、圣人与民互不伤害，所以鬼神与圣人的'德'交相归于人民"⑦；文若愚将"夫两不相伤，故德交归焉"解释为"鬼神和圣人都不伤害人，这就是天下德性感交的时候，也好像天下之人都回归到本来天真与纯朴的世界那样的祥和与清净"⑧；汤漳平和王朝华将"夫两不相

---

① 老子. 姬氏道德经 [M]. 姬英明，译注. 北京：朝华出版社，2017：52.
② 老子 [M]. 饶尚宽，译注. 北京：中华书局，2015：131.
③ 徐志钧. 老子帛书校注 [M]. 南京：凤凰出版社，2016：164.
④ 赵卫国. 帛书《道德经》新析 [M]. 沈阳：东北大学出版社，2017：36.
⑤ 唐汉. 道德经新解 [M]. 北京：北京联合出版公司，2016：123.
⑥ 曹音.《道德经》释疑 [M]. 上海：上海三联书店，2012：44.
⑦ 老子 [M]. 李存山，注译. 郑州：中州古籍出版社，2008：124-125.
⑧ 文若愚. 道德经全解 [M]. 北京：中国华侨出版社，2012：354.

伤,故德交归焉"解读为"鬼怪和圣人都不会伤害人,所以功德都归于圣人"。笔者认为,徐志钧的解读相对来说更合理。

【三本对照】

通行本《道德经》第六十章:治大国,若烹小鲜。以道莅天下,其鬼不神。非其鬼不神,其神不伤人;非其神不伤人,圣人亦不伤人。夫两不相伤,故德交归焉。①

帛书本《道德经》第二十三章:治大国,若烹小鲜。以道莅天下,其鬼不神。非其鬼不神也,其神不伤人也。非其神不伤人也,圣人亦弗伤也。夫两不相伤,故德交归焉。②

《姬氏道德经》(道政卷):治大国,若烹小鲜,以道临天下,其鬼不神。非其鬼不神也,其神不伤人也;非其神不伤人也,圣人亦不伤也。夫两不相伤,故德交归焉。③

---

① 老子 [M].饶尚宽,译注.北京:中华书局,2015:129.
② 徐志钧.老子帛书校注 [M].南京:凤凰出版社,2016:163;赵卫国.帛书《道德经》新析 [M].沈阳:东北大学出版社,2017:35.
③ 老子.姬氏道德经 [M].姬英明,译注.北京:朝华出版社,2017:49.

第四十七章

太上，下知有之

【原文之修订】（通行本《道德经》第十七章；帛书本《道德经》第六十一章）

太上，下知有之。其次，亲誉之。其次，畏之。其下，侮之。信不足，安有不信。犹呵，其贵言也。成功遂事而百姓谓"我自然"。

【引言】

本章内容对应通行本《道德经》第十七章、帛书本《道德经》第六十一章以及《姬氏道德经》道政卷的第六个段落。

关于本章内容，通行本、帛书本和《姬氏道德经》原文之表述主要有三处差异。第一处，通行本和《姬氏道德经》写作"不知有之"，而帛书本写作"下知有之"。"不知有之"和"下知有之"在"知"的程度上有所区别。第二处，通行本写作"有不信焉"，帛书本写作"安有不信"，而《姬氏道德经》写作"则有不信"。这三种表述意思基本相同。第三处，通行本写作"悠兮其贵言"，而帛书本和《姬氏道德经》均写作"犹呵，其贵言也"，很显然，"犹呵，其贵言也"的说法要比"悠兮其贵言"更合情合理。

本章原文之修订，全部采用帛书本原文之表述。这一章，老子比较了民众在四种不同类型的统治者治理下的思想和行为表现。他指出，最好的统治者是遵照道的原则施行自然无为而治的统治者，这样的统治者，效法自然大道，以诚信为本，重视言行一致，从不轻易发号施令，让百姓休养生息，自然发展。百姓在无为而治的政策下，愉快生活，努力耕耘，不知不觉就富裕起来。他们功成名就，生活富裕惬意，几乎忘记了最高统治者的存在，或者根本就不知道还有最高统治者存在。他们将他们所取得的一切成就都归功于自然发展和自己努力耕耘的必然结果。

【释解】

（1）太上：最好的统治者。

（2）下知有之：下层民众仅仅知道他的存在（其余一概不知）。下：下层民众，底层百姓。

（3）亲誉之：亲近和赞誉他。

（4）畏之：畏惧他。

（5）其下：最次等的统治者。

（6）侮之：欺侮他。

（7）信不足：（统治者）诚信不足。

（8）安有不信：于是就有了（民众）对他的不信任。安：则，于是，就。

（9）犹呵：踌躇疑惧的样子啊。犹：迟疑未决，踌躇疑惧。

（10）其贵言也：他对发言很重视，即不轻易发号施令。其：他，指最好的统治者。

（11）我自然：我本该如此，理所应当。

【译文】

最好的统治者，下层民众仅仅知道他的存在（其余一概不知）。次一等的统治者，民众亲近和赞誉他。再次一等的统治者，民众畏惧他。最次等的统治者，民众欺侮他。统治者诚信不足，出尔反尔，于是就有了民众对他的不信任。最好的统治者看起来踌躇疑惧的样子，是因为他对发言很重视。百姓在最好的统治者的治理下百事顺遂、功业成就，并都说"我本该如此"。

【拓展】

关于"犹呵，其贵言也"（通行本："悠兮其贵言"）。姬英明、饶尚宽、文若愚、汤漳平和王朝华认为，"犹呵，其贵言也"（或"悠兮其贵言"）是"最高明的统治者是悠然自如的，从不轻易发号施令""最好的侯王悠闲啊，不会轻易地发号施令""（最好的统治者）是那样的悠闲啊，他很少发号施令""好的国君仿佛是那么悠远，百姓很少听到他的说教"的意思①；徐志钧认为，

① 老子．姬氏道德经［M］．姬英明，译注．北京：朝华出版社，2017：55；老子［M］．饶尚宽，译注．北京：中华书局，2015：39；文若愚．道德经全解［M］．北京：中国华侨出版社，2012：107；老子［M］．汤漳平，王朝华，译注．北京：中华书局，2014：68．

"犹呵，其贵言也"是指"治国的礼法啊，就是统治者要能不轻易说话"①；赵卫国将"犹呵，其贵言也"解释为"警惕啊！懂道的人一定要谨慎你的言行"②；唐汉将"犹呵，其贵言也"解读为"一直如此啊！统治者们（应该）看重自己的言语"③；曹音将"犹呵，其贵言也"理解为"最好的君主总是看起来踌躇疑虑，不轻易发号施令"④；李存山认为，"犹呵，其贵言也"是"谨慎啊，好的执政者不轻易说话"的意思⑤。笔者赞同曹音的解释。

关于"成功遂事而百姓谓'我自然'"。姬英明、饶尚宽、李存山、文若愚、汤漳平和王朝华认为，"成功遂事而百姓谓'我自然'"是"能够顺利成就大功业，而百姓们却会说我们原本就是这个样子的""功业成就，百姓都说：'我们本来就是如此'""事情成功了，老百姓都说'这是我们自己做成的'""事情都做成了之后，百姓都说：'我们是自己如此的'""大功告成，万事顺意，百姓都说是自然而然"的意思⑥；徐志钧认为，"成功遂事而百姓谓'我自然'"是指"功成事遂之后，百姓就会自觉认同于道"⑦；赵卫国将"成功遂事而百姓谓'我自然'"解释为"即便你做成功了事情，对不信道的那些百姓来说，他们只会说这本来就是这样的"⑧；唐汉、曹音将"成功遂事而百姓谓'我自然'"解读为"事情成功后，百姓说我们（为政者）顺其自然""功成业就之时，百姓说：事情本该这样，并非靠君主有为才成功的"⑨。笔者赞同姬英明、饶尚宽、李存山等人的解读。

【三本对照】

通行本《道德经》第十七章：太上，不知有之；其次，亲而誉之；其次，畏之；其次，侮之。信不足焉，有不信焉。悠兮其贵言。功成事遂，百姓皆谓：

---

① 徐志钧. 老子帛书校注 [M]. 南京：凤凰出版社，2016：419.
② 赵卫国. 帛书《道德经》新析 [M]. 沈阳：东北大学出版社，2017：91.
③ 唐汉. 道德经新解 [M]. 北京：北京联合出版公司，2016：271.
④ 曹音.《道德经》释疑 [M]. 上海：上海三联书店，2012：14.
⑤ 老子 [M]. 李存山，注译. 郑州：中州古籍出版社，2008：69.
⑥ 老子. 姬氏道德经 [M]. 姬英明，译注. 北京：朝华出版社，2017：55；老子 [M]. 饶尚宽，译注. 北京：中华书局，2015：39；老子 [M]. 李存山，注译. 郑州：中州古籍出版社，2008：69；文若愚. 道德经全解 [M]. 北京：中国华侨出版社，2012：107；老子 [M]. 汤漳平，王朝华，译注. 北京：中华书局，2014：68.
⑦ 徐志钧. 老子帛书校注 [M]. 南京：凤凰出版社，2016：420.
⑧ 赵卫国. 帛书《道德经》新析 [M]. 沈阳：东北大学出版社，2017：91.
⑨ 唐汉. 道德经新解 [M]. 北京：北京联合出版公司，2016：271；曹音.《道德经》释疑 [M]. 上海：上海三联书店，2012：14.

"我自然。"①

　　帛书本《道德经》第六十一章：太上，下知有之。其次，亲誉之。其次，畏之。其下，侮之。信不足，安有不信。犹呵，其贵言也。成功遂事而百姓谓我自然。②

　　《姬氏道德经》（道政卷）：太上，不知有之；其次，亲誉之；其次，畏之；其下，侮之！信不足焉，则有不信。犹呵，其贵言也，成功遂事而百姓谓我自然。③

――――――――

①　老子 [M]. 饶尚宽，译注. 北京：中华书局，2015：38.
②　徐志钧. 老子帛书校注 [M]. 南京：凤凰出版社，2016：418；赵卫国. 帛书《道德经》新析 [M]. 沈阳：东北大学出版社，2017：90.
③　老子. 姬氏道德经 [M]. 姬英明，译注. 北京：朝华出版社，2017：53.

第四十八章

以正治邦，以奇用兵

【原文之修订】（通行本《道德经》第五十七章；帛书本《道德经》第二十章）

以正治国，以奇用兵，以无事取天下。吾何以知其然哉？以此：天下多忌讳，而民弥贫；人多利器，国家滋昏；人多伎巧，奇物滋起；法令滋彰，盗贼多有。故圣人云："我无为而民自化，我好静而民自正，我无事而民自富，我无欲而民自朴。"

【引言】

本章内容对应通行本《道德经》第五十七章、帛书本《道德经》第二十章以及《姬氏道德经》道政卷的第七个段落。

关于本章内容，通行本、帛书本和《姬氏道德经》原文之表述有几处微小差异，但大意几乎一致。例如，通行本写作"以正治国"，帛书本和《姬氏道德经》均写作"以正治邦"；通行本写作"人多利器，国家滋昏"，帛书本和《姬氏道德经》写作"民多利器而邦家滋昏"；通行本写作"人多伎巧"，帛书本写作"民多智能"，而《姬氏道德经》写作"人多智伎"；通行本和帛书本写作"我无事，而民自富"，而《姬氏道德经》写作"我无私，而民自富"；通行本和《姬氏道德经》写作"我无欲，而民自朴"，而帛书本写作"我欲不欲而民自朴"；等等。

在原文表述上，通行本比帛书本和《姬氏道德经》更简洁明快，故本章原文之修订，全部采用通行本原文之表述。这一章，老子讲"以正治国，以奇用兵，以无事取天下"的哲理及其理由。老子指出，统治者出台扰民的政策越多，百姓就会越贫穷；统治者出台的法令越繁多严苛，盗贼就越增多。所以，老子希望统治者做到无为、好静、无事和无欲，这样老百姓就会纷纷效仿而变得淳朴、富裕、正直和文明起来。

【释解】

（1）以正治国：以清静无为的正道治理国家。正：正道，指清静无为治国理政之道。

（2）以奇用兵：以机智灵活、奇异多变的战略战术用兵打仗。奇：奇异多变。

（3）以无事取天下：以政简易从、轻徭薄赋的原则治理天下。无事：不多事，指政简易从、轻徭薄赋、职能精简高效的治理原则和方式。取：治理，管理。

（4）吾何以知其然哉：我凭什么知道是这样的呢。然：是这样子。

（5）天下多忌讳，而民弥贫：天下的忌讳越多，百姓动辄得咎就会越贫穷。

（6）人多利器，国家滋昏：百姓手中的锋利武器越多，国家就越混乱。滋：越，更加。

（7）人多伎巧，奇物滋起：百姓机巧、智谋越多，奇奇怪怪的事物就会层出不穷。

（8）法令滋彰，盗贼多有：法令条款越是繁多详明，违法犯罪的盗贼就会越多。彰：明显，显著。

（9）我无为而民自化：我自然无为而百姓就会自我教化。

（10）我好静而民自正：我喜欢清静而百姓就会自我端正。

（11）我无事而民自富：我政简易从、轻徭薄赋而百姓就会自我富足。

（12）我无欲而民自朴：我没有私欲而百姓就会自我淳朴。

【译文】

以清静无为的正道治理国家，以机智灵活、奇异多变的战略战术用兵打仗，以政简易从、轻徭薄赋的原则治理天下。我凭什么知道是这样的呢？从以下事情可以看出：天下的忌讳越多，百姓动辄得咎就会越贫穷；百姓手中的锋利武器越多，国家就越混乱；百姓机巧、智谋越多，奇奇怪怪的事物就会层出不穷；法令条款越是繁多详明，违法犯罪的盗贼就会越多。所以，圣人说："我自然无为而百姓就会自我教化，我喜欢清静而百姓就会自我端正，我政简易从、轻徭薄赋而百姓就会自我富足，我没有私欲而百姓就会自我淳朴。"

【拓展】

关于"以无事取天下"（《姬氏道德经》："以无私取天下"）。姬英明认为，

"以无私取天下"是"以没有私心的原则来治理天下"的意思①；饶尚宽、徐志钧、赵卫国、曹音、李存山、文若愚、汤漳平和王朝华认为，"以无事取天下"是指"以无所事事管理天下""以无为之道治理天下""用清静无为的道的力量就可以使天下和谐安宁""以不扰民取天下""以清静无为治理天下""治理天下则应该尽量不去骚扰百姓""以无所作为取得天下"②；唐汉将"以无事取天下"解释为"倚仗（自己国家的）无事，才能聚集天下之人（或诸侯小国）"③。笔者赞同饶尚宽、徐志钧、赵卫国等人的解释。

关于"人多利器，国家滋昏"。姬英明、徐志钧、赵卫国、唐汉认为，"人多利器，国家滋昏"是"民众的锋利武器越多，反而使国家越陷入混乱""百姓的利器越多，国家就越祸乱频起""民间的武器越多，邦国就越混乱""人民的利器多了，国家就愈加混乱"的意思④；饶尚宽、李存山、文若愚认为，"人多利器，国家滋昏"是指"人们多谋权，国家就愈混乱""人民知道的权谋愈多，国家就愈昏乱""朝廷中大人物的权谋越多，为政者钩心斗角，国家便会混乱"⑤；曹音、汤漳平和王朝华将"人多利器，国家滋昏"解释为"百姓的精良器具越多，国家就越混乱""人民先进的器具越多，国家就越混乱"⑥。笔者赞同姬英明、徐志钧、赵卫国等人的解读。

【三本对照】

通行本《道德经》第五十七章：以正治国，以奇用兵，以无事取天下。吾

① 老子. 姬氏道德经 [M]. 姬英明，译注. 北京：朝华出版社，2017：55.
② 老子 [M]. 饶尚宽，译注. 北京：中华书局，2015：122；徐志钧. 老子帛书校注 [M]. 南京：凤凰出版社，2016：142；赵卫国. 帛书《道德经》新析 [M]. 沈阳：东北大学出版社，2017：32；曹音.《道德经》释疑 [M]. 上海：上海三联书店，2012：42；老子 [M]. 李存山，注译. 郑州：中州古籍出版社，2008：121；文若愚. 道德经全解 [M]. 北京：中国华侨出版社，2012：335；老子 [M]. 汤漳平，王朝华，译注. 北京：中华书局，2014：233.
③ 唐汉. 道德经新解 [M]. 北京：北京联合出版公司，2016：108.
④ 老子. 姬氏道德经 [M]. 姬英明，译注. 北京：朝华出版社，2017：55；徐志钧. 老子帛书校注 [M]. 南京：凤凰出版社，2016：144；赵卫国. 帛书《道德经》新析 [M]. 沈阳：东北大学出版社，2017：32；唐汉. 道德经新解 [M]. 北京：北京联合出版公司，2016：108.
⑤ 老子 [M]. 饶尚宽，译注. 北京：中华书局，2015：122；老子 [M]. 李存山，注译. 郑州：中州古籍出版社，2008：121；文若愚. 道德经全解 [M]. 北京：中国华侨出版社，2012：335.
⑥ 曹音.《道德经》释疑 [M]. 上海：上海三联书店，2012：42；老子 [M]. 汤漳平，王朝华，译注. 北京：中华书局，2014：233.

何以知其然哉？以此：天下多忌讳，而民弥贫；人多利器，国家滋昏；人多伎巧，奇物滋起；法令滋彰，盗贼多有。故圣人云："我无为，而民自化；我好静，而民自正；我无事，而民自富；我无欲，而民自朴。"①

帛书本《道德经》第二十章：以正治邦，以奇用兵，以无事取天下。吾何以知其然也哉？夫天下多忌讳而民弥贫，民多利器而邦家滋昏，民多智能而奇物滋起，法物滋章而盗贼多有。是以圣人之言曰：我无为也而民自化，我好静而民自正，我无事而民自富，我欲不欲而民自朴。②

《姬氏道德经》（道政卷）：以正治邦，以奇用兵，以无私取天下。吾何以知其然也哉？以此，夫天下多忌讳，而民弥贫；民多利器，而邦家滋昏；人多智伎，而奇物滋起；法令滋章，而盗贼多有。是以圣人之言曰：我无为，而民自化；我好静，而民自正；我无私，而民自富；我无欲，而民自朴。③

①　老子［M］．饶尚宽，译注．北京：中华书局，2015：121．
②　徐志钧．老子帛书校注［M］．南京：凤凰出版社，2016：141；赵卫国．帛书《道德经》新析［M］．沈阳：东北大学出版社，2017：31．
③　老子．姬氏道德经［M］．姬英明，译注．北京：朝华出版社，2017：53．

第四十九章

其政闵闵，其民屯屯

【原文之修订】（通行本《道德经》第五十八章；帛书本《道德经》第二十一章）

其政闵闵，其民屯屯。其政察察，其邦缺缺。祸，福之所倚；福，祸之所伏。孰知其极？其无正也。正复为奇，善复为妖。人之迷也，其日固久矣。是以方而不割，廉而不刺，直而不绁，光而不耀。

【引言】

本章内容对应通行本《道德经》第五十八章、帛书本《道德经》第二十一章以及《姬氏道德经》道政卷的第八个段落。

关于本章内容，通行本、帛书本和《姬氏道德经》原文之表述主要有三处小的差异。第一处，通行本写作"其政闷闷，其民淳淳"，帛书本写作"其政闵闵，其民屯屯"，而《姬氏道德经》写作"其政悯悯，其民惇惇"。这里"闷闷""闵闵""悯悯"都引申为政治宽松的意思，"淳淳""屯屯""惇惇"也都是淳朴、纯朴和敦厚的意思。第二处，通行本写作"廉而不刿"，帛书本和《姬氏道德经》均写作"廉而不刺"。"刿""刺"意思相同。第三处，通行本和《姬氏道德经》均写作"直而不肆"，而帛书本写作"直而不绁"。"肆"是肆意或放肆的意思，"绁"是（给人治罪）用绳索捆绑人的意思，二者意义稍有不同。

本章原文之修订，全部采用帛书本原文之表述。这一章，老子比较了两种不同类型的治国方式及其所导致的民风变化结果。一种是政治宽松，百姓就会变得敦厚淳朴；另一种是政治严苛，百姓就会变得狡诈失德。老子还讲了祸福相依以及正与奇、善与妖相互转变的道理。最后，老子强调人们为人处世，一定要"方而不割，廉而不刺，直而不绁，光而不耀"。

【释解】

（1）其政闷闷，其民屯屯：统治者的政治很宽松，百姓就会很敦厚淳朴。其：他的，指统治者的。闷：昏昧，糊涂，引申为（政治）宽容、宽松。闷闷：很宽容，很宽松。屯：通"纯"和"淳"，纯朴，淳厚。屯屯：很纯朴，很淳厚。

（2）其政察察，其邦缺缺：统治者的政治很严苛，国家的百姓就会很狡诈虚伪。察：精明，苛察。察察：很精明，很严苛。缺：缺失，缺德。缺缺：非常狡诈虚伪。

（3）祸，福之所倚：祸是福所倚仗的东西。

（4）福，祸之所伏：福是祸所潜伏的地方。

（5）孰知其极：谁知道它们变化的尽头。极：极限，尽头，究竟。

（6）其无正也：大概没有一个确定的标准（答案）。其：大概，也许。正：定准，确定的标准。

（7）正复为奇：正常又会变为异常。奇：奇特，异常。

（8）善复为妖：善良又会变成妖邪。妖：妖邪，邪恶。

（9）方而不割：方正而不割伤他人。

（10）廉而不刺：尖锐而不刺伤他人。

（11）直而不绁：坦率正直而不轻易治他人之罪。绁：用绳索捆绑犯人，引申为治人之罪。

（12）光而不耀：光明而不耀眼。耀：耀眼，刺眼，扎眼，夺目。

【译文】

统治者的政治很宽松，百姓就会很敦厚淳朴。统治者的政治很严苛，国家的百姓就会很狡诈虚伪。祸是福所倚仗的东西，福是祸所潜伏的地方。谁知道它们变化的尽头？大概没有一个确定的标准（答案）。正常又会变为异常，善良又会变成妖邪。人们对正反两个方面相互转化的道理所产生的迷惑，时日已经很久了。因此，人们为人处世，应当方正而不割伤他人，尖锐而不刺伤他人，坦率正直而不轻易治他人之罪，光明而不耀眼。

【拓展】

关于"其政闷闷，其民屯屯"（通行本："其政闷闷，其民淳淳"；《姬氏道德经》："其政惘惘，其民惇惇"）。姬英明、赵卫国认为，"其政惘惘，其民惇惇"或"其政闷闷，其民屯屯"是"邦国政治是怜悯爱惜民众的，那民众就会自然宽厚淳朴""如果城邦的政治对人民怜悯又怜悯，人民就会纯朴又纯朴"的意思①；饶尚宽、李存山认为，"其政闷闷，其民淳淳"是指"一国的政治质朴，它的百姓就纯厚知足""凡政治宽松的地方，那里的人民就淳朴"②；徐志钧将"其政闵闵，其民屯屯"解释为"太平岁月，其政安谧恬适，民众自得而无哀苦告嗟之声"③；唐汉将"其政闵闵，其民屯屯"解读为"征伐的命令不出门（即不实施），下层民众便会驻扎不动"④；曹音、文若愚、汤漳平和王朝华将"其政闷闷，其民淳淳"理解为"政治越模糊，人民越淳朴""治国者看似无为无事，政治看似浑浊不清，其实人民生活安定，内心淳朴""国家政治含糊不清，人民就敦厚朴实"⑤。笔者赞同饶尚宽、李存山的解释。

关于"其政察察，其邦缺缺"（通行本："其政察察，其民缺缺"）。姬英明、徐志钧、赵卫国、李存山认为，"其政察察，其邦缺缺"或"其政察察，其民缺缺"是"邦国政治是苛酷黑暗妄为的，那民众就会无耻狡诈低贱""在残暴专制统治下的臣民，不但挨饿受寒，人也变得素质低下，劣行多多""如果城邦的政治对人民苛察又苛察，人民就会狡猾又狡猾""凡政治严苛的地方，那里的人民就狡诈"的意思⑥；饶尚宽认为，"其政察察，其民缺缺"是指"一国的政治严酷，它的百姓就欠缺不满足"⑦；唐汉将"其政察察，其邦缺缺"解释为"征伐条律明察秋毫，邦国便会缺失一块（民众逃亡了）"⑧；曹音、文若愚、汤漳平和王朝华将"其政察察，其民缺缺"解读为"政治越明晰，人民越狡诈""治国者有为有事，一国的政治看上去条理分明，其实人民不堪束缚，内心

① 老子. 姬氏道德经［M］. 姬英明，译注. 北京：朝华出版社，2017：55；赵卫国. 帛书《道德经》新析［M］. 沈阳：东北大学出版社，2017：33.
② 老子［M］. 饶尚宽，译注. 北京：中华书局，2015：125；老子［M］. 李存山，注译. 郑州：中州古籍出版社，2008：122.
③ 徐志钧. 老子帛书校注［M］. 南京：凤凰出版社，2016：149.
④ 唐汉. 道德经新解［M］. 北京：北京联合出版公司，2016：113.
⑤ 曹音.《道德经》释疑［M］. 上海：上海三联书店，2012：43；文若愚. 道德经全解［M］. 北京：中国华侨出版社，2012：342；老子［M］. 汤漳平，王朝华，译注. 北京：中华书局，2014：236.
⑥ 老子. 姬氏道德经［M］. 姬英明，译注. 北京：朝华出版社，2017：55；徐志钧. 老子帛书校注［M］. 南京：凤凰出版社，2016：150；赵卫国. 帛书《道德经》新析［M］. 沈阳：东北大学出版社，2017：33；老子［M］. 李存山，注译. 郑州：中州古籍出版社，2008：122.
⑦ 老子［M］. 饶尚宽，译注. 北京：中华书局，2015：125.
⑧ 唐汉. 道德经新解［M］. 北京：北京联合出版公司，2016：113.

反而狡诈""国家政治明察是非，人民就狡猾欺诈"①。笔者赞同姬英明、徐志钧、赵卫国等人的解读。

【三本对照】

通行本《道德经》第五十八章：其政闷闷，其民淳淳；其政察察，其民缺缺。祸兮，福之所倚；福兮，祸之所伏。孰知其极？其无正也。正复为奇，善复为妖。人之迷，其日固久。是以圣人方而不割，廉而不刿，直而不肆，光而不耀。②

帛书本《道德经》第二十一章：其政闵闵，其民屯屯。其政察察，其邦缺缺。祸，福之所倚；福，祸之所伏。孰知其极？其无正也。正复为奇，善复为妖。人之迷也，其日固久矣。是以方而不割，廉而不刺，直而不绁，光而不耀。③

《姬氏道德经》（道政卷）：其政悯悯，其民惇惇；其政察察，其邦缺缺。祸兮，福之所倚！福兮，祸之所伏！孰知其极？其无正也；正复为奇，善复为妖，人之迷也，其日固久矣！是以圣人教之也，方而不隔，廉而不刺，直而不肆，光而不耀。④

①　曹音.《道德经》释疑［M］.上海：上海三联书店，2012：43；文若愚.道德经全解［M］.北京：中国华侨出版社，2012：342；老子［M］.汤漳平，王朝华，译注.北京：中华书局，2014：236.
②　老子［M］.饶尚宽，译注.北京：中华书局，2015：123.
③　徐志钧.老子帛书校注［M］.南京：凤凰出版社，2016：149；赵卫国.帛书《道德经》新析［M］.沈阳：东北大学出版社，2017：33.
④　老子.姬氏道德经［M］.姬英明，译注.北京：朝华出版社，2017：53.

第五十章

智者不言，言者不智

【原文之修订】（通行本《道德经》第五十六章；帛书本《道德经》第十九章）

智者不言，言者不智。塞其兑，闭其门；和其光，同其尘；挫其锐，解其纷，是谓"玄同"。故不可得而亲也，亦不可得而疏；不可得而利，亦不可得而害；不可得而贵，亦不可得而贱。故为天下贵。

【引言】

本章内容对应通行本《道德经》第五十六章、帛书本《道德经》第十九章以及《姬氏道德经》道政卷的第九个段落。

关于本章内容，通行本、帛书本和《姬氏道德经》原文之表述主要有两处小的差异。第一处，通行本写作"知者不言，言者不知"，帛书本写作"知者弗言，言者弗知"，而《姬氏道德经》写作"智者不言，言者不智"。"知"通"智"，三者意思相同。这一处原文之修订采用"智者不言，言者不智"的表述。第二处，通行本写作"挫其锐，解其纷，和其光，同其尘"，而帛书本和《姬氏道德经》均写作"和其光，同其尘；挫其锐，解其纷"。在通行本所对应的这一章内容中，"和其光，同其尘"在"挫其锐，解其纷"之后，而在帛书本和《姬氏道德经》中却是"和其光，同其尘"在"挫其锐，解其纷"之前。这一处原文之修订采用"和其光，同其尘；挫其锐，解其纷"的句序。此外，通行本第四章、帛书本第四十八章重复出现"挫其锐，解其纷；和其光，同其尘"这一内容。根据上下文判断，通行本第四章、帛书本第四十八章重复出现的这一内容，是错简重出，应当删除。①

本章原文之修订，以帛书本原文之表述为主，兼采《姬氏道德经》和通行

---

① 有关原因之说明具体见本书第二章"道冲，而用之有弗盈也"的引言部分。

本原文表述的优点。这一章，老子在讲掌握自然大道的聪明智慧人从不轻言乱语。他们清心寡欲、谨慎少言、和光同尘、排忧解难，已经达到"玄同"的境界。在这个境界，无亲疏之别、利害之分、贵贱之差，所以他们才会被天下人所珍视。

【释解】

（1）智者不言，言者不智：聪明智慧的人不轻言乱语，轻言乱语的人不聪明智慧。智者：聪明智慧的人，指已经掌握道或体道悟道的人。

（2）塞其兑，闭其门：堵住口（以行不言之教），关住门（以无事取天下）。通行本《道德经》第五十二章说："塞其兑，闭其门，终身不勤。开其兑，济其事，终身不救。"可见，"塞其兑，闭其门"是讲无为，而"开其兑，济其事"是讲有为。兑：口。门：门户。

（3）和其光，同其尘：调和光芒，混同尘俗，形容与世俗混同、不露锋芒、与世无争。和：调和，平和，收敛。同：混同，混杂。

（4）挫其锐，解其纷：挫去锐气，化解纠纷。锐：锐气，锋芒。

（5）玄同：玄妙混同的无为无不为的境界，即道的境界。

（6）不可得而亲：不能够亲近他人。亲：亲近，亲密接近。

（7）不可得而疏：不能够疏远他人。疏：疏远，疏离。

（8）不可得而利：不能够利益他人。利：利益，有利于。

（9）不可得而害：不能够损害他人。害：损害，有害于。

（10）不可得而贵：不能够使他人尊贵。贵：使尊贵。

（11）不可得而贱：不能够使他人卑贱。贱：使卑贱。

（12）故为天下贵：所以被天下人所珍视。贵：珍视，看重，重视。

【译文】

聪明智慧的人不轻言乱语，轻言乱语的人不聪明智慧。堵住口（以行不言之教），关住门（以无事取天下）；调和光芒，混同尘俗（不露锋芒，与世无争）；挫去锐气，化解纠纷，这就是玄妙混同的无为不无为的境界。所以，达到玄妙混同的无为无不为的境界的人，不能够亲近他人，也不能够疏远他人；不能够利益他人，也不能够损害他人；不能够使他人尊贵，也不能够使他人卑贱。所以，这样的人就被天下人所珍视。

【拓展】

关于"故不可得而亲也，亦不可得而疏"。姬英明、饶尚宽、徐志钧、曹音、汤漳平和王朝华认为，"故不可得而亲也，亦不可得而疏"是"所以，能达到这深奥的大同境界的统治者，不可能因为想要得到谁的利益而亲近谁，也不可能因为没有得到谁的利益而疏远谁""因此，对百姓不能亲，不能疏""一个人通过艰苦的思考和内省，在精神境界上达到稳定和安然的浑朴状态，这与道的玄同是近似的。《庄子·徐无鬼》：'故无所甚亲，无所甚疏，抱德炀和，以顺天下，此谓真人'""因此，有德之人超脱于亲近疏远""这样就没有人可以亲近，也没有人可以疏远"的意思①；赵卫国认为，"故不可得而亲也，亦不可得而疏"是指"道中和平淡、不偏不倚，不亲近人，也不疏远人"②；唐汉将"故不可得而亲也，亦不可得而疏"解释为"所以，（人们）不因得到（道）而亲近于他，也不因得到（道）而疏远他"③；李存山、文若愚将"故不可得而亲也，亦不可得而疏"解读为"所以，达到'玄同'境界的人，你不能亲近他，也不能疏远他""达到'同一'境界的人，你不能够亲近他，也不能够疏远他"④。笔者赞同姬英明、饶尚宽、徐志钧等人的解释。

关于"故为天下贵"。姬英明、饶尚宽、曹音、李存山、文若愚认为，"故为天下贵"是"所以，只有达到这样无私大同境界的大智慧统治者，才能成为被天下人所尊重的圣人""所以，就被天下人尊重""因而有德之人是天下最高贵的""达到'玄同'境界的人才是天下最尊贵的""达到'同一'境界的人，是天下最尊贵的人"的意思⑤；徐志钧认为，"故为天下贵"是指"使人取自然无为之行为方式，总会'为天下贵'，亦即是天下所重要的"⑥；唐汉将"故为

---

① 老子.姬氏道德经［M］.姬英明，译注.北京：朝华出版社，2017：56；老子［M］.饶尚宽，译注.北京：中华书局，2015：120；徐志钧.老子帛书校注［M］.南京：凤凰出版社，2016：139-140；曹音.《道德经》释疑［M］.上海：上海三联书店，2012：41；老子［M］.汤漳平，王朝华，译注.北京：中华书局，2014：228.

② 赵卫国.帛书《道德经》新析［M］.沈阳：东北大学出版社，2017：31.

③ 唐汉.道德经新解［M］.北京：北京联合出版公司，2016：104.

④ 老子［M］.李存山，注译.郑州：中州古籍出版社，2008：119；文若愚.道德经全解［M］.北京：中国华侨出版社，2012：330.

⑤ 老子.姬氏道德经［M］.姬英明，译注.北京：朝华出版社，2017：56；老子［M］.饶尚宽，译注.北京：中华书局，2015：120；曹音.《道德经》释疑［M］.上海：上海三联书店，2012：41；老子［M］.李存山，注译.郑州：中州古籍出版社，2008：119；文若愚.道德经全解［M］.北京：中国华侨出版社，2012：330.

⑥ 徐志钧.老子帛书校注［M］.南京：凤凰出版社，2016：137.

天下贵"解释为"所以，（道）受到天下（侯王们）的器重"①；赵卫国、汤漳平和王朝华将"故为天下贵"解读为"所以，道是天下最宝贵的""所以'玄同'的境界被天下人所珍视"②。笔者赞同姬英明、饶尚宽、曹音等人的解读。

【三本对照】

通行本《道德经》第五十六章：知者不言，言者不知。塞其兑，闭其门，挫其锐，解其纷，和其光，同其尘，是谓"玄同"。故不可得而亲，不可得而疏；不可得而利，不可得而害；不可得而贵，不可得而贱。故为天下贵。③

帛书本《道德经》第十九章：知者弗言，言者弗知。塞其兑，闭其门；和其光，同其尘；挫其锐，解其纷，是谓玄同。故不可得而亲也，亦不可得而疏；不可得而利，亦不可得而害；不可得而贵，亦不可得而贱。故为天下贵。④

《姬氏道德经》（道政卷）：智者不言，言者不智。塞其欲而闭其闷，和其光而同其尘，锉其锐而解其纷，是谓玄同。故不可得而亲，亦不可得而疏；不可得而利，亦不可得而害；不可得而贵，亦不可得而贱。故为天下贵。⑤

① 唐汉. 道德经新解［M］. 北京：北京联合出版公司，2016：104.
② 赵卫国. 帛书《道德经》新析［M］. 沈阳：东北大学出版社，2017：31；老子［M］. 汤漳平，王朝华，译注. 北京：中华书局，2014：228.
③ 老子［M］. 饶尚宽，译注. 北京：中华书局，2015：119.
④ 徐志钧. 老子帛书校注［M］. 南京：凤凰出版社，2016：135；赵卫国. 帛书《道德经》新析［M］. 沈阳：东北大学出版社，2017：30.
⑤ 老子. 姬氏道德经［M］. 姬英明，译注. 北京：朝华出版社，2017：53-54.

第五十一章

治人事天，莫若啬

【原文之修订】（通行本《道德经》第五十九章；帛书本《道德经》第二十二章）

治人事天，莫若啬。夫唯啬，是以早服。早服是谓重积德。重积德则无不克。无不克则莫知其极。莫知其极，可以有国。有国之母，可以长久。是谓深根固柢，长生久视之道也。

【引言】

本章内容对应通行本《道德经》第五十九章、帛书本《道德经》第二十二章以及《姬氏道德经》道政卷的第十个段落。

关于本章内容，通行本、帛书本和《姬氏道德经》原文之表述主要有三处差异。第一处，通行本写作"夫唯啬，是谓早服"，帛书本和《姬氏道德经》均写作"夫惟啬，是以早服"。"唯"通"惟"。"是谓""是以"同义。第二处，通行本写作"早服，谓之重积德"，帛书本和《姬氏道德经》均写作"早服是谓重积德"。"谓之""是谓"同义。第三处，通行本写作"长生久视之道"，帛书本写作"长生久视之道也"，《姬氏道德经》写作"长生久事之道也"。"视""事"同义，二者在此都是处理政事的意思。总之，关于本章内容，通行本、帛书本和《姬氏道德经》原文表述的意思实际上完全相同。

本章原文之修订，全部采用帛书本原文之表述。这一章，老子指出了治国理政的"啬"原则，即节俭、节用的原则。要做到节俭、吝惜，就必须顺从于道。顺从于道，积德行善，则战无不胜，攻无不克，也就可以保证国家长治久安、长久存在了。

【释解】

（1）治人事天：治理百姓，供奉天帝。事：供奉，侍奉。

（2）莫若啬：不如吝惜和节用。啬：吝惜，节省，节俭，节用。

（3）夫唯啬，是以早服：因为要吝惜和节用，所以就要早早顺服于道。唯：因为。是以：所以，因此。服：服从，顺服，顺从。

（4）重积德：多多积德行善。重：多多地，厚重地。

（5）莫知其极：不知它的极限。其：它的，指攻无不克的力量。极：极限，尽头。

（6）可以有国：可以保卫国家。

（7）有国之母：有了国家的根本。母：根源，根本。

（8）深根固柢：使根基深固，不易动摇。柢：树根，根柢，引申为本原、基础。

（9）长生久视：长久生存和担任职务处理政事。视：周代诸侯朝见天子，或担任职务处理政事，如视朝、视事、视察等。

【译文】

治理百姓，供奉天帝，不如吝惜和节用。因为要吝惜和节用，所以就要早早顺服于道。早早顺服于道就是多多积德行善。多多积德行善就会战无不胜，攻无不克。战无不胜，攻无不克，就没有人知道其力量的尽头。没有人知道其力量的尽头，他就可以保卫国家。掌握了国家的根本，就可以维持长治久安，这就是深根固柢、长生久视的道理。

【拓展】

关于"莫若啬"。姬英明、徐志钧、唐汉、曹音、汤漳平和王朝华认为，"莫若啬"是"没有什么比爱惜节俭的思想更为重要""不如勤俭节约""没有比藏而不用更有效者""不如节俭并积蓄财富"的意思①；饶尚宽认为，"莫若啬"是指"没有比爱惜精神、收敛知识更重要的"②；赵卫国、李存山、文若愚将"莫若啬"解释为"不如珍藏精力""没有比爱惜自己的精力更重要的了"

---

① 老子. 姬氏道德经［M］. 姬英明，译注. 北京：朝华出版社，2017：56；徐志钧. 老子帛书校注［M］. 南京：凤凰出版社，2016：162；唐汉. 道德经新解［M］. 北京：北京联合出版公司，2016：119；曹音.《道德经》释疑［M］. 上海：上海三联书店，2012：43；老子［M］. 汤漳平，王朝华，译注. 北京：中华书局，2014：238.

② 老子［M］. 饶尚宽，译注. 北京：中华书局，2015：128.

"莫过于爱惜精神"①。笔者赞同姬英明、徐志钧等人的解释。

关于"早服"。姬英明、曹音、文若愚认为，"早服"是"早作准备"的意思②；饶尚宽、赵卫国、唐汉、李存山、汤漳平和王朝华认为，"早服"是指"要趁早服从道""趁早服从天道""需要尽早地臣服或服道""及早归于'道'""早早从事于道"③；徐志钧将"早服"解释为"早早担任和从事职事"④。笔者赞同饶尚宽、赵卫国、唐汉等人的解读。

【三本对照】

通行本《道德经》第五十九章：治人事天，莫若啬。夫唯啬，是谓早服；早服，谓之重积德；重积德，则无不克；无不克，则莫知其极；莫知其极，可以有国；有国之母，可以长久。是谓深根固柢，长生久视之道。⑤

帛书本《道德经》第二十二章：治人事天，莫若啬。夫唯啬，是谓早服。早服是谓重积德。重积德则无不克。无不克则莫知其极。莫知其极，可以有国。有国之母，可以长久。是谓深根固柢，长生久视之道也。⑥

《姬氏道德经》（道政卷）：治人事天，莫若啬。夫惟啬，是以早服；早服，是谓重积德；重积德，则无不克；无不克，则莫知其极；莫知其极，则可以有国；有国之母，可以长久。是谓深根固柢，长生久事之道也！⑦

① 赵卫国．帛书《道德经》新析［M］．沈阳：东北大学出版社，2017：34；老子［M］．李存山，注译．郑州：中州古籍出版社，2008：123；文若愚．道德经全解［M］．北京：中国华侨出版社，2012：347.

② 老子．姬氏道德经［M］．姬英明，译注．北京：朝华出版社，2017：56；曹音．《道德经》释疑［M］．上海：上海三联书店，2012：43；文若愚．道德经全解［M］．北京：中国华侨出版社，2012：347.

③ 老子［M］．饶尚宽，译注．北京：中华书局，2015：128；赵卫国．帛书《道德经》新析［M］．沈阳：东北大学出版社，2017：34；唐汉．道德经新解［M］．北京：北京联合出版公司，2016：119；老子［M］．李存山，注译．郑州：中州古籍出版社，2008：123；老子［M］．汤漳平，王朝华，译注．北京：中华书局，2014：238.

④ 徐志钧．老子帛书校注［M］．南京：凤凰出版社，2016：157-158.

⑤ 老子［M］．饶尚宽，译注．北京：中华书局，2015：126.

⑥ 徐志钧．老子帛书校注［M］．南京：凤凰出版社，2016：157；赵卫国．帛书《道德经》新析［M］．沈阳：东北大学出版社，2017：34.

⑦ 老子．姬氏道德经［M］．姬英明，译注．北京：朝华出版社，2017：54.

第五十二章

天地不仁，以万物为刍狗

【原文之修订】（通行本《道德经》第五章；帛书本《道德经》第四十九章）

天地不仁，以万物为刍狗。圣人不仁，以百姓为刍狗。天地之间，其犹橐籥欤？虚而不渴，动而愈出。多闻数穷，不如守于中。

【引言】

本章内容对应通行本《道德经》第五章、帛书本《道德经》第四十九章以及《姬氏道德经》道政卷的第十一个段落。

关于本章内容，通行本、帛书本和《姬氏道德经》原文之表述主要有两处差异。第一处，通行本和帛书本均写作"以万物为刍狗"，《姬氏道德经》写作"以万物为刍垢"。"刍狗"是指用草扎成的祭祀用的狗，"刍垢"是指"渺小的、生命很短暂的尘垢"①，两者意思有所不同。第二处，通行本写作"虚而不屈"，帛书本写作"虚而不渴"，《姬氏道德经》写作"虚而不竭"。"屈""渴""竭"在文中都是枯竭、穷尽的意思，三者意思相同。

本章原文之修订，全部采用帛书本原文之表述。这一章，老子指出，圣人和天地一样，都是大公无私的，他们一视同仁地对待万物和百姓。他又把天地比作风箱，虽然里面尽是虚空，其功用却是无穷无尽的。多听多言，妄作妄为，不如持守中道，自然无为。

【释解】

（1）天地不仁：天地没有仁爱憎恶之心，不偏私偏爱。

（2）刍狗：用草扎成的祭祀狗。

---

① 老子.姬氏道德经［M］.姬英明，译注.北京：朝华出版社，2017：61.

（3）其犹橐籥欤：难道就像个风箱吗。其：难道，岂。犹：犹如，如同。橐籥（tuó yuè）：风箱。欤：吗。

（4）虚而不淈：尽管（风箱）里面空虚，其中生成的风气却无穷无尽。淈（gǔ）：枯竭，穷尽。

（5）动而愈出：越是拉动风箱，里面出来的风气就越多。动：拉动，鼓动，发动。

（6）多闻数穷：见闻越多，就越容易陷入穷困（学而不思则罔）。闻：见闻，知识。数（shuò）：屡次，多次。穷：处境恶劣。

（7）不如守于中：不如持守虚静无为而万物自化的中道。中：中道，中和之道。

【译文】

天地没有仁爱憎恶之心，不偏私偏爱，把万物视为用草扎成的祭祀狗。圣人没有仁爱憎恶之心，不偏私偏爱，把百姓视为用草扎成的祭祀狗。天地之间，难道（不）就像个风箱吗？尽管（风箱）里面空虚，其中生成的风气却无穷无尽，越是拉动风箱，里面出来的风气就越多。见闻越多，就越容易陷入穷困，不如持守虚静无为而万物自化的中道。

【拓展】

关于"多闻数穷"（通行本："多言数穷"）。姬英明、李存山、文若愚认为，"多闻数穷"或"多言数穷"是"妄动作为反而会加速败亡""政令繁苛，就会加速败亡""政令过于繁多，会加速国家命运的衰退"的意思①；饶尚宽认为，"多言数穷"是指"政令繁多而屡次失败"②；徐志钧、曹音将"多闻数穷"解读为"知闻乃由外而来，被动接受，非本性之所欲……老子主张绝圣弃智，为道日损。而'多闻'就违背了这些主张。故老子认为'多闻'者必然'数穷'""见闻多困穷也多"③；赵卫国将"多闻数穷"解释为"多拉了、多

① 老子. 姬氏道德经［M］. 姬英明，译注. 北京：朝华出版社，2017：59；老子［M］. 李存山，注译. 郑州：中州古籍出版社，2008：55；文若愚. 道德经全解［M］. 北京：中国华侨出版社，2012：37.

② 老子［M］. 饶尚宽，译注. 北京：中华书局，2015：14.

③ 徐志钧. 老子帛书校注［M］. 南京：凤凰出版社，2016：341；曹音.《道德经》释疑［M］. 上海：上海三联书店，2012：6.

动了、多听了风箱的声音，人有累倒的极点，风箱也终究有坏的极限"①；唐汉将"多闻数穷"理解为"博学多闻且抖擞用尽（四面应对）"②；汤漳平和王朝华认为，"多言数穷"是指"议论愈多离道愈远"③。笔者赞同徐志钧、曹音的解读。

【三本对照】

通行本《道德经》第五章：天地不仁，以万物为刍狗；圣人不仁，以百姓为刍狗。天地之间，其犹橐籥乎？虚而不屈，动而愈出。多言数穷，不如守中。④

帛书本《道德经》第四十九章：天地不仁，以万物为刍狗。圣人不仁，以百姓为刍狗。天地之间，其犹橐籥欤？虚而不淈，动而愈出。多闻数穷，不若守于中。⑤

《姬氏道德经》（道政卷）：天地不仁，以万物为刍垢；圣人不仁，以百姓为刍垢。天地之间，其犹橐籥乎？动而愈出，虚而不竭。多闻数穷，不若守于中！⑥

---

① 赵卫国. 帛书《道德经》新析［M］. 沈阳：东北大学出版社，2017：75.
② 唐汉. 道德经新解［M］. 北京：北京联合出版公司，2016：224.
③ 老子［M］. 汤漳平，王朝华，译注. 北京：中华书局，2014：22.
④ 老子［M］. 饶尚宽，译注. 北京：中华书局，2015：12.
⑤ 徐志钧. 老子帛书校注［M］. 南京：凤凰出版社，2016：340；赵卫国. 帛书《道德经》新析［M］. 沈阳：东北大学出版社，2017：74.
⑥ 老子. 姬氏道德经［M］. 姬英明，译注. 北京：朝华出版社，2017：58.

第五十三章

天长，地久

【原文之修订】（通行本《道德经》第七章；帛书本《道德经》第五十一章）

天长，地久。天地之所以能长且久者，以其不自生也，故能长生。是以圣人退其身而身先，外其身而身存。不以其无私欤？以其无私，故能成其私。

【引言】

本章内容对应通行本《道德经》第七章、帛书本《道德经》第五十一章以及《姬氏道德经》道政卷的第十二个段落。

关于本章内容，通行本、帛书本和《姬氏道德经》原文之表述主要有两处差异。第一处，通行本写作"后其身而身先"，而帛书本和《姬氏道德经》均写作"退其身而身先"。"后""退"二者意思相同。第二处，通行本写作"以其无私"，帛书本写作"不以其无私欤"，《姬氏道德经》写作"不以其无私欲"。通行本用的是肯定句，帛书本和《姬氏道德经》用的是反问句，三者的真实意思也是一样的。

本章原文之修订，全部采用帛书本原文之表述，并在"不以其无私欤"这个反问句之后，加入"以其无私"这一肯定句，以便使上下文的衔接更为流畅。这一章，老子在讲有道的统治者如何才能保证国家的长治久安，如何才能受到民众的尊崇和爱戴。最好的办法就是公而忘私、把人民群众的利益放在第一位，先天下之忧而忧，后天下之乐而乐。这正所谓"圣人退其身而身先，外其身而身存。以其无私，故能成其私"。

【释解】

（1）不自生：不是为了自己而生存。

（2）退其身而身先：谦让退后却被民众推到前面，比喻在利益面前总是先人后己，而深受民众的拥护和爱戴。退：退让，谦让居后。

（3）外其身而身存：把自己的生死置之度外反而保全了自己。

（4）不以其无私欤：难道不是因为他无私吗？以：因为。欤：吗？

（5）故能成其私：所以才能够成就其治国、平天下的大业。

【译文】

天地长久存在着。天地之所以能够长久存在着，是因为它们不是为了自己而生存。所以天地能够长久存在。因此，圣人（有道的统治者）在利益面前总是先人后己而深受民众的拥护和爱戴，把自己的生死置之度外反而保全了自己。难道不是因为他无私吗？因为他没有自己的私心，所以才能够成就其治国、平天下的大业。

【拓展】

关于"以其无私，故能成其私"。姬英明、饶尚宽、徐志钧、赵卫国、曹音、李存山、文若愚、汤漳平和王朝华认为，"以其无私，故能成其私"是"不正是因为他没有其他人固有的私心吗？这样反而成就他自己""因为他无私，所以能够成就自己""因为其无私，所以成就了其'身先''身存'的个人利益""难道不是因为圣人没有私心私利的原因，结果却反而成就了他吗""不正是因为他们的无私，反而成就了他们自己吗""这不是由于他无私吗？无私故能成全他自己""就是因为他是没有私心的，才能够成就自己""这难道不是因为他的无私吗？他反而因此而成就了伟业"的意思①；唐汉认为，"以其无私，故能成其私"是指"不就是凭借着他的不自私吗？所以能够成就他的私（占有民众）"②。笔者赞同姬英明、饶尚宽等人的观点，特别赞同汤漳平和王朝华的解释。

---

① 老子.姬氏道德经［M］.姬英明，译注.北京：朝华出版社，2017：60；老子［M］.饶尚宽，译注.北京：中华书局，2015：17；徐志钧.老子帛书校注［M］.南京：凤凰出版社，2016：352；赵卫国.帛书《道德经》新析［M］.沈阳：东北大学出版社，2017：78；曹音.《道德经》释疑［M］.上海：上海三联书店，2012：7；老子［M］.李存山，注译.郑州：中州古籍出版社，2008：56；文若愚.道德经全解［M］.北京：中国华侨出版社，2012：49；老子［M］.汤漳平，王朝华，译注.北京：中华书局，2014：28.

② 唐汉.道德经新解［M］.北京：北京联合出版公司，2016：230.

【三本对照】

通行本《道德经》第七章：天长地久。天地所以能长且久者，以其不自生，故能长生。是以圣人后其身而身先；外其身而身存。以其无私，故能成其私。①

帛书本《道德经》第五十一章：天长地久。天地之所以能长且久者，以其不自生也，故能长生。是以圣人退其身而身先，外其身而身存。不以其无私欤？故能成其私。②

《姬氏道德经》（道政卷）：天长地久，天地之所以能长且久者，以其不自生也，故能长生。是以圣人退其身而身先，外其身而身存，不以其无私欲？故能成其私！③

---

① 老子［M］. 饶尚宽，译注. 北京：中华书局，2015：16.
② 徐志钧. 老子帛书校注［M］. 南京：凤凰出版社，2016：351；赵卫国. 帛书《道德经》新析［M］. 沈阳：东北大学出版社，2017：77.
③ 老子. 姬氏道德经［M］. 姬英明，译注. 北京：朝华出版社，2017：58.

244

第五十四章

我恒有三宝，持而保之

【原文之修订】（通行本《道德经》第六十七章；帛书本《道德经》第三十二章）

我恒有三宝，持而保之：一曰慈，二曰俭，三曰不敢为天下先。夫慈，故能勇；俭，故能广；不敢为天下先，故能为成器长。今舍其慈且勇，舍其俭且广，舍其后且先，则必死矣。夫慈，以战则胜，以守则固。天将建之，如以慈垣之。

【引言】

本章内容对应通行本《道德经》第六十七章、帛书本《道德经》第三十二章以及《姬氏道德经》道政卷的第十三个段落。

关于本章内容，通行本、帛书本和《姬氏道德经》原文之表述主要有两处差异。第一处，通行本写作"天下皆谓我：'道大，似不肖。'夫唯大，故似不肖。若肖，久矣其细也夫"，帛书本写作"天下皆谓我大，大而不肖。夫唯不肖，故能大。若肖，久矣其细也夫"，而《姬氏道德经》与之相类似的内容"天下皆谓我道大，似不肖。夫唯大，故不肖。若肖，则细矣"出现于其道经卷第十四个段落中（见本书论道篇第十四章）。比较通行本《道德经》第六十七章和帛书本《道德经》第三十二章的上下文可知，该句（即上面刚提到的"天下皆谓我：'道大，似不肖。'……久矣其细也夫"一句）与下文的"我有三宝，持而保之"等明显不合，可见该句在通行本和帛书本中的排列位置是错简或错误编修所致。我们根据与该句类似的语句出现于《姬氏道德经》道经卷第十四个段落中且与上下文比较相合的事实可推知：通行本第六十七章的"天下皆谓我：'道大，似不肖。'夫唯大，故似不肖。若肖，久矣其细也夫"应移至通行本第二十五章"故道大，天大，地大，人亦大"之前；帛书本第三十二章的"天下皆谓我大，大而不肖。夫唯不肖，故能大。若肖，久矣其细也夫"应移至帛书本第六十九章"道大，天大，地大，王亦大"之前。该句的解读见本书论道篇第十四章。第二处，通行本写作"天将救之"，而帛书本和《姬氏道德经》均写作"天将建之"。"救""建"意义有所不同。

本章原文之修订，全部采用帛书本原文之表述。这一章，老子指出了"慈""俭""不敢为天下先"三个法宝在治国理政、保家卫国和做人做事中的重要作用。特别是"慈"这个法宝，它是勇敢的力量源泉，只要慈爱具足，就能"以战则胜，以守则固"。

【释解】

（1）持而保之：保持它们。之：它们，指"慈""俭""不敢为天下先"三个法宝。

（2）不敢为天下先：不敢居于天下人的前面。

（3）慈，故能勇：因为对民众慈爱为怀，心系民众，所以才能勇敢无畏。

（4）俭，故能广：因为勤俭节约，所以才能财用充足。广：（财用、财货等）众多，充足。

（5）成器长：众人的首领。成器：大器，有用的人，泛指所有人。长：君长，首长，首领。

（6）舍其后且先：舍弃退让而只一味地争先。后：退后，退让居后。且：只，只是。先：争先。

（7）以战则胜：用来征战就必获胜。以：用，凭借。

（8）以守则固：用来守卫就必牢固。

（9）天将建之：上天要树立他。建：建立，树立，确立。

（10）如以慈垣之：就会用慈爱来围护他。如：则，就。垣：筑墙围绕，引申为围护，卫护，保护，护佑。

【译文】

我一直拥有三个法宝，坚持保有它们：第一个叫作慈爱，第二个叫作节俭，第三个叫作不敢居于天下人的前面。因为对民众慈爱为怀，心系民众，所以才能勇敢无畏；因为勤俭节约，所以才能财用充足；因为不敢居于天下人的前面，所以才能成为众人的首领。如今舍弃慈爱而一味地逞勇，舍弃节俭而一味地追求财用富足，舍弃退让而一味地争先，那就必死无疑了。慈爱，用来征战就必获胜，用来守卫就必牢固。上天要树立谁，就会用慈爱来维护他。

【拓展】

关于"俭，故能广"。姬英明、李存山认为，"俭，故能广"是"我有节俭之行，就能够很富有""节俭，所以能财用广足"的意思①；饶尚宽、徐志钧、曹音、文若愚、汤漳平和王朝华认为，"俭，故能广"是指"俭啬，因此能够宽广""节俭不放纵，就能道德日盛，事业宏大""有俭才能有大""俭啬则能蓄精积德，应用无穷，所以使生命活得更为宽广""因为俭约所以能广博"②；赵卫国将"俭，故能广"解释为"因为俭约，节约着用，所以能普天之下地传播还绵绵不绝"③；唐汉将"俭，故能广"解读为"因为有了自我约束，所以志向广远"④。笔者赞同姬英明、李存山的解释。

关于"舍其慈且勇"。姬英明、饶尚宽、徐志钧、赵卫国、曹音、李存山、文若愚认为，"舍其慈且勇"是"舍弃了慈爱而追求勇武""舍弃慈爱而要勇敢""舍弃慈而求勇""他们舍弃慈悲，只要勇敢""舍其慈而光取勇""舍弃了慈爱而只要勇敢""舍弃慈爱而妄逞勇武"的意思⑤；唐汉认为，"舍其慈且勇"是指"舍弃肃穆而逞威勇"⑥；汤漳平和王朝华将"舍其慈且勇"解释为"舍弃慈爱以及勇敢"⑦。笔者赞同姬英明、饶尚宽等人的解读。

【三本对照】

通行本《道德经》第六十七章：（天下皆谓我："道大，似不肖。"夫唯大，故似不肖。若肖，久矣其细也夫！）我有三宝，持而保之：一曰慈，二曰俭，三曰不敢为天下先。慈，故能勇；俭，故能广；不敢为天下先，故能成器长。今

① 老子. 姬氏道德经［M］. 姬英明，译注. 北京：朝华出版社，2017：60；老子［M］. 李存山，注译. 郑州：中州古籍出版社，2008：135.
② 老子［M］. 饶尚宽，译注. 北京：中华书局，2015：147；徐志钧. 老子帛书校注［M］. 南京：凤凰出版社，2016：229；曹音.《道德经》释疑［M］. 上海：上海三联书店，2012：50；文若愚. 道德经全解［M］. 北京：中国华侨出版社，2012：404；老子［M］. 汤漳平，王朝华，译注. 北京：中华书局，2014：265.
③ 赵卫国. 帛书《道德经》新析［M］. 沈阳：东北大学出版社，2017：49.
④ 唐汉. 道德经新解［M］. 北京：北京联合出版公司，2016：159.
⑤ 老子. 姬氏道德经［M］. 姬英明，译注. 北京：朝华出版社，2017：60；老子［M］. 饶尚宽，译注. 北京：中华书局，2015：147；徐志钧. 老子帛书校注［M］. 南京：凤凰出版社，2016：231；赵卫国. 帛书《道德经》新析［M］. 沈阳：东北大学出版社，2017：49；曹音.《道德经》释疑［M］. 上海：上海三联书店，2012：50；老子［M］. 李存山，注译. 郑州：中州古籍出版社，2008：135；文若愚. 道德经全解［M］. 北京：中国华侨出版社，2012：404.
⑥ 唐汉. 道德经新解［M］. 北京：北京联合出版公司，2016：159.
⑦ 老子［M］. 汤漳平，王朝华，译注. 北京：中华书局，2014：265.

舍慈且勇，舍俭且广，舍后且先，死矣！夫慈，以战则胜，以守则固。天将救之，以慈卫之。①

帛书本《道德经》第三十二章：（天下皆谓我大，大而不肖。夫唯不肖，故能大。若肖，久矣其细也夫。）我恒有三宝，持而保之：一曰慈，二曰俭，三曰不敢为天下先。夫慈，故能勇；俭，故能广；不敢为天下先，故能为成器长。今舍其慈且勇，舍其俭且广，舍其后且先，则必死矣。夫慈，以战则胜，以守则固。天将建之，如以慈垣之。②

《姬氏道德经》（道政卷）：我恒有三宝持保之，一曰慈，二曰俭，三曰不敢为天下先！夫慈，故能勇；俭，故能广；不敢为天下先，故能成为物长。今舍其慈且勇，舍其俭而广，舍其后且先，则必死矣！夫慈，以战则胜，以守则固；天将建之，如以慈垣之。③

---

① 老子 [M]. 饶尚宽，译注. 北京：中华书局，2015：145.
② 徐志钧. 老子帛书校注 [M]. 南京：凤凰出版社，2016：228；赵卫国. 帛书《道德经》新析 [M]. 沈阳：东北大学出版社，2017：48.
③ 老子. 姬氏道德经 [M]. 姬英明，译注. 北京：朝华出版社，2017：58.

第五十五章

古之善为道者，非以明民

【原文之修订】（通行本《道德经》第六十五章；帛书本《道德经》第二十八章）

古之善为道者，非以明民，将以愚之。民之难治，以其智多。故以智治国，国之贼；不以智治国，国之福。恒知此两者亦稽式。恒知稽式，是谓玄德。玄德深矣，远矣！与物反矣，乃至大顺。

【引言】

本章内容对应通行本《道德经》第六十五章、帛书本《道德经》第二十八章以及《姬氏道德经》道政卷的第十四个段落。

关于本章内容，通行本、帛书本和《姬氏道德经》原文之表述主要有四处差异。第一处，通行本写作"古之善为道者"，帛书本写作"古之为道者"，《姬氏道德经》写作"古曰善为道者"。三者表述虽然有所差异，但其内容大意可以说是完全相同的。第二处，通行本写作"以其多智"或"以其智多"，帛书本写作"以其知也"，《姬氏道德经》写作"以其智也"。"知"作"智"讲，所以这三者内容大意其实也是一样的。第三处，通行本写作"故以智治国，国之贼；不以智治国，国之福"，帛书本写作"故以知知邦，邦之贼也；以不知知邦，邦之德也"，《姬氏道德经》写作"故以智治邦，邦之贼也；以不智治邦，邦之德也"。帛书本"以知知邦"中的第一个"知"作智讲，第二个"知"作治讲，"邦"作国家、邦国讲，所以通行本、帛书本和《姬氏道德经》关于该处的表述内容大意上也是一样的。第四处，通行本写作"常知稽式"，帛书本和《姬氏道德经》均写作"恒知稽式"，"常"和"恒"意思相同。

本章原文之修订，以通行本原文之表述为主，兼采帛书本和《姬氏道德经》原文表述的优点。这一章，老子提出了他的"愚民政治"思想。老子认为，百姓智巧越多，国家就越难治理；百姓越是淳朴简单，国家就越容易治理。所以，他希望统治者不以智巧治理国家，而是要以清静无为、自然而然、敦厚淳朴的思想治理国家。

【释解】

（1）古之善为道者：古代善于行道的人，这里指用道治理国家的人。

（2）非以明民，将以愚之：不是要使百姓聪明智巧，而是要使百姓敦厚淳朴。明：聪明智巧。愚：敦厚，憨厚，淳朴。

（3）以其智多：因为他们智巧太多。智：智巧，精明。

（4）以智治国：以智巧来治理国家。

（5）国之贼：国家的祸害。贼：祸害，灾难。

（6）国之福. 国家的福德。福：福德，福祉，福气。

（7）恒知：要永远知道。

（8）稽式：考核和衡量效果好坏的基本准则、法式。稽：考核，衡量，核查。式：法式，准则，楷模。

（9）玄德深矣，远矣：玄德深厚啊，幽远啊。玄德：玄妙的德性。深：深厚，深奥。远：幽远，幽深。

（10）与物反矣：（人）与万物一起返回到自然大道。反：通"返"，返回，回归，复归。

（11）乃至大顺：才能达到万事顺遂的境地。乃：才。

【译文】

古代用道治理国家的人，不是要使百姓聪明智巧，而是要使百姓敦厚淳朴。百姓难以治理，是因为他们智巧太多。因此，以智巧来治理国家，就是国家的祸害；不以智巧来治理国家，就是国家的福德。要永远知道：这两点也就是考核和衡量治国理政效果好坏的基本准则。永远知道和牢记这个考核和衡量治国理政效果好坏的基本准则，就是玄德。玄德深厚啊，幽远啊！人与万物一起返回到自然大道，才能达到万事顺遂的境地。

【拓展】

关于"非以明民，将以愚之"。姬英明、饶尚宽、徐志钧、赵卫国、曹音、李存山、文若愚认为，"非以明民，将以愚之"是"不是教导民众巧诈聪明，而是要教导民众敦厚朴实""并不是让百姓聪明巧智，而是将使百姓质朴淳厚""古之为治国之道不是用智巧而是用淳朴诚实的办法""不要向民众灌输各种所谓的知识，而是要让他们朝着愚的方向走，让他们回到符合天性与天道的状态""不是让百姓精明，而是让他们淳朴""不是使民聪智，而是使民愚朴""不教人民以斗智机巧，而是教人民淳朴敦厚"的意思①；唐汉、汤漳平和王朝华认为，"非以明民，将以愚之"是指"不是教民众聪明，而是让民众愚昧啊""不是要使人民聪明，而是要使人民愚笨"②。笔者赞同姬英明、饶尚宽、徐志钧等人的解释。

关于"与物反矣，乃至大顺"。姬英明认为，"与物反矣，乃至大顺"是"只有能完全认识到玄德之真谛的有道统治者，才能带领民众顺应大道、与万物同归于自然大道的真朴中"的意思③；饶尚宽、李存山、文若愚认为，"与物反矣，乃至大顺"是指"与万物返回到质朴的本原，就可以顺应大自然的规律""与万物同返于本原，乃至大顺于自然""与万物一起复归道的质朴，从而完全顺乎自然"④；徐志钧将"与物反矣，乃至大顺"解释为"玄德作为一种品质偕同万物而回归，所有事物就可以得到适合自己发展的程式"⑤；赵卫国将"与物反矣，乃至大顺"解读为"（玄德）与现世对事物的理解恰恰相反，其做法也相反，只有这样去复归，才能达至真朴自然的顺利回归"⑥；唐汉将"与物反矣，乃至大顺"理解为"（玄德）与通常的物性相反，以至于通达最大的顺应"⑦；曹音认为，"与物反矣，乃至大顺"是"要顺从它（指玄德）而不违反它，这样治国方能大顺"的意思⑧；汤漳平和王朝华认为，"与物反矣，乃至大顺"是指"与万物复归于大道，然后就能达到太平之治"⑨。笔者赞同饶尚宽、

① 老子．姬氏道德经［M］．姬英明，译注．北京：朝华出版社，2017：60；老子［M］．饶尚宽，译注．北京：中华书局，2015：142；徐志钧．老子帛书校注［M］．南京：凤凰出版社，2016：200；赵卫国．帛书《道德经》新析［M］．沈阳：东北大学出版社，2017：43；曹音．《道德经》释疑［M］．上海：上海三联书店，2012：48；老子［M］．李存山，注译．郑州：中州古籍出版社，2008：132；文若愚．道德经全解［M］．北京：中国华侨出版社，2012：390．
② 唐汉．道德经新解［M］．北京：北京联合出版公司，2016：144；老子［M］．汤漳平，王朝华，译注．北京：中华书局，2014：257．
③ 老子．姬氏道德经［M］．姬英明，译注．北京：朝华出版社，2017：60-61．
④ 老子［M］．饶尚宽，译注．北京：中华书局，2015：142；老子［M］．李存山，注译．郑州：中州古籍出版社，2008：132；文若愚．道德经全解［M］．北京：中国华侨出版社，2012：390．
⑤ 徐志钧．老子帛书校注［M］．南京：凤凰出版社，2016：202．
⑥ 赵卫国．帛书《道德经》新析［M］．沈阳：东北大学出版社，2017：43．
⑦ 唐汉．道德经新解［M］．北京：北京联合出版公司，2016：144．
⑧ 曹音．《道德经》释疑［M］．上海：上海三联书店，2012：48．
⑨ 老子［M］．汤漳平，王朝华，译注．北京：中华书局，2014：257．

李存山等人的解读。

【三本对照】

通行本《道德经》第六十五章：古之善为道者，非以明民，将以愚之。民之难治，以其智多。故以智治国，国之贼；不以智治国，国之福。知此两者，亦稽式。常知稽式，是谓"玄德"。"玄德"深矣，远矣，与物反矣，然后乃至大顺。①

帛书本《道德经》第二十八章：古之为道者，非以明民也，将以愚之也。夫民之难治也，以其知也。故以知知邦，邦之贼也；以不知知邦，邦之德也。恒知此两者，亦稽式巾。恒知稽式，是谓玄德。玄德深矣，远矣，与物反矣，乃至大顺。②

《姬氏道德经》（道政卷）：古曰善为道者，非以明民也，将以愚之也。民之难治也，以其智也。故以智治邦，邦之贼也；以不智治邦，邦之德也。恒知此两者亦稽式也，恒知稽式，此谓玄德。玄德深矣，远矣！与物反矣，乃至大顺。③

① 老子［M］. 饶尚宽，译注. 北京：中华书局，2015：141；老子［M］. 李存山，注译. 郑州：中州古籍出版社，2008：131.
② 徐志钧. 老子帛书校注［M］. 南京：凤凰出版社，2016：200；赵卫国. 帛书《道德经》新析［M］. 沈阳：东北大学出版社，2017：42.
③ 老子. 姬氏道德经［M］. 姬英明，译注. 北京：朝华出版社，2017：58.

第五篇　论道法

在该篇中，老子阐述了侯王坚持自然大道、自然无为而治的重大作用和意义，并讲述了许多自然原理和侯王为什么要与道契合、持道守正的道理。这些道理有"宠辱若惊，贵大患若身"，"不言之教，无为之益"，"天下之至柔，驰骋于天下之至坚"，"重为轻根，静为躁君"，"天下之难作于易，天下之大作于细"，"圣人终不为大，故能成其大"，"天道无亲，恒与善人"，"贵以贱为本，高以下为基"，等等。

老子认为，只要积德行善，用恩德化解怨恨，天道就会站在自己一边；天道就像一张弓，"损有余而补不足"，而普通的人与天道正相反，"损不足而奉有余"；只有有道的圣人才能做到像天道一样，做出贡献而不自以为是，做出成就而不居功自傲；物极必反，贬损到一定程度就会增益，相反增益到一定程度就会贬损，所以强横暴虐的人不会有好下场；统治者应该公而忘私，遵从柔胜刚、弱胜强这个道理；人们懂得了自然大道，就能做到减少欲望，知足安静；君子行事要以稳重和守静为根本，避免因轻举妄动祸及自身。

老子反对武力和非正义战争。他认为，物壮则老是自然规律，嗜好战争就是不道，不道的人和事物必然早早灭亡。老子严厉批判那些只顾自己骄奢淫逸、穿金戴银、作威作福、贪恋财货而不管百姓死活的统治阶级，贬称他们为盗竽，即盗贼的首领。

总之，有道的人，就会守正笃实、诚实守信、防微杜渐、积小成大、积少成多、久久为功。人们只要坚定信心，脚踏实地，大处着眼，小处着手，迎难而上，再大的困难也会迎刃而解。

第五十六章

昔之得一者，天得一以清

【原文之修订】（通行本《道德经》第三十九章；帛书本《道德经》第二章）

昔之得一者，天得一以清，地得一以宁，神得一以灵，谷得一以盈，侯王得一以为天下正，万物得一以生。其致之也，天无以清，将恐裂；地无以宁，将恐废；神无以灵，将恐歇；谷无以盈，将恐竭；侯王无以正，将恐蹶；万物无以生，将恐灭。故贵以贱为本，高以下为基。是以侯王自称孤、寡、不穀。此非以贱为本邪？非乎？故至誉无誉。是故不欲琭琭如玉，珞珞如石。

【引言】

本章内容对应通行本《道德经》第三十九章、帛书本《道德经》第二章以及《姬氏道德经》道法卷的第一个段落。

关于本章内容，通行本、帛书本和《姬氏道德经》原文之表述主要有两处差异。第一处，通行本和《姬氏道德经》均写作"万物得一以生"，但帛书本并无此句。第二处，通行本和《姬氏道德经》均写作"万物无以生，将恐灭"，同样帛书本也无此句。对此，徐志钧解释说："王弼本此句下有'万物得一以生'一句，甲、乙本皆无，《老子指归》亦无。宋刻河上本注文'谓下五事也'。所指五事即天、地、神、浴、侯王，证明河上公作注之时尚未揽入'万物'句。得一以达佳境者天、地、神、浴、侯王。'万物'层次不高，无法与天、地等五事比肩并列，揽入'万物'句，则不伦不类。此足见帛书文本之优。"[①] 显然，徐志钧的观点有一定的道理。事实上，万物也存在"得一"的问题，这也可以放在"五事"之后谈一谈。因此，通行本将"万物得一以生"放在"谷得一以盈"和"侯王得一以为天下正"之间谈，不如《姬氏道德经》把

---

① 徐志钧. 老子帛书校注［M］. 南京：凤凰出版社，2016：17.

"万物得一以生"放在"浴得一以盈，侯王得一以为天下正"之后谈，即构成先谈"五事"而后再谈"万物"得一的讲论顺序。同样，通行本将"万物无以生，将恐灭"放在"谷无以盈，将恐竭"和"侯王无以正，将恐蹶"之间谈，不如《姬氏道德经》把"谓万物无以生，将恐灭"放在"谓浴毋以盈，将恐竭；谓侯王毋以正，将恐蹶"之后谈。此外，关于本章内容，通行本、帛书本和《姬氏道德经》原文之表述之间还存在着其他较小的差异，但其内容大意是完全相同的。例如，通行本写作"天无以清"，帛书本写作"天毋已清"，而《姬氏道德经》写作"天毋以清"；通行本和《姬氏道德经》均写作"故至誉无誉"，而帛书本写作"故致数舆无舆"；等等。比较而言，通行本原文之表述更为简洁明快。

本章原文之修订，以通行本原文之表述为主，兼采《姬氏道德经》和帛书本原文表述的优点。这一章，老子指出，"　"（即道）对天、地、神、谷、侯王和万物生死存亡的重要性和必要性，还指出"贵以贱为本，高以卜为基"的常识，这也是侯王都愿意自称孤、寡、不穀的原因。

【释解】

（1）昔之得一者：从前得到道的情形是这样的。一：道，阴阳两性物质混一的状态，阴阳和合的状态。

（2）天得一以清：天得到道而变得清明。以：而。

（3）地得一以宁：地得到道而变得安宁。

（4）神得一以灵：神得到道而变得灵验。

（5）谷得一以盈：谷得到道而变得充盈。

（6）侯王得一以为天下正：侯王得到道而成为天下人的首领。正：首领，君长，领袖。

（7）万物得一以生：万物得到道而生长。

（8）其致之也：如果推而言之。其：如果。致：推理，推极，穷究。之：它们，指前面说的"天得一以清，地得一以宁，神得一以灵，谷得一以盈，侯王得一以为天下正，万物得一以生"。

（9）天无以清，将恐裂：天无道而清明，恐怕清明将要崩裂。天无以清：省略句，即"天无一以清"，天无道而清明。

（10）地无以宁，将恐废：地无道而安宁，恐怕安宁将要停止。废：停止，终止，破灭。

（11）神无以灵，将恐歇：神无道而灵验，恐怕灵验将要停歇。歇：停止，停歇，歇止。

（12）谷无以盈，将恐竭：谷无道而充盈，恐怕充盈将要耗竭。竭：耗竭，用尽，失去。

（13）侯王无以正，将恐蹶：侯王无道而做天下人的首领，恐怕首领地位将要不保。蹶：跌倒，引申为失败、失去、挫败、挫折。

（14）万物无以生，将恐灭：万物无道而生长，恐怕生长将要不复存在。灭：不存在，消失，灭亡，灭绝。

（15）孤、寡、不穀：侯王的谦称。孤：孤独，孤苦，引申为孤家、孤王。寡：孤独，孤单，引申为寡人。不穀：不善，引申为古代王侯的谦称。

（16）故至誉无誉：所以，最高的荣誉不需要赞誉。至誉：最高的荣誉。无：通"毋"，无须，不要，不需要。

（17）不欲琭琭如玉：（得道的人）不愿意像玉那样晶莹精美。琭琭如玉：如玉琭琭，像玉那样精美、贵气或色泽晶莹。

（18）珞珞如石：（而愿意）像石头那样坚硬质朴。珞珞（luò）：形容石头坚硬粗糙。

【译文】

从前得到道的情形是这样的：天得到道而变得清明，地得到道而变得安宁，神得到道而变得灵验，谷得到道而变得充盈，侯王得到道而成为天下人的首领，万物得到道而生长。如果推而言之，天无道而清明，恐怕清明将要崩裂；地无道而安宁，恐怕安宁将要停止；神无道而灵验，恐怕灵验将要停歇；谷无道而充盈，恐怕充盈将要耗竭；侯王无道而做天下人的首领，恐怕首领地位将要不保；万物无道而生长，恐怕生长将要不复存在。所以，高贵以卑贱为根本，高上以低下为基础。因此，侯王自称孤、寡、不穀。这些不是以卑贱为根本吗？难道不是吗？所以，最高的荣誉不需要赞誉。因此，得道的人不愿意像玉那样晶莹精美，而愿意像石头那样坚硬质朴。

【拓展】

关于"侯王得一以为天下正"。姬英明认为，"侯王得一以为天下正"是"统治者们得到了道的一分子，成为天下正道的首领"的意思[①]；饶尚宽认为，

---

① 老子. 姬氏道德经［M］. 姬英明，译注. 北京：朝华出版社，2017：65.

"侯王得一以为天下正"是指"侯王得道就使天下安定"①；徐志钧、赵卫国、唐汉、李存山、文若愚将"侯王得一以为天下正"解释为"侯王得道就成为天下的统治者""侯王们得到了太一之气，所以就成为统一天下、统驭万众的君王""侯王得到太一才能够政治（统治）天下""侯王得到'一'而成为天下的君长""侯王得到道而成为天下的领袖"②；曹音、汤漳平和王朝华将"侯王得一以为天下正"解读为"君王得'道'将之作为天下的准则""侯王得到一而成为天下的准则"③。笔者赞同徐志钧、赵卫国、唐汉等人的解释。

关于"天无以清，将恐裂"。姬英明、饶尚宽、李存山、文若愚认为，"天无以清，将恐裂"是"苍天如果不能保持清明，恐怕会崩裂""天没有清明，将要崩裂""天若不清明则将破裂""天如果不得清明，恐怕要崩裂"的意思④；徐志钧、汤漳平和王朝华认为，"天无以清，将恐裂"是指"天如果无休止地清明，就会崩裂""天无休止地清明下去就难免会崩裂"⑤；赵卫国将"天无以清，将恐裂"解释为"如果没有'一'，恐怕天会不清而崩塌"⑥；唐汉将"天无以清，将恐裂"解读为"天不会因为已经清澈，便恐惧永远连续（清澈）下去"⑦；曹音将"天无以清，将恐裂"理解为"天不可极清，极清则裂"⑧。笔者赞同赵卫国的解读。

关于"至誉无誉"（帛书本："数舆无舆"）。姬英明认为，"至誉无誉"是"最高的荣誉是无法赞美的荣誉"的意思⑨；饶尚宽、赵卫国认为，"至誉无誉"

① 老子［M］.饶尚宽，译注.北京：中华书局，2015：87.
② 徐志钧.老子帛书校注［M］.南京：凤凰出版社，2016：18；赵卫国.帛书《道德经》新析［M］.沈阳：东北大学出版社，2017：7-8；唐汉.道德经新解［M］.北京：北京联合出版公司，2016：16；老子［M］.李存山，注译.郑州：中州古籍出版社，2008：98；文若愚.道德经全解［M］.北京：中国华侨出版社，2012：231.
③ 曹音.《道德经》释疑［M］.上海：上海三联书店，2012：30；老子［M］.汤漳平，王朝华，译注.北京：中华书局，2014：151.
④ 老子.姬氏道德经［M］.姬英明，译注.北京：朝华出版社，2017：65；老子［M］.饶尚宽，译注.北京：中华书局，2015：87；老子［M］.李存山，注译.郑州：中州古籍出版社，2008：98；文若愚.道德经全解［M］.北京：中国华侨出版社，2012：231.
⑤ 徐志钧.老子帛书校注［M］.南京：凤凰出版社，2016：18；老子［M］.汤漳平，王朝华，译注.北京：中华书局，2014：151.
⑥ 赵卫国.帛书《道德经》新析［M］.沈阳：东北大学出版社，2017：8.
⑦ 唐汉.道德经新解［M］.北京：北京联合出版公司，2016：16.
⑧ 曹音.《道德经》释疑［M］.上海：上海三联书店，2012：30.
⑨ 老子.姬氏道德经［M］.姬英明，译注.北京：朝华出版社，2017：66.

是指"最高的声誉无须赞誉""最高的赞誉是不需要赞誉的"①；徐志钧将"数舆无舆"解释为"众多的车组件组成一辆车，但众多的车组件并不是车。这比喻'明一国之治，亦由众智群力所集，而非人主一人所能为'"②；唐汉将"数舆无舆"解读为"这是因为接连不断的抬举使他们到达不能被再抬举的地步"③；曹音、李存山、文若愚、汤漳平和王朝华将"至誉无誉"理解为"荣誉太多到达极致反而没有荣誉""追求很多荣誉，实际上得不到荣誉""最高的荣誉没有赞美称誉""追求过多的声誉就会失去声誉"④。笔者赞同饶尚宽和赵卫国的观点。

关于"不欲琭琭如玉，珞珞如石"。姬英明认为，"不欲琭琭如玉，珞珞如石"是"最高的荣誉是从不要求外表光彩华丽得像晶莹玉石，也不要求外表巍峨坚硬得像高山岩石"的意思⑤；饶尚宽、赵卫国、文若愚、汤漳平和王朝华认为，"不欲琭琭如玉，珞珞如石"是指"不愿像光彩的美玉，宁可如坚硬的石块""做人不要求做光鲜的美玉，应该求做质朴的坚石""不要求像华美的宝玉，而宁愿像坚硬的磐石""有道之士不愿像玉那么精美，而宁可像石头一样朴实"⑥；徐志钧将"不欲琭琭如玉，珞珞如石"解释为"既不要像加工过的玉，也不要像加工过的石，保持自己的自然品质最为紧要"⑦；唐汉将"不欲琭琭如玉，珞珞如石"解读为"不要像（在手中）滚来滚去的玉，而要像河床中自在的石头"⑧；曹音将"不欲琭琭如玉，珞珞如石"理解为"宁可像硬而粗的石头，不要像坚而脆的玉"⑨；李存山认为，"不欲琭琭如玉，珞珞如石"是"不

① 老子［M］. 饶尚宽，译注. 北京：中华书局，2015：88；赵卫国. 帛书《道德经》新析［M］. 沈阳：东北大学出版社，2017：8.
② 徐志钧. 老子帛书校注［M］. 南京：凤凰出版社，2016：20-21.
③ 唐汉. 道德经新解［M］. 北京：北京联合出版公司，2016：16.
④ 曹音.《道德经》释疑［M］. 上海：上海三联书店，2012：30；老子［M］. 李存山，注译. 郑州：中州古籍出版社，2008：98；文若愚. 道德经全解［M］. 北京：中国华侨出版社，2012：232；老子［M］. 汤漳平，王朝华，译注. 北京：中华书局，2014：151.
⑤ 老子. 姬氏道德经［M］. 姬英明，译注. 北京：朝华出版社，2017：66.
⑥ 老子［M］. 饶尚宽，译注. 北京：中华书局，2015：88；赵卫国. 帛书《道德经》新析［M］. 沈阳：东北大学出版社，2017：8；文若愚. 道德经全解［M］. 北京：中国华侨出版社，2012：232；老子［M］. 汤漳平，王朝华，译注. 北京：中华书局，2014：151.
⑦ 徐志钧. 老子帛书校注［M］. 南京：凤凰出版社，2016：22.
⑧ 唐汉. 道德经新解［M］. 北京：北京联合出版公司，2016：16.
⑨ 曹音.《道德经》释疑［M］. 上海：上海三联书店，2012：30.

要像玉、石那样，将其华美、坚硬全部表露在外"的意思①。笔者赞同饶尚宽、赵卫国、文若愚、汤漳平和王朝华的看法。

【三本对照】

通行本《道德经》第三十九章：昔之得一者，天得一以清，地得一以宁，神得一以灵，谷得一以盈，万物得一以生，侯王得一以为天下正。其致之也，天无以清，将恐裂；地无以宁，将恐废；神无以灵，将恐歇；谷无以盈，将恐竭；万物无以生，将恐灭；侯王无以正，将恐蹶。故贵以贱为本，高以下为基。是以侯王自称孤、寡、不穀。此非以贱为本邪？非乎？故至誉无誉。是故不欲琭琭如玉，珞珞如石。②

帛书本《道德经》第二章：昔之得一者，天得一以清，地得一以宁，神得一以灵，谷得一以盈，侯王得一以为天下正。其致之也，谓天毋已清将恐裂，谓地毋已宁将恐发，谓神毋已灵将恐歇，谓谷毋已盈将恐竭，谓侯王毋已贵以高将恐蹶。故必贵而以贱为本，必高矣而以下为基。夫是以侯王自谓孤、寡、不穀，此其贱之本欤？非也。故致数舆无舆。是故不欲禄禄若玉，珞珞若石。③

《姬氏道德经》（道法卷）：昔之得一者，天得一以清，地得一以宁，神得一以灵，浴得一以盈，侯王得一以为天下正，万物得一以生。其至之也，谓天毋以清，将恐裂；谓地毋以宁，将恐发；谓神毋以灵，将恐歇；谓浴毋以盈，将恐竭；谓侯王毋以正，将恐蹶；谓万物无以生，将恐灭。故必贵而以贱为本，必高而以下为基。是以侯王自谓孤、寡、不穀，此其以贱之本乎？非乎？故至誉无誉，是故不欲禄禄若玉、珞珞若石。④

① 老子 [M]. 李存山，注译. 郑州：中州古籍出版社，2008：98.
② 老子 [M]. 饶尚宽，译注. 北京：中华书局，2015：86-87.
③ 徐志钧. 老子帛书校注 [M]. 南京：凤凰出版社，2016：16；赵卫国. 帛书《道德经》新析 [M]. 沈阳：东北大学出版社，2017：7.
④ 老子. 姬氏道德经 [M]. 姬英明，译注. 北京：朝华出版社，2017：64.

第五十七章

天下之所恶，唯孤、寡、不穀

【原文之修订】（通行本《道德经》第四十二章；帛书本《道德经》第五章）

天下之所恶，唯孤、寡、不穀，而王公以自名也。物或损之而益，或益之而损。故人之所教，亦议而教人："强梁者不得其死。"我将以为学父。

【引言】

本章内容对应通行本《道德经》第四十二章的第三句至第六句、帛书本《道德经》第五章的第三句至第六句以及《姬氏道德经》道法卷的第二个段落。

关于本章内容，通行本、帛书本和《姬氏道德经》所对应的原文之表述主要有五处差异。第一处，通行本（第四十二章）和帛书本（第五章）均有"道生一，一生二，二生三，三生万物。万物负阴而抱阳，冲气以为和"两句，而《姬氏道德经》道法卷的第二个段落并无这两句。在《姬氏道德经》中，这两句出现在道经卷的第四个段落中（见本书论道篇第四章"反者，道之动"）。第二处，通行本写作"人之所恶"，而帛书本和《姬氏道德经》均写作"天下之所恶"，但大意基本相同。第三处，通行本写作"王公以为称"，帛书本和《姬氏道德经》均写作"王公以自名也"，句子大意完全相同。第四处，通行本写作"人之所教，我亦教之"，帛书本写作"故人之所教，亦议而教人"，而《姬氏道德经》写作"上所教兮，易而教后"，三者大意也基本相同。第五处，通行本写作"教父"，帛书本和《姬氏道德经》均写作"学父"，二者意义实质上也一样。

本章原文之修订，以帛书本所对应的原文之表述为主，兼采通行本和《姬氏道德经》原文表述的优点。这一章，老子进一步指出，人们都不喜欢孤独、孤寡、不善这些词汇，但是侯王却乐意用孤、寡、不穀这些字词来谦称自己。万事万物就是这样物极必反，循环往复的。贬损到一定程度就会增益，相反增益到一定程度就会贬损。强横暴虐的人的下场显然是可悲可叹的。这些道理都是应该首先教授给世人的。

【释解】

（1）天下之所恶：天下人所厌恶的。

（2）唯孤、寡、不穀：只是孤、寡、不穀。孤、寡、不穀：都是侯王或王公的谦称。

（3）王公以自名也：王公把它们用作自称。自名：自称。

（4）损之而益：减损到一定程度就会增益。

（5）益之而损：增益到一定程度就会减损。

（6）办议而教人：（我）也精选好后再教给他人。议：选择，挑选，精心挑选。

（7）强梁者不得其死：强横暴虐的人得不到善终。不得其死：死于非命，得不到善终。

（8）学父：学习的开端，学习起步的地方。父：通"甫"，开始，开端，起初，起步。

【译文】

天下人所厌恶的是孤、寡、不穀，王公却把它们用作自称。任何事物或者减损到一定程度就会增益，或者增益到一定程度就会减损。所以，别人教导给我的，我也精选好后再教给其他的人："强横暴虐的人得不到善终。"我将把这句话作为学习的开端。

【拓展】

关于"物或损之而益，或益之而损"。姬英明、徐志钧、赵卫国、唐汉、曹音、文若愚、汤漳平和王朝华认为，"物或损之而益，或益之而损"是"对一切事物而言，你在减损它时，它反而得到了增强，你在增强它时，反而是在减损它""损益可以互变，犹如贵贱之易位""难道事物真的可能是这样的：贬损反会让人受益，增益反会让人受损""事物或因为满溢而减损，又因（此处）减损而（使某处）满溢""一切事物，有时表面上减损它却反而使它得到增加；有时表面上增加它却反而使它得到减损""对事物而言，有时减损它却反而使它得到增益，有时增益它却反而使它受到减损"的意思①；李存山认为，"物或损之而益，或益之而损"是指"有的事物是从贬损中受益，有的事物是从增益中受损"②。笔者赞同姬英明、徐志钧、赵卫国等人的解释。

关于"我将以为学父"（通行本："吾将以为教父"）。姬英明、李存山、汤漳平和王朝华认为，"我将以为学父"是"我把它当作我教育施政的根本宗旨""我将以此作为施教的根本""我把这样的话当作教人的根本"的意思③；徐志钧、文若愚、曹音认为，"我将以为学父"是指"我将把它作为学习的初阶""我把这句话当作首先要教授的""我希望你们将它作为学习的开端"④；赵卫国将"我将以为学父"解释为"我要用这一条作为我人生的基本信条"⑤；唐汉将"我将以为学父"理解为"我将做你们的老师"⑥。笔者赞同徐志钧、文若愚等人的解读。

【三本对照】

通行本《道德经》第四十二章：（道生一，一生二，二生三，三生万物。万物负阴而抱阳，冲气以为和。）人之所恶，唯孤、寡、不穀，而王公以为称。故物或损之而益，或益之而损。人之所教，我亦教之。强梁者不得其死，吾将以为教父。⑦

帛书本《道德经》第五章：（道生一，一生二，二生三，三生万物。万物负阴而抱阳，冲气以为和。）天下之所恶，唯孤、寡、不穀，而王公以自名也。物

① 老子．姬氏道德经［M］．姬英明，译注．北京：朝华出版社，2017：66；徐志钧．老子帛书校注［M］．南京：凤凰出版社，2016：42；赵卫国．帛书《道德经》新析［M］．沈阳：东北大学出版社，2017：13；唐汉．道德经新解［M］．北京：北京联合出版公司，2016：38；曹音．《道德经》释疑［M］．上海：上海三联书店，2012：32；文若愚．道德经全解［M］．北京：中国华侨出版社，2012：245；老子［M］．汤漳平，王朝华，译注．北京：中华书局，2014：170.

② 老子［M］．李存山，注译．郑州：中州古籍出版社，2008：102.

③ 老子．姬氏道德经［M］．姬英明，译注．北京：朝华出版社，2017：66；老子［M］．李存山，注译．郑州：中州古籍出版社，2008：102；老子［M］．汤漳平，王朝华，译注．北京：中华书局，2014：170.

④ 徐志钧．老子帛书校注［M］．南京：凤凰出版社，2016：43；文若愚．道德经全解［M］．北京：中国华侨出版社，2012：245；曹音．《道德经》释疑［M］．上海：上海三联书店，2012：32.

⑤ 赵卫国．帛书《道德经》新析［M］．沈阳：东北大学出版社，2017：13.

⑥ 唐汉．道德经新解［M］．北京：北京联合出版公司，2016：38.

⑦ 老子［M］．饶尚宽，译注．北京：中华书局，2015：93.

或损之而益，益之而损。故人之所教，亦议而教人。强梁者不得其死，我将以为学父。①

《姬氏道德经》（道法卷）：天下之所恶，唯孤、寡、不穀，而王公以自名也。物或损之而益，或益之而损。上所教兮，易而教后，故强梁者不得死，吾将以为学父。②

① 徐志钧．老子帛书校注［M］．南京：凤凰出版社，2016：40；赵卫国．帛书《道德经》新析［M］．沈阳：东北大学出版社，2017：12.
② 老子．姬氏道德经［M］．姬英明，译注．北京：朝华出版社，2017：64.

第五十八章

宠辱若惊，贵大患若身

【原文之修订】（通行本《道德经》第十三章；帛书本《道德经》第五十七章）

宠辱若惊，贵大患若身。何谓宠辱若惊？宠之为下，得之若惊，失之若惊，是谓宠辱若惊。何谓贵大患若身？吾所以有大患者，为吾有身。及吾无身，吾有何患？故贵以身为天下，若可以托天下；爱以身为天下，若可以寄天下。

【引言】

本章内容对应通行本《道德经》第十三章、帛书本《道德经》第五十七章以及《姬氏道德经》道法卷的第三个段落。

关于本章内容，通行本、帛书本和《姬氏道德经》所对应的原文之表述主要有两处差异。第一处，通行本写作"宠为上，辱为下"，帛书本写作"宠之为下也"，《姬氏道德经》写作"宠之为下"。显然，通行本的表述显得多余或画蛇添足，不如帛书本和《姬氏道德经》表述好。第二处，通行本和《姬氏道德经》均写作"故贵以身为天下"，而帛书本写作"故贵为身于为天下"，二者大意完全相同，但通行本和《姬氏道德经》的表述比帛书本的表述更为简洁一些。

本章原文之修订，以帛书本原文之表述为主，兼采通行本和《姬氏道德经》原文表述的优点。这一章老子在讲"宠辱若惊，贵大患若身"的道理。他指出，如果一个人公而忘私、奋不顾身地为天下人服务，人们就可以把天下托付给他。但如果珍惜自身和自身利益胜过为天下人服务，就必定会患得患失，宠辱若惊。

【释解】

（1）宠辱若惊：得宠和受辱都会令人诚惶诚恐。若：而。惊：诚惶诚恐，惊惧不安。

（2）贵大患若身：重视（和担忧）大的祸患可能降临到自己头上。贵：重视，以……为重要。若：及，到，引申为降临到。

（3）宠之为下：受宠的人处于下位。之：助词，用在主谓结构之间，不译。

（4）得之若惊，失之若惊：得宠就会惊喜，失宠就会惊恐。之：它，指宠信。若：而。

（5）为吾有身：因为我有身体。为：因为，由于。

（6）及吾无身：如果我没有身体。及：通"若"，如果，假如。

（7）故贵以身为天下，若可以托天下：所以崇尚献身于治理天下的人，才可以将天下托付给他。贵：崇尚，重视，以……为宝贵。以身：用身体，引申为献身于、投身于。为：治理。若：乃，才。托：把……托付给。

（8）爱以身为天下，若可以寄天下：热爱献身于治理天下的人，才可以将天下寄托给他。爱：喜爱，热爱。

【译文】

得宠和受辱都会令人诚惶诚恐，这是因为人们重视（和担忧）大的祸患可能降临到自己头上。什么叫得宠和受辱都会令人诚惶诚恐？受宠的人处于下位，得宠就会惊喜，失宠就会惊恐，这就叫得宠和受辱都会令人诚惶诚恐。什么叫重视（和担忧）大的祸患可能降临到自己头上？我之所以有大祸患，是因为我有身体。如果我没有身体，我又有什么祸患？所以，崇尚献身于治理天下的人，才可以将天下托付给他；热爱献身于治理天下的人，才可以将天下寄托给他。

【拓展】

关于"宠辱若惊，贵大患若身"。姬英明认为，"宠辱若惊，贵大患若身"是"得到恩宠与受到侮辱都会使人感到惊恐不安，重视自己的私心要像重视自己身体的祸患一样"的意思[1]；饶尚宽认为，"宠辱若惊，贵大患若身"是指"得宠和受辱就感到惊恐不安，重视自己的身体如同重视祸患一样"[2]；徐志钧、赵卫国、汤漳平和王朝华将"宠辱若惊，贵大患若身"解释为"得宠和受辱都会感到惊恐，这是因为人们非常担心大患可能降临到自己头上""如果对你施与恩惠的人喜欢你，你就像受了惊一样跳起来；如果可以决定你命运的人侮辱你，你也像受了惊一样跳起来，原因是将自己的生命看得过于贵重""受宠与遭辱都

① 老子.姬氏道德经［M］.姬英明，译注.北京：朝华出版社，2017：66.

② 老子［M］.饶尚宽，译注.北京：中华书局，2015：30.

感到震惊，将它看重得如同祸患缠身"①；唐汉将"宠辱若惊，贵大患若身"解读为"侍弄（手上）伤口如同受到大的惊吓，夸大忧虑如同身体受（到不治之）伤"②；曹音、李存山、文若愚将"宠辱若惊，贵大患若身"理解为"得宠或受辱如同受惊一般，将大灾祸看得如同自己的身体一样重要""受宠若惊，受辱也若惊，看重祸患就像看重自己的身体""得宠与受辱都好像受到惊吓一般，重视大的祸患就如同重视身体一样"③。笔者赞同徐志钧、赵卫国等人的解释。

关于"贵以身为天下，若可以托天下"。姬英明、饶尚宽、徐志钧、文若愚认为，"贵以身为天下，若可以托天下"是"如果统治者能以重视自身利益的态度去为天下效力，那民众就可以将天下暂寄于他""以珍贵自身的思想治理天下的人，就可以寄托天下""如果以将个人等同于天下的态度治理天下，那就可以将天下托付给他""像重视自己的身体一样在意天下的人，才可以将天下交付给他"的意思④；赵卫国、曹音、李存山、汤漳平和王朝华认为，"贵以身为天下，若可以托天下"是指"如果一个人将天下看得比自己的生命贵得多，这样的人可以托付天下给他""将为天下看得比为自己更重的人，似乎可将天下托付于他""崇尚以自身为天下人的，就可以把天下寄托给他""只有愿意忘我治理天下的人，才可以把天下交给他"⑤；唐汉将"贵以身为天下，若可以托天下"解释为"（有人）夸张说爱惜身体是为了天下。此何以（心中）盛装（囊括）天下？"⑥ 笔者赞同赵卫国、曹音等人的解读。

---

① 徐志钧. 老子帛书校注 [M]. 南京：凤凰出版社，2016：389-390；赵卫国. 帛书《道德经》新析 [M]. 沈阳：东北大学出版社，2017：85；老子 [M]. 汤漳平，王朝华，译注. 北京：中华书局，2014：51.

② 唐汉. 道德经新解 [M]. 北京：北京联合出版公司，2016：253.

③ 曹音.《道德经》释疑 [M]. 上海：上海三联书店，2012：11；老子 [M]. 李存山，注译. 郑州：中州古籍出版社，2008：63；文若愚. 道德经全解 [M]. 北京：中国华侨出版社，2012：83.

④ 老子. 姬氏道德经 [M]. 姬英明，译注. 北京：朝华出版社，2017：66；老子 [M]. 饶尚宽，译注. 北京：中华书局，2015：30；徐志钧. 老子帛书校注 [M]. 南京：凤凰出版社，2016：391；文若愚. 道德经全解 [M]. 北京：中国华侨出版社，2012：83.

⑤ 赵卫国. 帛书《道德经》新析 [M]. 沈阳：东北大学出版社，2017：86；曹音.《道德经》释疑 [M]. 上海：上海三联书店，2012：11；老子 [M]. 李存山，注译. 郑州：中州古籍出版社，2008：63；老子 [M]. 汤漳平，王朝华，译注. 北京：中华书局，2014：51.

⑥ 唐汉. 道德经新解 [M]. 北京：北京联合出版公司，2016：253.

【三本对照】

通行本《道德经》第十三章：宠辱若惊，贵大患若身。何谓宠辱若惊？宠为上，辱为下；得之若惊，失之若惊，是谓宠辱若惊。何谓贵大患若身？吾所以有大患者，为吾有身。及吾无身，吾有何患？故贵以身为天下，若可寄天下；爱以身为天下，若可托天下。①

帛书本《道德经》第五十七章：宠辱若惊，贵大患若身。何谓宠辱若惊？宠之为下也，得之若惊，失之若惊，是谓宠辱若惊。何谓贵大患若身？吾所以有大患者，为吾有身也。及吾无身，有何患？故贵为身于为天下，若可以托天下矣；爱以身为天下，若可以寄天下矣。②

《姬氏道德经》（道法卷）：宠辱若惊，贵大患若身。何谓宠辱若惊？宠之为下，得之若惊，失之若惊，是谓宠辱若惊。何谓贵大患若身？吾所以有大患者，为吾有身也，及吾无身，又何患？故贵以身为天下，若可以寄天下；爱以身为天下，可以托天下矣。③

---

① 老子［M］. 饶尚宽，译注. 北京：中华书局，2015：28.
② 徐志钧. 老子帛书校注［M］. 南京：凤凰出版社，2016：389；赵卫国. 帛书《道德经》新析［M］. 沈阳：东北大学出版社，2017：85.
③ 老子. 姬氏道德经［M］. 姬英明，译注. 北京：朝华出版社，2017：64.

第五十九章

天下之至柔，驰骋于天下之至坚

【原文之修订】（通行本《道德经》第四十三章；帛书本《道德经》第
六章）

天下之至柔，驰骋于天下之至坚。无有人于无间。吾是以知无为之有益也。
不言之教，无为之益，天下希能及之矣。

【引言】

本章内容对应通行本《道德经》第四十三章、帛书本《道德经》第六章以
及《姬氏道德经》道法卷的第四个段落。

关于本章内容，通行本、帛书本和《姬氏道德经》所对应的原文之表述主
要有两处差异。第一处，通行本写作"驰骋天下之至坚"，而帛书本和《姬氏道
德经》均写作"驰骋于天下之至坚"。第二处，通行本写作"无有人无间"，而
帛书本和《姬氏道德经》均写作"无有人于无间"。笔者认为，通行本"驰骋
天下之至坚""无有人无间"的表达不如帛书本和《姬氏道德经》"驰骋于天下
之至坚""无有人于无间"的表达，或者说后者所表达的意义更加准确。

本章原文之修订，全部采用帛书本原文之表述。这一章，老子强调柔能克
刚、无为不言的好处。他认为，不言之教和无为之益，天下人很少能做到和认
识到。

【释解】

（1）驰骋于天下之至坚：在天下最坚硬的东西中自由地驰骋。驰骋：自由
地或随意地运动。

（2）无有人于无间：至微无形的道可以在没有间隙的空间中自由穿梭。无
有：无形的存在，指无孔不入的道。人：进入，穿梭。无间：没有间隙的空间。

（3）不言之教：以身作则、率先垂范而沉默不语的教化。

269

（4）无为之益：自然无为的益处。

（5）天下希能及之矣：天下人很少能够做到和认识到。及：达到，引申为做到和认识到。

【译文】

天下最柔软的东西可以在天下最坚硬的东西中自由地驰骋。至微无形的道可以在没有间隙的空间中自由穿梭。我因此知道无为是有益处的。以身作则、率先垂范而沉默不语的教化，自然无为的益处，天下人很少能够做到和认识到。

【拓展】

关于"天下之至柔，驰骋于天下之至坚"。姬英明、赵卫国、曹音、李存山、文若愚、汤漳平和王朝华认为，"天下之至柔，驰骋于天下之至坚"是"大下间最柔弱的东西，却能随意地穿行于天下最坚硬的东西之间""道是天下最柔弱的东西，但天地山川哪一个不是臣服于它，它在其间驰骋自如，何物可挡""天下最柔弱的能穿透最坚硬的""天下最柔弱的东西，能够来往穿行于天下最坚强的东西""天下最柔弱的东西，可以腾越穿行于最坚硬的东西中""天下最柔弱的东西，纵横出入于天下最坚硬的东西"的意思①；饶尚宽认为，"天下之至柔，驰骋于天下之至坚"是指"天下最柔软的东西，可以驱使天下最坚硬的东西"②；唐汉将"天下之至柔，驰骋于天下之至坚"解释为"（水乃）天下至柔之物，奔流向前，穿越天下最坚硬之物"③。笔者赞同姬英明、赵卫国、曹音等人的解释。

关于"无有入于无间"。姬英明、文若愚、汤漳平和王朝华认为，"无有入于无间"是"虚无之物的力量能够穿行于没有间隙的东西之间""无形的力量可以穿透没有间隙的东西""无形的力量穿透没有间隙的东西"的意思④；饶尚

① 老子．姬氏道德经［M］．姬英明，译注．北京：朝华出版社，2017：69；赵卫国．帛书《道德经》新析［M］．沈阳：东北大学出版社，2017：14；曹音．《道德经》释疑［M］．上海：上海三联书店，2012：33；老子［M］．李存山，注译．郑州：中州古籍出版社，2008：103；文若愚．道德经全解［M］．北京：中国华侨出版社，2012：250；老子［M］．汤漳平，王朝华，译注．北京：中华书局，2014：174.

② 老子［M］．饶尚宽，译注．北京：中华书局，2015：95.

③ 唐汉．道德经新解［M］．北京：北京联合出版公司，2016：45.

④ 老子．姬氏道德经［M］．姬英明，译注．北京：朝华出版社，2017：69；文若愚．道德经全解［M］．北京：中国华侨出版社，2012：250；老子［M］．汤漳平，王朝华，译注．北京：中华书局，2014：174.

宽认为，"无有入于无间"是指"无有之形可以进入无间隙之中"①；赵卫国、曹音、李存山将"无有入于无间"解释为"看不见的，视若无物的道却能渗入世间万物之中，无论你密度多大，无论你缝隙多小，道都能渗入并存在""无形的能进入无缝隙的""无形的东西能够进入没有间隙的东西之中"②；唐汉将"无有入于无间"解读为"失去了的有（蓄聚的弹射力）刺入没有间隙（的物体）中"③。笔者赞同赵卫国、曹音等人的解读。

【三本对照】

通行本《道德经》第四十三章：天下之至柔，驰骋天下之至坚。无有入无间。吾是以知无为之有益。不言之教，无为之益，天下希及之。④

帛书本《道德经》第六章：天下之至柔，驰骋于天下之至坚。无有入于无间。吾是以知无为之有益也。不言之教，无为之益，天下希能及之矣。⑤

《姬氏道德经》（道法卷）：天下之至柔，驰骋于天下之至坚，无有入于无间。吾是以知无为之益。不言之教，无为之益，天下希能及之矣！⑥

---

① 老子［M］. 饶尚宽，译注. 北京：中华书局，2015：95.
② 赵卫国. 帛书《道德经》新析［M］. 沈阳：东北大学出版社，2017：14；曹音.《道德经》释疑［M］. 上海：上海三联书店，2012：33；老子［M］. 李存山，注译. 郑州：中州古籍出版社，2008：103.
③ 唐汉. 道德经新解［M］. 北京：北京联合出版公司，2016：45.
④ 老子［M］. 饶尚宽，译注. 北京：中华书局，2015：95.
⑤ 徐志钧. 老子帛书校注［M］. 南京：凤凰出版社，2016：49；赵卫国. 帛书《道德经》新析［M］. 沈阳：东北大学出版社，2017：14.
⑥ 老子. 姬氏道德经［M］. 姬英明，译注. 北京：朝华出版社，2017：68.

第六十章

天下莫柔弱于水，而攻坚强者莫之能胜

【原文之修订】（通行本《道德经》第七十八章；帛书本《道德经》第四十三章）

天下莫柔弱于水，而攻坚强者莫之能胜，以其无以易之。柔之胜刚，弱之胜强，天下莫不知，莫能行。是以圣人云："受国之垢，是谓社稷主；受国不祥，是为天下王。"正言若反。

【引言】

本章内容对应通行本《道德经》第七十八章、帛书本《道德经》第四十三章以及《姬氏道德经》道法卷的第五个段落。

关于本章内容，通行本、帛书本和《姬氏道德经》所对应的原文之表述主要有一处差异。这一处，通行本写作"弱之胜强，柔之胜刚"，而帛书本和《姬氏道德经》均写作"柔之胜刚也，弱之胜强也"。二者意义相同，只是排列的前后顺序不一样。柔弱—刚强的顺序更符合现代人的用语习惯。总体上看，通行本原文之表述最简洁明快。

本章原文之修订，以通行本原文之表述为主，兼采帛书本和《姬氏道德经》原文表述的优点。老子上一章讲述了"天下之至柔，驰骋于天下之至坚"的道理，这一章老子继续讲述柔弱胜刚强的道理。老子指出，人人都懂柔胜刚、弱胜强的道理，但是没有人能够遵从这个道理而行。有道的统治者之所以能够成为国家之主、天下之王，就是因为他们完全遵从了这个道理。

【释解】

（1）天下莫柔弱于水：天下没有比水更柔弱的东西。

（2）攻坚强者莫之能胜：能攻坚克硬的强大之物没有能胜过它的。之：它，指水。

（3）以其无以易之：因为它们都无法替代它。以：因为。其：它们。易：替代，取代。

（4）受国之垢：承受国家的耻辱。垢：通"诟"，耻辱，屈辱。

（5）受国不祥：承受国家的灾殃。不祥：灾殃，灾祸，灾难。

（6）正言若反：正面的话听起来就像反话。

【译文】

天下没有比水更柔弱的东西，但是能攻坚克硬的强大之物没有能胜过它的，这是因为它们都无法替代它。柔能胜刚、弱能胜强的道理，天下没有人不知道，但没有人能够遵循。因此，圣人说："承受国家的耻辱，才能成为国家的君主；承受国家的灾殃，才能成为天下的君王。"正面的话听起来就像反话。

【拓展】

关于"无以易之"。姬英明、饶尚宽、赵卫国、唐汉、曹音、李存山、文若愚认为，"无以易之"是"没有什么可以替代它""它是无可取代的""水攻击坚强者的水滴石穿的那种恒久的坚持是任何其他东西无法代替的""（水）凭借它的这一质性没有可以顶替者""它无可替代""没有什么能代替它""水是没有任何东西可以替代的"的意思①；汤漳平和王朝华认为，"无以易之"是指"水的本质是无法改变的"②。笔者赞同姬英明、饶尚宽、赵卫国等人的解释。

关于"正言若反"。姬英明、饶尚宽、赵卫国、唐汉、李存山、文若愚、汤漳平和王朝华认为，"正言若反"是"正面的劝言好像是反话一样""正面的语言却像反话""这是正话，但听上去像是反话""正面的话听起来就像反话""正面的话就像是反话""合于真理的话，表面上总与实情相反""正话听起来

① 老子．姬氏道德经［M］．姬英明，译注．北京：朝华出版社，2017：69；老子［M］．饶尚宽，译注．北京：中华书局，2015：168；赵卫国．帛书《道德经》新析［M］．沈阳：东北大学出版社，2017：61；唐汉．道德经新解［M］．北京：北京联合出版公司，2016：198；曹音．《道德经》释疑［M］．上海：上海三联书店，2012：56；老子［M］．李存山，注译．郑州：中州古籍出版社，2008：147；文若愚．道德经全解［M］．北京：中国华侨出版社，2012：474．

② 老子［M］．汤漳平，王朝华，译注．北京：中华书局，2014：295．

像是反话"的意思①；曹音认为，"正言若反"是指"正道往往是反着体现的"②。笔者赞同姬英明、饶尚宽、赵卫国等人的解读。

【三本对照】

通行本《道德经》第七十八章：天下莫柔弱于水，而攻坚强者莫之能胜，以其无以易之。弱之胜强，柔之胜刚，天下莫不知，莫能行。是以圣人云："受国之垢，是谓社稷主；受国不祥，是为天下王。"正言若反。③

帛书本《道德经》第四十三章：天下莫柔弱于水，而攻坚强者莫之能胜也，以其无以易之也。柔之胜刚也，弱之胜强也，天下莫弗知也，而莫之能行也。是故圣人之言云，曰：受邦之诟，是谓社稷之主；受邦之不详，是谓天下之王。正言若反。④

《姬氏道德经》（道法卷）：天下莫柔弱于水，而攻坚之强者，莫之能胜也，以其无以易之也！柔之胜刚也，弱之胜强也，天下莫不知也，而莫之能行也。故圣人之言损曰：受邦之诟，是谓社稷之主；受大邦之不详，是谓天下之王。正言若反。⑤

---

① 老子.姬氏道德经［M］.姬英明，译注.北京：朝华出版社，2017：69；老子［M］.饶尚宽，译注.北京：中华书局，2015：168；赵卫国.帛书《道德经》新析［M］.沈阳：东北大学出版社，2017：62；唐汉.道德经新解［M］.北京：北京联合出版公司，2016：198；老子［M］.李存山，注译.郑州：中州古籍出版社，2008：147；文若愚.道德经全解［M］.北京：中国华侨出版社，2012：474；老子［M］.汤漳平，王朝华，译注.北京：中华书局，2014：295.
② 曹音.《道德经》释疑［M］.上海：上海三联书店，2012：56.
③ 老子［M］.饶尚宽，译注.北京：中华书局，2015：168.
④ 徐志钧.老子帛书校注［M］.南京：凤凰出版社，2016：293；赵卫国.帛书《道德经》新析［M］.沈阳：东北大学出版社，2017：61.
⑤ 老子.姬氏道德经［M］.姬英明，译注.北京：朝华出版社，2017：68.

第六十一章

重为轻根，静为躁君

【原文之修订】（通行本《道德经》第二十六章；帛书本《道德经》第七十章）

重为轻根，静为躁君。是以君子终日行，不离其辎重；虽有环官，燕处则昭若。若何万乘之王而以身轻于天下？轻则失本，躁则失君。

【引言】

本章内容对应通行本《道德经》第二十六章、帛书本《道德经》第七十章以及《姬氏道德经》道法卷的第六个段落。

关于本章内容，通行本、帛书本和《姬氏道德经》所对应的原文之表述主要有一处差异。这一处，通行本写作"虽有荣观，燕处超然"，帛书本写作"虽有环官，燕处则昭若"，而《姬氏道德经》写作"虽有华馆，燕处昭若"。荣观、华馆的意思相同，但与环官意思不同；"燕处则昭若"与"燕处昭若"相同，但与"燕处超然"不同。仔细分析，帛书本的表述更符合老子的原义，也更符合上下文的语境。

本章原文之修订，全部采用帛书本原文之表述。这一章，老子在讲"重为轻根，静为躁君"的道理。老子指出，君子行事都是以稳重和守静为根本，这样就不会轻举妄动，祸及自身。

【释解】

（1）重为轻根：稳重是轻率的根本。

（2）静为躁君：沉静是躁动的主宰。

（3）是以君子终日行：因此君子整天出行。是以：因此。行：出行，外出。

（4）不离其辎重：不离开其物资和行李。辎重：运输中的物资，包裹和行李。

（5）虽有环官，燕处则昭若：即使（君子）是负责警卫和安全工作的官员，在闲居的时候也保持沉着冷静、高度警惕戒备的神态。虽：即使，纵然。环官：营卫，负责保卫、巡察和抵御来犯之敌的警卫官员。燕处：燕居，闲处。则：也，都。昭若：昭然，明白，明显，指仍然想着警卫工作上的事情。燕处昭若就是沉默寡言、不露声色、内紧外松、保持高度警惕戒备的状态。

（6）若何万乘之王而以身轻于天下：为什么万乘之国的君主为了自身眼前利益和享受而轻视怠慢天下事。若何：为何，为什么。以身：为了自身利益。轻：轻视、轻慢、轻率地对待。

（7）轻则失本：轻率就会失去根本。

（8）躁则失君：躁动就会失去主宰。

【译文】

稳重是轻率的根本，沉静是躁动的主宰。因此，君子整天出行，不会离开其物资和行李，即使君子是负责警卫和安全工作的官员，在闲居的时候也保持沉着冷静、高度警惕戒备的神态。但为什么万乘之国的君主为了自身眼前利益和享受而轻视怠慢天下事呢？轻率就会失去根本，躁动就会失去主宰。

【拓展】

关于"虽有环官，燕处则昭若"（通行本："虽有荣观，燕处超然"；《姬氏道德经》："虽有华馆，燕处昭若"）。姬英明、饶尚宽、李存山、文若愚、汤漳平和王朝华认为，"虽有华馆，燕处昭若"或"虽有荣观，燕处超然"是"虽然有华丽的宫殿及华美的景物诱惑着，但他却能够泰然处之""虽然有华美之居和观览之乐，却能安处其中而超然物外""途中虽有佳境美景，也超然不为其所动""虽然享有优裕的生活，居处悠闲，却并不会沉溺其中""虽有美景奇观，却能安居超然"的意思[①]；徐志钧认为"虽有环官，燕处则昭若"是指"即使是负责警卫工作的营卫，在燕居休息的时候也会彰显自己的德性"[②]；赵卫国将"虽有环官，燕处则昭若"解释为"虽然你有休闲的环馆，但君子还是

---

① 老子．姬氏道德经［M］．姬英明，译注．北京：朝华出版社，2017：69；老子［M］．饶尚宽，译注．北京：中华书局，2015：59；老子［M］．李存山，注译．郑州：中州古籍出版社，2008：81-82；文若愚．道德经全解［M］．北京：中国华侨出版社，2012：155；老子［M］．汤漳平，王朝华，译注．北京：中华书局，2014：102.

② 徐志钧．老子帛书校注［M］．南京：凤凰出版社，2016：478.

在布局时将始祖庙安排在最贵重的地方"①；唐汉将"虽有环官，燕处则昭若"解读为"虽然有环绕在身旁的官尹，（让他们）像燕子成群绕飞一般的显著（即万乘之王不离辎重和部下）"②；曹音将"虽有环官，燕处则昭若"理解为"唯有天黑回家休闲安居之时，才放松自己"③。笔者比较赞同徐志钧的解释。

　　关于"若何万乘之王而以身轻于天下"（通行本："奈何万乘之主而以身轻天下"）。姬英明、饶尚宽、徐志钧、曹音、李存山、文若愚、汤漳平和王朝华认为，"若何万乘之王而以身轻于天下"是"为什么拥有天下之尊的帝王还要以自身功利为重，轻率地治理天下呢""身为万乘之君怎么能自身轻浮地面对天下呢""为何万乘之王为了骄奢淫逸而轻视天下治理呢""为何拥有一万辆战车的君王却以轻慢躁动治天下呢""作为万乘之国的君主，怎么能追求一身的快乐而把天下看轻了呢""为什么万乘之国的国君，还以轻率的态度治理天下呢""为何万乘之国的君主，轻率治国不自重其身"的意思④；赵卫国将"若何万乘之王而以身轻于天下"是指"大国的君王在治理天下时，不要重自己的主观而轻自然之道"⑤；唐汉将"若何万乘之王而以身轻于天下"解释为"为何拥有一万乘兵车的君王，反而凭借自己的身体而穿行于天下呢"⑥。笔者赞同姬英明、饶尚宽、徐志钧等人的解读。

【三本对照】

　　通行本《道德经》第二十六章：重为轻根，静为躁君。是以君子终日行，不离辎重。虽有荣观，燕处超然。奈何万乘之主而以身轻天下？轻则失根，躁则失君。⑦

　　帛书本《道德经》第七十章：重为轻根，静为躁君。是以君子终日行，不

① 赵卫国. 帛书《道德经》新析［M］. 沈阳：东北大学出版社，2017：102.
② 唐汉. 道德经新解［M］. 北京：北京联合出版公司，2016：304.
③ 曹音.《道德经》释疑［M］. 上海：上海三联书店，2012：20.
④ 老子. 姬氏道德经［M］. 姬英明，译注. 北京：朝华出版社，2017：69；老子［M］. 饶尚宽，译注. 北京：中华书局，2015：59；徐志钧. 老子帛书校注［M］. 南京：凤凰出版社，2016：479；曹音.《道德经》释疑［M］. 上海：上海三联书店，2012：20-21；老子［M］. 李存山，注译. 郑州：中州古籍出版社，2008：82；文若愚. 道德经全解［M］. 北京：中国华侨出版社，2012：155；老子［M］. 汤漳平，王朝华，译注. 北京：中华书局，2014：102.
⑤ 赵卫国. 帛书《道德经》新析［M］. 沈阳：东北大学出版社，2017：102.
⑥ 唐汉. 道德经新解［M］. 北京：北京联合出版公司，2016：304.
⑦ 老子［M］. 饶尚宽，译注. 北京：中华书局，2015：58.

离其辎重。虽有环官，燕处则昭若。若何万乘之王而以身轻于天下？轻则失本，躁则失君。①

　　《姬氏道德经》（道法卷）：重为轻根，静为躁君。是以君子终日行，不离其辎重；虽有华馆，燕处昭若。若何万乘之王，而以身轻于天下？轻则失本，躁则失君。②

---

①　徐志钧．老子帛书校注［M］．南京：凤凰出版社，2016：477；赵卫国．帛书《道德经》新析［M］．沈阳：东北大学出版社，2017：102.
②　老子．姬氏道德经［M］．姬英明，译注．北京：朝华出版社，2017：68.

第六十二章

为无为，事无事

【原文之修订】（通行本《道德经》第六十三章；帛书本《道德经》第二十六章）

为无为，事无事，味无味。大小，多少。图难于其易也，为大于其细也。天下之难作于易，天下之大作于细。是以圣人终不为大，故能成其大。夫轻诺必寡信，多易必多难。是以圣人犹难之，故终于无难矣！

【引言】

本章内容对应通行本《道德经》第六十三章、帛书本《道德经》第二十六章以及《姬氏道德经》道法卷的第七个段落。

关于本章内容，通行本、帛书本和《姬氏道德经》所对应的原文之表述主要有一处差异。这一处，通行本和帛书本写作"大小多少，报怨以德"，而《姬氏道德经》写作"大小，多少"，并没有"报怨以德"这一句。饶尚宽认为，"报怨以德"一句"在《七十九章》，这里错简重出，与上下文义无关，当删"。[①] 笔者赞同饶尚宽的观点。本章内容整体上谈论的是大小、多少、难易的辩证关系，而德和怨并非本章需要讨论的内容。本篇第六十五章（对应通行本第七十九章、帛书本第四十四章、《姬氏道德经》道法卷第十个段落），有讨论德和怨关系的内容，并包含"报怨以德"一句。

本章原文之修订，全部采用《姬氏道德经》原文之表述。这一章，老子重申了其自然无为的治国理政思想主张。老子认为，大是由小长成的，多是由少积累而成的，难开始于易，大开始于细。有道的统治者要注意守正笃实、诚实守信、防微杜渐、积小成大、久久为功。人们只要坚定信心，脚踏实地，大处着眼，小处着手，迎难而上，再大的困难也会迎刃而解。

---

① 老子［M］.饶尚宽，译注.北京：中华书局，2015：136.

【释解】

（1）为无为，事无事，味无味：作为要坚持自然无为的态度，行事要能不折腾不妄为，饮食要以寡欲清淡无味为主。味：饮食，品味。

（2）大小，多少：大由小长成，多由少积成。

（3）图难于其易也：图谋解决困难的事情要从其最容易处着手。图：谋取，图谋解决。

（4）为大于其细也：做大事要从细小之事做起。

（5）难作于易：难事产生于易事。作：产生，兴起。

（6）大作于细：大事兴起于小事。细：细小，指细小之事。

（7）终不为大：始终从小事做起，不贪求做大事成大功。终：始终，一直。为大：做大事，成大功。

（8）故能成其大：所以能够做成大事，成就伟大功业。大：大事，大功，大业。

（9）轻诺必寡信：轻易许诺必然减少信用。寡：减少，缺少。

（10）多易必多难：越把事情看得过于简单容易，遭遇的困难必然就越多。多……多……：越……越……，愈……愈……。

（11）犹难之：尚且把一般事情看得很难。犹：尚且。难：以……为难事。之：它，指一般事情，小事情。

（12）故终于无难矣：所以最终不会遭遇难事。无难：没有难事，不会遭遇难事。

【译文】

作为要坚持自然无为的态度，行事要能不折腾不妄为，饮食要以寡欲清淡无味为主。大由小长成，多由少积成。图谋解决困难的事情要从其最容易处着手，做大事要从细小之事做起。天下的难事产生于易事，天下的大事兴起于小事。因此，圣人始终从小事做起，不贪求做大事成大功，所以他能够做成大事，成就伟大功业。轻易许诺必然减少信用，越把事情看得过于简单容易，遭遇的困难必然就越多。因此，圣人尚且把一般事情看得很难，所以他最终不会遭遇难事。

【拓展】

关于"大小，多少"。姬英明、饶尚宽认为，"大小，多少"是"大生于小，多生于少""大生于小，多起于少"的意思①；徐志钧、赵卫国、唐汉认为，"大小，多少"是指"无论大小，或是多少""无论是大事小事，还是多得少得""无论大小多少"②；曹音、李存山将"大小，多少"解释为"援助弱小，增益寡少""大其小，多其少"③；文若愚、汤漳平和王朝华将"大小，多少"解读为"人们是以大为大，以小为小，以多为多，以少为少，而圣人则是以小为大，以少为多""把小看作大，把少看作多"④。笔者赞同姬英明、饶尚宽的解释。

关于"圣人终不为大，故能成其大"。姬英明、饶尚宽、徐志钧、唐汉、汤漳平和王朝华认为，"圣人终不为大，故能成其大"是"有道的统治者始终不自以为伟大，所以才能够成就伟大功业""圣人始终不自以为大，所以，能够成就他的伟大""圣人从来不自以为伟大，所以能成就他的伟大""圣人始终不自以为大，却因此能成就他的大"的意思⑤；赵卫国、曹音、李存山、文若愚认为，"圣人终不为大，故能成其大"是指"有道圣人永远在做小事，所以能够成就大事业""有道者甘愿做小，故能成其大""圣人始终不做大事，因而能成就大事""圣人不肯舍弃小事情而总想一下子做成大事，所以他才能够最终做成大事"⑥。笔者赞同赵卫国、曹音等人的解读。

【三本对照】

通行本《道德经》第六十三章：为无为，事无事，味无味。大小多少，报

---

① 老子．姬氏道德经［M］．姬英明，译注．北京：朝华出版社，2017：69；老子［M］．饶尚宽，译注．北京：中华书局，2015：137.
② 徐志钧．老子帛书校注［M］．南京：凤凰出版社，2016：185；赵卫国．帛书《道德经》新析［M］．沈阳：东北大学出版社，2017：39；唐汉．道德经新解［M］．北京：北京联合出版公司，2016：135.
③ 曹音．《道德经》释疑［M］．上海：上海三联书店，2012：46；老子［M］．李存山，注译．郑州：中州古籍出版社，2008：129.
④ 文若愚．道德经全解［M］．北京：中国华侨出版社，2012：378；老子［M］．汤漳平，王朝华，译注．北京：中华书局，2014：251.
⑤ 老子．姬氏道德经［M］．姬英明，译注．北京：朝华出版社，2017：70；老子［M］．饶尚宽，译注．北京：中华书局，2015：137；徐志钧．老子帛书校注［M］．南京：凤凰出版社，2016：187-191；唐汉．道德经新解［M］．北京：北京联合出版公司，2016：135；老子［M］．汤漳平，王朝华，译注．北京：中华书局，2014：251.
⑥ 赵卫国．帛书《道德经》新析［M］．沈阳：东北大学出版社，2017：40；曹音．《道德经》释疑［M］．上海：上海三联书店，2012：46；老子［M］．李存山，注译．郑州：中州古籍出版社，2008：129；文若愚．道德经全解［M］．北京：中国华侨出版社，2012：378.

怨以德。图难于其易，为大于其细；天下难事，必作于易；天下大事，必作于细。是以圣人终不为大，故能成其大。夫轻诺必寡信，多易必多难。是以圣人犹难之，故终无难矣。①

帛书本《道德经》第二十六章：为无为，事无事，味无味。大小多少，报怨以德。图难乎其易也，为大乎其细也。天下之难作于易，天下之大作于细。是以圣人终不为大，故能成其大。夫轻诺必寡信，多易必多难。是以圣人犹难之，故终于无难。②

《姬氏道德经》（道法卷）：为无为，事无事，味无味。大小，多少。图难于其易也，为大于其细也。天下之难作于易，天下之大作于细。是以圣人终不为大，故能成其大。夫轻诺必寡信，多易必多难。是以圣人犹难之，故终于无难矣！③

① 老子 [M]. 饶尚宽，译注. 北京：中华书局，2015：136.
② 徐志钧. 老子帛书校注 [M]. 南京：凤凰出版社，2016：184；赵卫国. 帛书《道德经》新析 [M]. 沈阳：东北大学出版社，2017：39.
③ 老子. 姬氏道德经 [M]. 姬英明，译注. 北京：朝华出版社，2017：68.

第六十三章

以道佐人主者，不以兵强于天下

【原文之修订】下（通行本《道德经》第三十章；帛书本《道德经》第七十四章）

以道佐人主者，不以兵强于天下，其事好还。师之所处，荆棘生焉。大军之后，必有凶年。善有果而已，不敢以取强。果而勿矜，果而勿伐，果而勿骄。果而不得已，果而勿强。物壮则老，是谓不道，不道早已。

【引言】

本章内容对应通行本《道德经》第三十章、帛书本《道德经》第七十四章以及《姬氏道德经》道法卷的第八个段落。

关于本章内容，通行本、帛书本和《姬氏道德经》所对应的原文之表述主要有两处差异。第一处，通行本写作"师之所处，荆棘生焉"，而帛书本和《姬氏道德经》均写作"师之所居，荆棘生之"。二者表述稍有差异，但大意完全相同。第二处，通行本和《姬氏道德经》均有"大军之后，必有凶年"一句，帛书本却没有。李存山认为，"帛书本无'大军之后，必有凶年'，竹简本无'师之所处，荆棘生焉。大军之后，必有凶年'。这四句可能是后人注释而增入正文"。① 笔者认为，不能排除李存山所说的这种可能性，但考虑这四句已经广为流传，且文义与上下文也比较契合，故还应列入这四句。

本章原文之修订，以通行本原文之表述为主，兼采帛书本和《姬氏道德经》原文表述的优点。这一章，反映了老子反对武力和战争的思想。老子认为，统治者应当实行有道政治，不应该使用武力实行霸道统治。战争会给人民的生命、财产和社会经济等造成巨大危害。统治者即使获得了战争的胜利，也不应当炫耀和骄傲，更不应该嗜好战争。物壮则老是自然规律，嗜好战争就是不道，不

---

① 老子［M］. 李存山，注译. 郑州：中州古籍出版社，2008：86.

道的人和事物必然早早灭亡。

【释解】

（1）以道佐人主者，不以兵强于天下：用道来辅佐君主的人，不用武力逞强于天下。人主：君主，君王。兵：军队，武力。

（2）其事好还：发动战争常常会遭到恶报。其事，指发动战争或穷兵黩武之事。好：常常，容易（发生）。还：报应，报复，回报。

（3）师之所处，荆棘生焉：军队所到之处，荆棘丛生。

（4）大军之后，必有凶年：大战过后，必有发生瘟疫和灾荒的凶年。

（5）善有果而已，不敢以取强：善于用兵的人达到目的就停止用兵，不敢穷兵黩武来逞强。

（6）果而勿矜，果而勿伐，果而勿骄：达到目的了不要自大自夸，不要自吹自擂，不要骄傲自满。矜：自夸，自大，自负。伐：自夸，自吹自擂。骄：骄傲自满，自高自大。

（7）果而不得已，果而勿强：出兵取胜达到目的是由于迫不得已的原因，既然达到了目的就不要再逞强。

（8）物壮则老：事物壮大强盛过后就会走向衰老。

（9）不道早已：不符合自然大道的事物就会早早灭亡。已：停止，引申为灭亡、消失。

【译文】

用道来辅佐君主的人，不用武力逞强于天下，这是因为发动战争常常会遭到恶报。军队所到之处，荆棘丛生。大战过后，必有发生瘟疫和灾荒的凶年。善于用兵的人达到目的就停止用兵，不敢穷兵黩武来逞强。达到目的了不要自大自夸，不要自吹自擂，不要骄傲自满。出兵取胜达到目的是由于迫不得已的原因，既然达到了目的就不要再逞强。事物壮大强盛过后就会走向衰老，这是因为永久壮大强盛不符合自然大道的规律。不符合自然大道的事物就会早早灭亡。

【拓展】

关于"物壮则老，是谓不道，不道早已"。姬英明、饶尚宽、徐志钧、赵卫国、曹音、李存山、文若愚、汤漳平和王朝华认为，"物壮则老，是谓不道，不道早已"是"事物凡是过于强大就必然要走向衰老，这就是所谓不合乎道的规则，不合于道的规则就会很快败亡""事物发展到盛壮就会衰老，这就不符合道了。不符合道就会提早消亡""事物壮大到一定程度必然会衰老，极端壮大是不符合道的，不符合道的事物必然早早灭亡""世间万物在气势强盛之后，必然会趋于衰老，因此，逞强使气是不合乎道的，不合乎道的东西必然会很快消亡""事物气势强盛就会走向衰老，气势强盛不合乎'道'，不合乎'道'必早亡""凡物强壮了就会衰老，这不符合'道'，不符合'道'就会早亡""事物雄壮起来之后，必然要走向衰老，因此，这样的做法是不符合'道'的。不符合'道'，就会很快地自取灭亡""过于强大就会走向衰亡，因为它不合于道。不合于道，就会加速死亡"的意思①；唐汉认为，"物壮则老，是谓不道，不道早已"是指"万物壮大便会走向衰老，这就叫作'彰显而出的道'。彰显之道早已存在"②。笔者赞同姬英明、饶尚宽等人的解释。

【三本对照】

通行本《道德经》第三十章：以道佐人主者，不以兵强天下。其事好还。师之所处，荆棘生焉。大军之后，必有凶年。善有果而已，不敢以取强。果而勿矜，果而勿伐，果而勿骄。果而不得已，果而勿强。物壮则老，是谓不道，不道早已。③

帛书本《道德经》第七十四章：以道佐人主，不以兵强于天下，其事好还。师之所居，荆棘生之。善者果而已矣，毋以取强焉。果而勿骄，果而勿矜，果而勿伐，果而毋得已居，是谓果而不强。物壮则老，谓之不道，不道早已。④

《姬氏道德经》（道法卷）：以道佐人主，不以兵强于天下，其事好还。师

① 老子.姬氏道德经［M］.姬英明，译注.北京：朝华出版社，2017：73；老子［M］.饶尚宽，译注.北京：中华书局，2015：68；徐志钧.老子帛书校注［M］.南京：凤凰出版社，2016：507；赵卫国.帛书《道德经》新析［M］.沈阳：东北大学出版社，2017：108；曹音.《道德经》释疑［M］.上海：上海三联书店，2012：24；老子［M］.李存山，注译.郑州：中州古籍出版社，2008：86；文若愚.道德经全解［M］.北京：中国华侨出版社，2012：176；老子［M］.汤漳平，王朝华，译注.北京：中华书局，2014：117.
② 唐汉.道德经新解［M］.北京：北京联合出版公司，2016：320.
③ 老子［M］.饶尚宽，译注.北京：中华书局，2015：67.
④ 徐志钧.老子帛书校注［M］.南京：凤凰出版社，2016：504；赵卫国.帛书《道德经》新析［M］.沈阳：东北大学出版社，2017：108.

之所居，荆棘生之；大军之后，必有凶年。善者果而已矣，毋以取强焉。果而毋骄，果而毋矜，果而毋伐。果而毋得已居，是谓果而不强。物壮而老，是谓之不道，不道早已。①

---

①　老子. 姬氏道德经［M］. 姬英明，译注. 北京：朝华出版社，2017：71.

第六十四章

使我介然有知，行于大道

【原文之修订】（通行本《道德经》第五十三章；帛书本《道德经》第十六章）

使我介然有知，行于大道，唯施是畏。大道甚夷，而人好径。朝甚除，田甚芜，仓甚虚。服文彩，带利剑，厌饮食而财货有余，是谓盗竽。盗竽，非道也哉！

【引言】

本章内容对应通行本《道德经》第五十三章、帛书本《道德经》第十六章以及《姬氏道德经》道法卷的第九个段落。

关于本章内容，通行本、帛书本和《姬氏道德经》所对应的原文之表述主要有两处差异。第一处，通行本写作"大道甚夷，而人好径"，帛书本写作"大道甚夷，民甚好解"，《姬氏道德经》写作"大道甚夷，民甚好径"。"解"通"邪"，作邪道、邪径讲。因此，三本所表述的意思相同。第二处，通行本和《姬氏道德经》均写作"盗夸"，而帛书本写作"盗竽"。"夸"通"竽"，"盗夸"即"盗竽"。《韩非子·解老》说："竽也者，五声之长者也，故竽先则钟瑟皆随，竽唱则诸乐皆和。今大奸作则俗之民唱，俗之民唱则小盗必和。故'服文采，带利剑，厌饮食，而资货有余者，是之谓盗竽矣'。"① 可见，第二处三本所表述的意思也完全相同。

本章原文之修订，以通行本原文之表述为主，兼采帛书本和《姬氏道德经》原文表述的优点。这一章，老子严厉批判那些只顾自己骄奢淫逸、穿金戴银、作威作福、贪恋财货而不管百姓死活的统治阶级，贬称他们为盗竽，即盗贼的首领。

---

① 宋洪兵，孙家洲．韩非子解读［M］．北京：中国人民大学出版社，2010：157．

【释解】

(1) 使我介然有知：假使我稍微有些知识。使：假使，假如。介：通"芥"，细微，微小，引申为稍微。

(2) 唯施是畏：畏惧的就是走弯路。施（yí）：斜行，迂回曲折地走路，走弯路。

(3) 大道甚夷，而人好径：大道非常平坦，但是人们喜好走邪路。夷：平坦。好：喜好，爱好。径：邪径，邪路，小径。

(4) 朝甚除：朝堂被过度修整，修建得富丽堂皇。朝：朝堂，宫殿。除：修整，整治。

(5) 田甚芜：农田非常荒芜。芜：荒芜，荒废。

(6) 仓甚虚：国家的仓库非常空虚。

(7) 服文彩：穿着华贵锦绣、精美考究的衣服。

(8) 带利剑：佩戴着锋利的宝剑。

(9) 厌饮食而财货有余：饱食终日而财货多得用不完。厌：通"餍"，吃饱，饱足。

(10) 盗竽：强盗头子，强盗的首领，大盗。

(11) 非道也哉：真是无道啊。也哉：感叹词，啊。

【译文】

假使我稍微有些知识，走在大道上，我最畏惧的就是走弯路。大道非常平坦，但是人们喜好走邪路。朝堂被过度修整，修建得富丽堂皇，农田却非常荒芜，国家的仓库也非常空虚。穿着华贵锦绣、精美考究的衣服，佩戴着锋利的宝剑，饱食终日而财货多得用不完，这样的人无疑就是强盗头子。强盗头子真是无道啊！

【拓展】

关于"使我介然有知"。姬英明认为，"使我介然有知"是"假如我稍微有些智慧"的意思[①]；饶尚宽、曹音、文若愚、汤漳平和王朝华认为，"使我介然有知"是指"假如我稍微有些知识""假如一个人有知识""假如我稍微有些认

———————

① 老子. 姬氏道德经［M］. 姬英明，译注. 北京：朝华出版社，2017：73.

识""使我稍微有点知识"①；徐志钧将"使我介然有知"解释为"假如我专一地寻求知识"②；赵卫国将"使我介然有知"解读为"假如使我带领人们实行我前面所说的'大道'"③；唐汉将"使我介然有知"理解为"派遣我们前往智慧之处"④；李存山认为，"使我介然有知"是"假使我确切有知"的意思⑤。笔者赞同饶尚宽、曹音等人的解释。

关于"朝甚除"。姬英明、徐志钧、文若愚、汤漳平和王朝华认为，"朝甚除"是"朝政废败至极""朝政不举而废弛，无人理会""朝政腐败不堪""朝廷很败坏"的意思⑥；饶尚宽、李存山认为，"朝甚除"是指"朝廷装饰非常豪华""宫殿修饰得很华丽"⑦；赵卫国将"朝甚除"解释为"朝堂或屋宇有非常高的台阶"⑧；曹音将"朝甚除"解读为"朝廷官府污秽"⑨；唐汉将"朝甚除"理解为"朝见（的规矩）一天比一天废弛（消除）"⑩。笔者赞同饶尚宽、李存山的解读。

【三本对照】

通行本《道德经》第五十三章：使我介然有知，行于大道，唯施是畏。大道甚夷，而人好径。朝甚除，田甚芜，仓甚虚；服文彩，带利剑，厌饮食，财货有余，是为盗夸。非道也哉!⑪

帛书本《道德经》第十六章：使我介有知也，行于大道，唯施是畏。大道

① 老子［M］. 饶尚宽，译注. 北京：中华书局，2015：114；曹音.《道德经》释疑［M］. 上海：上海三联书店，2012：39；文若愚. 道德经全解［M］. 北京：中国华侨出版社，2012：309；老子［M］. 汤漳平，王朝华，译注. 北京：中华书局，2014：215.

② 徐志钧. 老子帛书校注［M］. 南京：凤凰出版社，2016：113.

③ 赵卫国. 帛书《道德经》新析［M］. 沈阳：东北大学出版社，2017：26.

④ 唐汉. 道德经新解［M］. 北京：北京联合出版公司，2016：88.

⑤ 老子［M］. 李存山，注译. 郑州：中州古籍出版社，2008：115.

⑥ 老子. 姬氏道德经［M］. 姬英明，译注. 北京：朝华出版社，2017：73；徐志钧. 老子帛书校注［M］. 南京：凤凰出版社，2016：114；文若愚. 道德经全解［M］. 北京：中国华侨出版社，2012：309；老子［M］. 汤漳平，王朝华，译注. 北京：中华书局，2014：215.

⑦ 老子［M］. 饶尚宽，译注. 北京：中华书局，2015：114；老子［M］. 李存山，注译. 郑州：中州古籍出版社，2008：115.

⑧ 赵卫国. 帛书《道德经》新析［M］. 沈阳：东北大学出版社，2017：27.

⑨ 曹音.《道德经》释疑［M］. 上海：上海三联书店，2012：39.

⑩ 唐汉. 道德经新解［M］. 北京：北京联合出版公司，2016：88.

⑪ 老子［M］. 饶尚宽，译注. 北京：中华书局，2015：113.

甚夷，民甚好解。朝甚除，田甚芜，仓甚虚。服文采，带利剑，厌食而货财有余，是谓盗竽。盗竽，非道也。①

《姬氏道德经》（道法卷）：使我介有知，行于大道，唯施是畏。大道甚夷，民甚好径。朝甚除，田甚芜，仓甚虚；服文采，带利剑，厌食而资财有余，是谓盗夸。盗夸持之，非道也哉！②

---

① 徐志钧．老子帛书校注［M］．南京：凤凰出版社，2016：113；赵卫国．帛书《道德经》新析［M］．沈阳：东北大学出版社，2017：26.
② 老子．姬氏道德经［M］．姬英明，译注．北京：朝华出版社，2017：71.

第六十五章

和大怨，必有余怨

【原文之修订】（通行本《道德经》第七十九章；帛书本《道德经》第四十四章）

　　和大怨，必有余怨。报怨以德，焉可以为善。是以圣人执左契而不以责于人。故有德司契，无德司彻。天道无亲，恒与善人。

【引言】

　　本章内容对应通行本《道德经》第七十九章、帛书本《道德经》第四十四章以及《姬氏道德经》道法卷的第十个段落。

　　关于本章内容，通行本、帛书本和《姬氏道德经》所对应的原文之表述主要有两处差异。第一处，《姬氏道德经》有"以德报怨"一句，而通行本和帛书本都没有此句。根据饶尚宽的研究，原来出现在通行本第六十三章和帛书本第二十六章的"报怨以德"应分别移至通行本第七十九章和帛书本第四十四章中（见本篇第六十二章引言部分的有关说明）。对此，笔者赞同饶尚宽的观点。第二处，通行本和《姬氏道德经》均写作"常与善人"，而帛书本写作"恒与善人"。很明显，"常"与"恒"意思相同，且"常"是为避讳西汉皇帝刘恒的名讳而用的。

　　本章原文之修订，以帛书本原文之表述为主，兼采通行本和《姬氏道德经》原文表述的优点。这一章，老子在讲如何正确处理人们之间怨恨的方法。老子提出应该以德报怨。老子认为，"天道无亲，恒与善人"，只要积德行善，用恩德化解怨恨，天道就会站在自己这一边。

【释解】

（1）和大怨，必有余怨：调和巨大的恩怨，必定还留有余怨。

（2）报怨以德：用恩德来回报怨恨。报：回报，报复，对待。

（3）焉可以为善：才可以算是妥善（的方法）。焉：乃，才。

（4）执左契而不以责于人：握有债权债务凭证而不用它向债务人讨债。左契：左券，古代一种竹木制作的、刻着负债人姓名、由债权人保存的债权债务凭证，类似于现在的债券、借据、欠条等。责：责求，责令归还，讨债。

（5）有德司契：有德的人掌管契约、契据、借据等。司：职掌，掌管，主管。契：证明买卖、抵押、租赁、借贷等关系的文书。

（6）无德司彻：无德的人主管税法、税收、收税等。彻：周代以十分之一收成缴税的税法。

（7）天道无亲，恒与善人：天道不讲亲疏远近关系，平等对待一切人和事物，但它永远会帮助那些积德行善的人（善是它支持谁不支持谁的唯一标准）。与：帮助，援助，赐予，给予。

【译文】

调和巨大的恩怨，必定还留有余怨。用恩德来回报怨恨，才可以算是妥善（的方法）。因此，圣人（有道的统治者）握有债权债务凭证而不用它向债务人讨债。所以让有德的人掌管契约、契据、借据等，让无德的人主管税法、税收、收税等。天道不讲亲疏远近关系，平等对待一切人和事物，但它永远会帮助那些积德行善的人（善是它支持谁不支持谁的唯一标准）。

【拓展】

关于"有德司契，无德司彻"。姬英明、赵卫国、文若愚认为，"有德司契，无德司彻"是"有德之人就像持有借据存根的有道统治者那样宽容，无德之人就像掌管税收的税吏那样苛刻""有德者就像管理借据者，从容不迫；无德者就像管理租税者，斤斤计较""有'德'之人就像持有借据的圣人那样宽容，无'德'的人则像掌管税收的人那样苛刻刁诈"的意思[①]；饶尚宽、徐志钧、曹音、李存山、汤漳平和王朝华认为，"有德司契，无德司彻"是指"有德的人就主管合同，无德的人就主管税收""有德的人主管契约契券，无德的人主管税务""有德之人管理契约，无德之人是用十一税索取""有德的人就是这样经管

---

① 老子．姬氏道德经［M］．姬英明，译注．北京：朝华出版社，2017：73；赵卫国．帛书《道德经》新析［M］．沈阳：东北大学出版社，2017：62；文若愚．道德经全解［M］．北京：中国华侨出版社，2012：481.

契约，而无德的人却催逼着人们缴税""有德的人掌管券契，无德的人掌管税收"①；唐汉将"有德司契，无德司彻"解释为"有德者执掌契券的左半边（而不会去追债），无德者则会跑去追债"②。笔者比较赞同饶尚宽、徐志钧等人的解释。

【三本对照】

通行本《道德经》第七十九章：和大怨，必有余怨，（报怨以德，）安可以为善？是以圣人执左契，而不责于人。有德司契，无德司彻。天道无亲，常与善人。③

帛书本《道德经》第四十四章：和大怨，必有余怨，（报怨以德，）焉可以为善？是以圣人执左契而不以责于人。故有德司契，无德司彻。夫天道无亲，恒与善人。④

《姬氏道德经》（道法卷）：和大怨，必有余怨，以德报怨，焉可以为善？是以圣人执左契，而不以责于人。故有德司契，无德司彻。夫天道无亲，常与善人。⑤

---

① 老子［M］. 饶尚宽，译注. 北京：中华书局，2015：170；徐志钧. 老子帛书校注［M］. 南京：凤凰出版社，2016：301－302；曹音.《道德经》释疑［M］. 上海：上海三联书店，2012：57；老子［M］. 李存山，注译. 郑州：中州古籍出版社，2008：148；老子［M］. 汤漳平，王朝华，译注. 北京：中华书局，2014：298.

② 唐汉. 道德经新解［M］. 北京：北京联合出版公司，2016：201.

③ 老子［M］. 饶尚宽，译注. 北京：中华书局，2015：169.

④ 徐志钧. 老子帛书校注［M］. 南京：凤凰出版社，2016：300；赵卫国. 帛书《道德经》新析［M］. 沈阳：东北大学出版社，2017：62.

⑤ 老子. 姬氏道德经［M］. 姬英明，译注. 北京：朝华出版社，2017：71.

第六十六章

天之道，犹张弓也

【原文之修订】（通行本《道德经》第七十七章；帛书本《道德经》第四十二章）

天之道，犹张弓也。高者抑之，下者举之；有余者损之，不足者补之。故天之道，损有余而补不足。人之道则不然，损不足而奉有余。孰能有余以奉于天下？唯有道者。是以圣人为而不恃，功成而不处。若此其不欲见贤也。

【引言】

本章内容对应通行本《道德经》第七十七章、帛书本《道德经》第四十二章以及《姬氏道德经》道法卷的第十一个段落。

关于本章内容，通行本、帛书本和《姬氏道德经》所对应的原文之表述主要有两处差异。第一处，通行本写作"为而不恃，功成而不处"，帛书本写作"为而弗有，成功而弗居也"，《姬氏道德经》写作"为而弗有，功成而弗居也"。三者意义基本相同。第二处，通行本写作"其不欲见贤"，帛书本写作"若此其不欲见贤也"，《姬氏道德经》写作"若此？其不欲见贤也"。由上可见，三者意义也基本相同。

本章原文之修订，以帛书本原文之表述为主，兼采通行本和《姬氏道德经》原文表述的优点。这一章，老子认为，天道就像一张弓，"损有余而补不足"。而一般的人却是与天道相反，"损不足而奉有余"。只有有道的圣人才能做到像天道一样，做出贡献而不自以为是，做出成就而不居功自傲。

【释解】

（1）天之道，犹张弓也：天之道犹如拉弓射箭。张弓：拉开弓弦准备射箭。

（2）高者抑之，下者举之：弦位高了就压低它，弦位低了就抬高它。

（3）有余者损之，不足者补之：弓拉得太满就减损一点，弓拉得不足就增加一点。

（4）损不足而奉有余：减损不足的，供奉给有余的，使穷的更穷，富的更富。不足，指财富不足。奉：供奉，供养，送给。有余，指财富有余。

（5）唯有道者：只有有道的人才能做到这样。

（6）为而不恃：有所作为而不恃才傲物。

（7）功成而不处：成就功业而不居功自傲。处：居功（自傲）。

（8）若此其不欲见贤也：如此是因为他不愿意显示自己的贤能。若此：如此，像这样子。欲：想要，愿意。见：古同"现"，显现，显露，显示。

【译文】

天之道犹如拉弓射箭。弦位高了就压低它，弦位低了就抬高它；弓拉得太满就减损一点，弓拉得不足就增加一点。所以，天之道，是减损有余的，而增补给不足的，使贫富更加均匀。人之道却不是这样的，人之道是减损不足的，供奉给有余的，使穷的更穷，富的更富。谁能够做到财富有余而把多余的财富供奉给天下的不足者呢？只有有道的人才能做到这样。所以，圣人有所作为而不恃才傲物，成就功业而不居功自傲，如此是因为他不愿意显示自己的贤能。

【拓展】

关于"若此其不欲见贤也"。姬英明、饶尚宽、赵卫国、曹音、李存山、文若愚、汤漳平和王朝华认为，"若此其不欲见贤也"是"原来他是不愿意表现出自己的贤德啊""他不愿意表现出自己的贤能""他们这样做，是不想让别人称誉他们聪明能干""他这是不想显现自己的才智""他不想表现自己的贤能""他是不想表现自己的贤能""他是不愿意显示自己的贤能吧"的意思①；徐志钧、唐汉认为，"若此其不欲见贤也"是指"若此者其不欲崇尚财富也""如果这样，更不愿意显现（自己获得的）财富"②。笔者赞同姬英明、饶尚宽、赵卫国等人的解释。

① 老子.姬氏道德经［M］.姬英明，译注.北京：朝华出版社，2017：74；老子［M］.饶尚宽，译注.北京：中华书局，2015：166；赵卫国.帛书《道德经》新析［M］.沈阳：东北大学出版社，2017：60；曹音.《道德经》释疑［M］.上海：上海三联书店，2012：55；老子［M］.李存山，注译.郑州：中州古籍出版社，2008：146；文若愚.道德经全解［M］.北京：中国华侨出版社，2012：466；老子［M］.汤漳平，王朝华，译注.北京：中华书局，2014：293.
② 徐志钧.老子帛书校注［M］.南京：凤凰出版社，2016：287；唐汉.道德经新解［M］.北京：北京联合出版公司，2016：194.

【三本对照】

通行本《道德经》第七十七章：天之道，其犹张弓与？高者抑之，下者举之；有余者损之，不足者补之。天之道，损有余而补不足；人之道则不然，损不足以奉有余。孰能有余以奉天下？唯有道者。是以圣人为而不恃，功成而不处。其不欲见贤。①

帛书本《道德经》第四十二章：天之道，犹张弓也，高者抑之，下者举之，有余者损之，不足者补之。故天之道，损有余而益不足。人之道则不然，损不足而奉有余。孰能有余而有以取奉于天下？唯有道者乎？是以圣人为而弗有，成功而弗居也。若此其不欲见贤也。②

《姬氏道德经》（道法卷）：天下之道，犹张弓者也，高者抑之，下者举之，有余者损之，不足者补之。故天之道损有余而益不足，人之道则不然，损不足而奉有余。孰能有余而又以奉于天下？唯有道者乎？是以圣人为而弗有，功成而弗居也，若此？其不欲见贤也。③

---

① 老子［M］. 饶尚宽，译注. 北京：中华书局，2015：165.

② 徐志钧. 老子帛书校注［M］. 南京：凤凰出版社，2016：285；赵卫国. 帛书《道德经》新析［M］. 沈阳：东北大学出版社，2017：60.

③ 老子. 姬氏道德经［M］. 姬英明，译注. 北京：朝华出版社，2017：71.

第六十七章

道恒，无名

【原文之修订】（通行本《道德经》第三十七章；帛书本《道德经》第八十一章）

道恒，无名。侯王若能守之，万物将自化。化而欲作，吾将镇之以无名之朴。镇之以无名之朴，夫将不欲。不欲以静，天地将自正。

【引言】

本章内容对应通行本《道德经》第三十七章、帛书本《道德经》第八十一章以及《姬氏道德经》道法卷的第十二个段落。

关于本章内容，通行本、帛书本和《姬氏道德经》所对应的原文之表述主要有三处差异。第一处，通行本写作"道常无为而无不为"，帛书本写作"道恒，无名"，《姬氏道德经》写作"道恒无为而无不为"。"道常无为而无不为"的意思是道永远是自然而不妄作的，虽然这样但道却成就了万事万物。"道恒，无名"是"道永远存在，但无法用语言来描述，无法被定义"的意思。二者的意义有一定区别。第二处，通行本和《姬氏道德经》均写作"夫将不欲。不欲以静"，而帛书本写作"夫将不辱。不辱以静"。"不欲"即无欲、知足的意思，"不辱"是没有耻辱心的意思。通行本第四十四章说："知足不辱，知止不殆，可以长久。"由此可见，无欲了，知足了，就可以做到不辱。在此意义上，我们可以视"不欲"和"不辱"的意思相同。第三处，通行本写作"天下将自正"，帛书本和《姬氏道德经》均写作"天地将自正"。"天下"是普天之下、四海之内的意思，"天地"是指天和地、自然界、宇宙或自然界和社会的意思。一般地说，"天地"要比"天下"的外延大。笔者认为，帛书本所用的"天地将自正"要比"天下将自正"涵盖的面更大一些，也更能反映与道契合、清心寡欲对人心理的重大影响。

本章原文之修订，以帛书本原文之表述为主，兼采通行本和《姬氏道德经》

原文表述的优点。这一章，老子强调侯王持守自然大道的重大作用和意义。侯王如果能够遵道守正，那么万物将会自然繁衍、化育和发展。老子指出，无名之朴能够震慑人们的欲望，人们减少欲望就会知足，知足就会归于内心安静，内心安静了天地都将会实现自我正常发展。

【释解】

(1) 道恒，无名：道永恒存在，无法用语言来形容。名：命名，定义，形容，描述。

(2) 侯王若能守之，万物将自化：如果侯王能够持守正道，万物就会自然繁衍、化育和发展。

(3) 化而欲作：万物在自然繁衍、化育和发展过程中产生非分的欲望。欲作：（非分的）欲望产生或兴起。

(4) 镇之以无名之朴：用道的淳朴来震慑它。无名，指道。

(5) 不欲以静：不产生非分的欲望内心就会安静。

(6) 天地将自正：天地都将会实现自我正常发展。

【译文】

道永恒存在，无法用语言来形容。侯王如果能够持守正道，万物就会自然繁衍、化育和发展。如果万物在自然繁衍、化育和发展过程中产生非分的欲望，我将用道的淳朴来震慑它，用道的淳朴来震慑它，非分的欲望就不会产生。不产生非分的欲望内心就会安静，天地也都会实现自我正常发展。

【拓展】

关于"不欲以静，天地将自正"（帛书本："不辱以静，天地将自正"）。姬英明、饶尚宽、徐志钧、曹音、李存山、文若愚、汤漳平和王朝华认为，"不欲以静，天地将自正"是"以朴道来根绝它的贪欲之心，使之重归于宁静，天下便会自然地归于安宁太平的正道""不产生私欲而宁静，天下将自己归于正道""没有私欲就会安静，天地将自我调节而达到合理""物不违'道'妄作而安静下来，天下自然正常运行""知足则安静，天下就自然达到稳定""不起欲望而恬静安然，天下就会自己呈现出安定的局面""根绝贪欲就能安静，天下将会自然安定"的意思①；赵卫国认为，"不辱以静，天地将自正"是指"没有了各种让人受辱的事情，人的起心动念就都归于宁静，归于宁静了天下自然就太平无事"②；唐汉将"不辱以静，天地将自正"解释为"不受伤害凭借的是静，天地将会自己运行不息"③。笔者赞同姬英明、饶尚宽、徐志钧等人的解释。

【三本对照】

通行本《道德经》第三十七章：道常无为而无不为。侯王若能守之，万物将自化。化而欲作，吾将镇之以无名之朴。镇之以无名之朴，夫将不欲。不欲以静，天下将自正。④

帛书本《道德经》第八十一章：道恒，无名，侯王若能守之，万物将自化。化而欲作，吾将镇之以无名之朴。镇之以无名之朴，夫将不辱。不辱以静，天地将自正。⑤

《姬氏道德经》（道法卷）：道恒无为而无不为。侯王若守之，万物将自化。化而欲作，吾将镇之以无名之朴；镇之以无名之朴，夫将不欲；不欲以静，天地将自正。⑥

---

① 老子.姬氏道德经［M］.姬英明，译注.北京：朝华出版社，2017：74；老子［M］.饶尚宽，译注.北京：中华书局，2015：81；徐志钧.老子帛书校注［M］.南京：凤凰出版社，2016：554-555；曹音.《道德经》释疑［M］.上海：上海三联书店，2012：28；老子［M］.李存山，注译.郑州：中州古籍出版社，2008：94；文若愚.道德经全解［M］.北京：中国华侨出版社，2012：217；老子［M］.汤漳平，王朝华，译注.北京：中华书局，2014：139.
② 赵卫国.帛书《道德经》新析［M］.沈阳：东北大学出版社，2017：116.
③ 唐汉.道德经新解［M］.北京：北京联合出版公司，2016：342.
④ 老子［M］.饶尚宽，译注.北京：中华书局，2015：80.
⑤ 徐志钧.老子帛书校注［M］.南京：凤凰出版社，2016：553；赵卫国.帛书《道德经》新析［M］.沈阳：东北大学出版社，2017：115.
⑥ 老子.姬氏道德经［M］.姬英明，译注.北京：朝华出版社，2017：71-72.

第六篇　论道术

在该篇中，老子阐述了圣人治理天下的战术层面的基本原则、策略或方针，还讲述了物极必反、对立转化、"柔弱胜刚强""国之利器不可以示人""为学者日益，闻道者日损。损之又损，以至于无为。无为而无不为矣""善执生者，陵行不辟兕虎，入军不被甲兵""善为士者不武，善战者不怒，善胜敌者弗与，善用人者为之下"等社会道理。

老子认为，上有所好，下必甚之。如果统治者贪图私利，老百姓就会尔虞我诈；如果统治者清心寡欲、自然无为，百姓也会清心寡欲，遵纪守法，不敢妄作妄为。所以，圣人治理国家的原则就是"虚其心，实其腹，弱其志，强其骨"。

老子还认为，统治者在治国理政方面偏离了自然大道，才不得不提倡所谓的仁、义、礼、智等道德观念，但统治者不能以身作则，越是提倡，礼崩乐坏等道德腐败现象就越不能禁绝。统治者只有遵守自然无为的大道，实行清静无为政治，顺从天下万物的特点和规律，才能立于不败、不失之地；统治者一定要自知自爱，关心百姓疾苦，不要收税过多和妄作妄为，不要欺压和剥削百姓，不要杀鸡取卵和竭泽而渔，不要自我表现、狂妄自大、自以为是和唯我独尊。因为哪里有压迫，哪里就有反抗。严酷的刑法无法压制百姓的愤怒和反抗。

老子阐述了大国和小国之间应该保持的关系。大国实力强，是大国和小国关系中起决定意义的一方，但大国必须有大国的担当。小国实力弱，理应尊重大国的地位和实力，小心呵护彼此之间的关系。因此，大国和小国都应当尊重对方，各守本分，友好相处，互惠共赢，共同维护天下安定。

老子描述了一个他幻想的"小国寡民"社会的理想生活。在这个小国中，人民敦厚淳朴、安居乐业，不和其他国家和地区的人交往，简单朴素，和平相处，没有战争。

老子反对非司法部门和官员越俎代庖、滥用职权代替司法部门和官员行刑杀人的做法。老子还反对轻易发动战争、美化战争和非正义战争。当然，老子并非反对一切战争。当战争不幸降临到人们头上时，为了自保或者为了抵制非正义战争，人们完全可以"不得已而用之"。老子认为，当人们不得不面对战争之时，人们应未雨绸缪，加强军事训练，坚决打赢正义战争。两军实力相当，哀兵必胜。

第六十八章

不尚贤，使民不争

【原文之修订】（通行本《道德经》第三章；帛书本《道德经》第四十七章）

不尚贤，使民不争；不贵难得之货，使民不为盗；不见可欲，使民心不乱。是以圣人之治：虚其心，实其腹；弱其志，强其骨。恒使民无智无欲，使夫智者不敢、弗为而已，则无不治矣。

【引言】

本章内容对应通行本《道德经》第三章、帛书本《道德经》第四十七章以及《姬氏道德经》道术卷的第一个段落。

关于本章内容，通行本、帛书本和《姬氏道德经》所对应的原文之表述主要有三处差异。第一处，通行本写作"不见可欲，使民心不乱"，帛书本写作"不见可欲，使民不乱"，《姬氏道德经》写作"不显可欲，使民心不乱"。"见"通"现"，是显现、显露、出现的意思。"使民不乱"在这里实际上就是"使民心不乱"的意思，因此，这三者意义是相同的。第二处，通行本写作"常使民无知无欲"，帛书本写作"恒使民无知无欲也"，《姬氏道德经》写作"常使民无智无欲也"。"常"与"恒"意思相同，且"常"是为避西汉皇帝刘恒的名讳而替代"恒"字的。所以，这一处三本的意思也是相同的。第三处，通行本写作"使夫智者不敢为也。为无为，则无不治"，帛书本写作"使夫知者不敢、弗为而已，则无不治矣"，《姬氏道德经》写作"使夫智者不敢为也；为无为也，则无不治矣"。"知"通"智"，知者即智者。"为无为"，就是自然而为、不妄为的意思，"弗为"也是不妄作、不妄为的意思，所以，这一处三本的意思也是相同的。

本章原文之修订，以帛书本原文之表述为主，兼采通行本和《姬氏道德经》原文表述的优点。这一章，老子提出了治理天下的政策和方针。老子认为，如果统治者崇尚贤能的人，老百姓就会产生贤愚之争以及尔虞我诈的现象；如果统治者贪求稀缺难得的财货，老百姓就会上行下效而可能去偷盗；如果统治者总是以利益诱惑人，就会激发百姓的贪欲，使民心大乱、不再淳朴。因此，老子总结了圣人之治的基本原则，那就是"虚其心，实其腹，弱其志，强其骨"。百姓清心寡欲，不能妄作，也不敢妄为，遵道守法，天下自然安定太平。

【释解】

（1）不尚贤，使民不争：不崇尚推举贤能的人，使百姓不会为名利而起纷争。

（2）不贵难得之货，使民不为盗：不看重稀缺难得的货品，使百姓不会为得到宝物而去做盗贼。

（3）不见可欲，使民心不乱：不显露可激起百姓欲望的东西，使淳朴的民心不会被败坏。见：显现，显露，出现。乱：扰乱，迷乱，败坏。

（4）圣人之治：圣人治理（天下的方式）。

（5）虚其心，实其腹：虚化百姓的心（使他们清心寡欲），填实百姓的肚腹（满足他们的温饱）。

（6）弱其志，强其骨：削弱百姓建功立业的志向，增强百姓的体魄、强壮他们的筋骨。

（7）恒使民无智无欲：永远使百姓没有奸诈的心智，没有贪婪的欲望。

（8）使夫智者不敢、弗为而已，则无不治矣：使那些有奸诈心智的人不敢妄为也不能妄为，天下就会大治。夫：那些。智者，指有奸诈心智的人。

【译文】

不崇尚推举贤能的人，使百姓不会为名利而起纷争；不看重稀缺难得的货品，使百姓不会为得到宝物而去做盗贼；不显露可激起百姓欲望的东西，使淳朴的民心不会被败坏。因此，圣人治理天下的方式就是虚化百姓的心（使他们清心寡欲），填实百姓的肚腹（满足他们的温饱）；削弱百姓建功立业的志向，增强百姓的体魄、强壮他们的筋骨。如果永远使百姓没有奸诈的心智，没有贪婪的欲望，使那些有奸诈心智的人不敢妄为也不能妄为，天下就会大治。

【拓展】

关于"虚其心，实其腹；弱其志，强其骨"。姬英明认为，"虚其心，实其腹；弱其志，强其骨"是"净化民众的心性思欲，让民众都填饱肚子，弱化民众的智诈计谋，增强民众的体魄"的意思①；饶尚宽、徐志钧、唐汉、曹音、李存山认为，"虚其心，实其腹；弱其志，强其骨"是指"空虚百姓的心灵，满足百姓的饮食，削弱百姓的意志，强健百姓的筋骨""使百姓思想淳朴，嗜欲单纯，见闻狭隘，使他们粗粝之食，得以饱餐，减弱他们的愿望和意志，健全他们的体格""要空虚民众的心，要填实他们的肚腹，要弱化民众的志气，强化他们的筋骨""让民清心寡欲，填饱民的肚子，减弱民的意志，增强民的筋骨""要清净人民的心思，充实人民的体腹；减弱其志向，强壮其筋骨"②；赵卫国将"虚其心，实其腹；弱其志，强其骨"解释为"（得道的圣人管理老百姓的办法）是让他们的心思不用在那些活泛的诱因上，让他们吃得饱、睡得香，削弱他们与人攀比好斗的念头，通过日常的田间劳作强健他们的筋骨，（永远使他们处在一种质朴浑厚的原始状态中）"③；文若愚、汤漳平和王朝华将"虚其心，实其腹；弱其志，强其骨"解读为"会净化人民的心志，而满足他们的温饱需求，会削弱他们的欲望，强壮他们的筋骨""净化民众的心灵，满足民众的温饱，减少他们的欲念，强健他们的体魄"④。笔者赞同饶尚宽、徐志钧、唐汉等人的解释。

【三本对照】

通行本《道德经》第三章：不尚贤，使民不争；不贵难得之货，使民不为盗；不见可欲，使民心不乱。是以圣人之治，虚其心，实其腹，弱其志，强其骨。常使民无知无欲，使夫智者不敢为也。为无为，则无不治。⑤

帛书本《道德经》第四十七章：不上贤，使民不争；不贵难得之货，使民不为盗；不见可欲，使民不乱。是以圣人之治也：虚其心，实其腹，弱其志，

① 老子.姬氏道德经［M］.姬英明，译注.北京：朝华出版社，2017：78.
② 老子［M］.饶尚宽，译注.北京：中华书局，2015：9-10；徐志钧.老子帛书校注［M］.南京：凤凰出版社，2016：330-333；唐汉.道德经新解［M］.北京：北京联合出版公司，2016：218；曹音.《道德经》释疑［M］.上海：上海三联书店，2012：5；老子［M］.李存山，注译.郑州：中州古籍出版社，2008：53.
③ 赵卫国.帛书《道德经》新析［M］.沈阳：东北大学出版社，2017：72-73.
④ 文若愚.道德经全解［M］.北京：中国华侨出版社，2012：21；老子［M］.汤漳平，王朝华，译注.北京：中华书局，2014：14.
⑤ 老子［M］.饶尚宽，译注.北京：中华书局，2015：8.

强其骨。恒使民无知无欲也，使夫知者不敢、弗为而已，则无不治矣。①

《姬氏道德经》（道术卷）：不尚贤，使民不争；不贵难得之货，使民不为盗；不显可欲，使民心不乱。是以圣人之治也，虚其心，实其腹，弱其智，强其骨。常使民无智无欲也，使夫智者不敢为也；为无为也，则无不治矣！②

---

① 徐志钧.老子帛书校注［M］.南京：凤凰出版社，2016：329；赵卫国.帛书《道德经》新析［M］.沈阳：东北大学出版社，2017：71.

② 老子.姬氏道德经［M］.姬英明，译注.北京：朝华出版社，2017：76.

第六十九章

大道废，则有仁义

【原文之修订】（通行本《道德经》第十八章；帛书本《道德经》第六十二章）

大道废，则有仁义；智慧出，则有大伪；六亲不和，则有孝慈；国家昏乱，则有忠臣。

【引言】

本章内容对应通行本《道德经》第十八章、帛书本《道德经》第六十二章以及《姬氏道德经》道术卷的第二个段落。

关于本章内容，通行本、帛书本和《姬氏道德经》所对应的原文之表述主要有两处差异。第一处，通行本写作"智慧出，有大伪"，帛书本写作"知慧出，安有大伪"，《姬氏道德经》写作"智识出，则有大伪"。"知"通"智"，智慧、知慧和智识三者意思相同。第二处，通行本写作"国家昏乱，有忠臣"，帛书本写作"邦家昏乱，安有贞臣"，《姬氏道德经》写作"邦家昏乱，则有贞臣"。"国家"和"邦家"在此意义相同。"安"和"则"在此意义也相同。"安"是于是、就的意思，"则"是"就，便"的意思。"贞臣"是忠贞不贰之臣的意思，与"忠臣"意义相同。总之，通行本、帛书本和《姬氏道德经》的这两处看似有差异，但其实际意思是一样的。

本章原文之修订，以通行本原文之表述为主，兼采《姬氏道德经》原文表述的优点。这一章，老子讲述了大道与仁义、智慧与大伪、六亲不和与孝慈、国家昏乱与忠臣之间的先后关系。老子认为，统治者在治国理政方面偏离了自然大道，才产生了礼崩乐坏等道德腐败现象，人们才开始提倡仁、义、道、德这些概念。当统治者倡导智慧的时候，奸诈虚伪的东西也就随之产生了；当六亲之间产生了不和，人们才想念孝顺和慈爱的好处；当国家陷入腐败和混乱状态的时候，人们才意识到忠臣的重要性。

【释解】

（1）大道废：自然大道被废弃了。

（2）智慧出：智慧出现之后。

（3）大伪：伪诈奸猾。

（4）六亲：父亲、母亲、兄弟、姐妹、妻子（丈夫）、儿女。

【译文】

自然大道被废弃了，便产生了（人们对）仁义（的需求）；智慧出现之后，伪诈奸猾也随之出现；父亲、母亲、兄弟、姐妹、妻子（丈夫）、儿女之间关系不和睦，人们才想到孝顺和慈爱的好处；国家陷入昏暗和混乱的状态，人们才意识到忠臣的重要性。

【拓展】

关于"大道废，则有仁义"。姬英明认为，"大道废，则有仁义"是"天下的大道公德被废弃了，才会出现提倡仁爱的正义之士"的意思①；饶尚宽、徐志钧、赵卫国、唐汉、曹音、李存山、文若愚、汤漳平和王朝华认为，"大道废，则有仁义"是指"大道废弃，才会提倡仁义""淳朴无为的大道被废弃了，才有需要诛暴除昏的仁义""大道废弃了，于是才出现所谓的仁义""大道废弃，于是（我们）有了对仁义的追求""正因为当今'大道'被废弃，才提倡仁义""大道荒废了，才有了仁义""大道废弃之后，才有所谓的仁义""因为大道被废弃，才提倡'仁义'"②。笔者赞同饶尚宽、徐志钧、赵卫国等人的解释。

【三本对照】

通行本《道德经》第十八章：大道废，有仁义；智慧出，有大伪；六亲不

---

① 老子. 姬氏道德经［M］. 姬英明，译注. 北京：朝华出版社，2017：78.

② 老子［M］. 饶尚宽，译注. 北京：中华书局，2015：40；徐志钧. 老子帛书校注［M］. 南京：凤凰出版社，2016：425-426；赵卫国. 帛书《道德经》新析［M］. 沈阳：东北大学出版社，2017：92；唐汉. 道德经新解［M］. 北京：北京联合出版公司，2016：274；曹音.《道德经》释疑［M］. 上海：上海三联书店，2012：14；老子［M］. 李存山，注译. 郑州：中州古籍出版社，2008：70；文若愚. 道德经全解［M］. 北京：中国华侨出版社，2012：110；老子［M］. 汤漳平，王朝华，译注. 北京：中华书局，2014：71.

和，有孝慈；国家昏乱，有忠臣。①

帛书本《道德经》第六十二章：故大道废，安有仁义；知慧出，安有大伪；六亲不和，安有孝慈；邦家昏乱，安有贞臣。②

《姬氏道德经》（道术卷）：故大道废，则有仁义；智识出，则有大伪；六亲不和，则有孝慈；邦家昏乱，则有贞臣。③

---

① 老子［M］. 饶尚宽，译注. 北京：中华书局，2015：40.
② 徐志钧. 老子帛书校注［M］. 南京：凤凰出版社，2016：425；赵卫国. 帛书《道德经》新析［M］. 沈阳：东北大学出版社，2017：92.
③ 老子. 姬氏道德经［M］. 姬英明，译注. 北京：朝华出版社，2017：76.

第七十章

绝圣弃智，而民利百倍

【原文之修订】（通行本《道德经》第十九章；帛书本《道德经》第六十三章）

绝圣弃智，而民利百倍。绝仁弃义，而民复孝慈。绝巧弃利，盗贼无有。此三言也，以为文，未足，故令之有所属：见素抱朴，少私寡欲，绝学无忧。

【引言】

本章内容对应通行本《道德经》第十九章、帛书本《道德经》第六十三章以及《姬氏道德经》道术卷的第三个段落。

关于本章内容，通行本、帛书本和《姬氏道德经》所对应的原文之表述主要有两处差异。第一处，通行本写作"绝圣弃智"，帛书本写作"绝圣弃知"，《姬氏道德经》写作"绝智弃辩"。"知"通"智"，故"绝圣弃知"与"绝圣弃智"意义相同，但与"绝智弃辩"有所不同。第二处，通行本和帛书本均写作"绝仁弃义"，而《姬氏道德经》写作"绝伪弃疑"。很显然，"绝仁弃义"和"绝伪弃疑"的意义有差异。

本章原文之修订，以帛书本原文之表述为主，兼采通行本和《姬氏道德经》原文表述的优点。这一章，老子接着上一章提出要统治者摈弃聪明智慧、仁义、诈伪和私利。老子认为，只有这样做才能使百姓获得真正利益、恢复孝顺和慈爱，才能使偷盗销声匿迹。老子还认为，圣智、仁义和巧利都是文饰，不能够用来平治天下。

【释解】

（1）绝圣弃智：杜绝和摈弃聪明智慧。绝：杜绝。圣：聪明才智。

（2）绝仁弃义：杜绝和摈弃仁义。

（3）绝巧弃利：杜绝和摈弃工艺精巧和能给人带来巨大利益的稀缺难得之

货品。

（4）此三言也，指"绝圣弃智，而民利百倍。绝仁弃义，而民复孝慈。绝巧弃利，盗贼无有"这三句。言：言语。

（5）以为文，未足：作为警语和明理之言，还不是足够好。文：警语，明理之言。

（6）故令之有所属：所以使它们有个大的归属（或指南）。属：归属，归类，归纳，引申为指南、指引、指导。

（7）见素抱朴：呈现和持守朴素的本真。见：呈现。素：本质，本性，本色。抱：持守，抱守。朴：朴实，朴素。

（8）少私寡欲：减少私心和私欲。

（9）绝学无忧：杜绝所谓的学问，就能无忧无虑。

【译文】

杜绝和摈弃聪明智慧，老百姓就能获利百倍。杜绝和摈弃仁义，老百姓就能恢复孝顺和慈爱。杜绝和摈弃工艺精巧和能给人带来巨大利益的稀缺难得之货品，盗贼就会销声匿迹。这三句，作为警语和明理之言，还不是足够好。所以使它们有个大的归属（或指南）：呈现和持守朴素的本真，减少私心和私欲，杜绝所谓的学问，就能无忧无虑。

【拓展】

关于"此三言也，以为文，未足，故令之有所属"。姬英明认为，"此三言也，以为文，未足，故令之有所属"是"以上所说的智辩、伪疑、巧利这三言，不足以说出天下的弊害。要想使民众在思想精神上有所归附依靠"的意思①；饶尚宽、曹音、李存山、汤漳平和王朝华认为，"此三言也，以为文，未足，故令之有所属"是指"这三者，以为文饰，不足以治理天下。所以，要让百姓有归属之地""仅此三点还不足以为美善，还要令民众有所归属""把这三者（圣智、仁义、巧利）作为教化的文饰，不足以治理天下，所以要使人有所归属""以上三种巧饰之物，不足以治理天下，因此要让民心有所归属"②；徐志钧、唐汉、文若愚将"此三言也，以为文，未足，故令之有所属"解释为"这三句

---

① 老子. 姬氏道德经［M］. 姬英明，译注. 北京：朝华出版社，2017：78.

② 老子［M］. 饶尚宽，译注. 北京：中华书局，2015：42；曹音.《道德经》释疑［M］. 上海：上海三联书店，2012：15；老子［M］. 李存山，注译. 郑州：中州古籍出版社，2008：71；老子［M］. 汤漳平，王朝华，译注. 北京：中华书局，2014：75.

话，作为道理还不够充分完备，所以使它们有所连续补充解释""以上三句话，凭借它们作为文字（格言）未能足备（完整）。所以，颁布下列三条使之有所从属""这三个方面用来作为理论是不够的，所以还应当使人民的认识有一个总的归属"①；赵卫国将"此三言也，以为文，未足，故令之有所属"解读为"这三条，对一个社会来说，仅仅作为文字实在有点可惜，应该真正使社会落实"②。笔者比较赞同徐志钧、唐汉等人的解释。

【三本对照】

通行本《道德经》第十九章：绝圣弃智，民利百倍；绝仁弃义，民复孝慈；绝巧弃利，盗贼无有。此三者，以为文，不足。故令有所属：见素抱朴，少私寡欲，绝学无忧。③

帛书本《道德经》第六十三章：绝圣弃知，而民利百倍。绝仁弃义，而民复孝慈。绝巧弃利，盗贼无有。此三言也，以为文未足，故令之有所属：见素抱朴，少私而寡欲，绝学无忧。④

《姬氏道德经》（道术卷）：绝智弃辩，民利百倍；绝伪弃疑，民复孝慈；绝巧弃利，盗贼无有。此三言也，以为文未足。故令之有所属，见素抱朴，少私寡欲，绝学无忧！⑤

① 徐志钧. 老子帛书校注［M］. 南京：凤凰出版社，2016：434；唐汉. 道德经新解［M］. 北京：北京联合出版公司，2016：276；文若愚. 道德经全解［M］. 北京：中国华侨出版社，2012：115.
② 赵卫国. 帛书《道德经》新析［M］. 沈阳：东北大学出版社，2017：94.
③ 老子［M］. 饶尚宽，译注. 北京：中华书局，2015：41-42.
④ 徐志钧. 老子帛书校注［M］. 南京：凤凰出版社，2016：432；赵卫国. 帛书《道德经》新析［M］. 沈阳：东北大学出版社，2017：93；唐汉. 道德经新解［M］. 北京：北京联合出版公司，2016：276.
⑤ 老子. 姬氏道德经［M］. 姬英明，译注. 北京：朝华出版社，2017：76.

第七十一章

小国寡民，使有什伯之器而不用

【原文之修订】（通行本《道德经》第八十章；帛书本《道德经》第三十章)

　　小国寡民，使有什伯之器而不用，使民重死而不远徙。虽有舟舆，无所乘之；虽有甲兵，无所陈之。使民复结绳而用之。甘其食，美其服，安其居，乐其俗。邻国相望，鸡犬之声相闻，民至老死，不相往来。

【引言】

　　本章内容对应通行本《道德经》第八十章、帛书本《道德经》第三十章以及《姬氏道德经》道术卷的第四个段落。

　　关于本章内容，通行本、帛书本和《姬氏道德经》所对应的原文之表述主要有三处差异。第一处，通行本写作"小国寡民"，帛书本和《姬氏道德经》均写作"小邦寡民"，二者意义一样。第二处，通行本写作"使有什伯之器而不用"，帛书本写作"使有十百人之器而勿用"，《姬氏道德经》写作"使有十百人之器而不用"。这里，"什"是指十倍，"伯"是指百倍。"十百"是十倍、百倍的意思，所以三者的意义实质上是相同的。第三处，通行本写作"使民重死而不远徙"，帛书本写作"使民重死而远徙"，《姬氏道德经》写作"民重死而不远徙"。根据本章上下文的意思，老子的思想是"小国寡民""安其居""邻国相望，鸡犬之声相闻，民至老死，不相往来"，所以帛书本的"使民重死而远徙"应该是"使民重死而不远徙"的意思。不少学者也持有类似的看法，如"马王堆汉墓帛书整理者云：远与重对言，作动词用。远徙犹言疏于迁徙而避免移民。不必加'不'字"。① 总之，这三处原文表述上存在差异，但其内容大意是相同的。

　　本章原文之表述，全部采用通行本原文之表述。这一章，老子描述了"小

---

① 徐志钧. 老子帛书校注 [M]. 南京：凤凰出版社，2016：216.

国寡民"社会的理想生活。在这样的小国寡民社会中，人们淳朴自然，安居乐业，穿着粗布衣，吃着粗茶淡饭，没有战争，没有迁徙，邻国之间也不往来，过着简单朴素和平安泰的日子。

【释解】

（1）小国寡民：小型国家，人口少。

（2）使有什伯之器而不用：即使有十倍、百倍于人力的器械也不使用。什伯：古代兵制，十人为什，百人为伯，这里指十倍、百倍。

（3）使民重死而不远徙：使百姓珍视生命、重视死亡而不愿意向远方迁徙。

（4）虽有舟舆，无所乘之：虽然有船和车，却没有必要乘坐。

（5）虽有甲兵，无所陈之：虽然有铠甲和兵器，却没有必要陈列。陈：陈设，陈列，派用场。

（6）使民复结绳而用之：使百姓回到结绳记事的方式和状态的淳朴生活。

（7）甘其食，美其服，安其居，乐其俗：甘于自己的饮食，赞美自己的衣服，安于自己的居处，乐于自己的风俗。甘：嗜好，爱好，满足。美：赞美，称赞，以……为美。安：安于，对……感到满足。乐：乐于，享受，对……感到快乐。

（8）邻国相望：邻国之间的民众彼此可以望见。

【译文】

小型国家，人口少，即使有十倍、百倍于人力的器械也不使用。使百姓珍视生命、重视死亡而不愿意向远方迁徙。虽然有船和车，却没有必要乘坐；虽然有铠甲和兵器，却没有必要陈列。使百姓回到结绳记事的方式和状态的淳朴生活。（在这样的小国中，）百姓们甘于自己的饮食，赞美自己的衣服，安于自己的居处，乐于自己的风俗。邻国之间的民众彼此可以望见，鸡犬之声也可以相互听到，但邻国之间的百姓从生到死都不相往来。

【拓展】

关于"小国寡民，使有什伯之器而不用"。姬英明、赵卫国认为，"小国寡民，使有什伯之器而不用"是"一些小国人口本来就很稀少，即使有百十人的器具也用不了""城邦不大，聚居的人民不多，原来需要十百人一起使用的重型武器、重型机械都被丢弃了"的意思①；饶尚宽、李存山、文若愚认为，"小国寡民，使有什伯之器而不用"是指"使国家小，使百姓少。即使有各种各样的器具却不使用""国家小，人民少，即使有各种器具，也不使用""国土很小，百姓不多，即使有各种各样的器具，却并不使用"②；徐志钧、曹音、汤漳平和王朝华将"小国寡民，使有什伯之器而不用"解释为"小国人口稀少，即使有胜于人力十倍、百倍之先进工具，也主张不用""小国少民，即使有先进的器具也不用""小国少民。让人民虽有十倍百倍于人力的器械却不使用"③；唐汉将"小国寡民，使有什伯之器而不用"解读为"保持（血缘族群制）小国，让（每个族群）人口变少，即使有可为十人百人（同时烹煮食物的）器皿也不使用"④。笔者赞同徐志钧、曹音等人的解释。

【三本对照】

通行本《道德经》第八十章：小国寡民。使有什伯之器而不用，使民重死而不远徙。虽有舟舆，无所乘之；虽有甲兵，无所陈之。使民复结绳而用之。甘其食，美其服，安其居，乐其俗。邻国相望，鸡犬之声相闻，民至老死，不相往来。⑤

帛书本《道德经》第三十章：小邦寡民，使有十百人之器而勿用，使民重死而远徙。有舟车无所乘之，有甲兵无所陈之。使民复结绳而用之。甘其食，美其服，乐其俗，安其居。邻邦相望，鸡犬之声相闻，民至老死不相往来。⑥

《姬氏道德经》（道术卷）：小邦寡民，使有十百人之器而不用，民重死而

① 老子. 姬氏道德经［M］. 姬英明，译注. 北京：朝华出版社，2017：78；赵卫国. 帛书《道德经》新析［M］. 沈阳：东北大学出版社，2017：45.
② 老子［M］. 饶尚宽，译注. 北京：中华书局，2015：172；老子［M］. 李存山，注译. 郑州：中州古籍出版社，2008：149；文若愚. 道德经全解［M］. 北京：中国华侨出版社，2012：488.
③ 徐志钧. 老子帛书校注［M］. 南京：凤凰出版社，2016：215-216；曹音.《道德经》释疑［M］. 上海：上海三联书店，2012：57；老子［M］. 汤漳平，王朝华，译注. 北京：中华书局，2014：300.
④ 唐汉. 道德经新解［M］. 北京：北京联合出版公司，2016：152.
⑤ 老子［M］. 饶尚宽，译注. 北京：中华书局，2015：171-172.
⑥ 徐志钧. 老子帛书校注［M］. 南京：凤凰出版社，2016：215；赵卫国. 帛书《道德经》新析［M］. 沈阳：东北大学出版社，2017：45.

不远徙。虽有车舟，而无所乘之；虽有甲兵，而无所陈之。使民复结绳而用之，使民甘其食，美其服，乐其俗，安其居；邻邦相望，鸡犬之声相闻，民至老死不相往来。①

---

① 老子.姬氏道德经 [M].姬英明，译注.北京：朝华出版社，2017：76.

第七十二章

大邦者，下流也

【原文之修订】（通行本《道德经》第六十一章；帛书本《道德经》第二十四章）

　　大邦者，下流也，天下之牝也，天下之交也。牝恒以静胜牡，为其静也，故宜为下也。故大邦以下小邦，则取小邦；小邦以下大邦，则取于大邦。故或下以取，或下而取。故大邦者不过欲兼畜人，小邦者不过欲入事人。夫两者各得其所欲，则大者宜为下。

【引言】

　　本章内容对应通行本《道德经》第六十一章、帛书本《道德经》第二十四章以及《姬氏道德经》道术卷的第五个段落。

　　关于本章内容，通行本、帛书本和《姬氏道德经》所对应的原文之表述主要有一处差异。这一处，通行本写作"牝常以静胜牡，以静为下"，帛书本写作"牝恒以静胜牡。为其静也，故宜为下也"，《姬氏道德经》写作"牝常以静胜牡，为其胜也，故宜为下"。"以静为下"是因为安静而居下的意思，"为其静也，故宜为下也"是因为其安静所以适宜居下的意思，"为其胜也，故宜为下"是因为其是胜利者所以适宜居下的意思。比较而言，与上文"牝常（或恒）以静胜牡"的衔接，通行本的"以静为下"的表述不如"为其静也，故宜为下也"的表述更合理通顺。《姬氏道德经》"为其胜也，故宜为下"的表述则与通行本和帛书本的"以静为下""为其静也，故宜为下也"的表述相差更远。

　　本章原文之修订，以帛书本原文之表述为主，兼采通行本和《姬氏道德经》原文表述的优点。这一章，老子重点论述大国和小国如何处理彼此之间的关系。老子认为，大国好比天下的雌性，好比河流的交汇之处，是国与国关系中具有决定意义的一方。雌性因为居下安静，所以在性交活动中比雄性更持久，此外，他们还承担着雄性无法承担的繁衍生育大任。无论是大国还是小国，它们都应该学习雌性守静居下的品质，相互尊重、相互信任、相互接纳、友好互助、互惠共赢，为维持天下和平安定、繁荣发展而努力。

【释解】

（1）下流：江河的下游。

（2）牝：雌性的禽兽，泛指阴性或雌性的事物。

（3）交：交汇的地方。

（4）牝恒以静胜牡：雌性（在性交活动的持久性方面）总是凭借安静胜过雄性。牡：雄性的鸟兽，泛指阳性或雄性的事物。

（5）为其静也，故宜为下也：因为它们安静，所以适宜居于下面。宜：适宜，应该。

（6）大邦以下小邦，则取小邦：大国用谦恭的态度对待小国，就会得到小国的信赖和拥护。取：取得（信赖、支持），得到（拥护、拥戴）。

（7）取于大邦：被大国信任、接纳、支持和保护。

（8）故或下以取，或下而取：所以说，或者大国用谦恭的态度获得小国的信赖和拥护，或者小国以谦恭的态度获得大国的信任、接纳、支持和保护。

（9）不过欲兼畜人：不过是想要聚拢和护养小国的人。兼畜：聚拢和护养。

（10）入事人：依附和侍奉大国的人。入事：去侍奉。

（11）夫两者各得其所欲，则大者宜为下：这样无论是大国还是小国，都能得到自己想要的东西（即实现自己的愿望），特别是大国更应该以谦恭的态度对待小国。则：倒是，特别是。

【译文】

大国好比江河的下游，好比天下的雌性，好比天下交汇的地方。雌性（在性交活动的持久性方面）总是凭借安静而胜过雄性，因为它们安静，所以适宜居于下面。所以，大国如果用谦恭的态度对待小国，就会得到小国的信赖和拥护；小国如果用谦恭的态度对待大国，就会被大国信任、接纳、支持和保护。所以说，或者大国用谦恭的态度获得小国的信赖和拥护，或者小国以谦恭的态度获得大国的信任、接纳、支持和保护。所以，大国不过是想要聚拢和护养小国的人，小国不过是想要依附和侍奉大国的人。这样无论是大国还是小国，都能得到自己想要的东西（即实现自己的愿望），特别是大国更应该以谦恭的态度对待小国。

【拓展】

关于"大邦者不过欲兼畜人，小邦者不过欲入事人"。姬英明认为，"大邦者不过欲兼畜人，小邦者不过欲入事人"是"大国不要过分地想统治小国，小国也不要过分地希望侍奉大国"的意思①；饶尚宽、徐志钧、赵卫国、李存山、文若愚、汤漳平和王朝华认为，"大邦者不过欲兼畜人，小邦者不过欲入事人"是指"大国不过想聚养众人（小国），小国不过想入事他人（大国）""大国不过想要得到小国的拥戴，小国不过想要受到大国的保护""本来大国要的就是扩充人口，小国要的不过是找到靠山""大国不过是想集结、护养小国，小国不过是想依附、侍奉大国""大国不过是想收服小国，小国不过是想侍奉大国""大国不过是想要多蓄养人，小国不过是想要去侍奉人"②；唐汉将"大邦者不过欲兼畜人，小邦者不过欲入事人"解释为"大国没有过分的欲望并且畜养投奔而来的人民。小国没有过分的欲望并且能够输出服侍大国的人"③；曹音将"大邦者不过欲兼畜人，小邦者不过欲入事人"解读为"大国应减少欲望来聚拢和畜养小国，小国应减少欲望来投靠侍奉大国"④。笔者赞同饶尚宽、徐志钧、赵卫国等人的解释。

【三本对照】

通行本《道德经》第六十一章：大邦者下流，天下之牝，天下之交也。牝常以静胜牡，以静为下。故大邦以下小邦，则取小邦；小邦以下大邦，则取于大邦。故或下以取，或下而取。大邦不过欲兼畜人，小邦不过欲入事人。夫两者各得所欲。大者宜为下。⑤

帛书本《道德经》第二十四章：大邦者，下流也，天下之牝也。天下之交

---

① 老子.姬氏道德经［M］.姬英明，译注.北京：朝华出版社，2017：79.

② 老子［M］.饶尚宽，译注.北京：中华书局，2015：133；徐志钧.老子帛书校注［M］.南京：凤凰出版社，2016：171-172；赵卫国.帛书《道德经》新析［M］.沈阳：东北大学出版社，2017：37；老子［M］.李存山，注译.郑州：中州古籍出版社，2008：126；文若愚.道德经全解［M］.北京：中国华侨出版社，2012：361；老子［M］.汤漳平，王朝华，译注.北京：中华书局，2014：246.

③ 唐汉.道德经新解［M］.北京：北京联合出版公司，2016：127.

④ 曹音.《道德经》释疑［M］.上海：上海三联书店，2012：44.

⑤ 老子［M］.饶尚宽，译注.北京：中华书局，2015：132；老子［M］.李存山，注译.郑州：中州古籍出版社，2008：125.

也，牝恒以静胜牡。为其静也，故宜为下也。故大邦以下小邦，则取小邦。小邦以下大邦，则取于大邦。故或下以取，或下而取。故大邦者不过欲兼畜人，小邦者不过欲入事人。夫皆得其欲，则大者宜为下。①

《姬氏道德经》（道术卷）：大邦者，下流也，天下之牝也，天下之交也。牝常以静胜牡，为其胜也，故宜为下。大邦以下小邦，则取小邦；小邦以下大邦，则取于大邦。故或下以取，或下而取。故大邦者不过欲兼畜人，小邦者不过欲入事人。夫两者皆得其欲，则大者宜为下。②

① 徐志钧.老子帛书校注［M］.南京：凤凰出版社，2016：169；赵卫国.帛书《道德经》新析［M］.沈阳：东北大学出版社，2017：36.
② 老子.姬氏道德经［M］.姬英明，译注.北京：朝华出版社，2017：76-77.

第七十三章

为学者日益，闻道者日损

【原文之修订】（通行本《道德经》第四十八章；帛书本《道德经》第十一章）

为学者日益，闻道者日损。损之又损，以至于无为。无为而无不为矣。取天下恒以无事。及其有事也，不足以取天下矣。

【引言】

本章内容对应通行本《道德经》第四十八章、帛书本《道德经》第十一章以及《姬氏道德经》道术卷的第六个段落。

关于本章内容，通行本、帛书本和《姬氏道德经》所对应的原文之表述主要有一处差异。这一处，通行本写作"取天下常以无事，及其有事，不足以取天下"，帛书本写作"将欲取天下也，恒无事。及其有事也，又不足以取天下矣"，《姬氏道德经》写作"取天下恒以无私，及其有私也，不足以取天下"。"常""恒"意思相同，"无事""有事"与"无私""有私"意义有所不同。无事无为是老子一以贯之的思想，而无私无欲是无事无为的内在要求。在外延上，无事无为要大于无私无欲，故这一处还是选用"无事""有事"为好。

本章原文之修订，以帛书本原文之表述为主，兼采通行本和《姬氏道德经》原文表述的优点。这一章，老子在讲为学和闻道的不同，其论述的重点在闻道方面。为学在于不断地积累和丰富知识、经验，使自己更加广博和精专；闻道在于逐日减少世俗的欲望，不断净化心灵、习染，一心向道，获取真正的最高的生存智慧，最终达到与道契合，自然无为，无为而无不为。

【释解】

（1）为学者日益：从事学习的人是每日不断地积累和丰富自己的知识和经验。

（2）闻道者日损：追求大道的人是一心向道，逐日减损私心和私欲，不断净化心灵，以追求最高生存和发展智慧为念。

（3）无为而无不为：顺从天道不妄作，就没有成就不了的事情。

（4）取天下恒以无事：要想取得天下，就必须坚持自然无为的大原则。无事：自然无为。

（5）及其有事也，不足以取天下矣：如果妄作妄为频繁侵害和盘剥百姓，就无法取得天下了。及：等到，等待，这里相当于"如果""假如"。有事：指出台严苛法令、政策，发动战争，或妄作妄为等侵扰、侵害和盘剥百姓的事情。

【译文】

从事学习的人是每日不断地积累和丰富自己的知识和经验，追求大道的人是一心向道，逐日减损私心和私欲，不断净化心灵，以追求最高生存和发展智慧为念。减损又减损，直到达到顺从天道不妄作的境界。顺从天道不妄作，就没有成就不了的事情。要想取得天下，就必须坚持自然无为的大原则。如果妄作妄为频繁侵害和盘剥百姓，就无法取得天下了。

【拓展】

关于"为学者日益，闻道者日损"（通行本："为学日益，为道日损"）。姬英明、唐汉、汤漳平和王朝华认为，"为学者日益，闻道者日损"是"爱好学习追求知识的人，知识在一天天地增加；领悟道之妙要的人，认知上的程度却在一天天地减少""仿效学习者（的知识）日益增多，听讲'道'的人（的知识）天天在减损""治学是一天比一天增加知识，修道是一天比一天减少知识"的意思[1]；饶尚宽认为，"为学日益，闻道日损"是指"研究世俗学问，伪诈奸邪一天天增多；修行自然天道，私欲私爱一天天减少"[2]；徐志钧、李存山、文若愚、赵卫国将"为学者日益，闻道者日损"解释为"学习知识和技能的人，他们的知识和经验以及情欲文饰等会逐日增多；闻道，道在时空之外，远离任何具体的知识经验，这就是日损的含义。正是这个日损，它可以真正研究世界的本原""对经验知识的学习，是使知识日渐增多；对'道'的体认，则是使情欲和知识日渐减损""在求学的过程中，一个人的知识会一天比一天增加；在

---

① 老子. 姬氏道德经 [M]. 姬英明，译注. 北京：朝华出版社，2017：81；唐汉. 道德经新解 [M]. 北京：北京联合出版公司，2016：63；老子 [M]. 汤漳平，王朝华，译注. 北京：中华书局，2014：191.

② 老子 [M]. 饶尚宽，译注. 北京：中华书局，2015：104.

求道的过程中，一个人的欲念则一天比一天减少""世俗的学问，你越学应当越有知识，这是你学的收益。而对道这个东西，你应该是越学越少欲望，这才是你学的收益"①；曹音将"为学者日益，闻道者日损"理解为"追求学问的人，他的知识欲望在日渐增多；悟道的人，他的知识欲望在日益减损"②。笔者比较赞同徐志钧、李存山、文若愚等人的解释。

【三本对照】

通行本《道德经》第四十八章：为学日益，为道日损。损之又损，以至于无为。无为而无不为。取天下常以无事，及其有事，不足以取天下。③

帛书本《道德经》第十一章：为学者日益，闻道者日损。损之又损，以至于无为。无为而无不为矣。将欲取天下也，恒无事。及其有事也，又不足以取天下矣。④

《姬氏道德经》（道术卷）：为学者日益，闻道者日损。损之又损，以至于无为，无为而无不为。取天下恒以无私，及其有私也，不足以取天下。⑤

---

① 徐志钧.老子帛书校注［M］.南京：凤凰出版社，2016：78；老子［M］.李存山，注译.郑州：中州古籍出版社，2008：108；文若愚.道德经全解［M］.北京：中国华侨出版社，2012：280；赵卫国.帛书《道德经》新析［M］.沈阳：东北大学出版社，2017：21.

② 曹音.《道德经》释疑［M］.上海：上海三联书店，2012：35-36.

③ 老子［M］.饶尚宽，译注.北京：中华书局，2015：103.

④ 徐志钧.老子帛书校注［M］.南京：凤凰出版社，2016：78；赵卫国.帛书《道德经》新析［M］.沈阳：东北大学出版社，2017：21.

⑤ 老子.姬氏道德经［M］.姬英明，译注.北京：朝华出版社，2017：80.

第七十四章

将欲取天下而为之，吾见其不得已

【原文之修订】 （通行本《道德经》第二十九章和第六十四章；帛书本《道德经》第七十三章和第二十七章）

将欲取天下而为之，吾见其不得已。夫天下，神器也，不可为者也，不可执也。为者败之，执者失之。是以圣人无为也，故无败也；无执也，故无失也。夫物，或行或随，或热或吹，或强或挫，或培或堕。是以圣人去甚、去泰、去奢。

【引言】

本章内容对应通行本《道德经》第二十九章和第六十四章、帛书本《道德经》第七十三章和第二十七章以及《姬氏道德经》道术卷的第七个段落。

关于本章内容，通行本、帛书本和《姬氏道德经》所对应的原文之表述主要有四处差异。第一处，通行本写作"或歔或吹"，帛书本写作"或热或吹"，《姬氏道德经》写作"或炅或嘘"。"歔"通"嘘"，是"慢慢地吐气"的意思。"吹"是"用力呼气"的意思。因此"或歔或吹"是"有的缓慢吹气，有的有力急速吹气"的意思，比喻事情有缓有急。"或热或吹"中的"吹"，有"因吹气而变冷"的意思，因此"或热或吹"比喻事物"有的热，有的冷"。"炅"是"热"的意思，"或炅或嘘"与"或热或吹"意思相同。第二处，通行本写作"或强或羸"，帛书本和《姬氏道德经》均写作"或强或挫"。"挫"是"挫伤""折断"的意思，引申为脆弱、羸弱。因此，"或强或羸"与"或强或挫"意思相同。第三处，通行本写作"或载或隳"，帛书本写作"或培或堕"，《姬氏道德经》写作"或载或堕"。"载"有"承载""担负""装饰"等意。"堕"通"隳"，是"毁坏"的意思。"培"是"增益""增添"的意思。一些学者把这一处的"载"解释为"安全""成功"或"担当"，而相应地把"隳"或"堕"解释为"危险""失败"或"懒惰"。笔者认为，"载"应作"装饰""点缀"

或"锦上添花"之意讲，这样的话，通行本的"或载或隳"、帛书本的"或培或堕"和《姬氏道德经》的"或载或堕"的实际意义相同。第四处，通行本写作"去甚，去奢，去泰"，帛书本和《姬氏道德经》均写作"去甚、去大、去奢"。"大"通"泰"，指骄纵、傲慢。换言之，"去甚，去奢，去泰"与"去甚、去大、去奢"的意思其实也相同。

本章原文之修订，以帛书本原文之表述为主，兼采通行本和《姬氏道德经》原文表述的优点。这一章，老子讲了天下神器不可以轻易觊觎和执掌的道理。老子认为，天下万物具有各种各样的特点，统治者只有遵守自然无为的大道，顺从天下万物的特点和规律，才能立于不败不失之地。老子建议统治者一定要杜绝过分的、骄纵的和肆意挥霍奢侈的行为。

【释解】

（1）将欲取天下而为之，吾见其不得已：想要取得天下而肆意妄为，我看是不会成功的。

（2）神器：神圣的器物，指政权。

（3）不可为者也：是不可以被人制作的东西。为：制作。

（4）不可执也：是不可以被人执掌或管理的东西。

（5）圣人无为也，故无败也：圣人自然无为不妄做，所以不会失败。

（6）夫物：一切事物。

（7）或行或随：有的前行，有的跟随。

（8）或热或吹：有的热，有的凉。吹：用力吹气，刮风，引申为因刮风生凉。

（9）或强或挫：有的强壮，有的脆弱。挫：挫伤，折断，引申为羸弱、脆弱。

（10）或培或堕：有的增益，有的毁坏。培：增益，增添。堕：通"隳"，毁坏，败坏。

（11）去甚、去泰、去奢：除去极端过分，除去骄纵傲慢，除去奢华浪费。

【译文】

想要取得天下而肆意妄为，我看是不会成功的。天下，是神圣的器物，是不可以被人制作的东西，也是不可以被人执掌或管理的东西。肆意妄作的必然失败，强力执掌的必然失去。因此，圣人自然无为不妄做，所以不会失败；不强力执掌，所以也不会失去。一切事物，有的前行，有的跟随；有的热，有的凉；有的强壮，有的脆弱；有的增益，有的毁坏。所以，圣人坚持自然无为，除去极端过分，除去骄纵傲慢，除去奢华浪费。

【拓展】

关于"圣人去甚、去泰、去奢"（通行本："圣人去甚，去奢，去泰"）。姬英明、饶尚宽、赵卫国、李存山、文若愚、汤漳平和王朝华认为，"圣人去甚、去泰、去奢"是"有道的统治者要引导并克服那些极端的、狂妄的、奢靡之人的性格弱点""圣人要清静无为，顺应自然，除去极端，除去奢侈，除去过分""圣人需去除过度、去除极端、去除奢侈""圣人去掉极端，去掉奢侈，去掉过分""圣人会去掉那些极端的、奢侈的、过分的行为""圣人去除过度，去除奢靡，去除极端"的意思[①]；徐志钧认为，"圣人去甚、去泰、去奢"是指"圣人要去除极端安乐，去除极端尊隆，去除极端奢靡"[②]；唐汉、曹音将"圣人去甚、去泰、去奢"解释为"圣人去除美味食物，撤除宫室台榭，撤除声色犬马""有道者戒除过度享乐，戒除豪华宫殿，戒除奢侈生活"[③]。笔者比较赞同徐志钧的解释。

【三本对照】

通行本《道德经》第二十九章：将欲取天下而为之，吾见其不得已。天下神器，不可为也，不可执也。为者败之，执者失之。夫物，或行或随，或歔或吹，或强或羸，或载或隳。是以圣人去甚，去奢，去泰。第六十四章：为者败之，执者失之。是以圣人无为，故无败；无执，故无失。[④]

帛书本《道德经》第七十三章：将欲取天下而为之，吾见其弗得已。夫天

① 老子．姬氏道德经［M］．姬英明，译注．北京：朝华出版社，2017：82；老子［M］．饶尚宽，译注．北京：中华书局，2015：66；赵卫国．帛书《道德经》新析［M］．沈阳：东北大学出版社，2017：107；老子［M］．李存山，注译．郑州：中州古籍出版社，2008：85；文若愚．道德经全解［M］．北京：中国华侨出版社，2012：172；老子［M］．汤漳平，王朝华，译注．北京：中华书局，2014：114.
② 徐志钧．老子帛书校注［M］．南京：凤凰出版社，2016：499.
③ 唐汉．道德经新解［M］．北京：北京联合出版公司，2016：317；曹音．《道德经》释疑［M］．上海：上海三联书店，2012：23.
④ 老子［M］．饶尚宽，译注．北京：中华书局，2015：65；文若愚．道德经全解［M］．北京：中国华侨出版社，2012：172；老子［M］．李存山，注译．郑州：中州古籍出版社，2008：84.

下，神器也，非可为者也。为之者败之，执之者失之。物或行或随，或热或吹，或强或挫，或培或堕。是以圣人去甚、去大、去奢。第二十七章：为之者败之，执之者失之。是以圣人无为也，故无败也；无执也，故无失也。①

《姬氏道德经》（道术卷）：将欲取天下而为之，吾见其不得已。天下神器也，非可为者也。为者败之，执者失之。是以圣人无为也，故无败也；无执也，故无失也。故物，或行、或随、或炅、或嘘、或强、或挫、或载、或堕，是以圣人去甚、去大、去奢。②

———————

① 徐志钧. 老子帛书校注 [M]. 南京：凤凰出版社，2016：497；赵卫国. 帛书《道德经》新析 [M]. 沈阳：东北大学出版社，2017：106.
② 老子. 姬氏道德经 [M]. 姬英明，译注. 北京：朝华出版社，2017：80.

第七十五章

民不畏威，则大威将至

【原文之修订】（通行本《道德经》第七十二章；帛书本《道德经》第三十七章）

民不畏威，则大威将至。毋狎其所居，毋厌其所生。夫唯不厌，是以不厌。是以圣人自知而不自见，自爱而不自贵，故去彼取此。

【引言】

本章内容对应通行本《道德经》第七十二章、帛书本《道德经》第三十七章以及《姬氏道德经》道术卷的第八个段落。

关于本章内容，通行本、帛书本和《姬氏道德经》所对应的原文之表述主要有两处差异。第一处，通行本写作"民不畏威，则大威至"，而帛书本和《姬氏道德经》均写作"民之不畏威，则大威将至矣"。显而易见，二者意思相同。第二处，通行本写作"无狎其所居，无厌其所生"，而帛书本和《姬氏道德经》均写作"毋狎其所居，毋厌其所生"。"无"和"毋"同义，故二者意思也完全相同。

本章原文之修订，以帛书本原文之表述为主，兼采通行本原文表述的优点。这一章，老子在讲水能载舟亦能覆舟、哪里有压迫哪里就有反抗的道理。老子指出，统治者一定要自知自爱，关心百姓日常生活，不要欺压和剥削百姓，不要自我表现、狂妄自大、自以为是和唯我独尊，否则就会被百姓厌弃。

【释解】

（1）民不畏威，则大威将至：一旦百姓不畏惧统治者的威压，来自百姓的针对统治者的巨大反抗威力就会到来。威：威压，威胁，威慑，威力。

（2）毋狎其所居，毋厌其所生：不要挤压百姓的居处，使他们不得安居；不要压迫百姓的生活，使他们不得安生。狎：通"狭"，狭迫，逼迫，挤压。

厌：通"压"，压迫，压榨。

（3）夫唯不厌，是以不厌：正因为不压迫百姓，所以百姓也不厌弃。厌：第一个"厌"，通"压"，是压迫、压榨的意思；第二个"厌"，是"厌弃""厌恶"的意思。

（4）自知而不自见：有自知之明而不自我表现。自知：自己知道自己优劣，有自知之明。见：通"现"，表现，显露。

（5）自爱而不自贵：自爱而不自以为高贵。

（6）故去彼取此：所以，应该舍去那些选取这些。彼：那些，指"自见""自贵"。此：这些，指"自知""自爱"。

【译文】

一旦百姓不畏惧统治者的威压，来自百姓的针对统治者的巨大反抗威力就会到来。作为统治者，不要挤压百姓的居处，使他们不得安居；不要压迫百姓的生活，使他们不得安生。正因为统治者不压迫百姓，所以百姓也不厌弃他们。因此，圣人（有道的统治者）有自知之明而不自我表现，自爱而不自以为高贵。所以，应该舍去"自见""自贵"，选取"自知""自爱"。

【拓展】

关于"民不畏威，则大威将至"。姬英明、饶尚宽、徐志钧、曹音、李存山、文若愚、汤漳平和王朝华认为，"民不畏威，则大威将至"是"当民众不再畏惧统治者的威压时，那就是更可怕的危害将要到来了""如果百姓不畏惧暴力，那么就会有更大的暴力到来""民不畏威，则大威将至"是指"民众到不怕犯罪而死时，像民众暴动、强国凌暴、天灾降临等大的惩罚就会到来""人民到了不畏惧刑罚的时候，统治者的大危险就要来了""当人民不害怕统治者的强力威权的时候，天下就要有大的祸乱了""人民一旦不害怕统治者的威势，则可怕的祸乱就会随之而来""人民不畏惧威压，那大的威胁就要到来了"的意思①；赵卫国认为，"民不畏威，则大威将至"是指"你不要让百姓懂太多，如

---

① 老子.姬氏道德经［M］.姬英明，译注.北京：朝华出版社，2017：82；老子［M］.饶尚宽，译注.北京：中华书局，2015：156；徐志钧.老子帛书校注［M］.南京：凤凰出版社，2016：259-260；曹音.《道德经》释疑［M］.上海：上海三联书店，2012：119；老子［M］.李存山，注译.郑州：中州古籍出版社，2008：140；文若愚.道德经全解［M］.北京：中国华侨出版社，2012：435；老子［M］.汤漳平，王朝华，译注.北京：中华书局，2014：277.

果百姓懂太多，什么都搞明白了，对什么都不再感到敬畏与畏惧，那这个社会可怕的事情即将来了"①；唐汉将"民不畏威，则大威将至"解释为"下层庶民不畏惧应该畏惧的，那么（侯王的）最大畏惧便会来临"②。笔者赞同姬英明、饶尚宽、徐志钧等人的解释。

【三本对照】

通行本《道德经》第七十二章：民不畏威，则大威至。无狎其所居，无厌其所生。夫唯不厌，是以不厌。是以圣人自知不自见；自爱不自贵。故去彼取此。③

帛书本《道德经》第三十七章：民之不畏威，则大威将至矣。毋狎其所居，毋厌其所生。夫唯弗厌，是以不厌。是以圣人自知而不自见也，自爱而不自贵也，故去彼取此。④

《姬氏道德经》（道术卷）：民之不畏威，则大威将至矣！毋狎其所居，毋厌其所生；夫唯弗厌，是以不厌。是以圣人自知而不自见也，自爱而不自贵也，故去彼取此。⑤

① 赵卫国. 帛书《道德经》新析［M］. 沈阳：东北大学出版社，2017：54.
② 唐汉. 道德经新解［M］. 北京：北京联合出版公司，2016：176.
③ 老子［M］. 饶尚宽，译注. 北京：中华书局，2015：155.
④ 徐志钧. 老子帛书校注［M］. 南京：凤凰出版社，2016：259；赵卫国. 帛书《道德经》新析［M］. 沈阳：东北大学出版社，2017：54.
⑤ 老子. 姬氏道德经［M］. 姬英明，译注. 北京：朝华出版社，2017：80.

第七十六章

若民恒且，不畏死

【原文之修订】（通行本《道德经》第七十四章；帛书本《道德经》第三十九章）

若民恒且，不畏死，奈何以杀惧之？若民恒且，畏死，而为奇者，吾将得而杀之，孰敢矣？若民恒且，必畏死，则恒有司杀者杀。夫代司杀者杀，是代大匠斫。夫代大匠斫者，则希不伤其手矣。

【引言】

本章内容对应通行本《道德经》第七十四章、帛书本《道德经》第三十九章以及《姬氏道德经》道术卷的第九个段落。

关于本章内容，通行本、帛书本和《姬氏道德经》所对应的原文之表述主要有三处差异。第一处，通行本写作"民不畏死，奈何以死惧之"，帛书本写作"若民恒且不畏死，奈何以杀惧之也"，《姬氏道德经》写作"若民不畏死，奈何以杀惧之也"。显而易见，三本原文之表述在具体用词上有所差异，但大意相同。第二处，通行本写作"若使民常畏死"，帛书本写作"若民恒且畏死"，《姬氏道德经》写作"若民常畏死"。同样，三本原文之表述有所差异，但大意相同。第三处，通行本写作"常有司杀者杀"，帛书本写作"若民恒且必畏死，则恒有司杀者"，《姬氏道德经》写作"若民常且必畏死，则常有司杀者"。通行本除了缺少"若民恒且必畏死"或"若民常且必畏死"这一句外，其余部分和帛书本以及《姬氏道德经》的原文大意相同。

本章原文之修订，以帛书本原文之表述为主，兼采通行本原文表述的优点。老子上一章郑重指出，如果百姓到了连死都不怕的时候，统治者就要遭遇大麻烦了。因此，他告诫统治者要关心百姓疾苦，不要杀鸡取卵和竭泽而渔。这一章，老子接着上一章指出，如果百姓根本不怕死亡，那么统治者想用严酷的刑法威吓百姓使他们恐惧，这是无论如何都做不到的。老子认为，考虑社会上总有作奸犯科者，国家常设司法部门和官员来应对即可。非司法部门和官员不应越俎代庖，滥用职权代替司法部门和官员行刑杀人。如果非要这样做，必适得其反。

【释解】

（1）若民恒且：如果百姓总是违法乱纪。恒：总是，一直。且（qiè）：通"趄"，歪斜，不正，引申为走歪门邪道，不走正道，为非作歹，作奸犯科，违法乱纪。

（2）不畏死：罪不至死。畏：犯罪。

（3）奈何以杀惧之：如何能用杀戮来恐吓他们。奈何：如何，怎么能。惧：恐吓，威吓，使……感到恐惧。之：他们，指百姓、民众。

（4）畏死：论罪当死。畏：犯罪。

（5）而为奇者：又做了极端非法之事的人。而：并且，又。奇：极端非法之事，极其违法之事。

（6）吾将得而杀之，孰敢矣：我将把他们抓来杀掉，看谁还敢违法乱纪。得：抓来，抓获，抓到。孰：谁。

（7）必畏死：论罪必死，必定因犯罪而死。

（8）恒有司杀者杀：通常有专门掌管刑杀的人去杀。司杀者：掌管刑杀的人，主管杀罚的人。

（9）夫代司杀者杀：代替专门掌管刑杀的人去杀人。夫：发语词，不译。

（10）夫代大匠斫者：代替技艺高超的木匠去砍木头。夫：那些。大匠：技艺高超的木匠。斫（zhuó）：（用刀、斧头等）砍，削，劈。

（11）希不伤其手矣：很少不伤到自己手的。希：通"稀"，稀少，很少。

【译文】

如果百姓总是违法乱纪，还罪不至死，如何能用杀戮来恐吓他们呢？如果百姓总是违法乱纪，论罪当死，又做了极端非法之事，我将把他们抓来杀掉，看谁还敢违法乱纪？如果百姓总是违法乱纪，论罪必死，那么通常有专门掌管刑杀的人去杀他们。代替专门掌管刑杀的人去杀人，就好比代替技艺高超的木匠去砍木头。那些代替技艺高超的木匠去砍木头的人，很少不伤到自己手的。

【拓展】

关于"若民恒且，不畏死，奈何以杀惧之"（通行本："民不畏死，奈何以死惧之？"）。姬英明、饶尚宽、徐志钧、唐汉、李存山、文若愚、汤漳平和王朝华认为，"若民恒且，不畏死，奈何以杀惧之"是"如果民众都已不再畏惧死亡，为什么还要用杀戮和死亡来威胁他们呢""百姓不怕死，为什么用死来使他们害怕呢""如果百姓平常不怕死，如何用杀戮威吓他们呢""倘若民众一直都不怕死，怎能凭借刑杀使之畏惧""人民不怕死，为什么用死来吓唬他们呢""人民不畏惧死亡，用死来吓唬他们又有什么用呢""如果人民总是不怕死，为什么要用刑杀来恐吓他们呢"的意思①；赵卫国、曹音认为，"若民恒且，不畏死，奈何以杀惧之"是指"如果这些人常常犯罪且根本不怕死，你怎么可能做到因为杀了一个人而使其他人害怕了不敢犯罪""民众若是横暴而不怕死，用杀来吓唬他们有何用"②。笔者的解释与上述学者的解释有所不同。

关于"夫代司杀者杀，是代大匠斫"。姬英明、饶尚宽认为，"夫代司杀者杀，是代大匠斫"是"如果统治者要代替专管生杀之道的天道而去杀人，就如同代替高明的木匠去凿刻""如果代替行刑的天道去杀人，就如同代替木匠去砍削"的意思③；徐志钧、文若愚认为，"夫代司杀者杀，是代大匠斫"是指"代替掌握自然生命极限的司命之神去杀人，就好比代替手艺高超的木工砍削木头一样""世上的许多执政者，往往凭借自己的私意枉杀人命，替代冥冥之中的有司，还自以为是替天行道，实际上这就像是不知技巧而去替木匠砍木头一样"④；赵卫国、唐汉、曹音、李存山、汤漳平和王朝华将"夫代司杀者杀，是代大匠斫"解释为"如果得道之人去插手这些事，甚至代替司法官员去刑杀，是代木匠伐木""代替刑杀者去杀人，如同代替大（木）匠去砍削木头""代刑狱官杀人，好比代木匠砍削木材""那代替主管杀人的去杀，就如同代替木匠去

---

① 老子. 姬氏道德经［M］. 姬英明，译注. 北京：朝华出版社，2017：82；老子［M］. 饶尚宽，译注. 北京：中华书局，2015：159；徐志钧. 老子帛书校注［M］. 南京：凤凰出版社，2016：271；唐汉. 道德经新解［M］. 北京：北京联合出版公司，2016：183；老子［M］. 李存山，注译. 郑州：中州古籍出版社，2008：142；文若愚. 道德经全解［M］. 北京：中国华侨出版社，2012：447；老子［M］. 汤漳平，王朝华，译注. 北京：中华书局，2014：285.

② 赵卫国. 帛书《道德经》新析［M］. 沈阳：东北大学出版社，2017：57；曹音.《道德经》释疑［M］. 上海：上海三联书店，2012：120.

③ 老子. 姬氏道德经［M］. 姬英明，译注. 北京：朝华出版社，2017：82；老子［M］. 饶尚宽，译注. 北京：中华书局，2015：160.

④ 徐志钧. 老子帛书校注［M］. 南京：凤凰出版社，2016：272；文若愚. 道德经全解［M］. 北京：中国华侨出版社，2012：447.

砍木头""代替掌管杀人的去行刑，这就好比代替大匠去砍木头"①。笔者比较赞同赵卫国、唐汉、曹音等人的解释。

【三本对照】

通行本《道德经》第七十四章：民不畏死，奈何以死惧之？若使民常畏死，而为奇者，吾得执而杀之，孰敢？常有司杀者杀。夫代司杀者杀，是谓代大匠斲。夫代大匠斲者，希有不伤其手矣。②

帛书本《道德经》第三十九章：若民恒且不畏死，奈何以杀惧之也？若民恒且畏死，而为奇者，吾将得而杀之，夫孰敢矣？若民恒且必畏死，则恒有司杀者。夫代司杀者杀，是代大匠斫也。夫代大匠斫者，则希不伤其手矣。③

《姬氏道德经》（道术卷）：若民不畏死，奈何以杀惧之也？若民常畏死，则而为奇者，吾将得而杀之，夫孰敢矣？若民常且必畏死，则常有司杀者。夫代司杀者杀，是代大匠斫也；夫代大匠斫者，则希不伤其手也。④

① 赵卫国．帛书《道德经》新析［M］．沈阳：东北大学出版社，2017：57；唐汉．道德经新解［M］．北京：北京联合出版公司，2016：183；曹音．《道德经》释疑［M］．上海：上海三联书店，2012：120；老子［M］．李存山，注译．郑州：中州古籍出版社，2008：142；老子［M］．汤漳平，王朝华，译注．北京：中华书局，2014：285．

② 老子［M］．饶尚宽，译注．北京：中华书局，2015：159．

③ 徐志钧．老子帛书校注［M］．南京：凤凰出版社，2016：271；赵卫国．帛书《道德经》新析［M］．沈阳：东北大学出版社，2017：57．

④ 老子．姬氏道德经［M］．姬英明，译注．北京：朝华出版社，2017：80．

第七十七章

人之饥，以其取食税之多

【原文之修订】（通行本《道德经》第七十五章；帛书本《道德经》第四
十章）

人之饥，以其取食税之多，是以饥。百姓之不治，以其上之有以为，是以
不治。民之轻死，以其求生之厚，是以轻死。夫唯无以生为者，是贤贵生。

【引言】

本章内容对应通行本《道德经》第七十五章、帛书本《道德经》第四十章
以及《姬氏道德经》道术卷的第十个段落。

关于本章内容，通行本、帛书本和《姬氏道德经》所对应的原文之表述主
要有四处差异。第一处，通行本写作"民之饥，以其上食税之多"，帛书本写作
"人之饥也，以其取食税之多也"，《姬氏道德经》写作"民之饥也，以其取食
税之多也"。"在春秋时，或更早的时期，人字有特定的含义，一般指贵族，或
者只能是国君一类的统治者。如《春秋·隐》四年：'宋公、陈侯、蔡人、卫人
伐郑。'杨伯峻注：'人，实指国君或卿大夫。'《诗·大雅·假乐》：'宜民宜
人，受禄于天。'朱熹集传：'民，庶民也；人，在位者也。'"① 可见，通行本
和《姬氏道德经》对这一处的表述意思相同，而与帛书本的表述有所入。第
二处，通行本写作"民之难治，以其上之有为，是以难治"，帛书本和《姬氏道
德经》均写作"百姓之不治也，以其上之有以为也，是以不治"。显而易见，三
本对这一处的表述意思是根本一致的。第三处，通行本写作"民之轻死，以其
上求生之厚"，帛书本写作"民之轻死也，以其求生之厚也"，《姬氏道德经》
写作"民之轻死，以其上求生之厚也"。也就是说，通行本和《姬氏道德经》
对这一处的表述是相同的，二者与帛书本的表述有所不同。第四处，通行本写

---

① 徐志钧．老子帛书校注［M］．南京：凤凰出版社，2016：276.

作"贤于贵生",帛书本和《姬氏道德经》均写作"贤贵生"。一字之差,但意思却不尽相同。

　　本章原文之修订,全部采用帛书本原文之表述,但去掉各句中的句末助词"也",如"人之饥也,以其取食税之多也"修订为"人之饥,以其取食税之多"。这一章,老子批评统治者苛捐杂税过多和妄作妄为。老子认为,苛捐杂税过多是造成社会生产力虚弱、民力凋敝的根本原因,也是造成统治者饥荒和经济拮据的根本原因。百姓难以治理也是因为统治者妄作妄为、不断干涉百姓的日常生活。百姓之所以轻视死亡,也是因为百姓自己对生活期望过高,贪欲过多造成的。只有追求平淡生活的人,才是真正懂得珍惜生命生活的人。

【释解】

　　(1) 人之饥,以其取食税之多:统治者遭遇饥荒,是因为他们征收的税赋过多。人,指天子、国君和卿大夫等贵族,泛指统治者。饥:饥荒。春秋时期有公田和私田,与西周时期相比,春秋时期的公田制渐渐衰微,私田制渐渐兴起。越来越多的诸侯国开始对税收制度进行改革,承认私田的合法性,对公田和私田统一按亩征收赋税。统治者如果征收的税率过高,就会打击私田所有者、耕田者和佃农劳动的积极性,从而使田地荒芜,导致田地收入和税赋减少。靠赋税而生活的贵族统治阶级的生活自然也会遭受很大影响。当然,即使饥荒真实发生,贵族阶级的生活也比平民百姓的生活好得多。取:征收。食税:享受税赋,靠赋税而生活,这里指土地税赋。

　　(2) 百姓之不治,以其上之有以为:百姓得不到治理,是高高在上的统治者妄作妄为导致的。上,指高高在上的统治者。有以为:违背自然和社会规律的有为,妄作妄为。

　　(3) 民之轻死,以其求生之厚:百姓轻视死亡,是他们贪求更好生活的欲望过大导致的。求生:贪生,贪求更好的生活。厚:大,重,多。

　　(4) 夫唯无以生为者,是贤贵生:只有不贪求更好生活的人,才是崇尚、珍视生命的人。无以生为:不贪求更好生活,知足常乐。贤:尊重,崇尚。贵生:看重生命,珍视生命。

【译文】

　　统治者遭遇饥荒,是因为他们征收的税赋过多,因此他们才遭遇饥荒。百姓得不到治理,是高高在上的统治者妄作妄为导致的,所以他们才得不到治理。百姓轻视死亡,是他们贪求更好生活的欲望过大导致的,所以他们才轻视死亡。

只有不贪求更好生活、知足常乐的人，才是崇尚、珍视生命的人。

【拓展】

关于"人之饥，以其取食税之多"（通行本："民之饥，以其上食税之多"；《姬氏道德经》："民之饥也，以其取食税之多也"）。姬英明、饶尚宽、赵卫国、曹音、李存山、文若愚、汤漳平和王朝华认为，"民之饥也，以其取食税之多也"或"民之饥，以其上食税之多"是"民众之所以遭受饥饿，就是由于统治者收取的税赋过多""百姓的饥荒，是因为在上者侵吞赋税太多""现在的人民常陷于饥饿，按照天之道，是不可能出现的情况，这都是上面的统治者征收赋税太多了""人民饥饿，是因为国家收税太多""人民之饥饿，是因为统治者吞食的租税太多""人民之所以遭受饥饿，就是由于统治者征收赋税太多""人民之所以饥饿，是因为统治者吃的赋税太多"的意思①；徐志钧认为，"人之饥，以其取食税之多"是指"人君吃不上饭，是因为他吃的税赋过多"②；唐汉将"人之饥，以其取食税之多"解释为"人们无食可吃，是因为吃饭的人中说话和传话的人过多"③。笔者比较赞同徐志钧的解释。

关于"民之轻死，以其求生之厚"（通行本和《姬氏道德经》："民之轻死，以其上求生之厚"）。姬英明、饶尚宽、赵卫国、李存山、文若愚认为，"民之轻死，以其上求生之厚"是"民众之所以愿轻生冒死，就是因为统治者为了满足自己的奢华欲望""百姓不怕死，是因为在上者养生丰厚""老百姓之所以不太看重生命，是因为上面统治者将生命看得太重、索要过多的资源""人民之所以敢于冒死犯法，是因为统治者的养生太奢侈""人民之所以轻生冒死，是由于统治者欲望过盛"的意思④；徐志钧、唐汉、汤漳平和王朝华认为，"民之轻死，以其求生之厚"是指"民众轻视死亡，是因为他们贪求锦衣玉食、不饥不

---

① 老子.姬氏道德经［M］.姬英明，译注.北京：朝华出版社，2017：82-83；老子［M］.饶尚宽，译注.北京：中华书局，2015：162；赵卫国.帛书《道德经》新析［M］.沈阳：东北大学出版社，2017：58；曹音.《道德经》释疑［M］.上海：上海三联书店，2012：121；老子［M］.李存山，注译.郑州：中州古籍出版社，2008：143；文若愚.道德经全解［M］.北京：中国华侨出版社，2012：452；老子［M］.汤漳平，王朝华，译注.北京：中华书局，2014：288.

② 徐志钧.老子帛书校注［M］.南京：凤凰出版社，2016：276-277.

③ 唐汉.道德经新解［M］.北京：北京联合出版公司，2016：187.

④ 老子.姬氏道德经［M］.姬英明，译注.北京：朝华出版社，2017：83；老子［M］.饶尚宽，译注.北京：中华书局，2015：162；赵卫国.帛书《道德经》新析［M］.沈阳：东北大学出版社，2017：58；老子［M］.李存山，注译.郑州：中州古籍出版社，2008：144；文若愚.道德经全解［M］.北京：中国华侨出版社，2012：452.

寒过多的缘故""下层民众们看轻死亡，是因为他们把活着看得过分厚重（艰难）""人民之所以轻视死亡，是因为他们求生太厚"①；曹音将"民之轻死，以其上求生之厚"解释为"人民不怕死，是因为上面过度追求长寿"②。笔者赞同徐志钧、唐汉等人的解读。

关于"夫唯无以生为者，是贤贵生"（通行本："夫唯无以生为者，是贤于贵生"）。姬英明、饶尚宽、徐志钧、文若愚认为，"夫唯无以生为者，是贤贵生"或"夫唯无以生为者，是贤于贵生"是"在精神、思想、生活上追求清静淡泊的统治者，比那些过分追求奢华享受的统治者要高明贤德而且长久得多""唯有生活淡泊清静的人，要比奉养奢华的人高明""不以奉养和享乐为目的的人，胜过那些重视享乐的人""只有那些恬淡自然，不刻意养生保命，不刻意有所作为的人，要胜过那些追求名利、贪生怕死的人"的意思③；唐汉认为，"夫唯无以生为者，是贤贵生"是指"只有那些不凭借（冒死）求生而活着的民众，乃是获得尊贵一生的民众"④；曹音将"夫唯无以生为者，是贤贵生"解释为"只有清净恬淡的生活，才是高明的养生"⑤；李存山、汤漳平和王朝华将"夫唯无以生为者，是贤于贵生"解读为"只有不以奉养自己的生命为务的人，才胜过那些看重自己生命的人""那种不刻意从事求生的人，胜于过分爱重生命的人"⑥；赵卫国认为，"夫唯无以生为者，是贤贵生"是指"只有那些不为自己的生命过分折腾别人生命的人，才是对生命更聪明更贵重的处置"⑦。笔者比较赞同曹音的观点。

【三本对照】

通行本《道德经》第七十五章：民之饥，以其上食税之多，是以饥。民之

---

① 徐志钧. 老子帛书校注 [M]. 南京：凤凰出版社，2016：278；唐汉. 道德经新解 [M]. 北京：北京联合出版公司，2016：187；老子 [M]. 汤漳平，王朝华，译注. 北京：中华书局，2014：288.
② 曹音. 《道德经》释疑 [M]. 上海：上海三联书店，2012：121.
③ 老子. 姬氏道德经 [M]. 姬英明，译注. 北京：朝华出版社，2017：83；老子 [M]. 饶尚宽，译注. 北京：中华书局，2015：162；徐志钧. 老子帛书校注 [M]. 南京：凤凰出版社，2016：278；文若愚. 道德经全解 [M]. 北京：中国华侨出版社，2012：452.
④ 唐汉. 道德经新解 [M]. 北京：北京联合出版公司，2016：187.
⑤ 曹音. 《道德经》释疑 [M]. 上海：上海三联书店，2012：121.
⑥ 老子 [M]. 李存山，注译. 郑州：中州古籍出版社，2008：144；老子 [M]. 汤漳平，王朝华，译注. 北京：中华书局，2014：288.
⑦ 赵卫国. 帛书《道德经》新析 [M]. 沈阳：东北大学出版社，2017：58-59.

难治，以其上之有为，是以难治。民之轻死，以其上求生之厚，是以轻死。夫唯无以生为者，是贤于贵生。①

帛书本《道德经》第四十章：人之饥也，以其取食税之多也，是以饥。百姓之不治也，以其上之有以为也，是以不治。民之轻死也，以其求生之厚也，是以轻死。夫唯无以生为者，是贤贵生。②

《姬氏道德经》（道术卷）：民之饥也，以其取食税之多也，是以饥；百姓之不治也，以其上有以为也，是以不治；民之轻死，以其上求生之厚也，是以轻死。夫唯无以生为者，是贤贵生。③

---

①　老子［M］. 饶尚宽，译注. 北京：中华书局，2015：161.
②　徐志钧. 老子帛书校注［M］. 南京：凤凰出版社，2016：276.；赵卫国. 帛书《道德经》新析［M］. 沈阳：东北大学出版社，2017：58.
③　老子. 姬氏道德经［M］. 姬英明，译注. 北京：朝华出版社，2017：80-81.

第七十八章

出生入死，生之徒十有三

【原文之修订】（通行本《道德经》第五十章；帛书本《道德经》第十三章）

出生入死，生之徒十有三，死之徒十有三，而民生生，动皆之死地，亦十有三。夫何故？以其生生。盖闻善执生者，陵行不辟兕虎，入军不被甲兵。兕无所揣其角，虎无所措其爪，兵无所容其刃。夫何故？以其无死地。

【引言】

本章内容对应通行本《道德经》第五十章、帛书本《道德经》第十三章以及《姬氏道德经》道术卷的第十一个段落。

关于本章内容，通行本、帛书本和《姬氏道德经》所对应的原文之表述主要有六处差异。第一处，通行本写作"人之生"，帛书本和《姬氏道德经》均写作"民生生"。在上一章引言中，我们已经提到在周代"人"和"民"是有区别的，"人"是指天子、国君和卿大夫等贵族阶级。"民"是指平民百姓。根据上下文，这一处应当用"民"。第二处，通行本写作"以其生生之厚"，帛书本和《姬氏道德经》均写作"以其生生也"。在我看来，"生生"是"甚生"或"求生之厚"的意思，其中已经蕴含了"厚"的意思，没有必要再在"生生"之后加个"之厚"了。徐志钧、汤漳平和王朝华等人也持有相同的观点，如汤漳平和王朝华指出："此处'生生'即有过度求生之意，已含有'之厚'的意思，不必有'之厚'二字。"① 由此可见，通行本写成"生生之厚"，多此一举。第三处，通行本写作"盖闻善摄生者"，帛书本和《姬氏道德经》均写作"盖闻善执生者"。"摄"是"执守""掌握"的意思，即"摄生"与"执生"是同义词，它们都是"持守生命""保养生命"的意思。第四处，通行本写作"陆行不遇兕虎"，帛书本写作"陵行不辟兕虎"，《姬氏道德经》写作"陵行不避

---

① 老子［M］. 汤漳平，王朝华，译注. 北京：中华书局，2014：202.

矢虎"。"陆"是陆地的意思，"陵"是山陵、丘陵的意思。"陆"比"陵"的外延大。"兕虎"是指犀牛和老虎，"矢虎"是指"弓箭和老虎"，二者有"兕""矢"之别。第五处，通行本写作"兕无所投其角"，帛书本写作"兕无所揣其角"，《姬氏道德经》写作"兕无所柄其角"。"投其角"是"用角投向……"的意思，"揣其角"是"用角冲向以攻击"的意思，"枘（ruì）其角"是"用角插入"的意思。可见，三者大意相同。第六处，通行本写作"虎无所用其爪"，帛书本和《姬氏道德经》均写作"虎无所措其爪"。"措"在此是"使用"的意思，所以二者意思相同。

　　本章原文之修订，以帛书本原文之表述为主，兼采通行本和《姬氏道德经》原文表述的优点。这一章，老子在讲善于养护生命的人的养护之道。老子不仅总结了他那个时代人类的生死状况，而且分析了为什么有的人容易处于死地，而有的人为什么难以处于死地。

【释解】

（1）出生入死：从出生到死亡。

（2）生之徒十有三：长寿的人占十分之三。生之徒：长寿的人，属于生存一类的人。

（3）死之徒：短寿的人，属于死亡一类的人。

（4）民生生：百姓贪生过度。生生：求生之厚，过度贪求好的生活。第一个"生"是"甚""深""过度"的意思，第二个"生"是"生活"的意思。

（5）动皆之死地：因自己活动不慎而招致死亡的。动：活动，行动。之：到达。

（6）夫何故：这是什么原因呢。夫：这。

（7）以其生生：因为他们贪生过度。

（8）盖闻善执生者：据说善于保养生命的人。盖：发语词，不译。执生：摄生，持守生命，保养生命。

（9）陵行不辟兕虎：在山地行走不用躲避犀牛和老虎（的攻击）。陵：山地，山陵，丘陵。辟（bì）：通"避"，躲避，回避。兕（sì）：犀牛。

（10）入军不被甲兵：进入战场不会遭受兵器（的伤害）。入军，指进入战场。被：遭受，遭遇。甲兵：盔甲和兵器，泛指兵器。

（11）兕无所揣其角：犀牛无法用它的角攻击。揣：用……冲向，用……攻击。

（12）虎无所措其爪：老虎无法用它的爪攻击。措：用，使用。

（13）兵无所容其刃：兵器无法用它的刃攻击。容：假借为"用"，使用。

（14）以其无死地：因为他身上没有可以致死的地方。

【译文】

从出生到死亡，长寿的人占十分之三，短寿的人占十分之三，而百姓贪生过度，因自己活动不慎而招致死亡的也占十分之三。这是什么原因呢？因为他们贪生过度。据说善于保养生命的人，在山地行走不用躲避犀牛和老虎（的攻击），进入战场不会遭受兵器（的伤害）。犀牛无法用它的角攻击他，老虎无法用它的爪攻击他，兵器无法用它的刃攻击他。这是什么原因呢？因为他身上没有可以致死的地方。

【拓展】

关于"出生入死"。姬英明、饶尚宽、赵卫国、唐汉、曹音、文若愚认为，"出生入死"是"人出世为生，入土为死""出世为生，入土为死""视产道出来为生命的产生，视入土安葬为生命的消失""走出（娘胎）便是生，（葬身）入土便是死""出世为生，入地为死""人出现在世界上为生，最终埋入地下为死"的意思①；徐志钧、李存山、汤漳平和王朝华认为，"出生入死"是指"人始于生而卒于死""人始于生而终于死""人脱离了生就进入了死"②。笔者赞同徐志钧、李存山的解释。

关于"以其无死地"。姬英明认为，"以其无死地"是"因为他在利害关系上没有致命的弱点啊"的意思③；饶尚宽认为，"以其无死地"是指"因为他就没有进入死亡之地"④；徐志钧、唐汉将"以其无死地"解释为"因为他实现了对死亡的超越""因为他原本就无视自己的生死"⑤；赵卫国、曹音将"以其无

---

① 老子．姬氏道德经［M］．姬英明，译注．北京：朝华出版社，2017：85；老子［M］．饶尚宽，译注．北京：中华书局，2015：108；赵卫国．帛书《道德经》新析［M］．沈阳：东北大学出版社，2017：24；唐汉．道德经新解［M］．北京：北京联合出版公司，2016：70；曹音．《道德经》释疑［M］．上海：上海三联书店，2012：37；文若愚．道德经全解［M］．北京：中国华侨出版社，2012：294．

② 徐志钧．老子帛书校注［M］．南京：凤凰出版社，2016：93；老子［M］．李存山，注译．郑州：中州古籍出版社，2008：110；老子［M］．汤漳平，王朝华，译注．北京：中华书局，2014：204．

③ 老子．姬氏道德经［M］．姬英明，译注．北京：朝华出版社，2017：86．

④ 老子［M］．饶尚宽，译注．北京：中华书局，2015：108．

⑤ 徐志钧．老子帛书校注［M］．南京：凤凰出版社，2016：97；唐汉．道德经新解［M］．北京：北京联合出版公司，2016：70．

死地"解读为"因为他们心里充满了道，他们不区分死与生，所以往往不会死""因为他能顺应自然，保养自己的生命"①；李存山、文若愚、汤漳平和王朝华将"以其无死地"理解为"因为他没有能致死的地方""因为他从不使自己置身于死亡的境地""因为他身上没有可以致死的地方"②。笔者赞同李存山、文若愚等人的解读。

【三本对照】

通行本《道德经》第五十章：出生入死。生之徒，十有三；死之徒，十有三；人之生，动之于死地，亦十有三。夫何故？以其生生之厚。盖闻善摄生者，陆行不遇兕虎，入军不被甲兵；兕无所投其角，虎无所用其爪，兵无所容其刃。夫何故？以其无死地。③

帛书本《道德经》第十三章：出生入死。生之徒十有三，死之徒十有三，而民生生，动皆之死地之十有三。夫何故也？以其生生也。盖闻善执生者，陵行不辟兕虎，入军不被甲兵。兕无所揣其角，虎无所措其爪，兵无所容其刃。夫何故也？以其无死地焉。④

《姬氏道德经》（道术卷）：出生入死，生之徒十有三，死之徒十有三，而民生生，动皆之死地亦十有三！夫何故也？以其生生也。盖闻善执生者，陵行不避矢虎，入军不被甲兵；兕无所柄其角，虎无所措其爪，兵无所容其刃。夫何故也？以其无死地焉！⑤

---

① 赵卫国. 帛书《道德经》新析［M］. 沈阳：东北大学出版社，2017：24；曹音.《道德经》释疑［M］. 上海：上海三联书店，2012：37.

② 老子［M］. 李存山，注译. 郑州：中州古籍出版社，2008：111；文若愚. 道德经全解［M］. 北京：中国华侨出版社，2012：294；老子［M］. 汤漳平，王朝华，译注. 北京：中华书局，2014：204.

③ 老子［M］. 饶尚宽，译注. 北京：中华书局，2015：107-108.

④ 徐志钧. 老子帛书校注［M］. 南京：凤凰出版社，2016：93；赵卫国. 帛书《道德经》新析［M］. 沈阳：东北大学出版社，2017：23.

⑤ 老子. 姬氏道德经［M］. 姬英明，译注. 北京：朝华出版社，2017：84.

第七十九章

夫兵者，不祥之器

【原文之修订】（通行本《道德经》第三十一章；帛书本《道德经》第七十五章）

夫兵者，不祥之器。物或恶之，故有欲者弗居。君子居则贵左，用兵则贵右，故兵者非君子之器。兵者不祥之器，不得已而用之。铦袭为上，勿美也。若美之，是乐杀人。夫乐杀人，不可以得志于天下矣。是以吉事尚左，丧事尚右。是以偏将军居左，上将军居右，言以丧礼居之。杀人众，以悲哀莅之。战胜，以丧礼处之。

【引言】

本章内容对应通行本《道德经》第三十一章、帛书本《道德经》第七十五章以及《姬氏道德经》道术卷的第十二个段落。

关于本章内容，通行本、帛书本和《姬氏道德经》所对应的原文之表述主要有三处差异。第一处，通行本写作"故有道者不处"，帛书本写作"故有欲者弗居"，《姬氏道德经》写作"故有欲者毋居"。显而易见，"有道者"和"有欲者"意思大不相同。第二处，通行本写作"恬淡为上。胜而不美"，帛书本写作"铦袭为上，勿美也"，《姬氏道德经》写作"恬淡为上，胜勿美也"。"铦袭"即恬淡、恬静淡泊的意思，因此三者大意相同。第三处，通行本写作"杀人之众，以悲哀泣之"，帛书本和《姬氏道德经》均写作"杀人众，以悲哀莅之"。"泣"同"莅"，是莅临、到场的意思。三本对这一处的表述意思也相同。

本章原文之修订，以帛书本原文之表述为主，兼采通行本原文表述的优点。这一章，反映了老子反对非正义战争的思想。老子认为，兵器是不吉祥的东西，战争是杀人的机器，美化战争就是嗜好杀人的表现。所以，老子反对轻易发动战争，反对美化战争，反对非正义战争。当然，老子并非反对一切战争。当战争不幸降临到人们头上时，为了自保或者为了抵制非正义战争，人们完全可以

"不得已而用之"。老子还认为，当给敌方造成重大伤亡或者战胜之后，应该以悲哀的态度和丧礼对待，不可以幸灾乐祸，沾沾自喜，只有这样做，才可以得志于天下。

【释解】

（1）夫兵者，不祥之器：兵器是不详的器具。兵：兵器。

（2）物或恶之，故有欲者弗居：或许众人都厌恶它，所以喜欢生活的人不愿意和它搅在一起。物：众人，他人。或：或许，也许。恶：讨厌，厌恶。之：它，指兵器。有欲者：有生活欲望者，喜欢生活的人。居：处在一起，混在一起，搅在一起。

（3）君子居则贵左，用兵则贵右：君子平时（居住、生活、待人接物等）以左边为贵，用兵的时候以右边为贵。居：平时，平常。贵：以……为贵，看重。

（4）铦袭为上，勿美也：对兵器要以淡然处之为上，不要美化它。铦（xiān）袭：恬淡，安静从容，淡然。美：以……为美（好），称美，赞美，美化。

（5）吉事尚左，丧事尚右：吉庆的事以左为上，凶丧的事以右为上。尚：崇尚，以……为上。

（6）偏将军居左，上将军居右：偏将军列在左边，上将军列在右边。

（7）言以丧礼居之：（这）是说以丧礼来对待列阵打仗的。居：对待，处置，安排。

（8）杀人众，以悲哀莅之：杀人多了，要以悲哀的心情对待亡者。众：众多，多。莅：莅临，到场，引申为对待、处置。

【译文】

兵器是不详的器具。或许众人都厌恶它，所以喜欢生活的人不愿意和它搅在一起。君子平时（居住、生活、待人接物等）以左边为贵，用兵的时候以右边为贵，所以兵器不是君子所喜欢的器物。兵器是不详的器具，（君子）迫不得已的时候才使用它。对兵器要以淡然处之为上，不要美化它。如果美化它，就是以杀人为快乐。如果以杀人为快乐，就不可以得志于天下了。因此，吉庆的事以左为上，凶丧的事以右为上。所以，偏将军列在左边，上将军列在右边，这是说以丧礼来对待列阵打仗的。杀人多了，要以悲哀的心情对待亡者。打了胜仗，也要以丧礼的方式来对待。

【拓展】

关于"有欲者弗居"（通行本："有道者不处"）。姬英明认为，"有欲者弗居"是"一定不要让有妄欲的人占据它"的意思①；饶尚宽、曹音、李存山、文若愚、汤漳平和王朝华认为，"有道者不处"是指"有道的人远离而不用""有道者不用""有道的人不使用它""有'道'之人是不接近它的""有道的人不用它"②；徐志钧将"有欲者弗居"解释为"有自由意志、不安于自己命运地位的人，不愿和不祥之器处在一起"③；赵卫国将"有欲者弗居"解读为"凡是人们希望生活的地方或者人们想要的东西，都避免与兵器放在一起"④；唐汉将"有欲者弗居"理解为"想活着的人不居处其中"⑤。笔者比较赞同唐汉的解释。

【三本对照】

通行本《道德经》第三十一章：夫兵者，不祥之器，物或恶之，故有道者不处。君子居则贵左，用兵则贵右。兵者不祥之器，非君子之器，不得已而用之，恬淡为上。胜而不美，而美之者，是乐杀人。夫乐杀人者，则不可得志于天下矣。吉事尚左，凶事尚右。偏将军居左，上将军居右，言以丧礼处之。杀人之众，以悲哀泣之；战胜，以丧礼处之。⑥

帛书本《道德经》第七十五章：夫兵者，不祥之器也。物或恶之，故有欲者弗居。君子居则贵左，用兵则贵右，故兵者非君子之器也。兵者不祥之器也，不得已而用之。铦袭为上，勿美也。若美之，是乐杀人也。夫乐杀人，不可以得志于天下矣。是以吉事尚左，丧事尚右。是以偏将军居左，上将军居右，言

---

① 老子. 姬氏道德经 [M]. 姬英明，译注. 北京：朝华出版社，2017：86.
② 老子 [M]. 饶尚宽，译注. 北京：中华书局，2015：70；曹音.《道德经》释疑 [M].
   上海：上海三联书店，2012：24；老子 [M]. 李存山，注译. 郑州：中州古籍出版社，
   2008：87；文若愚. 道德经全解 [M]. 北京：中国华侨出版社，2012：184；老子
   [M]. 汤漳平，王朝华，译注. 北京：中华书局，2014：119.
③ 徐志钧. 老子帛书校注 [M]. 南京：凤凰出版社，2016：514.
④ 赵卫国. 帛书《道德经》新析 [M]. 沈阳：东北大学出版社，2017：109.
⑤ 唐汉. 道德经新解 [M]. 北京：北京联合出版公司，2016：323.
⑥ 老子 [M]. 饶尚宽，译注. 北京：中华书局，2015：69；曹音.《道德经》释疑 [M].
   上海：上海三联书店，2012：24；文若愚. 道德经全解 [M]. 北京：中国华侨出版社，
   2012：184.

以丧礼居之也。杀人众，以悲哀莅之。战胜，以丧礼处之。①

　　《姬氏道德经》（道术卷）：夫兵者，不祥之器也！物或恶之，故有欲者毋居。君子居则贵左，用兵则贵右。故兵者非君子之器也，兵者不祥之器也，不得已而用之。恬淡为上，胜勿美也；若美之，是乐杀人也。夫乐杀人，则不可以德志于天下矣！是以吉事上左，丧事上右。是以偏将军居左，上将军居右，言以丧礼居之也。杀人众，以悲哀莅之；战胜，以丧礼处之。②

---

　①　徐志钧. 老子帛书校注［M］. 南京：凤凰出版社，2016：512；赵卫国. 帛书《道德经》新析［M］. 沈阳：东北大学出版社，2017：109.

　②　老子. 姬氏道德经［M］. 姬英明，译注. 北京：朝华出版社，2017：84.

第八十章

用兵有言曰：吾不敢为主而为客

【原文之修订】（通行本《道德经》第六十九章；帛书本《道德经》第三十四章）

用兵有言曰："吾不敢为主而为客，不敢进寸而退尺。"是谓"行无行，攘无臂，执无兵"，乃无敌矣！祸莫大于无敌，无敌近亡吾宝矣。故抗兵相若，而哀者胜矣！

【引言】

本章内容对应通行本《道德经》第六十九章、帛书本《道德经》第三十四章以及《姬氏道德经》道术卷的第十三个段落。

关于本章内容，通行本、帛书本和《姬氏道德经》所对应的原文之表述主要有三处差异。第一处，通行本写作"扔无敌，执无兵"，帛书本和《姬氏道德经》均写作"执无兵，乃无敌矣"。有的学者认为，"乃"通"仍""扔"，牵引、牵着的意思，"扔无敌"和"乃无敌"在此意思相同；有的学者认为，"乃"是"于是"的意思，"无敌"是"天下无敌"的意思。笔者认为，"乃"是"是"意思，而"无敌"是心中无敌，即轻敌的意思。第二处，通行本写作"祸莫大于轻敌，轻敌几丧吾宝"，帛书本写作"祸莫大于无敌，无敌近亡吾宝矣"，《姬氏道德经》写作"祸莫大于轻敌，轻敌几亡吾宝矣"。在此，"无敌"作"轻敌"讲，三本对这一处的原文表述意思也相同。第三处，通行本和帛书本均写作"抗兵相若"，《姬氏道德经》写作"称兵相若"。"抗兵"是"对抗的两军"的意思，"称兵"是"兴兵""采取军事行动"的意思，这里是指"对垒的两军"，所以，"抗兵"和"称兵"意思相同。

本章原文之修订，全部采用帛书本原文之表述，但对原文所注的标点符号做些改进。老子上一章阐述了他反对非正义战争和轻易发动战争的思想，他认为战争是杀人的机器。这一章，老子继续阐述他的"不敢为天下之先"和哀兵必胜的军事思想。老子虽然反对主动侵略他国、主动发动战争和轻易开启战端，但是当战争被强加到头上而不可避免的时候，老子提出要高度重视敌人，要未雨绸缪，要整顿军事和加强军事训练，要鼓舞士气，坚决打赢正义战争。老子认为，两军实力相当，哀兵必胜。

【释解】

（1）用兵有言曰：善于用兵的（兵家、军事家）有话说。

（2）吾不敢为主而为客：我不敢主动挑起战端，而是被迫应战。主：主动挑衅，主动发动战争，主动挑起战端。客：被迫应战，被迫与前来进犯的敌人作战。

（3）不敢进寸而退尺：不敢主动进攻，而是被迫退守。

（4）是谓：所谓的，所说的。

（5）行无行，攘无臂，执无兵：让行军布阵却没有行军布阵的样子，让撸起袖子露出胳膊加油干却没有撸起袖子露出胳膊加油干的样子，让拿起兵器准备杀敌却没有拿起兵器准备杀敌的样子。行：行军布阵。攘：捋（撸）起袖子露出胳膊。执：拿起（兵器、武器等）。兵：兵器，武器。

（6）乃无敌矣：是心中（眼中）没有敌人啊，是轻敌啊。乃：是。无敌：轻敌，心中（眼中）没有敌人。

（7）祸莫大于无敌：祸莫大于轻敌。

（8）无敌近亡吾宝矣：轻敌几乎丧失了我的法宝。近：几乎，将近。亡：丧失，丢失。宝：法宝，宝贝，指"慈""俭""不敢为天下先"三件法宝。

（9）抗兵相若：对抗的两军实力相当。相若：相当，相差无几。

（10）哀者胜矣：哀兵必胜啊。

【译文】

善于用兵的（兵家、军事家）有话说："我不敢主动挑起战端，而是被迫应战；不敢主动进攻，而是被迫退守。"所说的"让行军布阵却没有行军布阵的样子，让撸起袖子露出胳膊加油干却没有撸起袖子露出胳膊加油干的样子，让拿起兵器准备杀敌却没有拿起兵器准备杀敌的样子"，是轻敌啊！祸莫大于轻敌，轻敌几乎丧失了我的"慈""俭""不敢为天下先"三件法宝。所以，对抗的两军实力相当，哀兵必胜啊！

【拓展】

关于"是谓'行无行，攘无臂，执无兵'，乃无敌矣"（通行本："是谓行无行，攘无臂，扔无敌，执无兵"；帛书本和《姬氏道德经》："是谓行无行，攘无臂，执无兵，乃无敌矣"）。姬英明认为，"是谓行无行，攘无臂，执无兵，乃无敌矣"是"在争战行军时是要有所谓的阵势，但看上去好像没有阵势一样，进攻时要让对方看不清你所谓的阵法招式，进招时要让对方摸不清你的兵力分配，这样才是真正的无敌之术啊"的意思①；饶尚宽认为，"是谓行无行，攘无臂，扔无敌，执无兵"是指"这就是说，行军却没有行阵，奋起却没有挥臂，执握却没有兵器，交手却没有敌人"②；徐志钧、汤漳平和王朝华将"是谓行无行，攘无臂，执无兵，乃无敌矣"解释为"这是说，实行无士兵之行列，奋举无臂之上肢，手中不握武器，于是就能天下无敌""这就叫作布无阵之阵，举无臂之臂，执无兵之兵，那就所向无敌了"③；赵卫国将"是谓行无行，攘无臂，执无兵，乃无敌矣"解读为"首先进攻的一方叫作进入无形的战阵，伸出的握兵器的臂膀不知砍向何方，茫茫然不知对方在哪儿，因而最终经常会打败仗"④；唐汉将"是谓行无行，攘无臂，执无兵，乃无敌矣"理解为"这便叫作行走没有道路，拉扯（他人）找不着手臂，想执拿却没有兵器，（想战斗）前方却没有敌人"⑤；曹音认为，"是谓行无行，攘无臂，执无兵，乃无敌矣"是"这样就使敌军行列涣散，使敌军无法激愤，使敌军丧失斗志，使敌军轻敌"的意思⑥；李存山、文若愚认为，"是谓行无行，攘无臂，扔无敌，执无兵"是指"这就叫作行军布阵而不露行迹，奋臂而若无臂，拿着兵器而若没有兵器，与敌相接而若没有敌人""这就叫作：欲摆开阵势，却像没有阵势一样；虽然要奋臂，却好像没有臂膀可举一样；虽然拿有兵器，却好像没有兵器可以持一样；虽然面对敌人，却好像对面没有敌人一样。因此常能致敌于先"⑦。笔者认为，以上学者的解释都不甚理想，或者他们都错解了老子的意思。

① 老子．姬氏道德经［M］．姬英明，译注．北京：朝华出版社，2017：86-87.
② 老子［M］．饶尚宽，译注．北京：中华书局，2015：151.
③ 徐志钧．老子帛书校注［M］．南京：凤凰出版社，2016：244；老子［M］．汤漳平，王朝华，译注．北京：中华书局，2014：270.
④ 赵卫国．帛书《道德经》新析［M］．沈阳：东北大学出版社，2017：51.
⑤ 唐汉．道德经新解［M］．北京：北京联合出版公司，2016：167.
⑥ 曹音．《道德经》释疑［M］．上海：上海三联书店，2012：51.
⑦ 老子［M］．李存山，注译．郑州：中州古籍出版社，2008：137；文若愚．道德经全解［M］．北京：中国华侨出版社，2012：415.

【三本对照】

通行本《道德经》第六十九章：用兵有言："吾不敢为主，而为客；不敢进寸，而退尺。"是谓行无行，攘无臂，扔无敌，执无兵。祸莫大于轻敌，轻敌几丧吾宝。故抗兵相若，哀者胜矣。①

帛书本《道德经》第三十四章：用兵有言曰："吾不敢为主而为客，不敢进寸而退尺。"是谓行无行，攘无臂，执无兵，乃无敌矣。祸莫大于无敌，无敌近亡吾宝矣。故抗兵相若，而哀者胜矣。②

《姬氏道德经》（道术卷）：古用兵有言曰：吾不敢为主，而为客；吾不进寸，而退尺。是谓行无行，攘无臂，执无兵，乃无敌矣！祸莫大于轻敌，轻敌几亡吾宝矣！故称兵相若，则哀者胜矣！③

---

①　老子 ［M］. 饶尚宽，译注. 北京：中华书局，2015：150.
②　徐志钧. 老子帛书校注 ［M］. 南京：凤凰出版社，2016：243；赵卫国. 帛书《道德经》新析 ［M］. 沈阳：东北大学出版社，2017：50-51.
③　老子. 姬氏道德经 ［M］. 姬英明，译注. 北京：朝华出版社，2017：84.

第八十一章

善为士者不武，善战者不怒

【原文之修订】（通行本《道德经》第六十八章；帛书本《道德经》第三十三章）

善为士者不武，善战者不怒，善胜敌者弗与，善用人者为之下。是谓不争之德，是谓用人，是谓配天，古之极也。

【引言】

本章内容对应通行本《道德经》第六十八章、帛书本《道德经》第三十三章以及《姬氏道德经》道术卷的第十四个段落。

关于本章内容，通行本、帛书本和《姬氏道德经》所对应的原文之表述主要有三处差异。第一处，通行本写作"善胜敌者，不与"，帛书本写作"善胜敌者弗与"，《姬氏道德经》写作"善胜敌者，不争"。"与"在此是"交战""相斗""相争"的意思，所以"与""争"二者意思相同。第二处，通行本写作"是谓用人之力"，帛书本写作"是谓用人"，《姬氏道德经》写作"是谓用人之法"。这三者的意思显然相近。第三处，通行本和帛书本均写作"是谓配天"，《姬氏道德经》写作"是谓配天之法"。三本原文表述的意思也是相同或相近的。

本章原文之修订，全部采用帛书本原文之表述。这一章，老子在讲"善为士者""善战者""善胜敌者"以及"善用人者"的行为表现特点。老子认为，"不武""不怒""弗与""为之下"都是不争美德的体现，它们都符合天道，也都是古人修为的最高境界。

【释解】

（1）善为士者不武：善于当统帅或将领的人从不炫耀武力。士：古代贵族中等级最低者，次于卿大夫的一个阶层。这里指统帅或将领。不武：从不炫耀武力。

（2）弗与：不与敌人缠斗。与：与敌人缠斗，与敌人交战。

（3）为之下：对人谦下。为：对，向。之：他人，被用者。下：谦下，谦逊，屈己待人。

（4）不争之德：不争的美德。"不争"是老子思想中非常重要的一个概念。如，"夫唯不争，故天下莫能与之争"①；"上善若水，水善利万物而不争，处众人之所恶，故几于道。居善地，心善渊，与善仁，言善信，正善治，事善能，动善时。夫唯不争，故无尤"②。

（5）配天：媲美天道，够得上天道。配：媲美，够得上，与……匹配，符合。

（6）古之极：古人修为的最高境界。古：古时候，古人。极：极限，最高境界、标准、准则。

【译文】

善于当统帅或将领的人从不炫耀武力，善于战斗的人从不发怒，善于战胜敌人的人从不与敌人缠斗，善于用人的人总是对人谦下有礼。这就是不争的美德，这就是会用人，这就是媲美天道，这就是古人修为的最高境界。

【拓展】

关于"善为士者不武"。姬英明、饶尚宽、赵卫国、曹音、李存山认为，"善为士者不武"是"善于带兵的官长，是不自逞勇武的""善于当统帅的人，不炫耀武力""善于做将帅的人，是不逞勇武的""善于统军打仗者不耀武扬威""善于做将帅的，不尚勇武"的意思③；徐志钧、唐汉、文若愚、汤漳平和王朝华认为，"善为士者不武"是指"善为士者不得尽炫其军阵武力""善于做武士者不去威吓（他人）""真正的勇士不会逞其勇武""善于做武士的人不显

①　老子［M］. 饶尚宽，译注. 北京：中华书局，2015：49.

②　老子［M］. 饶尚宽，译注. 北京：中华书局，2015：18.

③　老子. 姬氏道德经［M］. 姬英明，译注. 北京：朝华出版社，2017：87；老子［M］. 饶尚宽，译注. 北京：中华书局，2015：149；曹音. 《道德经》释疑［M］. 上海：上海三联书店，2012：50；老子［M］. 李存山，注译. 郑州：中州古籍出版社，2008：136.

示威武"①。笔者赞同姬英明、饶尚宽、赵卫国等人的解释。

关于"是谓配天，古之极也"。姬英明、饶尚宽、赵卫国、唐汉、曹音、李存山、文若愚认为，"是谓配天，古之极也"是"这就是符合自然天道的法则，这就是古时有德的统治者用人的最高法则""这就称为符合天道，是古代最高的法则""这叫作符合自然规律。这是古代传下来的最高行为准则""叫作配享天命，过去以来的最高准则（极限）""这叫符合天意统治天下，这是自古以来的准则""叫作配合天道，古时最高的道理""这就叫符合天道，这就是自古以来的准则"的意思②；徐志钧认为，"是谓配天，古之极也"是指"这就是祭天时以祖先配享，达到了古代的极致"③；汤漳平和王朝华将"是谓配天，古之极也"解释为"这就叫作与天相配，是古时极致的境界"④。笔者赞同汤漳平和王朝华的解读。

【三本对照】

通行本《道德经》第六十八章：善为士者，不武；善战者，不怒；善胜敌者，不与；善用人者，为之下。是谓不争之德，是谓用人之力，是谓配天，古之极也。⑤

帛书本《道德经》第三十三章：善为士者不武，善战者不怒，善胜敌者弗与，善用人者为之下。是谓不争之德，是谓用人，是谓配天，古之极也。⑥

---

① 徐志钧．老子帛书校注［M］．南京：凤凰出版社，2016：235；赵卫国．帛书《道德经》新析［M］．沈阳：东北大学出版社，2017：50；唐汉．道德经新解［M］．北京：北京联合出版公司，2016：164；文若愚．道德经全解［M］．北京：中国华侨出版社，2012：408；老子［M］．汤漳平，王朝华，译注．北京：中华书局，2014：267．

② 老子．姬氏道德经［M］．姬英明，译注．北京：朝华出版社，2017：87；老子［M］．饶尚宽，译注．北京：中华书局，2015：149；赵卫国．帛书《道德经》新析［M］．沈阳：东北大学出版社，2017：50；唐汉．道德经新解［M］．北京：北京联合出版公司，2016：164；曹音．《道德经》释疑［M］．上海：上海三联书店，2012：50；老子［M］．李存山，注译．郑州：中州古籍出版社，2008：136；文若愚．道德经全解［M］．北京：中国华侨出版社，2012：408．

③ 徐志钧．老子帛书校注［M］．南京：凤凰出版社，2016：237-240．

④ 老子［M］．汤漳平，王朝华，译注．北京：中华书局，2014：267．

⑤ 老子［M］．饶尚宽，译注．北京：中华书局，2015：148．

⑥ 徐志钧．老子帛书校注［M］．南京：凤凰出版社，2016：235；赵卫国．帛书《道德经》新析［M］．沈阳：东北大学出版社，2017：50．

　　《姬氏道德经》（道术卷）：善为士者，不武；善战者，不怒；善胜敌者，不争；善用人者，为之下。是谓不争之德，是谓用人之法，是谓配天之法，古之极也。①

　　①　老子. 姬氏道德经［M］. 姬英明，译注. 北京：朝华出版社，2017：84-85.

第八十二章

将欲翕之，必固张之

【原文之修订】（通行本《道德经》第三十六章；帛书本《道德经》第八十章）

将欲翕之，必固张之；将欲弱之，必固强之；将欲去之，必固与之；将欲夺之，必固予之。是谓微明。柔弱胜刚强，鱼不可脱于渊，国之利器不可以示人。

【引言】

本章内容对应通行本《道德经》第三十六章、帛书本《道德经》第八十章以及《姬氏道德经》道术卷的第十五个段落，也是最后一个段落。

关于本章内容，通行本、帛书本和《姬氏道德经》所对应的原文之表述主要有三处差异。第一处，通行本写作"将欲歙之"，帛书本和《姬氏道德经》写作"将欲翕之"。"歙"通"翕"，闭合、收拢、收敛的意思。这一处三本表述的意思相同。第二处，通行本写作"将欲废之，必固举之"，帛书本写作"将欲去之，必固与之"，《姬氏道德经》写作"将欲废之，必固兴之"。"废""去"都是"废除、废去"的意思。"举"是高举、推举的意思，"与"是允许、赞许的意思，"兴"是宠爱、惯着、推举的意思。可见，"举""与""兴"在此是近义词。因此，这一处三本表述的意思也基本相同。第三处，通行本写作"将欲取之，必固与之"，帛书本写作"将欲夺之，必固予之"，《姬氏道德经》写作"将欲取之，必固予之"。"取""夺"都是夺取的意思。"与""予"都是给予的意思。可见，这一处三本表述的意思也相同。

本章原文之修订，以帛书本原文之表述为主，兼采通行本原文表述的优点。这一章，老子在讲物极必反、对立转化、柔弱胜刚强的社会道理。张则必翕，翕则必张；强则必弱，弱则必强；与则必去，去则必与；予则必夺，夺则必予。老子最后强调富国强兵、治理社会、战胜敌人的利器（主要指国家发展谋略、权力运作和先进武器）不能轻易展示给天下人看。

【释解】

（1）将欲翕之，必固张之：将要闭合它，必定先张开它。翕：闭合，收拢，收敛。必固：必定。张：张开，打开，扩张。

（2）将欲弱之，必固强之：将要削弱它，必定先强大它。

（3）将欲去之，必固与之：将要废去它，必定先惯着它。去：废去，去除。与：允许，赞许，引申为宠着、惯着。

（4）将欲夺之，必固予之：将要夺取它，必定先给予它。夺：夺取。予：给，给予。

（5）微明：精妙而明哲（的智慧）。微：精深，精妙。明：明智，明哲，明慧，识见高明。

（6）鱼不可脱于渊：鱼不可以脱离深渊（脱离必有危险）。

（7）国之利器不可以示人：国家的利器不可以轻易展示给天下人看。利器，指国家发展谋略、权力运作和先进武器等对国家命运有决定性的因素，治国的法宝。

【译文】

将要闭合它，必定先张开它；将要削弱它，必定先强大它；将要废去它，必定先惯着它；将要夺取它，必定先给予它。这就叫精妙而明哲（的智慧）。柔弱能够战胜刚强，鱼不可以脱离深渊（脱离必有危险），国家的利器不可以轻易展示给天下人看。

【拓展】

关于"微明"。姬英明、徐志钧、李存山、文若愚、汤漳平和王朝华认为，"微明"是"微妙而又明通的谋略""精妙玄奥之智慧""幽微之明，即在幽微中识见将来的发展""难以察觉的智慧""在事物发展中能及早发现变化的细小征兆，从而做正确的判断"的意思①；饶尚宽、赵卫国认为，"微明"是指"隐

---

① 老子．姬氏道德经［M］．姬英明，译注．北京：朝华出版社，2017：87；徐志钧．老子帛书校注［M］．南京：凤凰出版社，2016：546；老子［M］．李存山，注译．郑州：中州古籍出版社，2008：93；文若愚．道德经全解［M］．北京：中国华侨出版社，2012：211；老子［M］．汤漳平，王朝华，译注．北京：中华书局，2014：135-136.

微而显明""精深幽妙的显露"①；唐汉将"微明"解释为"幽微处透射出的光明"②；曹音将"微明"解读为"事物发展的细微征兆"③。笔者比较赞同姬英明、徐志钧、李存山等人的解释。

关于"国之利器不可以示人"。姬英明、赵卫国、文若愚认为，"国之利器不可以示人"是"国家重要的战略战术及先进武器，是不可轻易地展示、示威于人的""国家的大杀器不可以拿出来展示""国家的有效的武器，是不能够随便拿出来给人看的"的意思④；饶尚宽、徐志钧、李存山认为，"国之利器不可以示人"是指"国家的赏罚权谋不能向人炫耀""国家的刑赏兵柄之类（包括'圣人'所创设之制度）利器，不可以置于人前，被人所掌控""国家的'利器'（指国家的赏罚政令和权柄、权谋等）不可以明示于人"⑤；唐汉将"国之利器不可以示人"解释为"有国者的利器（谋略）不可以出示于他人"⑥；曹音将"国之利器不可以示人"解读为"国家炫耀武力则有危险"⑦；汤漳平和王朝华将"国之利器不可以示人"理解为"治国的法宝不能轻易出示于别人"⑧。笔者认为，汤漳平和王朝华的解释比其他学者的解释更加全面。

【三本对照】

通行本《道德经》第三十六章：将欲歙之，必固张之；将欲弱之，必固强之；将欲废之，必固举之；将欲取之，必固与之。是谓"微明"。柔弱胜刚强。鱼不可脱于渊，国之利器不可以示人。⑨

帛书本《道德经》第八十章：将欲翕之，必固张之；将欲弱之，必固强之；

① 老子［M］. 饶尚宽，译注. 北京：中华书局，2015：78；赵卫国. 帛书《道德经》新析［M］. 沈阳：东北大学出版社，2017：115.
② 唐汉. 道德经新解［M］. 北京：北京联合出版公司，2016：339.
③ 曹音.《道德经》释疑［M］. 上海：上海三联书店，2012：27.
④ 老子. 姬氏道德经［M］. 姬英明，译注. 北京：朝华出版社，2017：87；赵卫国. 帛书《道德经》新析［M］. 沈阳：东北大学出版社，2017：115；文若愚. 道德经全解［M］. 北京：中国华侨出版社，2012：211.
⑤ 老子［M］. 饶尚宽，译注. 北京：中华书局，2015：79；徐志钧. 老子帛书校注［M］. 南京：凤凰出版社，2016：547；老子［M］. 李存山，注译. 郑州：中州古籍出版社，2008：93.
⑥ 唐汉. 道德经新解［M］. 北京：北京联合出版公司，2016：339.
⑦ 曹音.《道德经》释疑［M］. 上海：上海三联书店，2012：27.
⑧ 老子［M］. 汤漳平，王朝华，译注. 北京：中华书局，2014：136.
⑨ 老子［M］. 饶尚宽，译注. 北京：中华书局，2015：78.

将欲去之，必固与之；将欲夺之，必固予之。是谓微明。柔弱胜强，鱼不可脱于渊，邦利器不可以示人。①

　　《姬氏道德经》（道术卷）：将欲翕之，必固张之；将欲弱之，必固强之；将欲废之，必固兴之；将欲取之，必固予之。是谓微明。柔弱胜强。鱼不脱于渊，国之利器，不可以示人。②

　　①　徐志钧．老子帛书校注［M］．南京：凤凰出版社，2016：545；赵卫国．帛书《道德
　　　　经》新析［M］．沈阳：东北大学出版社，2017：114.
　　②　老子．姬氏道德经［M］．姬英明，译注．北京：朝华出版社，2017：85.

参考文献

［1］帛书《老子》解读［M］. 杜伟民，订译. 上海：文汇出版社，2013.

［2］曹音.《道德经》释疑［M］. 上海：上海三联书店，2012.

［3］尔雅［M］. 郭璞，注. 杭州：浙江古籍出版社，2011.

［4］老子［M］. 李存山，注译. 郑州：中州古籍出版社，2008.

［5］老子. 姬氏道德经［M］. 姬英明，译注. 北京：朝华出版社，2017.

［6］老子［M］. 饶尚宽，译注. 北京：中华书局，2015.

［7］老子［M］. 汤漳平，王朝华，译注. 北京：中华书局，2014.

［8］司马迁. 史记：第二册［M］. 哈尔滨：北方文艺出版社，2007.

［9］宋洪兵，孙家洲. 韩非子解读［M］. 北京：中国人民大学出版社，2010.

［10］唐汉. 道德经新解［M］. 北京：北京联合出版公司，2016.

［11］文若愚. 道德经全解［M］. 北京：中国华侨出版社，2012.

［12］徐志钧. 老子帛书校注［M］. 南京：凤凰出版社，2016.

［13］赵卫国. 帛书《道德经》新析［M］. 沈阳：东北大学出版社，2017.

后 记

　　《老子》是我硕士阶段（1998 年 9 月—2001 年 6 月）的一门必修课程。恍然回首，20 多年已成过去。我的硕导陈德安先生对道家道教教育历史和文化情有独钟，所以我和同门师兄弟姐妹们在攻读硕士学位期间都为道家道教教育历史和文化的研究做出了力所能及的努力。陈先生的毕生心血和诸位门生在学期间的付出在很大程度上体现于 2008 年陈先生主编的、社会科学文献出版社出版的《中国道家道教教育思想史》（约 108 万字）一书中。

　　这段求学经历，以及我自小喜欢"道法自然""随缘自在""淡泊明志、宁静致远"、酷爱探求宇宙自然知识和思考人生哲理的天性，一直深深地影响着我、滋润着我、支撑着我。可以说，没有陈先生的栽培，就没有我的今天；没有这段求学的经历，就没有我现在的职业生涯，当然更没有我现在能够在中华传统文化研究领域耕耘扎根的可能。

　　陈先生把我引领到老子、孔子、庄子、孟子、荀子、董仲舒等古代大思想家的思想领域，引领到《老子》《论语》《庄子》《孟子》《荀子》《春秋繁露》和《对贤良策》等古代经典知识宝库中，使我能够在中华传统文化肥沃的土壤中健康成长。因此，在撰写本书后记之际，我不得不把我的记忆延伸到陈先生身上，延伸到仍然犹新的记忆深处。

　　在写作《老子新说》的过程中，我搜集和泛读的《老子》（或《道德经》）不下几十本。我最终把全部精力集中于以徐志钧校注的《老子帛书校注》、唐汉的《道德经新解》（帛书本为底本）、赵卫国的《帛书〈道德经〉新析》（帛书本为底本）、饶尚宽译注的通行本《老子》（王弼本为底本）、文若愚编著的《道德经全解》（王弼本为底本）、汤漳平和王朝华译注的《老子》（王弼本为底本，参校其他版本）、李存山注译的《老子》（王弼本为底本，参校其他版本）、曹音的《〈道德经〉释疑》（王弼本为底本，参校其他版本）和姬英明所著的《姬氏道德经》上。

　　对这些著作进行精细研究之后，我获得了撰写本书的底气、勇气、灵感和计划。我一边对这些著作所做的研究探索成果欢喜赞叹，一边也对老子注解研究中的不足表示遗憾，下定决心要写出一本别有心裁、别有风格、更能准确把握老子原旨原义、集大成的《老子新说》。我希望能够得到有识之士的喜欢和有缘之人的阅读。

我谨把本书献给中国传媒大学校庆 70 周年，献给我的硕导——80 多岁高龄的陈德安先生，献给所有珍爱老子思想、喜欢阅读《老子》、探求老子思想精髓的人。

秦学智

2023 年 8 月 10 日于北京陋室